ム認定
AUTHORIZATION

驚異の超常現象

並木伸一郎・著　ムー編集部・編

ムー認定　驚異の超常現象　目次

4 宇宙のUFO

5 UFOコンタクティ

6 奇現象

7 怪奇事件

8 虚舟

まえがき

この世界は謎にあふれている。

戦後まもなくニューメキシコ州で起きたUFO墜落と異星人回収事件は、米政府が隠蔽工作をした「ロズウェル事件」として、その真相をめぐる論争が今も続いている。それから70年以上が経つ現在まで、ショッキングなUFO接近遭遇事件と異星人の出現は後を絶たない。米軍の秘密基地「エリア51」には、UFOや異星人が囲われているとの噂があるし、アポロ宇宙飛行士は月面や宇宙空間で何度となくUFOと遭遇してきた。UFOは太陽近傍空間にもその巨大な姿を現している。

加えて、麦畑に出現するミステリー・サークルや、バミューダ・トライアングルに代表される謎の消滅ゾーンの数々。空から落ちてくる成因不明の魚や氷、人体が突然燃え上がる恐怖の事件、さらにはモスマンやフライング・ヒューマノイド、シャドーピープルの徘徊など、現代科学では説明のつけがたい怪奇現象は、いつの時代もわれわれを驚かせ、理解を超えた存在を知らしめてきた。

本書は、月刊「ムー」にて筆者が調査してきた世界中の奇妙な事件、事例を厳選し、その証拠となる画像、図版も多数収録して紹介するものだ。

人智の及ばぬ超常現象の闇深さをご堪能いただければ幸いである。

2019年8月吉日　並木　伸一郎

No.000001-000006

1 ロズウェル事件

No.000001 サンアウグスティン平原で発見された「UFOの破片」

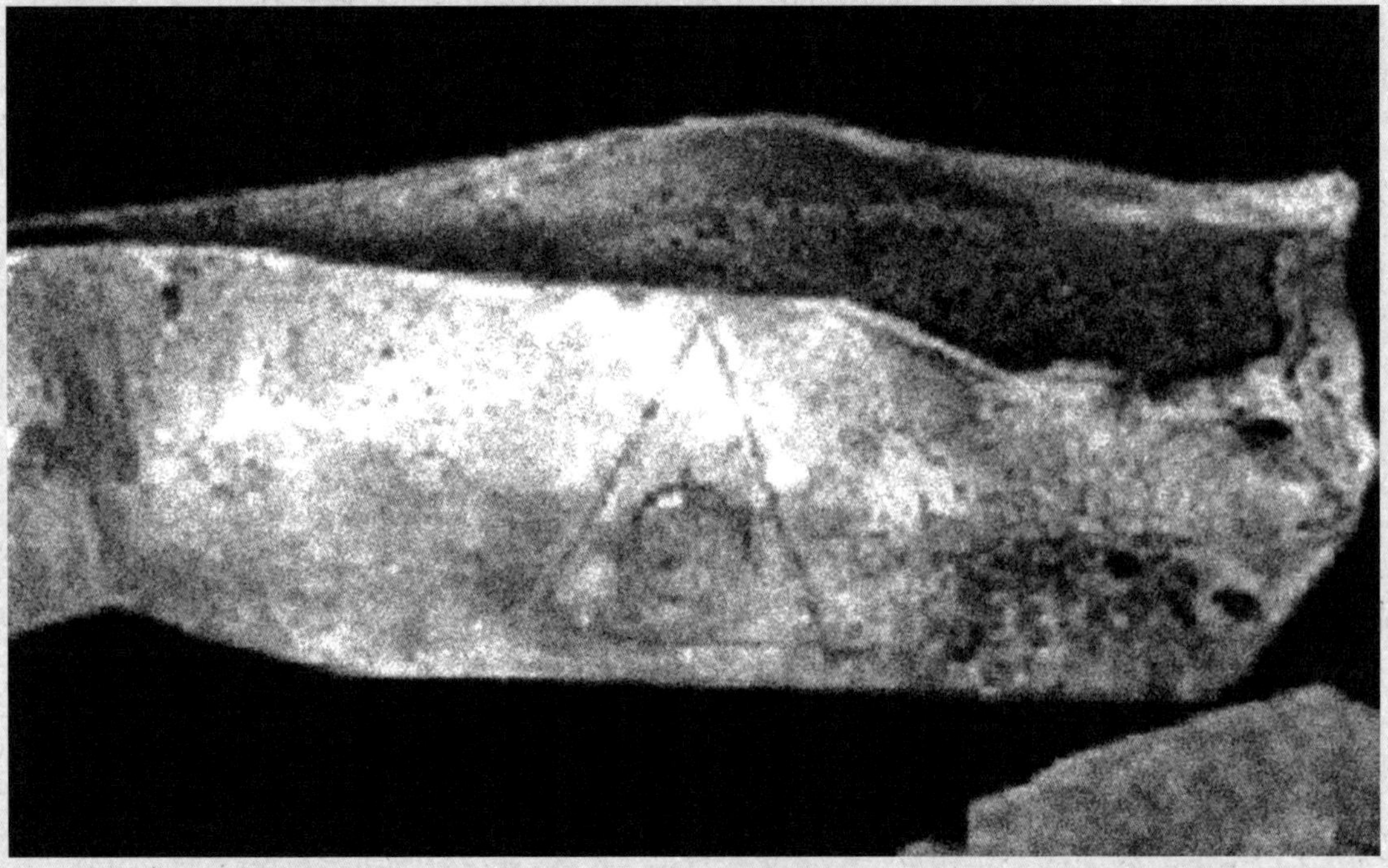

▲上：キャンベルの発見したI型鋼。下：I型鋼には三角形と円を組み合わせたような模様が刻まれていた。

▲右：墜落現場の発見者バーニー・バーネット。
左：金属片を発見したアート・キャンベル。

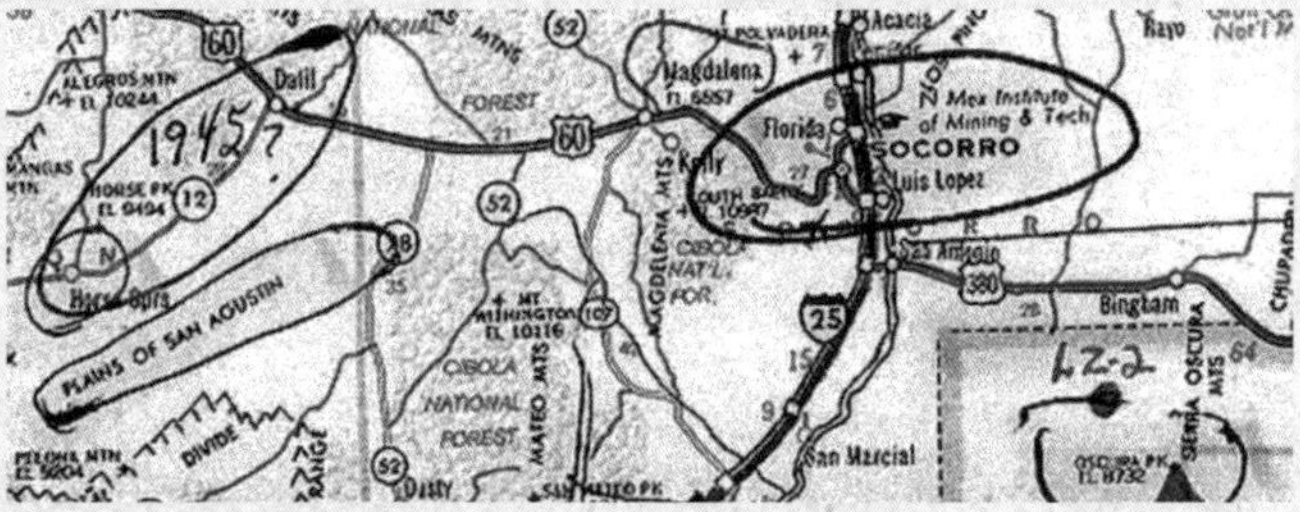

▲上：ソコロ郊外に広がるサンアウグスティン平原。
下：サンアウグスティン平原の地図。

ロズウェル事件――。

周知のとおり、1947年7月、アメリカ、ニューメキシコ州ロズウェル近郊で起きたUFOと乗員の遺体回収事件である。その墜落現場は、2か所だったとされている。

ひとつは、事件発祥の地として世界的に知られるコロナのフォスター牧場の管理人マック・ブラゼルが発見した「破片散乱現場＝デブリ・フィールド」。そしてもうひとつが、実際に、墜落した機体と乗員の遺体が発見されて軍が回収したとされるソコロ郊外の「サンアウグスティン平原」だ。

ここはデブリ・フィールドから北西方向に約200キロ離れている。いかに墜落の衝撃が激しくても破片が200キロ離れた場所に飛散するとは考えにくい。そのため、ロズウェル事件で墜落したUFOは2機以上だったと主張する研究家もいる。

この第2現場の存在が発覚したのは、当地で土壌水源委員会の民間技術者として働いていたバーニー・バーネットの目撃証言がきっかけだ。

1947年7月2日。マクダレナ付近での測量作業のため、サンアウグスティン平原を車で走行していたバーネットの視界に、キラリと光る物体が上空から飛び込んできた。

「飛行機の墜落かもしれない！」と思い、車を現場に向けて走らせたバーネットは、それ以上に衝撃的な光景を目の当たりにする。まずひと目で、それが通常の飛行機でないことはわかった。機体は円盤状で、直径10メートルくらい。ステンレススチールのような金属的外観をしていた。墜落のショックで機体の一部は破損し、内部が見えていた。

車を降りた彼が、機体に接近して観察を続けていると、別の一団が近づいてきた。テキサス工科大学の考古学者W・カーリー・ホールデン博士が率いる発掘調査団の一行だった。やはり、飛行機が墜落したのかと思い、確認しにきたのだ。

✣

機体の周囲を見て回っていた彼らは、すぐに乗員の遺体を見つけ驚愕した。明らかに人間ではなかったからだ。小柄で頭部は丸く、目は小さく頭髪がなかった。遺体は4体あったが、全

認定
AUTHORIZATION

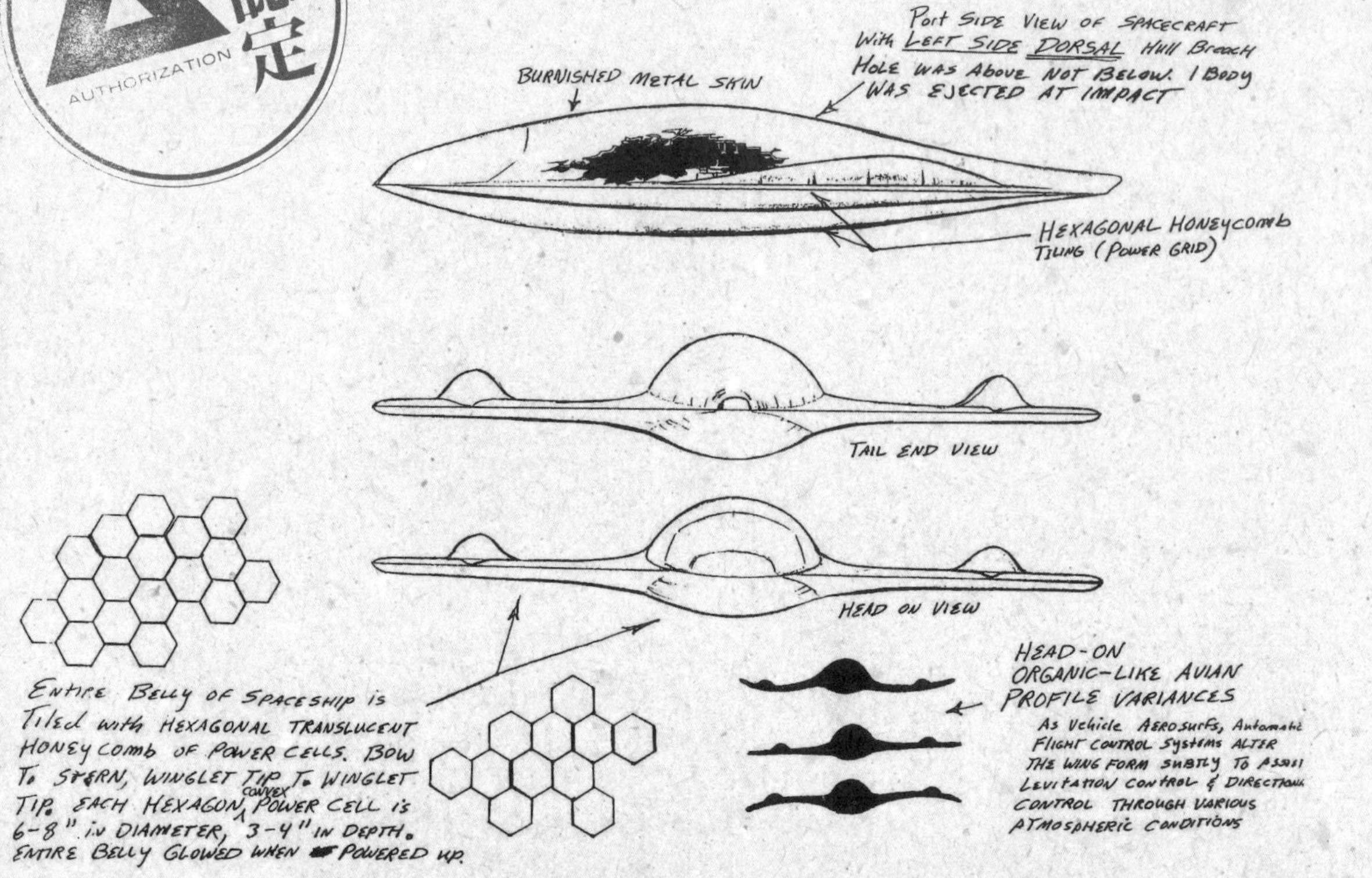

▲事件当時、回収作業に従事した軍関係者が残したスケッチ。墜落機体の底部は蜂の巣状構造だったという。
◀墜落現場で発見された蜂の巣状の金属塊。


員グレーのジャンプスーツを着ていた。その服にはジッパーもボタンもなかった。

　バーネットが機体の中をのぞこうとしたとき、陸軍のジープが到着し、墜落現場はたちまち統制されてしまった。バーネットたちは住所・氏名を書きとめられ、「他言無用」と釘を刺されて退去させられた。

　その後、バーネットは妻と友人のバーン・マルティネス夫妻に自身の体験を告げ、以後は口をつぐんだまま1950年2月にこの世を去っている。妻の日記には、1947年7月2日に起きた出来事として記されていたという。

　このバーネットの証言を裏づけるような情報がある。事件当時、当地に住む元牧場経営者が墜落現場から約1・6キロ離れた高速12号線を車で走行中、道路脇の牧草地を歩く小さな人影に気づいた。近づいてよく見ると、それは人間の子供ではなく、灰色のジャンプスーツを着ていた。4本の指は長く、人間でいう親指はなかった。耳もなく、かなり大きな黒い目をしていた。

　元牧場経営者は、この生き物を家に連れて帰ったが、翌朝になると姿を消していたという。

✣

サンアウグスティン平原でのUFO墜落事件は伝聞証言に終始していたが、その後の調査で新たな物証が見つかっている。

　発見者はアート・キャンベル。彼は1950年代からUFO事件の調査を続けており、アメリカ最大の民間UFO研究団体NICAPの調査員をしていた経歴を持つベテランのリサーチャーだ。

　1994年、彼は調査の過程で、ある牧場主から墜落地点を示す手書きの地図を入手した。このサンアウグスティン平原こそ、墜落現場だと確信し、情報収集に奔走した。

　そして2004年6月、満を持して掘削チームを結成し、本格的な発掘調査を実施した。地図を手がかりに、UFO墜落現場のおおよその"アタリ"をつけて発掘作業を行うと——なんと、奇妙な金属片を発見した。

　その金属は、飛行機や建造物などの構造体に使われるI型鋼に似た形状で、破断された部分だけで幅約5センチ、長さ約34

センチ。右端に三角形と円、そして別の図形がうっすらと刻み込まれている。

ニューメキシコ州鉱業技術研究所で分析した結果、その冶金学的組成は、主成分がアルミニウム、シリコン、マンガン、銅、そして鉄と判明している。

このI型鋼は、フォスター牧場のデブリ・フィールドからジェシー・マーセルが自宅に残骸を持ち帰ったとき、息子のマーセル・ジュニアが見たというI型鋼に形状が酷似していて興味深い。現場からはI型鋼以外にも数種の薄い金属箔が発見されているが、分析した結果、サンプルのほとんどが高純度のアルミニウム合金だったことが明らかになった。

これらが1947年当時の産物だとすれば、当時の技術では製造不可能な代物だったはずだ。しかも、この合金にはシリカ、チタニア、酸化マグネシウム、硫酸塩、リン酸塩、塩化物がハイテクを用いてコーティングされていたというのだ。

さらに不可解なことに、採取された時点で金属箔は磁力と電荷を帯びており、さらに紫外線検査の結果、通電性も確認されているのだ。キャンベルはこれらを「地球外由来の物質だ」と主張している。

✣

キャンベルは2012年5月にも発掘調査を行い、特筆すべき物を発見している。それが蜂の巣状構造になった金属塊だ。

ロズウェル事件で機体回収にあたった兵士や軍関係者は「墜落した機体の底部全体が、〝蜂の巣状構造〟になっていた」と証言し、スケッチを残している。蜂の巣状金属塊には、先述のI型鋼の一部が貼り付いていることから、UFOの底面は、縦横に組まれたI型鋼が支えになって、そこを蜂の巣状構造が覆っていたのではないだろうか。

だが、2019年7月に筆者がサンアウグスティン平原を調査したところ、「ここでの墜落事件は1952～1953年に起きた」という新情報に遭遇した。ロズウェルとはまったく別の事件だというのだ。謎の金属片の正体しかり、調べるほどに謎が増える。まるで事態の全容を隠したい何者かに撹乱されているようである。

No.000002

1947年7月のロズウェル

▲墜落現場となったフォスター牧場の管理人、マック・ブラゼル。

◀「RAAF（Roswell Army Air Field＝ロズウェル空軍飛行場）で空飛ぶ円盤を捕獲した」という第1報を掲載した地元紙ロズウェル・デイリー・レコード。

Record

RECORD PHONES
Business Office 2288
News Department
2287

5c PER COPY.

...res Flying Saucer
... Roswell Region

... Details of
...ing Disk
...e Revealed

...swell Hardware
...n and Wife
...port Disk Seen

... intelligence office of the
... Bombardment group at Ros-
...rmy Air Field announced at
... today, that the field has
... into possession of a flying

...rding to information re-
... by the department, over
...ity of Maj. J. A. Marcel,
...ence officer, the disk was
...d on a ranch in the Ros-
...cinity, after an unidentified
...r had notified Sheriff Geo.
..., here, that he had found
...strument on his premises.
...r Marcel and a detail from
...partment went to the ranch
...ecovered the disk, it was

...r the intelligence office here
...spected the instrument it
...own to "higher headquar-

... intelligence office stated
...o details of the saucer's
...ction or its appearance had
...evealed.
... and Mrs. Dan Wilmot ap-
...y were the only persons
...well who have seen what
...hought was a flying disk.
... were sitting on their
... at 105 South Penn. last
...day night at about ten
...s before ten o'clock when
... glowing object zoomed out
... sky from the southeast,
...n a northwesterly direction
...igh rate of speed.
...ot called Mrs. Wilmot's
...on to it and both ran down
...e yard to watch. It was in
...ss than a minute, perhaps
...0 seconds, Wilmot estimat-

...ot said that it appeared to
... be about 1,500 feet high
...ing fast. He estimated be-
...00 and 500 miles per hour.
...ppearance it looked oval in
... like two inverted saucers,
...nouth to mouth, or like two

Ex-King Carol Weds Mme. Lupescu

Former King Carol of Romania and Mme. Elena Lupescu relax aboard the S. S. America bound for Cuba and Mexico in May, 1941. A member of Carol's household in Rio de Janeiro said the ex-king and his companion for 23 years in reign and exile were recently married at their hotel Copacabana Palace suite. (AP Wirephoto).

Miners and Operators Sign Highest Wage Pact in History

Washington, July 8 (AP)—An agreement averting a nation-wide soft coal strike was signed today by John L. Lewis and a majority of the bituminous operators.

In announcing the signing, Lewis told a news conference that it is "reasonable to manage", the entire industry will accept the agreement within a few days.

Washington, July 8 (AP) — An

called a meeting to talk it over first.

An official of the UMW told reporters union district presidents immediately started notifying miners to report for work at pits owned by the operators who signed the agreement.

The men have been on a 10-day vacation, which ended last night. Lewis had told them to await the formal signing of the contract before going back to the pits.

Lewis offered the contract to the operators on a take-it-or-

1947年7月3日午後9時過ぎ、コロナの南東約53キロに位置するJ・B・フォスター牧場の管理人だったマック・ブラゼルは、稲光を伴う豪雨の中、雷鳴とは異なる異常な爆発音を聞いた。

翌朝、彼は近くの牧場の息子で7歳になるディー・プロクターを誘って、馬で牧羊地を見回った。そしてそこで広範囲にわたって飛散する大量の金属片を発見したのである。

ブラゼルはこのとき、その見たこともない残骸の一部を拾い、ディーの両親に見せた。だが、ふたりには物質が何だかわからなかった。

その後、ブラゼルは近隣の牧場を回って残骸の破片を見せたが、だれにも心あたりはなかった。コロナの町の雑貨店や知人に見せても反応はなかった。結局、彼が2日かけて調べても、破片の正体は謎のままだったのである。

7月6日、ブラゼルは破片を持参してロズウェルの町に出向き、保安官事務所を訪れた。ジョージ・ウィルコックス保安官はその奇妙な金属片を見て、ロズウェル陸軍飛行場に報告を入れた。そして、基地司令官ウィリアム・ブランチャード大佐は、情報将校ジェシー・A・マーセル、対諜報部の将校シェリダン・キャビットを現場に派遣することにしたのだ。

なぜ軍が出てきたのか？ 基地は〝だれも知らない物質〟というキーワードに反応したのだ。

Leased Wire
Associated Press

Roswell Daily

OL. 47 NUMBER 99 ESTABLISHED 1888 ROSWELL, NEW MEXICO. TUESDAY, JULY 8 1

RAAF Cap On Ranch

Movies as Usual

Levees broke and flood waters rolled into the town of Grand Tower, Ill., but while the manager of this movie theater sweeps out the water that has entered the lobby, these youngsters are standing in line for tickets for the night's performance. (AP Wirephoto).

Some of Soviet Satellites May Attend Paris Meeting

Paris, July 8 (AP) — Indications mounted today that at least some of the nations within the Soviet orbit would attend the Paris conference on the Marshall aid-to-Europe program, and a dispatch from Prague quoted Czechoslovak sources as suggesting Russia herself might try to get back into the talks.

A Sofia dispatch quoted an authoritative source as saying "probably Bulgaria will participate" in the conference, which opens in Paris Saturday. The dispatch said the Bulgarian council of ministers was meeting to reach a decision in the matter.

Despite a Moscow radio report that Yugoslavia had rejected the British-French invitation to participate, observers in Belgrade said the Yugoslavs still had not replied, and probably will not do so before Thursday—the deadline for an answer. Dr. Ales Debler, assistant Yugoslav foreign minister, has just returned to Belgrade from Premier Marshall Tito's

Roswellians Have Differing Opinions On Flying Saucers

Roswell is a bit uncertain about those flying disks, it would appear from interviews today with a number of local citizens, with about as many ideas concerning them as there are people interviewed.

The reactions ran the gamut

Claims Army Is Stacking Courts Martial

Indiana Senator Lays Protest Before Patterson

Washington, July 8 (AP)—Senator Jenner (R-Ind.) contended today that "the high command in the European theatre is stacking courts against defendants in court martial."

In a letter to Secretary of War Patterson demanding a full investigation of army military trial procedure, Jenner offered what he said was documentary proof that:

1. "Prisoners are not being permitted to employ either civilian or military counsel of their own choice in the preparation and presentation of their defense."

2. "Every effort is being made to prevent attorneys who were connected with the infamous Lichfield prison case to practice in courts martial in the European theatre."

The Indiana senator made public a copy of an informal "routing slip" which he said was signed by Brig. Gen. Cornelius E. Ryan, assistant deputy, military government headquarters for the military government for Germany, and written by Col. Francis H. Venderwerker. Jenner told newsmen that the routing slip substantiated his charges.

The slip, addressed to the chief of staff, USFET (presumably US forces, European theatre), was dated last Oct. 23.

It called attention to the impending arrival of Earl J. Carroll and Thomas Lester Foley, California attorneys, to act as special defense counsel for five prisoners then awaiting trial by general court martial at Frankfurt AM Main.

Jenner identified Carroll as counsel in the court martial of Col. James A. Kilian in the Lichfield (England) prison brutality case.

Carroll, then an army captain, resigned as assistant prosecutor in the Lichfield trials after asserting that a deliberate attempt was being made by army legal authorities to whitewash higher officers in the case. Kilian was later convicted and fined.

The routing slip said that Carroll had received widespread publicity "by violent attacks on the system of military justice" and added "it is understood that Foley is an individual of similar propensities, given to statements and conduct even more violent than those of Carroll."

House Passes Tax Slash by Large Margin

Defeat Amendment By Demos to Remove Many from Rolls

Washington, July 8 (AP) — The house passed today the Republican-backed bill to cut income taxes by $4,000,000,000 annually for 49,000,000 taxpayers, beginning Jan. 1.

It goes to the senate where approval also is forecast.

The vote was 302 to 11, or more than the two-thirds majority needed to override a presidential veto.

The action, which may encounter another presidential veto, came after Speaker Martin (R-Mass.), personally appeal to the house to pass the bill by such a decisive vote—as to persuade the president that the people should have this delayed justice."

The measure is identical with one vetoed by President Truman June 16 as "the wrong kind of tax reduction at the wrong time" —except that the effective date is changed from July 1, 1947 to Jan. 1, 1948.

Congress leaders expect to have the revised bill on Mr. Truman's desk before the week ends.

The house passed the bill after the Republicans beat back a proposed Democratic substitute that would have reduced taxes by $3,379,000,000 and removed 4,000,000 low-income persons from the tax rolls completely.

—0—

American League Wins All-Star Game

Chicago, July 8 (AP) — The American league, pecking away with an eight-hit attack and ringing the bell with its pinch-hitters, continued its all-star mastery over the National league by coming from behind for a

Security Counc Paves Way to On Arms Redu

Lake Success, July 8 United Nations securi today approved an Amer print for arms reducti sions despite a Russian that the plan would br a collapse of arms efforts.

The vote was 9 to 0, sian and Poland abstai

In view of Russia's against the U. S. plan i believed she might invol power veto to block it.

Soviet Deputy Foreign Andrei A. Gromyko gave ing before the United N curity council in a new revive the Soviet wor which already had bee by the commission for c al armaments.

His challenge was promptly by French de exandre Parodi and U. sentative Herschel V. who announced their op any substitute for the plan.

Gromyko insisted the gram for arms regula succeed unless the plan directly with an absolu tion of atomic weapons

He declared that the approved by the comm not link the problems o duction and the banning weapons and, for this offered no basis for a

Gromyko opened deb arms question as delega ed another major declar him later in the day i United States and Britis for action to restore or critical Balkan situatio

Delegates agreed they proaching perhaps th moment in U. N. histo

Gromyko said the U. was not a plan bu mere ment outlining a series generalisations. The S posals on the other ha offered specific poin should be dealt with, s regulation of war produ tribution of armed forces

未知の何かが墜落したとなれば、対諜報部が動かざるを得ない。

その後、ふたりはブラゼルとともに牧場まで行ったが、到着時刻が遅かったため、その晩は小屋に泊まった。翌7月7日の朝、現場を見たマーセルらは、破片の数のあまりの多さに驚いた。しかも破片は、やはり彼らも知らない未知の物質だった。マーセルはそれらの一部を基地に持ち帰った。

翌7月8日、ロズウェル基地報道官ウォルター・G・ハウトによって、次のようなコメントが発表された。これは歴史的発表だった。

「かねてより囁かれていた空飛ぶ円盤の噂が、昨日事実のものとなった。第8航空軍ロズウェル陸軍飛行場に属する第509爆撃航空団の情報部が、現地牧童とチャベス軍保安官の協力を得て、空飛ぶ円盤を捕獲したのである。

この飛行物体は先週、ロズウエル近郊に降下した。電話設備がなかったため、保安官事務所と連絡がとれるまで、この牧童が円盤を保管した。やがて連絡を受けた保安官は、第509爆

Leased Wire
Associated Press

Roswell Daily Record

RECORD PHONES
Business Office 2288
News Department 2287

VOL. 47. NUMBER 100. ESTABLISHED 1888. ROSWELL, NEW MEXICO, WEDNESDAY, JULY 9, 1947 5c PER COPY.

Gen. Ramey Empties Roswell Saucer

Lewis Pushes Advantage in New Contract

Southern Mines Only Hold-outs in New Contract

Sheriff Wilcox Takes Leading Role in Excitement Over Report 'Saucer' Found

Arrest 2,000 In Athens in Commie Plot

Revolution Was Set to Be Pulled Off Thursday

Send First Roswell Wire Photos from Record Office

Ramey Says Excitement Is Not Justified

General Ramey Says Disk Is Weather Balloon

U. S. Lend-Lease To Britain Looms As Needed by Fall

Attorney to Force Closing up of Ruidoso Clubrooms

Local Weatherman Believes Disks to Be Bureau Devices

Romania Rejects Bid to Take Part In Economic Meet

35 Make Rotary's Century Club Roll

▲ロズウェル・デイリー・レコードは、第2報で「レイミー准将が円盤を空っぽにした」と、つまり気球誤認説を掲載。

撃団情報部のジェシー・A・マーセル少佐に通報。陸軍はただちに行動をとり、牧童の自宅で円盤を回収した。円盤は飛行場で点検を受けた後、マーセル少佐によって上層司令部に移管された」

軍が公式に〝円盤の墜落とその残骸を回収したこと〟を発表した……！

この仰天すべき報道は当然、各マスコミが取り上げ、アメリカはもとより、AP電により広く海外まで波及した。

だが、数時間後に流された続報によって事態は一変する。

テキサスの第8航空軍司令部ロジャー・レイミー准将が、記者団の前で残骸を披露し、次のように説明したのである。

「このとおり、物質は円盤ではなくレーウィン気象観測用気球の残骸だった」

そして彼は、記者団に「気球誤認」を改めて力説した。その内容は、先の空飛ぶ円盤の墜落・捕獲の報道を完全に否定するものだった。

一方、7月8日午前、軍によって身柄を拘束されたブラゼルは、その後、軍関係者とともにラジオ局や新聞社を回り、自分の体験談を話した。だが、それはレイミーの発表と同様、発見物が気象観測用気球とするものだった。

たとえば、7月9日付「ロズウェル・デイリー・レコード」紙一面のインタビュー記事を読むと、ブラゼルの話はロズウェル到着直後とは違っている。つまり発見物について、ゴム製の気球やレーダー・ターゲット片と符合するようない方をしているのだ。しかも6月14日に発見した、と日付まで変わっている。

さらに彼は、それ以前に残骸の破片だけでなく、より〝驚くべきものの発見〟をしているのだが、それに関しては完全に口をつぐんだのである。

ある情報によると事件当日、破片散乱現場周辺の牧場関係者たちは、ハゲタカが飛んでいるのを目撃。これはその下に何かの遺体があることを示唆する。ブラゼルもそれを見て、近所の子供たちを連れて現場に行った。ディー・プロクターもそのひとりである。

1995年、プロクターは重

▶気象観測用のレーウィン気球。空軍によれば、墜落したのはこの気球だという。

▼右：1947年7月9日の記者会見で「気球の残骸」を見せるロジャー・レイミー准将(左)。
左：レイミー准将の執務室で「気球の残骸」を持たされるジェシー・マーセル。1978年に「気球ではなかった」と情報公開に踏み切り、ロズウェル論争の口火を切った。

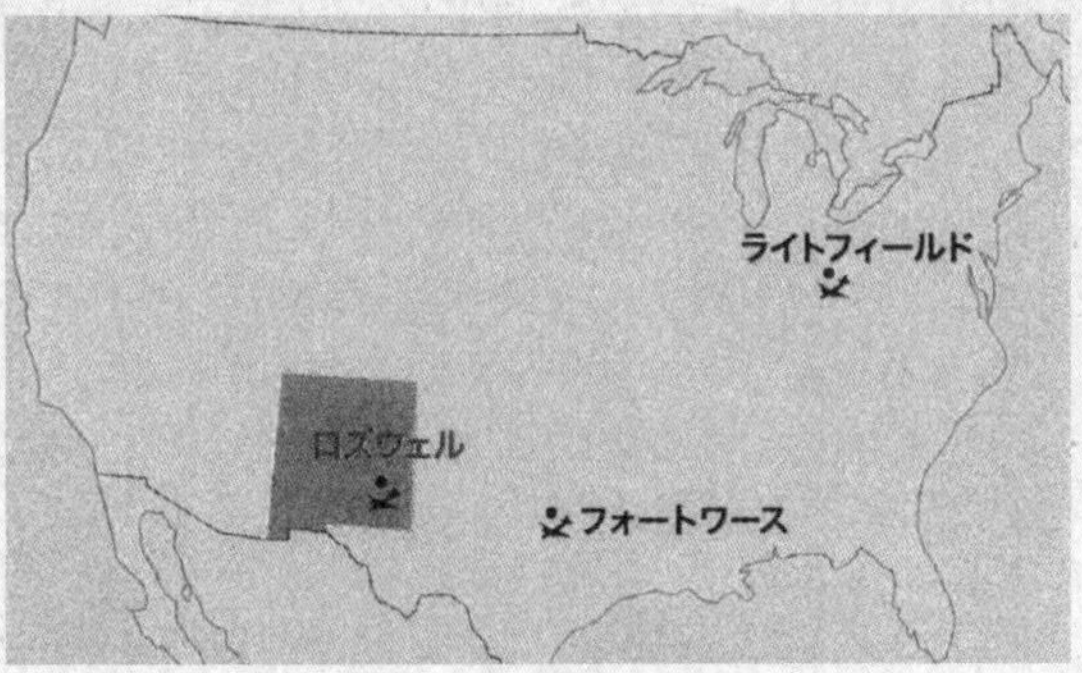

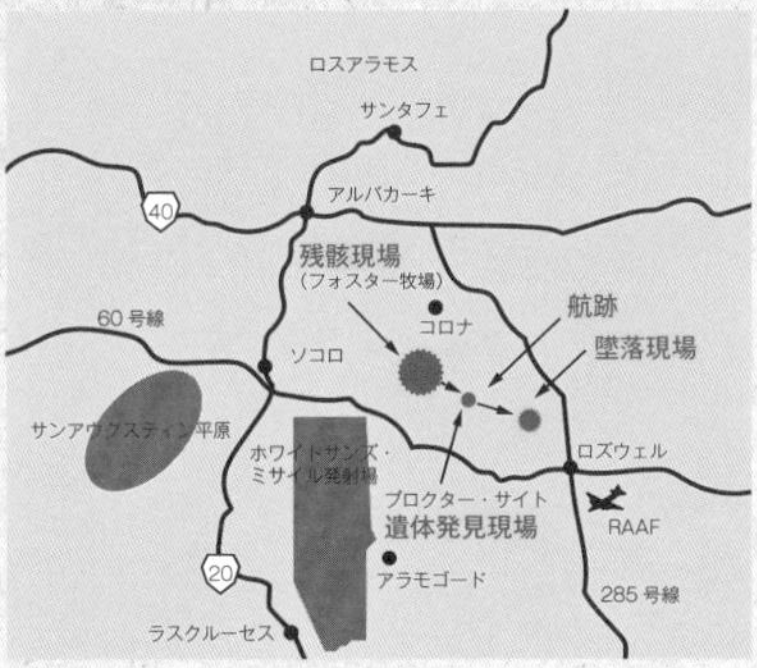

▲ロズウェル博物館には、事件直後の報道とその後の「修正版」報道を並べて掲示している。
▶左・右：ロズウェル事件の主要地。正確な現場や日付についてすら諸説あり、現在は墜落した機体は複数あったという説もある。

病を煩った母親にだけ、真実を告げたことがあるという。

「万が一のときに備えて、いっておくことがある。見せたいものがあるんだ」

そして母親を連れ、事件当時、軍のトラックが往復していた現場の崖に赴いた。

プロクターは母親に話した。

「ここだ。マック（・ブラゼル）はここで破片以外のものを見つけたんだよ」

破片以外のもの、それは遺体だった。なぜそこにあったのかはわからない。飛行中の機体の操縦室内から急激な減圧のため吸い出されたのか、あるいは爆発の衝撃で投げ出されたのかもしれない。

この遺体が発見された場所は現在「プロクター・サイト」と呼ばれている。それはデブリ・フィールドと、次に述べる墜落現場の中間に位置している。

✣

7月7日朝、マーセルとキャビットがブラゼルの案内でデブリ・フィールドに赴き、残骸を回収していたころ、もう少しロズウェル寄りの別の地点で驚愕の事態が起こっていた。

ロズウェルの北西56キロの地点で古代先住民の遺跡を発掘中のウィリアム・カーリー・ホールデン教授率いる「ウエスタン・テック・カレッジ」の考古学調査団のメンバーが、低い丘陵地帯に墜落した異様な形の物体と、乗組員とおぼしき小柄な生き物の遺体3体にまだ息のある1体を発見したのである。

そして、学生のひとりが近くの村まで行き、ガソリンスタンドから保安官事務所と消防署に通報。このとき軍には、ブラゼル経由で伝わった破片散乱現場の話と、この考古学調査団より伝わった遺体に関する墜落現場の話の双方が流れることとなった。

つまり、ロズウェル事件は2か所で起こっていたのだ。

当時は、電話交換手を介して通話が行われていた時代だ。

消防署の電話回線は州警察や保安官事務所と連動していて、1本の電話で救急・警察関連の人々が電話を共有できるようになっていた。考古学調査団は当初、航空機の墜落事故だと思い、それが原因で火事が起きることを想定したのである。

▲◀ロズウェル事件の残骸が発見された現場。写真右下の石碑はケーブルテレビ局のサイファイ・チャンネルが埋めたもの。
▶2010年6月に現地を取材した筆者。このときは4回目のロズウェル訪問だった。

その結果、現場にもっとも近いロズウェル消防署ダン・ドワイヤーらの消防車とロズウェル警察のパトカーが、軍よりひと足先に到着し、驚愕の事態に遭遇することになる。

現場でドワイヤーらは2体の遺体を見た。もう1体は生きて現場を歩き回っていた。彼らの大きさは子供と大差ないが、成体らしい。第一、こんな風船形の頭をもった子供などいるはずがない。

容貌は人間に似てはいるが、相違点も明らかだった。大きな両目は黒く、非常に小さな鼻と口はスリット状。大きな頭の本来、耳があるあたりは窪んでいた。皮膚は灰色がかった茶色で無毛である。

小柄な生き物は絶望的なまなざしでドワイヤーを見つめ、瀕死状態にもかかわらず、あたりを動き回っていた。このとき驚くべきことが起こった。その生き物の声らしきものが頭の中に直接聞こえたのだ。テレパシーである。

居合わせた消防士たちは、思わず顔を見合わせた。そして、
「今の声を聞いたか？」
と確認しあった。全員が無言でうなずいた。ドワイヤーが
「何かわれわれに助けられることはあるか？」
と尋ねたところ、生き物は
「何モアリマセン」
と答えた。そして
「私ハアナタ方ニ害ヲ及ボス存在デハアリマセン」
と伝えた。さらに
「私タチハ長イ間、アナタ方ヲ見テキマシタ」
ともいったのである。

やがて軍関係者が到着し、消防士たちは現場から追い立てられた。

ブラゼルがマスコミに話をしたため、すでに情報が漏れていたことから、軍はその後、デブリ・フィールドを使って陽動作戦を行った。遺体発見現場を隠すための煙幕にしたのだ。そして前述のように、7月8日になって「空飛ぶ円盤を回収した」という内容のコメントを発表したのである。

その前後、現場一帯には非常線が張られ、立ち入りは禁止された。そして、秘密裏に大規模な回収作戦が実行されることになるのだ。

No.000003

墜落現場から持ち去られたもの

軍は牧場で兵士数十人を動員し、何度も徹底的な破片回収作業を行った。

このときデブリ・フィールドから約4キロ先の低い崖の周辺、つまりプロクター・サイト、そしてサンアウグスティン平原でも、軍が活動していたのである。

たとえば第509爆撃団に属する第390飛行作業隊の上等兵だったエド・セインは、7月7日から8日にかけて、サンアウグスティン平原のテント小屋に回収された遺体の警備をした事実を明かした。

7月9日、ロズウェル陸軍飛行場からテキサス州のフォートワース陸軍飛行場への〝遺体搬送〟に使用された特別便は、ストレート・フラッシュとして知られる第393爆撃飛行隊のB29だった。

同機の爆弾庫に長さ4・5メートル、幅1・5メートル、高さ1・2メートルの巨大な木箱がひとつ積まれていた。そして、通常は高度7600メートルを飛ぶB29が、このときはなぜか240メートルという低高度を飛んだ。護衛たちが酸素欠乏で倒れないよう、低空飛行したのである。それは同時に、木箱の中に生物的な何かがあることを示唆していた。

それを裏づけるように、同機の射撃手ロイド・トンプソンは、ロズウェル基地病院の医師が同乗しているのに気づいた。さらに着陸後、同じく搭乗していた爆撃手が、駐機場での出迎えの中に葬儀社に勤める大学時代の旧友がいることに気づき、そのことを口にした。ところが機長はそれを聞いて、「黙れ！」と怒鳴ったのである。

医師と葬儀社の存在。これは木箱の中身がプロクター・サイトで回収された遺体であること

▼プロクター・サイトの丘の上からの光景。ここに残骸が散らばっていた。

を物語っていた。

　事件当時、基地では墜落した〝未知の飛行物体〟と〝小柄な遺体〟の噂でもちきりだったという。乗員のだれもが木箱の中には異星人の遺体があったと信じている。

　ある農場経営者は、大きなライトを運ぶ軍のトラックを見たと証言。また、破片を積んだトラックが町を迂回して基地の敷地に入り、滑走路を使ってP3格納庫に向かうのを見たという町の人々の証言もある。袋に詰められた遺体が運び込まれたのも同じ格納庫だった。すべてが秘密裏のうちに行われ、すべてが運び出されたのである。

✣

　秘密厳守の宣誓をしているために、これまで軍関係者の証言はまったく明らかになっていなかった。だが、70年代からロズウェル事件を調査しているリサーチャーのドナルド・シュミットらの取材でそれらが徐々に明かされてきたのだ。

　7月6日の夜遅く、おそらく雷に打たれ、何かが地面に落ちた。デブリ・フィールドの北約60キロ地点で、土が結晶化した場所が見つかっている。

　そこでバウンドした物体は空中に戻り、フォスター牧場に向かって飛び、空中爆発が起きて大量の破片を降らせた。機体の残り（脱出艇だろうか？）はそのまま飛びつづけ、途中で2体の生き物が機体外部に吹き飛ばされ、プロクター・サイトに落下して死亡した。

　その後はプロクター・サイトから東南東、つまりにロズウェル方向に25～30キロ飛び、ロズ

▼右：ブラゼルに電話インタビューしたフランク・ジョイス。彼も後に軍に拘束された。
左：異星人の遺体を搬送したB29・ストレートの射撃手を務めたロイド・トンプソン。

▼墜落現場の再現イメージ。

ウェルから65キロ北北西の丘陵地帯の平坦地に墜落した。

そこが第3現場「サンアウグスティン平原」なのである。

これらの地で軍は回収作戦を行い、残骸と遺体はロズウェル南方の陸軍飛行場に運ばれた。町ではブラゼルの証言を裏づけるような噂でもちきりになる。だが、7月9日のロジャー・レイミーの発表で事態は沈静化した。

最終的に〝未知の飛行物体の残骸〟と〝小柄な遺体〟は、オハイオ州デイトンのライトフィールド陸軍飛行場（現ライト・パターソン空軍基地）へ持ち込まれた。サンアウグスティン平原で回収された遺体は、オリバー・ヘンダーソン大尉が操縦する別便のC54で、ワシントンDCのアンドリューズ陸軍飛行基地に運ばれた。

また、ほかの回収品は陸路、ニューメキシコ州のカートランド空軍基地から同州ロスアラモス国立研究所に運ばれたという。

1990年代以降にも、空軍は「モーグル気球説」と「マネキン落下説」によって改めて事件を説明している。

軍、民間を問わず、「ロズウェルで人間でない遺体が回収された」という証言が増える一方で、「観測用の気球を目撃した」と証言する者は皆無であるにもかかわらず——。

◀墜落現場の取材時、筆者たちは雷雨に見舞われた。かつてUFOが墜落した日もこのような天候だったといわれている。
▼墜落現場の遺物の一部を回収したロスアラモス国立研究所。

▶墜落した機体の破片や異星人の遺体が運び込まれたというライト・パターソン空軍基地。
▼国際UFO博物館に展示されている異星人の遺体の模型。映画『ロズウェル』で製作されたもの。

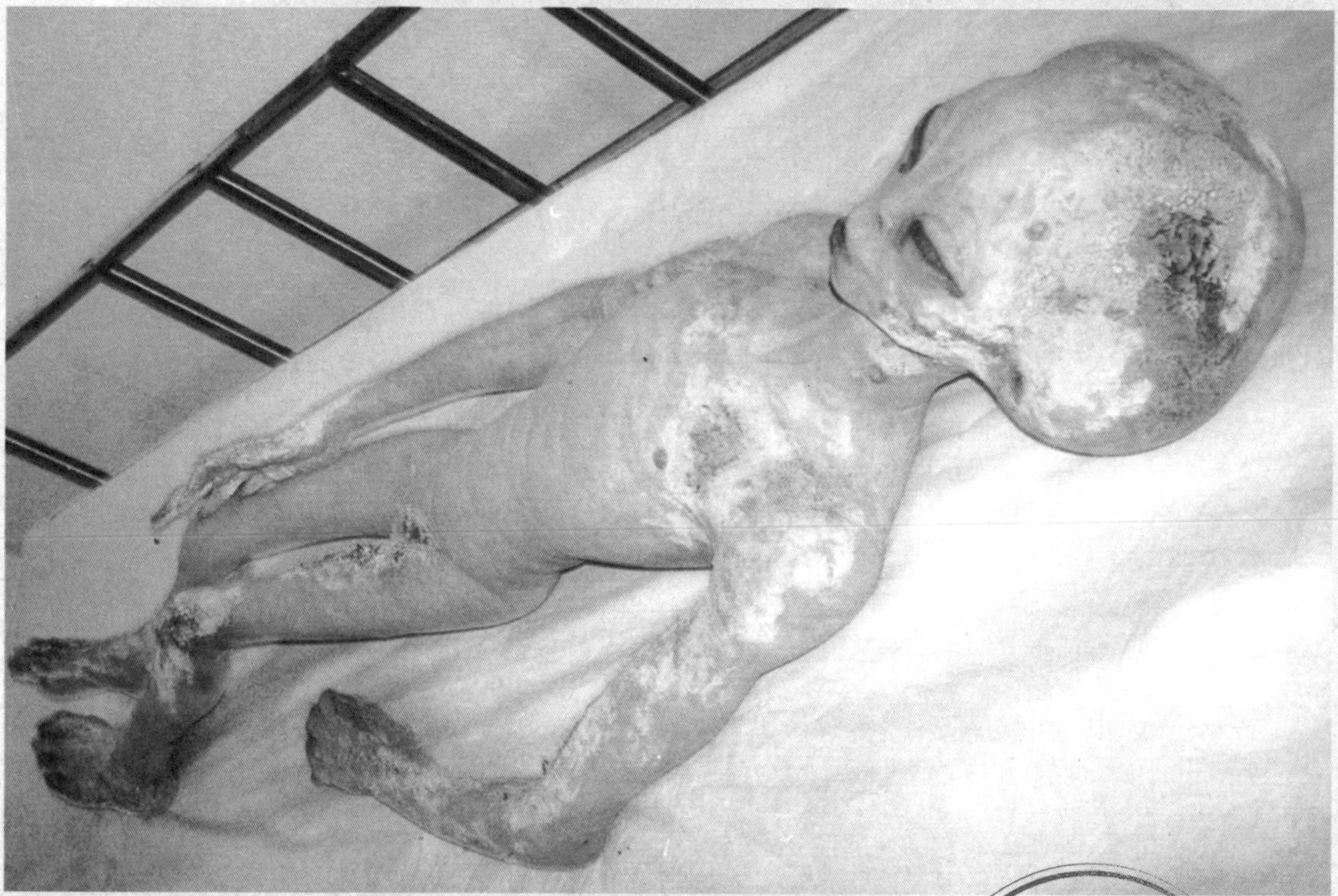

◀1997年6月、空軍は「遺体はマネキンだ」として改めて事件を否定した。

No.000004

ロズウェルの聖杯

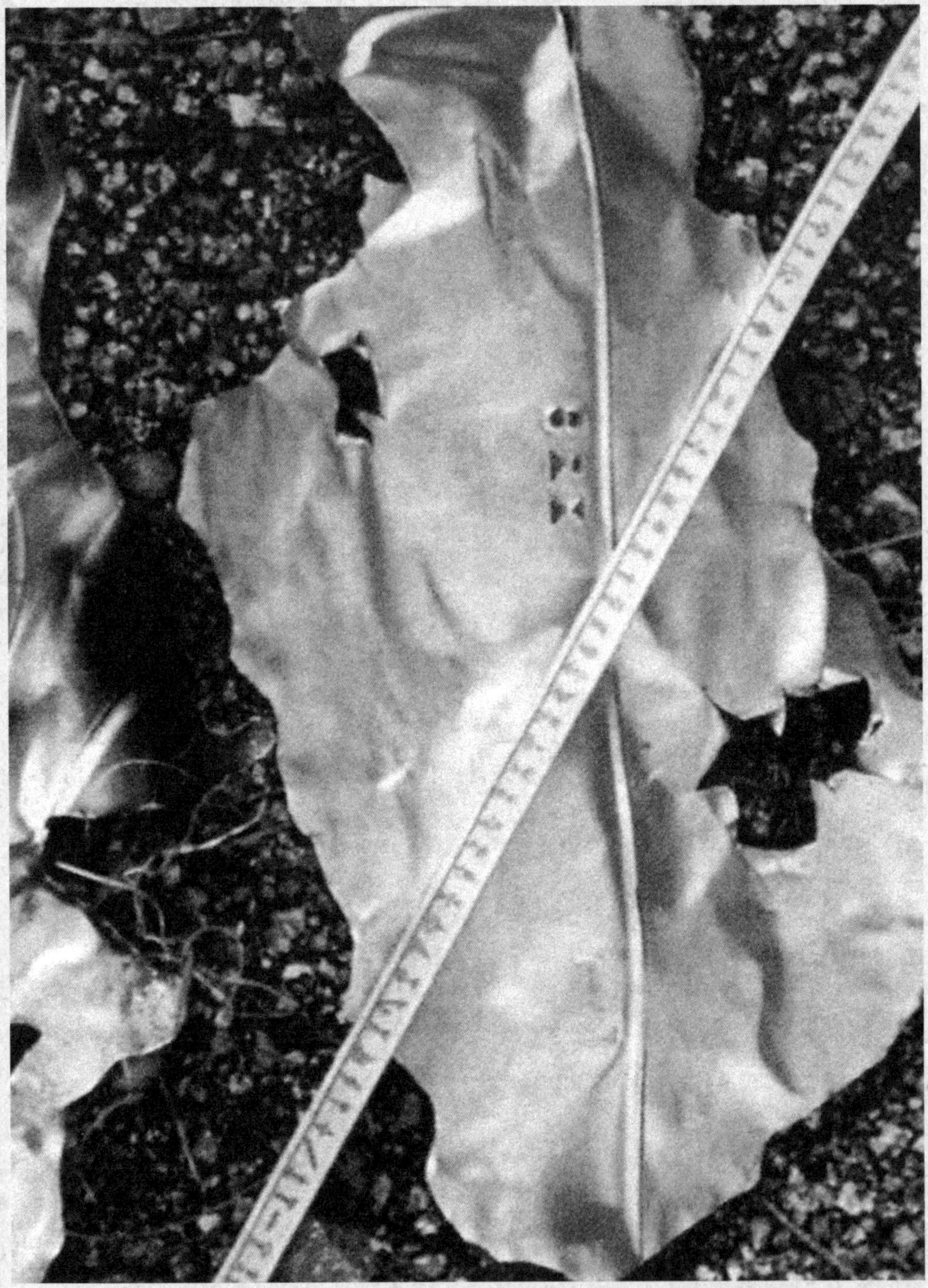

▲ロズウェルで回収された破片の再現模型。アルミ箔のような、形状記憶の性質をもつ軽い金属だったという。

ロズウェルで回収された残骸には、いくつかの種類が存在したが、特に大量だったのが、タバコを包装する銀紙に似た、手のひらより小さな断片だ。この断片は薄くて軽く、手で丸めてもまったく感触がない。くしゃくしゃにして平らな場所に置くと、水銀のように流れて広がり、シワひとつない元の形に戻るという〝流体〟のような特徴をもっていた。

ロズウェル研究の第一人者ドナルド・シュミットは、この物体が化学分析をしなくとも「地球外人工物である」ことが瞬時にわかるものだと主張し、これを「ロズウェルの聖杯」と呼んでいる。そして、〝聖杯〟はその性質から見て、一種の形状記憶合金だった可能性があるという。

事件当時12歳の少女だったフランキー・ロウは、この〝聖杯〟に触れた体験者だ。彼女の父親は、機体墜落現場に一番乗りした消防士ダン・ドワイヤーである。

当時、彼女が父親の消防署にいたときのこと。署内に州警察の警官が入ってきて、父親に向

▲サイ・ファイ・チャンネルによる発掘調査の様子。
◀マック・ブラゼルの息子のビル・ブラゼル（左）。密かに破片を集めつづけていたが、軍に没収されてしまった。


かってこういった。

「みんなを集めてくれ。見せたいものがある」

隊員全員が集まった後、警官はポケットから何かを取り出し、次のように告げた。

「ぼくがこれを持っていることを知られたら、すぐに軍に没収されるはずだ。だから今のうちにできるだけ多くの人に見せている」

警官が握っていた手を下に向けて広げると、表面がガラス状の物質がテーブルの上に落ちた。隊員のひとりがそれをつまみ上げて丸め、離すとすぐに広がって元通りになった。その場にいた者が次々に丸めたり折りたたんだり、くしゃくしゃにしたりしたが、物体は瞬時に元に戻ったのである。それはまた強靭で、ナイフで切ろうとしたり、ライターの炎で燃やそうとしても、傷も焦げ目もつかなかった。

フランキーも、好奇心から物質を手にして5分ほど遊んでいたという。

「手に持っても、質感が感じられないほど軽くて薄いものでした。丸めても、すぐに水が流れるように広がったんです。見た

▲2002年の発掘調査で、V字形の溝が見つかったが、事件との関連は今なお不明だ。
◀かつてのマーセル家の勝手口。この床下に「ロズウェルの聖杯」が埋まっているという噂があった……（写真＝トム・キャリー）。
▶事件当時、UFOの残骸に触れたことがあるフランキー・ロウ。当時12歳の彼女にも軍は脅迫的な箝口令を敷いた。

目は金属質で、鉛のような鈍い光沢を放っていました。青みがかった銀色がそれに近いでしょうか。そして赤や青、紫色の線があちこちにありました。何年も後にテレビで見て、熱で線ができることを知りました。あの物質にあった線も熱でできたのかもしれませんね。あれがその後、どうなったのかはわかりません」

　ところが数日後、ドワイヤー家を軍人が訪れ、一家は脅迫された。

「軍人は〝何か話したら両親は強制収容所に入れて、子供たちは別の施設に送る〟といいました。私は怖くなって、何も話さないことを誓いました。それで、両親とも亡くなるまで何も話しませんでした。何を尋ねられても知らないと答えました。そうしなければ、あの軍人が脅したとおり〝だれにも知られず、砂漠に埋められる〟ことになっていたでしょう。12歳の女の子なら、当然、怯えますよね」

　彼女は今でもそのときの恐怖が、トラウマになっているという。当時を想起しながら語るフランキーの目には、涙がにじんでいた。

❖

　実はこの未知なる残骸の破片は、現場からこっそり持ち出され、多くの人々の手に渡っていたのだ。

　というのも、ブラゼルが破片を持参して、近隣住民らに相談するうち、「これは、空飛ぶ円盤の破片ではないのか……？」と話題になり、人々が好奇心から

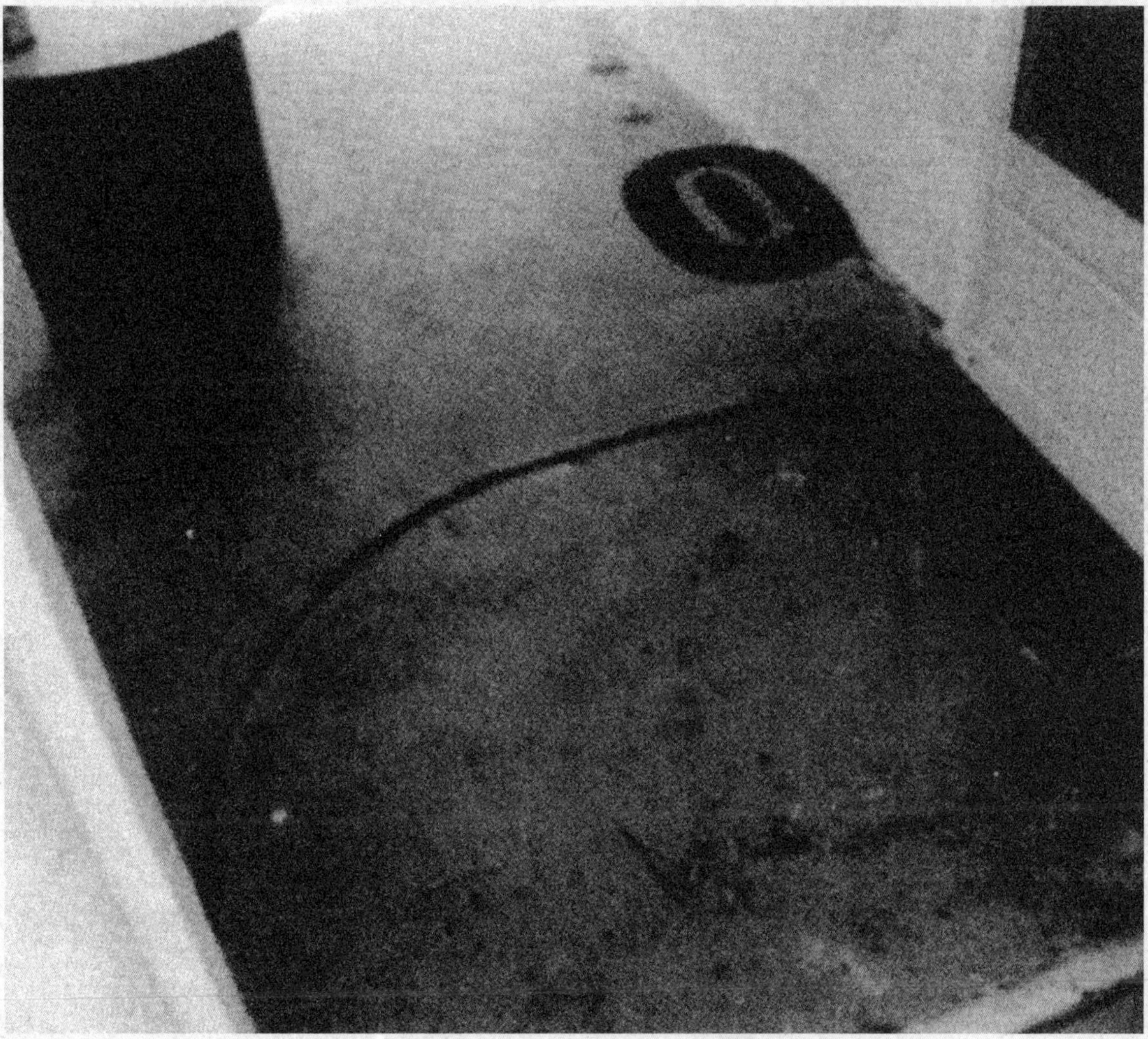

デブリ・フィールドに向かったからだ。

たとえば、クリント・サルトマイアーは牧場へ出向き、大量の破片を拾った。グレイズ・サクラはこの〝質量がない〟金属片を大量にトラックに乗せ、帰宅している。

目撃者たちが共通して持ち帰ったのは、なかなか壊れない物質にガラス繊維の束、I型鋼など。彼らが特に驚いたのは〝聖杯〟だった。つまり、手ですくうと水のように流れる、摩訶不思議な物質である。

その後、軍は多くの市民たちの手に残骸破片が渡っていることに気づき、厳重な回収作業を行った。

住民は子供にいたるまで疑われた。人々は恫喝され、破片について、また破片を持つ知人について知っていることを告白させられた。疑惑をもたれた家はくまなく捜索された。

畜舎の床板はすべて引きはがされ、地下の果実冷蔵庫も中をからっぽにして調べられた。このような民家や車両への公権力による侵入は、1980年代まで続いたという。

こうして、人々の手から物的証拠は奪い去られた。実のところ、どれほどの証拠が住民から取り上げられたのかは定かではない。だがそれ以降、現物は表舞台に出ることはなく、持っていると公言する者もいない。

ちなみに、破片が不可解な消え方をした事例がある。牧童L・D・スパークスの証言によるもので、事件から数年後、友人のダン・リチャーズが銀紙風の破片を空中に放り投げ、それをライフル銃で撃つのを見たことがあるというのだ。

「何発撃っても弾が跳ね返った。くしゃくしゃに丸めても投げても、空中で元のように広がるんだよ」

その破片の行方はわからない。なぜならリチャーズが、その後まもなく交通事故で死亡したからだ。

なお、彼の両親が住む牧場には広い干草貯蔵庫があるのだが、当時の軍部および現在の研究家ですら調査しきれず、そのままになっているらしい。つまり、〝聖杯〟は、その干草貯蔵庫で、未発見のまま眠っている可能性があるのだ。

No.000005

証言者たちの遺言

ロズウェル事件の証拠を探るうえでわれわれに残されたもの——それは事件を直接あるいは間接的に見聞きした、信頼できる証言者たちの存在だ。

だが、残念ながら、秘密を抱えたまま亡くなった人たちは多い。ジョージ・M・ウィルコックス保安官や元ロズウェル対諜報部のシェリダン・キャビット将校などだ。

一方で、死の間際に真実を語った人たちもいる。

事件発生当時、ロズウェル基地に配属されていた父親のホーマー・ロウレットについて、ラリー・ロウレットとカリーン・グリーンの兄妹が語った。

父親は軍では最高レベルの機密情報権限を与えられていた。生前、父親はラリーに事件について詳しく語ろうとはしなかった。だが、1988年3月、病院で最期を迎える間際、父親はラリーとカリーンに打ち明けたのだ。

「墜落事件は事実だぞ。スペース・クラフトもグレイも見た」

「クラフト」とは、地球外の機体を意味し、「グレイ」とは彼が自らの目で見た異星人の死体の皮膚の色を描写したものだという。

ホーマーによると、墜落現場で散乱した破片と一緒に異星人も回収して基地に運ぶように命令が下された。4体のうち3体が遺体で、1体は生きていた。破片も異星人も一度ロズウェル基地に搬送し、そこからフォートワース基地へ、さらにライト・パターソン空軍基地内の施設に移送されたという。

ホーマーは、見たことを話せば年金を支払わない、と当初から脅迫されていた。彼は告白の2週間後に亡くなった。ラリーは「その後、グルームレイクまで運ばれたかもしれないな。当時エリア51という言葉はなかった」と語った。

なお、臨終の告白の初期の例は、メルヴィン・ブラウン軍曹だ。娘のビバリー・ビーンによ

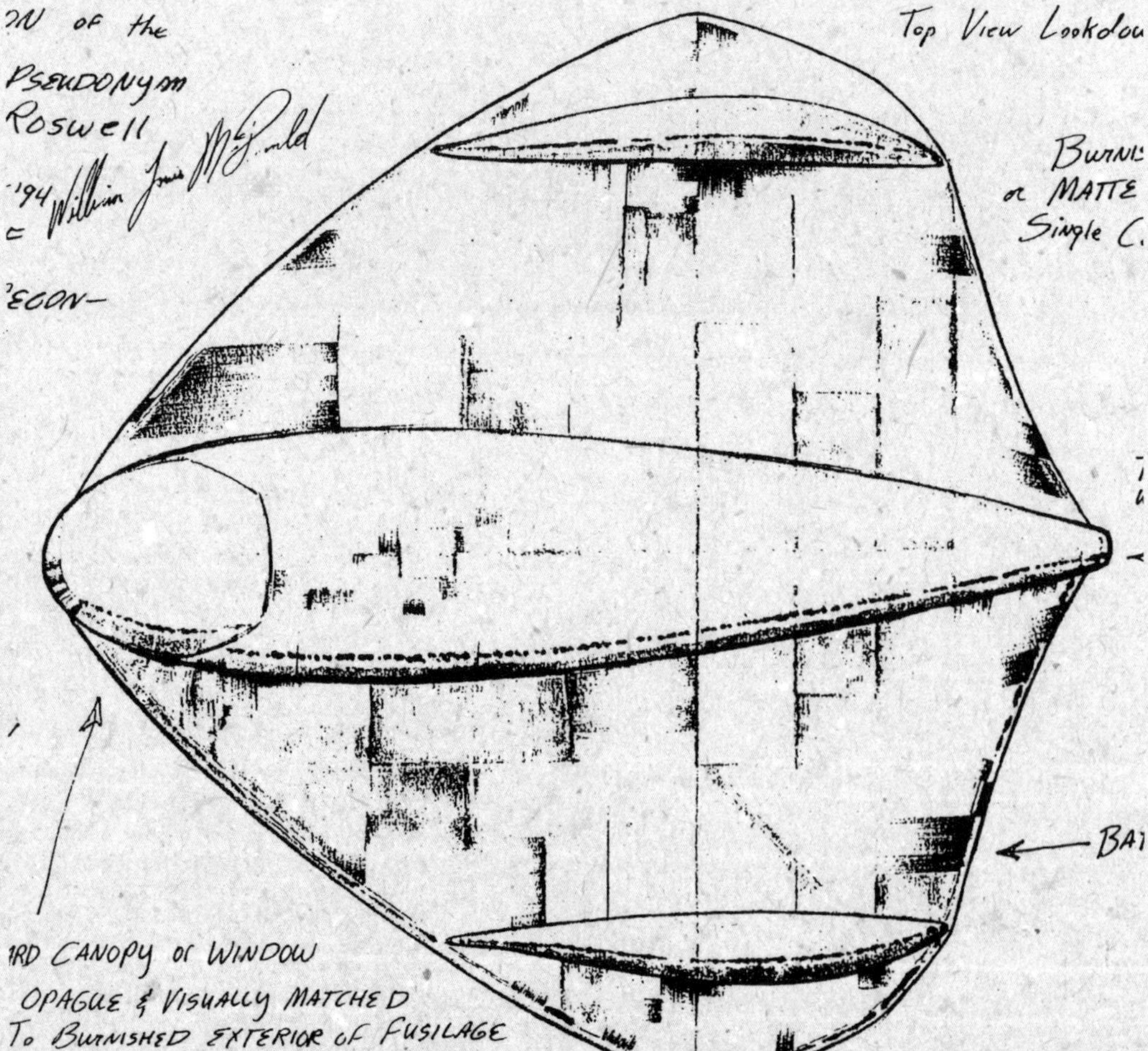

▲ロズウェルに墜落したUFOの再現スケッチとされるもの。脱出カプセルだろうか?

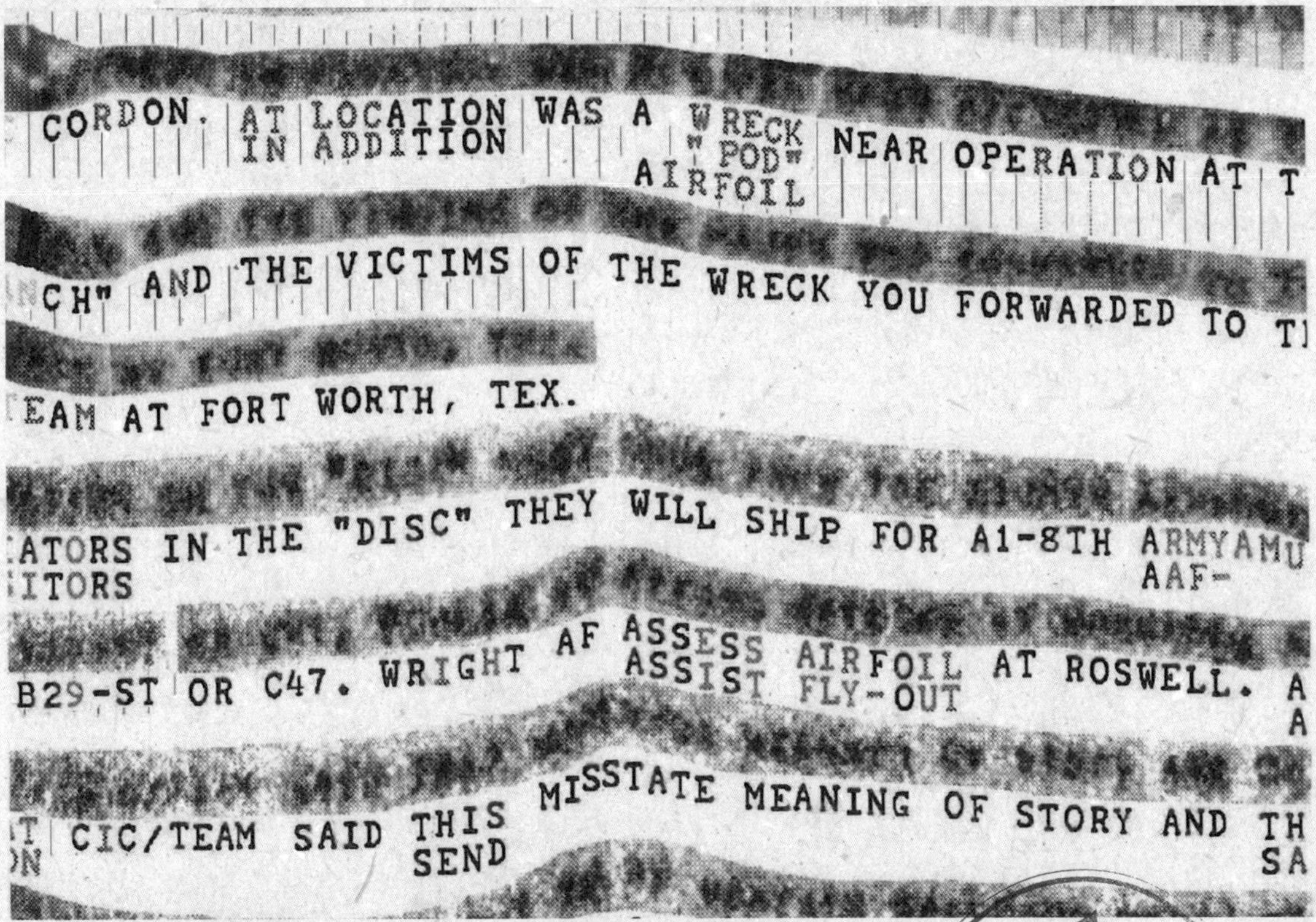
CORDON. AT LOCATION WAS A WRECK NEAR OPERATION AT T

IN ADDITION "POD"

AIRFOIL

CH" AND THE VICTIMS OF THE WRECK YOU FORWARDED TO T

TEAM AT FORT WORTH, TEX.

CATORS IN THE "DISC" THEY WILL SHIP FOR A1-8TH ARMYAMU
SITORS AAF-

B29-ST OR C47. WRIGHT AF ASSESS AIRFOIL AT ROSWELL. A
ASSIST FLY-OUT A

T CIC/TEAM SAID THIS MISSTATE MEANING OF STORY AND TH
ON SEND SA

▲◀気球説を報じた際にロジャー・レイミー准将が手にしていたメモ。Victim（犠牲者）という語が記されているという指摘もあり、謎が残っている。

ると、1986年、死の床にあったとき、彼はロズウェルのことばかり話していたらしい。

たとえば、ブラウンが救急搬送用のトラックで回収地点に行ったとき、別のトラックの荷台に氷をあてがった布があった。隙を見てその布を引っぱったところ、中には小柄な遺体があった。それは頭が大きく、目が斜めに傾いていた。

第718爆撃団（第509爆撃飛行隊に属する）の作戦将校ダーウィン・E・ラズムセン大尉もまた、死の直前に家族に、「ロズウェル事件は真実だった。4体の遺体が回収された」と語った。彼のいとこにあたるイレイン・ヴェーダによれば、ラズムセンは彼女の父親に、墜落現場から遺体を回収したことがあるので空飛ぶ円盤の話は本当だと確信していると語ったそうだ。

✣

きわめつけの話がある。

1976年から1977年にかけて、フロリダ州セントピータース病院の癌病棟で働いていた看護師メアリー・アン・ガードナーは、人類学者だという女性患者を担当していた。末期癌で死期の迫ったこの学者と、ガードナーは時間が許す限りおしゃべりをした。

あるとき、その学者がガードナーに不思議なことをいった。

「ねえ、空飛ぶ円盤を信じる？」

「いいえ、先生。そんなものあるわけないですよ」

すると学者は、

「空飛ぶ円盤は現実よ。私はニューメキシコ州の砂漠で円盤を見たの。彼らは地球に来ているわ」

「彼らって……だれのことですか？」

「地球外生物のことよ。私は戦争直後に岩石の採取と化石の発掘中、墜落した空飛ぶ円盤と地球外生物の遺体を見てしまったのよ」

学者がいうには、遺体は明らかに人間ではなく、小柄で頭部は丸く、目は小さくて頭髪がなかった。遺体は4体あり、全員灰色の肌に密着した銀色の飛行服のようなものを着用し、服にはジッパーもボタンもなかったという。

「それで、その空飛ぶ円盤と遺体はどうなったのですか？」

「陸軍が回収したわ。私たちは

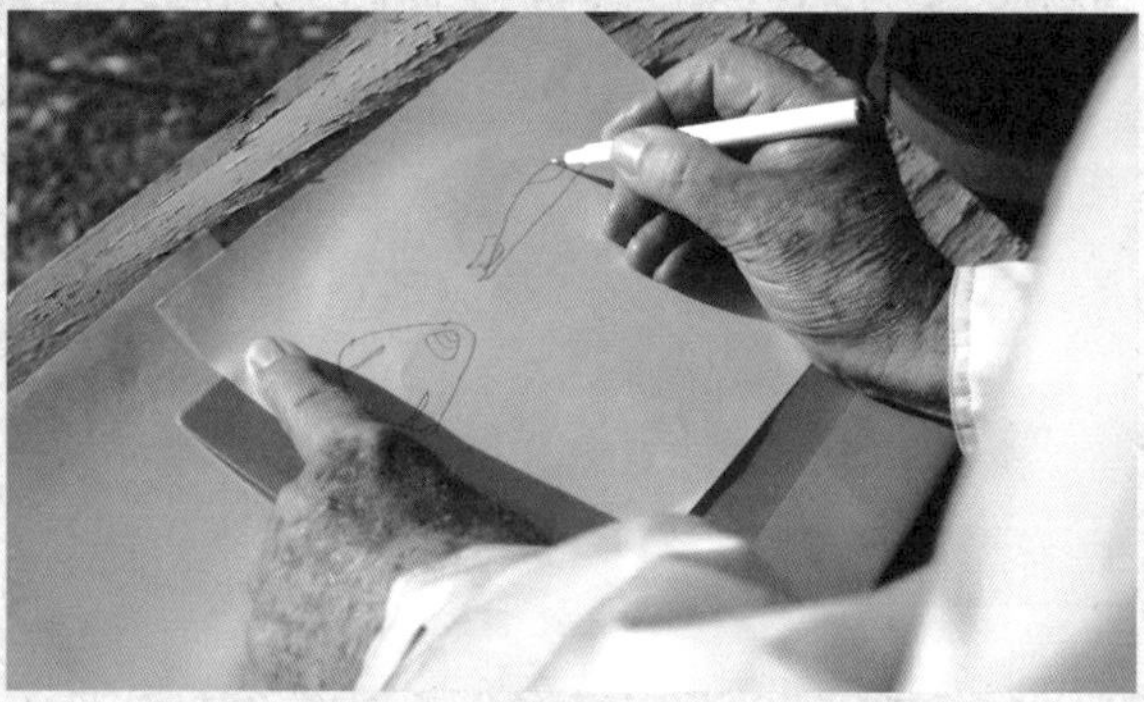

▲フランク・カウフマンによるエイリアンと墜落UFOのスケッチ。

◀国際UFO博物館と同研究センターに展示されている異星人の模型。マーセルらの証言によると、異星人遺体の姿そのものだという。

AUTHORIZATION 認定

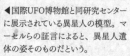

▲ロズウェル事件については世界各国のリサーチャーが多様な情報を収集しているが、フェイクも多く含まれており、いまだに事件当日の顛末も詳細は判明していない。

見たことをだれにも話すなと約束させられた。当時はそうするのが愛国者として当然のことだったの」

一行は将校の事情聴取を受け、住所、氏名、所属までもが書きとめられた。将校は、これは国の安全にかかわる重大な秘密なので、他言は無用だ。しゃべりすぎたらどうなるか覚悟しておけ、と威圧的な態度で口止めしたという。

「あの人たちはしゃべったら必ず見つけるといってたわ。だからこれ以上話さないほうがいいの」

「あの人たちって？」

学者が小声で答えた。

「――政府よ」

それから数日後、学者は息を引き取った。彼女は余命わずかなことを知り、ずっと沈黙してきた真実を話したくなったのだ。

この学者こそW・カーリー・ホールデン博士率いる考古学研究団の一員で、墜落現場に居合わせたひとりだった。

✣

ロズウェル事件最大の争点は、墜落した機体と遺体についてである。機体が回収されたのは、既述のようにサンアウグスティン平原だ。

最初の発見者であるW・カーリー・ホールデンらの情報では、機体の形状は〝胴体がずんぐりした無尾翼機〞だったという程度。その後、実際に現物を見たという軍、民の目撃情報が集まると、それは銀色で小さな卵形をした〝ドーム形UFO〞だったことがわかった。

１９４７年７月８日、新聞配達少年タルバートが、ロズウェルの町の基地に向かって進む軍の車列と遭遇。巨大なトレーラーのシートがめくれて、中の物体が見えた。それは縦横１・２〜１・５メートル×３・６メートルで、高さは１・５メートル〜２・１メートル。上部にドーム形のものが付属していた。

また、屋根ふき作業中に車列を見た目撃者もいた。トレーラーの荷台からつぶれた金属が突き出ており、ほかには燃料タンクに似た円錐形の物体もあったという。

ローランド・ミーナ・ジュニアの父親ローランド・ミーナ上等兵は、ロズウェル北部で回収作戦に参加した兵士だった。彼

▲軍から遺体についての問い合わせがあったというバラード葬儀社（2010年撮影）。
◀グレン・デニス。葬儀社に勤めており、看護師から病院に搬送された異星人について情報を得ていた。

認定
AUTHORIZATION

は第509爆撃飛行隊の第390航空業務隊に所属する警察員で、当時墜落現場の警護中、「卵形でつるつるしてつなぎ目のない物体を見た」と告白した。ミーナは、大型トレーラーにUFOを載せて防水布をかけ、空軍基地に運んで格納庫に下ろすまでジープで警護した。

その後は〝秘密厳守〟と誓わされている。退役後もダークスーツ＝MIBの軍関係者らしき人物が数年にわたり定期的に訪れ、彼を監視していたという。

遺体がいわゆる〝ヒューマノイド・タイプ〟の異星人であることが判明したのは、当時バラード葬儀社に勤めていたグレン・デニスの情報によるものだった。

事件当時の7月8日午後、デニスは交通事故に遭った航空兵を基地の病院まで運んだ。そのとき、そばに停車していた救急車の後部ドアが開いていて、一見、カヌーの前部状のものが見えた。側面には奇妙な文字が書かれている。金属製らしく、表面は高熱にさらされたように青みがかっていたという。

それから1、2日後、デニスは親しい看護師から病院に運ばれた遺体の話を聞いた。彼女によると、診察室の担架に悪臭を放つ3体の遺体が横たわっていた。体長は100〜120センチ。腕が長くて体つきは華奢だった。頭が異様に大きく、頭骨は新生児のように柔らかく見えた。手の指は4本。吸盤状で親指がなかった。目は窪み、耳と鼻は頭の横と顔面に開いた穴で、口は小さな切れ込み程度。看護師は遺体の図を描いて、デニスに手渡した。

その後、彼女の証言を裏づける目撃談が次々と明らかになった。

1947年7月、ロズウェル基地での定期的なイベントである新型航空機の献納式に出席していたニューメキシコ州副知事のジョゼフ・L・モントーヤは、大格納庫内で、テーブルの上に寝かされた体長約1メートルの小人を4体見ている。

同年7月7日、第390部隊の上等兵イーライ・ベンジャミンもまた、この格納庫で異星人を目撃。担架に乗せて病院に搬送したが、その姿形については、モントーヤと同様の描写をして

▶ラリー・ロウレット。亡くなる直前の父に墜落機体と異星人の遺体について聞かされたという。

いる。

同年7月9日、病院勤務のミリアム・ブッシュは、診療室の中央に担架に乗せられ白い布がかけられた小柄な遺体を目撃。肌の色は灰色から茶色で、頭が異様に大きかった。目も大きくて閉じることができないようだったという。

同年7月、マリオン・M・マグルーダ中佐はアラバマ州モンゴメリーにある、将校対象の「空軍戦争大学」の講義に出席していた。マグルーダのクラスは、講義が始まるまでライト・パターソン空軍基地にいた。そこで、地球外の宇宙船の話を知った。そして彼ら全員が回収された残骸だけでなく、別室で異星人をも見せられたのだ。

マグルーダは1997年、86歳で死亡したが、その少し前に息子のマイクと孫娘に話したという。つまり、その生物は体長が150センチ弱で、人間に似ているが、腕は長く目は大きく、異様に大きな頭、無毛などだ。

彼が語ったその他の特徴は、ロズウェルの異星人を見たという人々の長年にわたる目撃談と変わらない。たとえば口はただの切れ込み程度、鼻はふたつの小さな穴が開いているだけ。彼は人間の子供に似た特徴を強調しつつも、「ほかの惑星から来たのは確実だ」と語っている。

ロズウェルの異星人を描写するのによく使われる表現がある。これはマグルーダより前に目撃したふたりの将校が使ったものだ。

ひとりは異星人の第1便を7月8日、ライト・パターソン空軍基地へ運んだ操縦士オリバー・ヘンダーソン大尉で、異星人はアニメの主人公〝キャスパーに似ていた〟という。もうひとりは7月6日に墜落現場へ急行したジェシー・マーセル少佐だ。

彼は部下たちに、それは〝白いゴムのようだ〟と表現した。また、マグルーダは、生きた異星人を〝くねくねしていた〟と語っていた。3人とも同じことをそれぞれの言葉で表現した、といっていいだろう。

マグルーダの話では、軍は生きた異星人で実験を行い、結局死なせたという。彼は「私たちが殺したんだ」と、自身を苛んでいたという。

No.000006

ドナルド・シュミットが語るロズウェルの陰謀

1980年代から1990年代初期にかけて活動していた研究家のほとんどが第一線から姿を消した。

現地調査訪問が、すでに100回を超え、取材した人数も1000人は超えているドナルド・シュミットは、2010年6月に以下のように語っている。

「ロズウェル事件の証拠に足りないものは、あの摩訶不思議な性質をもつ形状記憶物質、聖杯に尽きる。発掘作業もそれが目的だ。今の時代、形状記憶物質は珍しくない。しかし、1947年に現場で発見された物質は、燃やすことも切ることもできず、まったく同じ物質は、現代科学でも実現できていない。あれは地球外の産物だとしか考えられない。

ロズウェル事件はUFO現象のすべてを含んでいる。何かが墜落し、その破片の写真や、破片を手にしたという人、飛行機での運搬にかかわった人々の証言もある。墜落物体や遺体に関する当事者の間では『あれは気球ではない。何かほかのものだ』というのが、共通している。

あれはこの地球上で作られたものではないといい残したジェシー・マーセルは、遺体についても知っていた。

牧場に最初に向かったのは、彼とキャビットだ。そこで、ブラゼルがふたりに遺体を見せた

▲ロズウェル事件の現場は、今も「何もない」荒野のままだ。

のではないだろうか。私が調査を始めたとき、すでにマーセルは亡くなっていたのだが、マーセル・ジュニアは、父親が遺体については何も語らなかったと証言している。しかし、ほかの血縁者には話をしている。話がつながらないのは、この部分だ。その理由は？　機密情報があったということだろう」

マーセルが突然、表舞台に登場したのは、1974年にアメリカで情報公開法が改正されたことが契機となったのだろう。というのも、この法律を楯に、民間UFO研究団体「GSW」がCIAに対して、極秘扱いのUFO情報の開示を求める裁判を起こし、1978年に勝訴したからだ。

その結果、膨大な資料が公開され、アメリカ政府のUFO否定工作がCIAのさしがねであったことが判明した。またこれに関して、空軍、海軍、国防総省、国家安全保障局、陸海空統合参謀長会議、FBI、原子力委員会までもが、UFOに関する記録文書を作成していたことも判明。特にFBI文書中には、ニューメキシコ州で起きた、墜

▲右：ジェシー・マーセル。ロズウェル陸軍基地の情報将校だった。彼は異星人を見ていたのか？
中：多くの偽情報をもたらしたフランク・カウフマン。ロズウェル事件では真相を隠すための情報がいくつも拡散されている。
左：ビル・ムーア。1980年にバーリッツとの共著で『ロズウェルUFO回収事件』を上梓した。

落ＵＦＯと乗員の遺体回収を示唆する記述があり、注目された。マーセルが登場したのは同年で、まさに騒動の渦中だったのだ。

これは偶然ではない。

軍情報部の〝指示〟があって、出るべくしてマーセルは出てきた。目的はＵＦＯ研究界を攪乱するための、〝ディスインフォメーション＝偽情報〟の伝播だったのではないかと思われる。

その証拠に１９８０年を境に、〝ディスインフォメーション〟という言葉が、急速にＵＦＯ界を席巻しはじめた。ビル・ムーアがからんだ、例のＭＪ－12文書は、その火付け役といってもいいだろう。この文書を情報部依頼で作成し、騒動を起こしたのはムーアではないか？　ムーアはロズウェル事件を世に広めた張本人でもある。

情報公開法、ロズウェル事件、ジェシー・マーセル、そしてＭＪ－12文書とビル・ムーア。これらすべてロズウェル事件を軸に複雑にリンクしている。

さらに筆者は、この１９７８年のマーセルの登場と、１９９１年、偽の第２墜落現場の存在を主張したフランク・カウフマンの出現に、同じ匂いを嗅ぎとっていた。カウフマンもまた偽情報の片棒をかついでいた。

ロズウェル事件には、軍による恐喝と脅圧行為による口封じが実施されたが、謎めいた事件関係者の失踪や不審死も相次いでいる。

ニューメキシコ州選出のスティーヴン・シフ下院議員は、１９９４年１月、ＧＡＯ（会計検査院）に軍がロズウェル事件の隠蔽工作をしている可能性を示唆し、チェックするように国防長官に求めた。すると同年９月、墜落したのは、「モーグル計画」で使用された気球だという声明をペンタゴンが発表したのだ。

そのシフ議員は、51歳のときに急性皮膚がんで亡くなってしまう。再選の直後、耳のあたりから発症して、わずか半年のことだった。シュミットらと調査プロジェクトを再開しようとしていた矢先の急逝は、偶然なのだろうか？

シュミットは、マック・ブラゼルの息子ヴァーノンも、その犠牲になったと指摘する。ヴァーノン・ブラゼルは、モンタナ州ヘレナに住んでいた。そこはマーセル・ジュニアが住んでいる街で、彼らは、お互い顔見知りだったという。

マーセルは遺体を見ていたはずだが、ジュニアは、父親が遺体については何も語らなかったと証言している。だからか、あるいはまた意図的に泳がされているのか、ジュニアには〝闇の魔の手〟が及ばなかった。しかしマーセル・ジュニアも、２０１２年にこの世を去っている。

▲ロズウェル事件研究の第一人者であるUFOリサーチャーのドナルド・シュミットと筆者。

2 UFO事件

No.000007-000047

No.000007

アズテック事件

▲ハート渓谷のUFO墜落現場といわれる場所。

もっとも有名なUFO墜落事件であるロズウェル事件の翌年に、同じニューメキシコ州でUFOの墜落事件が起こっていた。これは情報公開法によって公開されたFBIの極秘資料に記されていた事実だ。

1948年2月13日、アズテックの北東約20キロのハート渓谷に空飛ぶ円盤が墜落。第2次世界大戦中に原爆開発を行ったマンハッタン・プロジェクトの主要人物、バンネバー・ブッシュ博士ら一行が回収にあたった。現場では残留放射能など異常は認められなかった。

円盤は直径約30メートル、銀白色で、上部はドーム形になっていた。内部からは身長1・2メートルほどの乗員の遺体が14体回収された。頭部が異様に大きく、青白い肌で華奢な体だった。中央に置かれていた2メートル四方の金属製の容器からは、人間のバラバラ死体が発見された。赤い液体に浮かぶ手、足、胴体……調査員たちは吐き気をこらえて思わず目をそむけた。

墜落した機体と乗員の遺体は、最終的にロスアラモス国立研究所にある原子力テストエリア内に設けられた施設に運び込まれ、調査・分析が実施された。遺体の解剖にあたったのは当時、生物学の権威だったデトリーブ・ウルフ・ブロンク博士。異星人の体液は人間のそれとは異なり、赤血球がなく無色透明でオゾン臭を発していたこと、消化器官も生殖器もなかったことから、高度の遺伝子工学技術によるヒューマノイドだとの結論に達した。

異星人の解剖結果もさることながら、科学者たちを困惑させたのが、円盤内で発見された人間の惨殺体だった。その死体はどこから来たのか、なんのために殺されたのか。調査にあたった専門機関はもとより、政府首脳のショックと困惑は計り知れないものだった。

1947年に設立された米空軍のUFO調査機関「サイン」は、その後「グラッジ」と改名・改編され、極端な秘密主義をとるようになった。その原因は、この墜落事件が影響したといわれている。

▼アズテックでの円盤の墜落と遺体回収に関して報告するFBI文書。

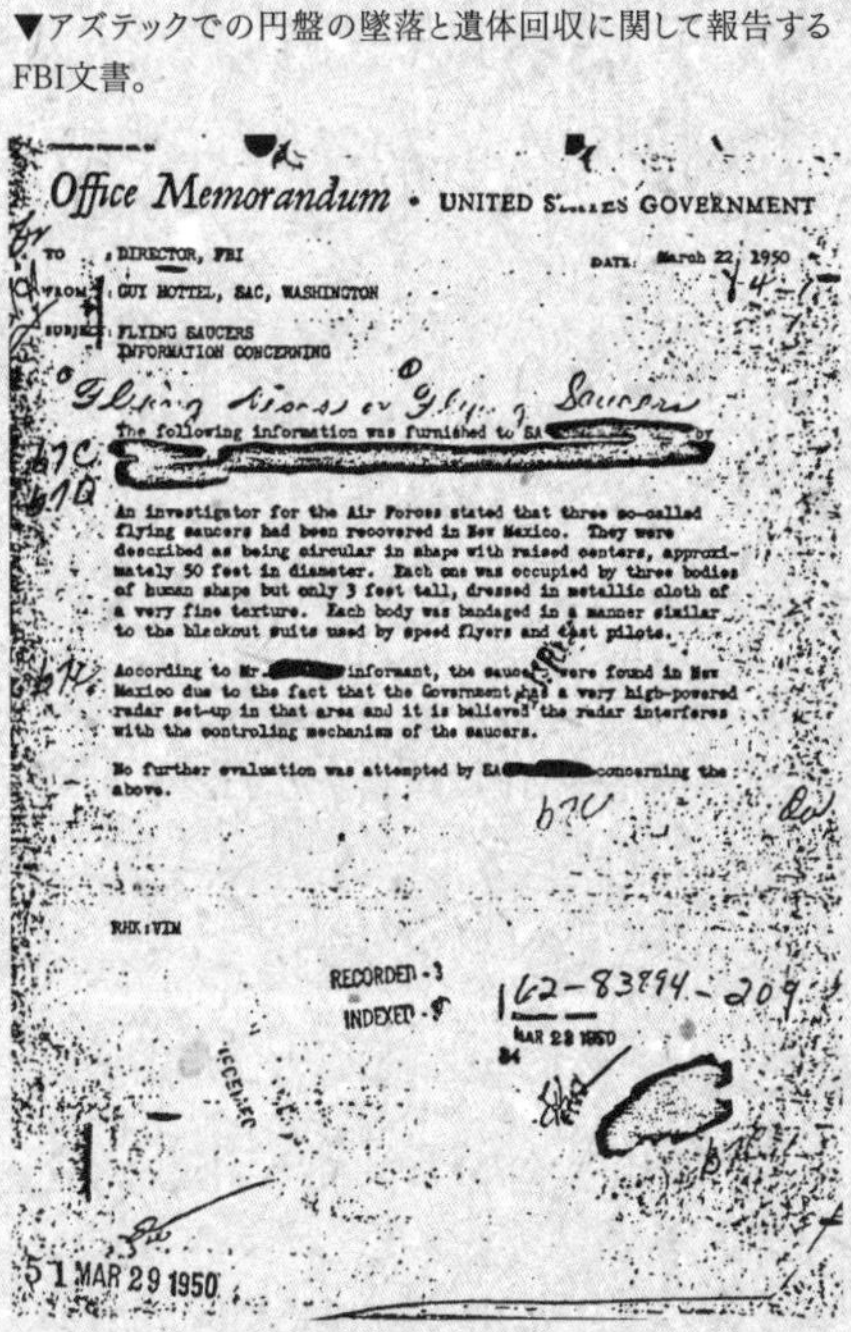

Office Memorandum • UNITED STATES GOVERNMENT

TO : DIRECTOR, FBI DATE: March 22, 1950

FROM : GUY HOTTEL, SAC, WASHINGTON

SUBJECT: FLYING SAUCERS INFORMATION CONCERNING

Flying discs or flying saucers

The following information was furnished to SA [redacted]

An investigator for the Air Forces stated that three so-called flying saucers had been recovered in New Mexico. They were described as being circular in shape with raised centers, approximately 50 feet in diameter. Each one was occupied by three bodies of human shape but only 3 feet tall, dressed in metallic cloth of a very fine texture. Each body was bandaged in a manner similar to the blackout suits used by speed flyers and test pilots.

According to Mr. [redacted] informant, the saucers were found in New Mexico due to the fact that the Government has a very high-powered radar set-up in that area and it is believed the radar interferes with the controlling mechanism of the saucers.

No further evaluation was attempted by SA [redacted] concerning the above.

b7C

RHK:VIM

RECORDED - 3 INDEXED - 5 62-83894-209 MAR 23 1950

51 MAR 29 1950

No.000008

オーロラ事件

▲かつて、オーロラの墓地にあった墓石。だれが埋葬されていたのかは不明のまま、墓は消えた。

1897年4月17日早朝、アメリカ、テキサス州オーロラで巨大飛行物体の墜落事故が起きた。葉巻形の飛行物体が落下し、町の北側にあるプロクター判事の家の風車に激突、粉々になるのを住民たちが目撃したのだ。

パイロットの遺骸は、「この世の住民ではない」ことは明らかで、残骸近くには、航行記録と思われる未知の象形文字が記された紙片があった。機体は未知の金属製で、総重量は数トンに及んだ。

事件がすっかり風化した1945年、プロクター判事の土地を購入したブローリー・オーツは井戸の底にあった金属破片を除去した。だが、やがて彼は手先が変形する奇病を患い、恐れた彼は井戸をコンクリートで覆ってしまった。

1973年、民間UFO研究団体MUFONの調査員ビル・ケースは、この事件を知るふたりの証人を見つけた。当時15歳のメリー・エヴァンスは両親とともに墜落現場に行き、当時10歳のチャーリー・スティーブンスは町の北のほうへ煙を吐きながら飛んでいく物体を目撃し、翌日、町まで出かけ、その残骸を見たという。

ケースの調査で、現地で飛行物体らしきシンボルが刻まれた墓標が発見された。その場からは金属反応があったというが、発掘は許可されず、その後、墓標はいつの間にか撤去され、金属探知機の反応も不自然に消えてしまった。

2008年11月、ヒストリーチャンネルが現場で発見された金属片について報告した。北テキサス大学の研究室で分析すると、それはアルミニウムと鉄の合金と判明。当時、このような合金は存在せず、現在でも原子炉の燃料被覆材料として使用されているのみだ。ついで、現場で封印されていた井戸からは、同じく高レベルのアルミニウムが検出された。

こうした事実が、正体不明の物体が実際に墜落していたことを強く示唆したが、その証拠はいずれも決定的なものにはならなかった。

No.000009

デルフォスUFO着陸事件

1971年11月2日、アメリカ、カンザス州デルフォスでUFOの着陸事件が起こった。午後7時過ぎ、デュアレル・ジョンソン農場で、羊の番をしていたロナルド・ジョンソン(当時16歳)は、突然、ゴロゴロという音を聞き、目をやるとマッシュルームのような形をした物体が、地面から60センチの高さに滞空していた。

見かけの直径は約2・7メートル。ロナルドはこの物体を呆然と数分間凝視した。やがて物体は南の方角に飛び去った。このとき、一瞬、目が見えなくなり、それが回復したロナルドは、慌てて家に戻り、両親に告げた。外に出た両親もまた南に飛び去っていく光る物体を目撃した。

物体が滞空していた現場に行ってみると、地面がUの字形に燐光を放っていた。この部分をジョンソン夫人が指で触れたところ、すべすべしたパンの皮のような感触だったという。

だが、その直後、夫人の指先が痺れはじめた。驚いた夫人は指についた泥をとろうとして手を足にこすりつけたが、その足も痺れてしまった。その症状は2週間も続いた。

UFO研究家テッド・フィリップスの調査で、U字状リングの大きさは直径2・4メートル、リングの幅は30～50センチくらいだとわかった。燐光を放っていた部分から乾燥した白色の物質が採取され、分析された結果、放射能は検出されなかったが、周辺の土壌の10倍以上のカルシウムが検出された。またリング部分はその後、草が育たなくなったという。

さらに物体の飛行経路付近の木の枝に火ぶくれの痕があり、まるで枯れ木のようになっていて、触れただけで折れてしまった。かなりの高熱を浴びて、枝の中心が、異常に乾燥していたからだった。つまり、これは電子レンジで加熱されたような状態だったことを示していたのである。

こうした痕跡は、UFOが高周波電界を放っていたことを示唆するものだった。

UFOを間近で見ていたロナルドは、目撃後、数日間にわたって、目の痛みと頭痛に苦しんだ。

これはスキー場などで紫外線によって目が炎症を起こす症状に似ている。だとすれば、UFOから強烈な紫外線が放射(輻射)されていたのかもしれない。

▼1971年11月、カンザス州のデルフォスでUFO目撃事件が発生。現場には燐光を放つU字形の痕が残されていた。

▲地面についたU字形の痕。まだ白い燐光が残っていることがわかる。

AUTHORIZATION
認定

▶目撃者で、当時、農場で羊番をしていたロナルド・ジョンソン。
▼着陸痕を残して上空へ消えたマッシュルーム形のUFOと、事件状況の説明スケッチ。

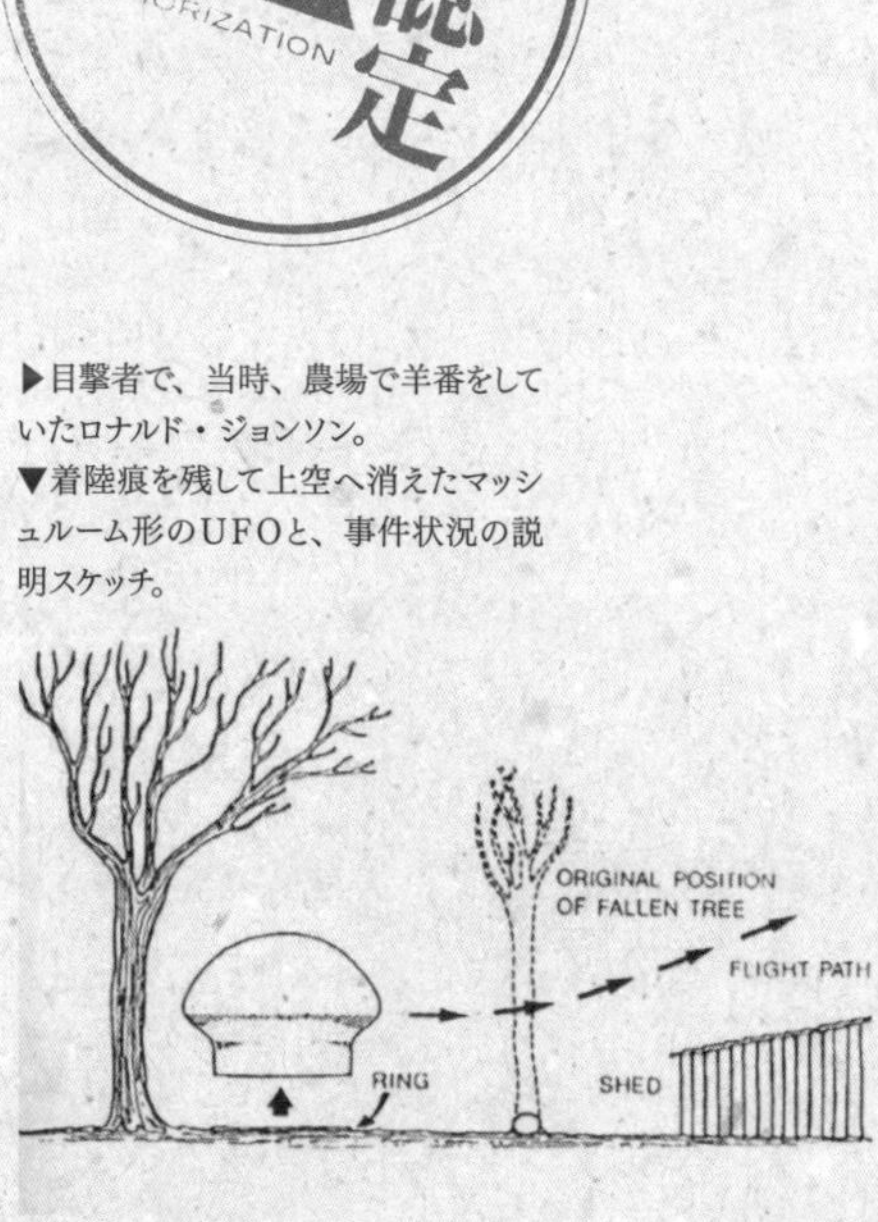

No.000010

ケクスバーグ事件

1965年12月9日午後5時近く、アメリカ、ペンシルベニア州ピッツバーグの南東、ケクスバーグの森に火の玉が落下した。グリーンズバーグで未解明現象研究会を主宰するスタン・ゴードン会長は、現場が州警察に封鎖される前に到着していた人物ふたりに聞き取り調査を行った。

そのひとり、自警消防団のジム・ロナンスキーは「物体は地中に半分埋まった形で墜落していた」と証言。くすんだような金色で、直径は3～4メートル、ドングリのような形をしていた。底部の金色のバンパーのようなものには、模様とも文字とも見えるものが刻まれていたという。

もうひとりの目撃者ビル・ブラッシュは、道端で車の修理中、彼の頭上を8の字のような旋回を繰り返しながら物体が落下し、森の中に墜落したのを目撃している。現場に行くと、燃えるようなオレンジ色をしたドングリ形の物体が半分ほど地中に埋まっており、その物体の一部から青白い火花が散っていたという。

またビル・ウィーバーは、軍が物体を回収する現場を目撃していた。白い防護服の4人の男たちが、巨大な白い箱を現場から運び出すのを見たという。さらに翌10日の午前1時過ぎ、防水シートに覆われた積み荷を載せたトラックが森の中から猛スピードで出ていくのを、近くの住民たちが目撃している。

その後、情報公開法によって開示された極秘文書によって「ムーンダスト」という、米国以外の宇宙船や、出所の知れない墜落物体回収を任務とする部隊の存在が明らかになった。この謎の飛行物体墜落事件を処理したのも、この部隊だろう。

2003年、アメリカのジャーナリスト、レスリー・ケアンが情報公開法に基づき、この事件に関する調査をNASAに求める訴訟を起こした。2005年にNASAは現場からソ連の金星探査機コスモス96の部品を回収したと発表した。連邦地裁の要請でNASAは2007年10月までの再調査を約束したが、それはいまだ果たされていない。

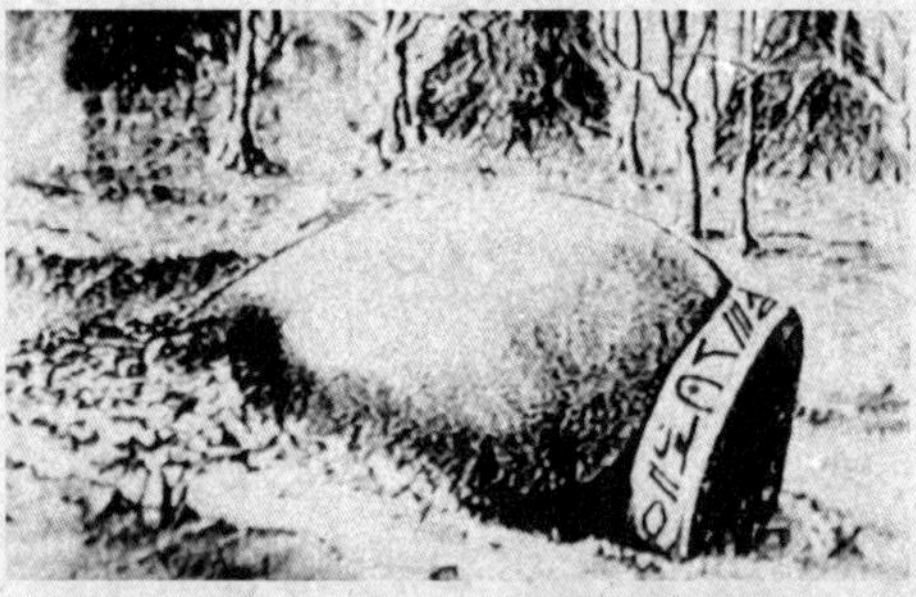

◀墜落したUFOは地中に半分埋まっていた。
▼墜落したドングリ形のUFOはトラックに載せられてどこかへ運びだされた。写真はレプリカによる現場再現。

▲現場に再現されたレプリカ。謎の文字はエジプトの象形文字のようにも見えると指摘されている。

figure 2

"At the bottom of the acorn shaped object were markings which looked like hyroglyphics. I've never seen these markings before or since."

figure 3

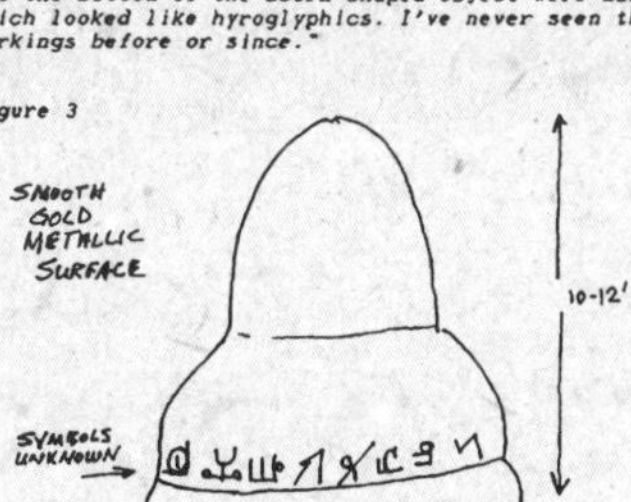

▲墜落物体の下部の表面には、破線、直線、点、四角形、円のような模様が描かれていた。
▶墜落現場の目撃者に取材し、事件を明るみに出したスタン・ゴードン。

No.000011

レンデルシャムの森事件

1980年12月26日から27日早朝にかけて、イギリス、サフォーク州レンデルシャムの森でUFO着陸事件が起きた。

現場は米空軍のベントウォーターズとウッドブリッジ両基地の中間地点。両空軍基地の監視レーダーが森に侵入していくUFOを探知、迎撃機が緊急発進した。地上の基地からも森林の上空で回転する明るい発光体が目撃されている。

午前2時過ぎ、探索の指令を受けたパトロール隊長ジム・ペニストン軍曹は、ジョン・バローズ一等空兵を連れて森林内に侵入し、着陸している黒色のUFOに接近した。周囲には静電気がみなぎっていて、彼らの体毛は総毛立った。

そしてペニストンが機体に触れた瞬間、0と1の長い数列が彼の脳裏に流れ込んできた。それはコンピューターで使用される2進コードだった。翌日も脳裏から〝それ〟は消えず、彼は手帳に書きとめた。

2014年になって、バローズが記録した2進コードが解読された。それは古代遺跡の地理座標（経緯度）を示していたのだ。その場所は、ベリーズのカラコル遺跡、アメリカ、アリゾナ州のセドナ、エジプトのギザのピラミッド、ペルーのナスカの地上絵、中国山東省の泰山、そしてギリシアのナクソス島のアポロ神殿だった。

古代文明研究家たちを驚愕させたのが、メッセージに2度にわたって登場する暗号めいた記述だ。

「ORIGIN　52.0942532N 13.131269W」が示す場所は北大西洋のアイルランド西方の海域で、今から1万2000年前、アイルランドのアトランティスと呼ばれ、高度な文明を誇った幻のハイブラシル島があったとされる地点だった。

元イギリス国防省調査官で現在UFOジャーナリストのニック・ポープは、「着陸したUFOはタイムマシンだった」と主張する。そのメッセージには「第4の座標＝第4の次元」と解読された箇所があり、暗号の末尾にある「ORIGIN YEAR　8100」は8100年後の未来から訪れたことを指すという。

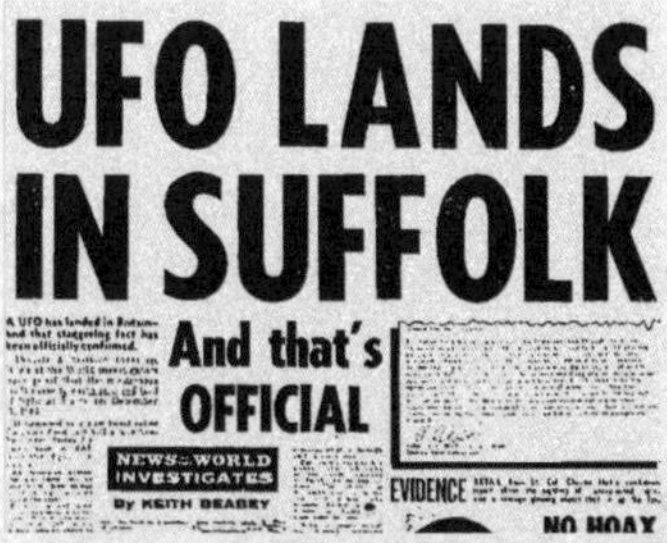
UFO LANDS IN SUFFOLK
And that's OFFICIAL
NEWS of the WORLD INVESTIGATES
By KEITH BEABEY
EVIDENCE
NO HOAX

◀UFO着陸事件を報じる「ニュース・オブ・ザ・ワールド」紙。
▼UFOの着陸現場。周囲には静電気、電磁気のようなものが立ち込め、肌で感じられるほどだったという。

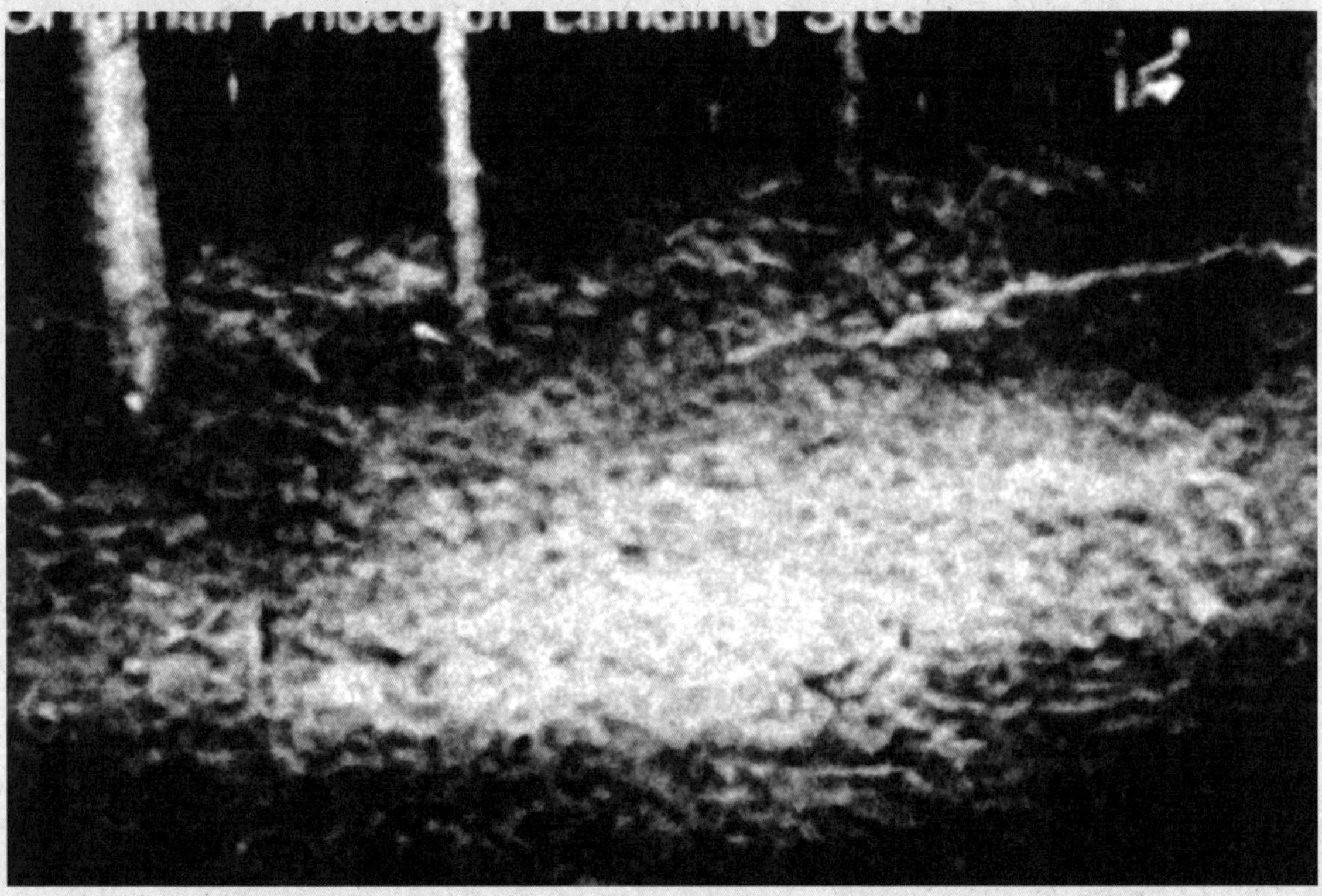

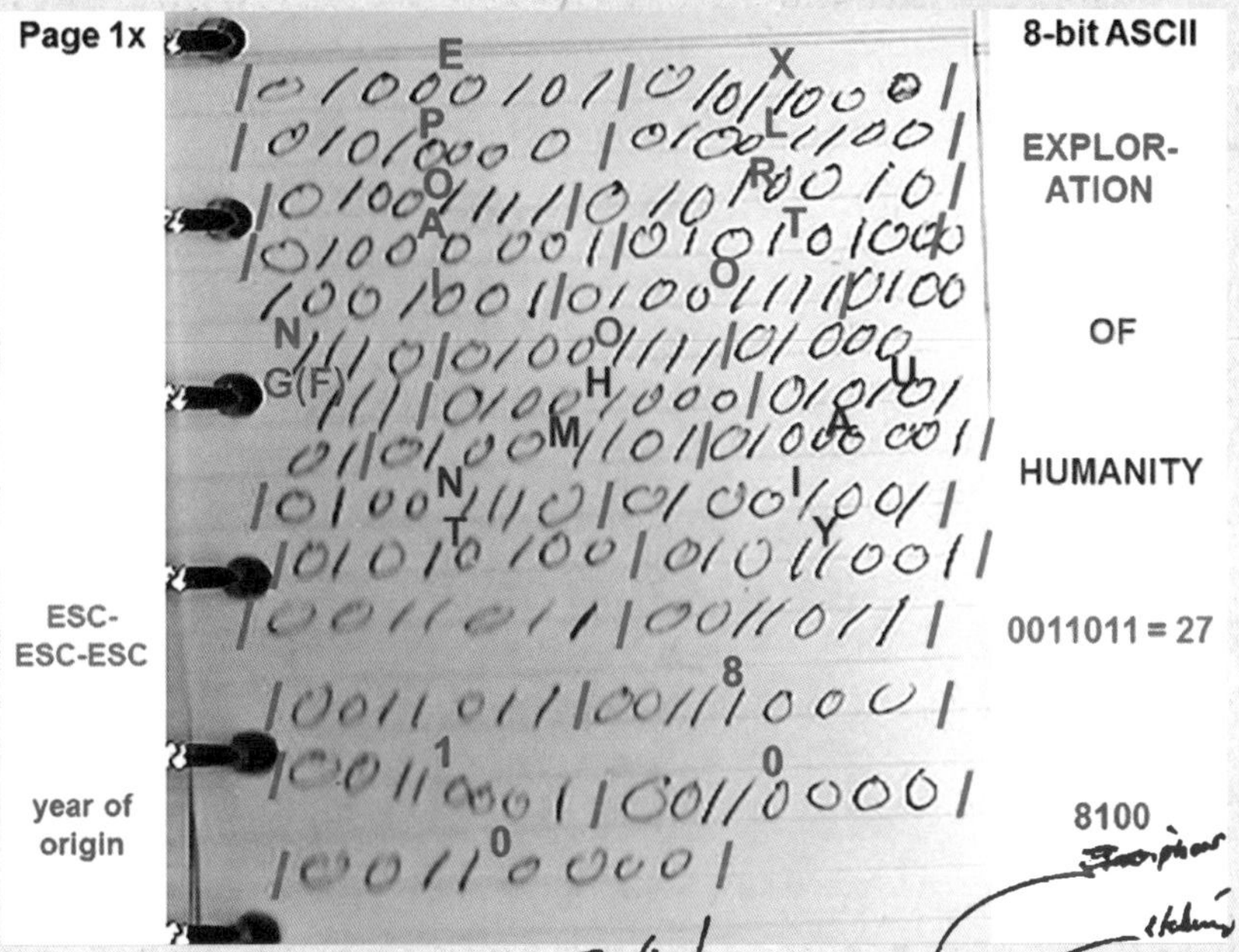

▲レンデルシャムの森には、UFOの碑が残されている。
◀UFOと接触したペニストンが得た謎のコード。2進法の暗号は、古代遺跡をつなぐ地図を示していた。
▼UFOの動きや形状を記録したスケッチ。

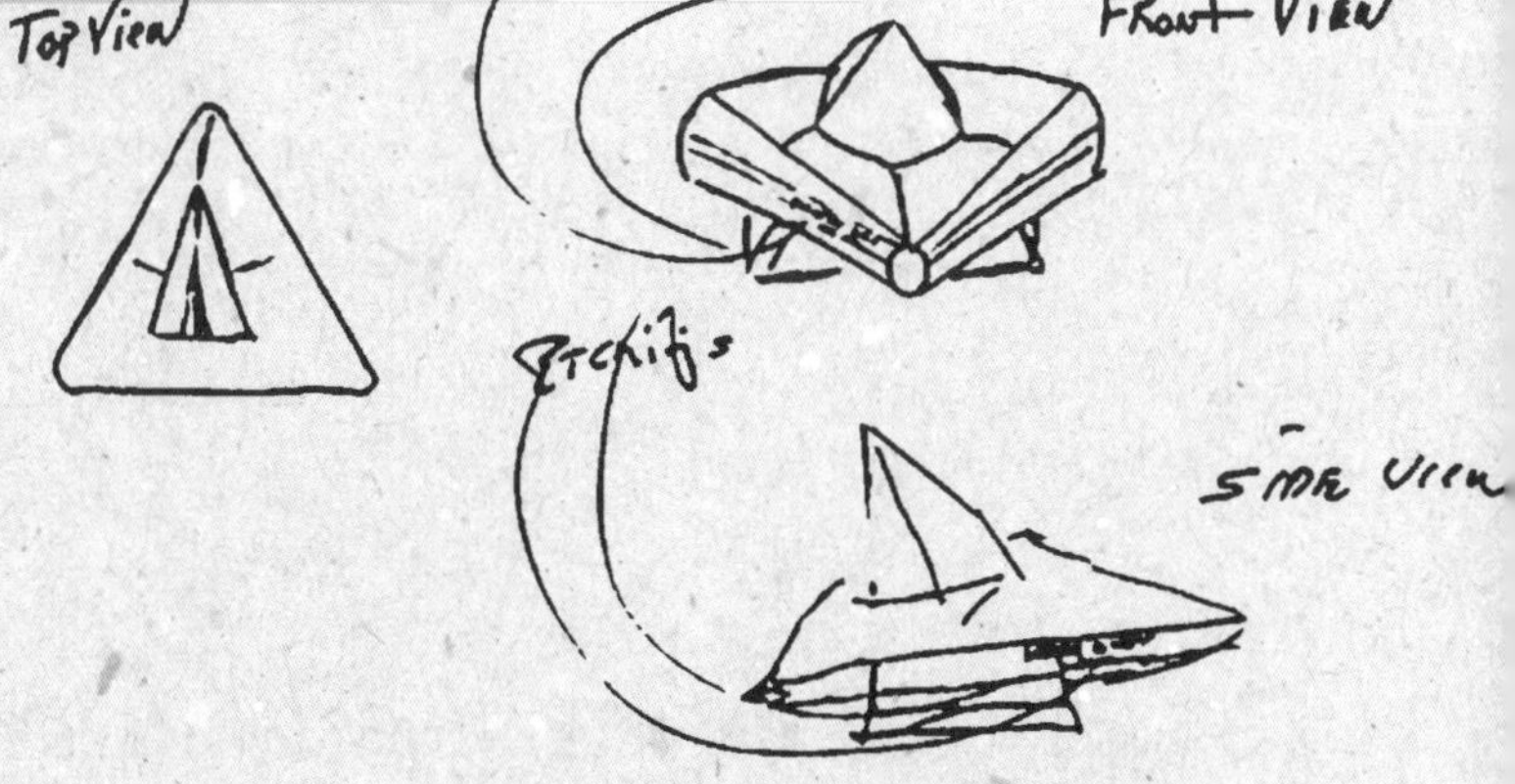

AUTHORIZATION 認定

No.000012

キャッシュ＆ランドラム事件

1984年1月16日、衝撃のニュースがアメリカ全土を揺るがした。

「軍の秘密兵器らしいUFOに被害を受けた」と、3人の民間人が政府と空軍を相手どり、総額200万ドル（当時約48億円）もの損害賠償を求める訴訟を起こしたのだ。

その3人とはビッキー・ランドラム夫人（61歳）と孫のコルビー（11歳）、ベティ・キャッシュ夫人（56歳）。彼女たちは、1980年12月29日、テキサス州ヒューストンから50キロのハイウェイ上で、突然、目もくらむほど輝く菱形UFOに遭遇した。その際、UFOが発する放射線を浴び、被ばくの後遺症に悩まされることになったのだ。

ピーッと奇怪な音を立て、底部分から一定間隔で炎を噴射し、上下に動くUFOは、20機以上もの大型ヘリに囲まれ、誘導されるようにNASAのジョンソン宇宙センターのあるヒューストン方向へと飛び去った。

3人はUFOがヘリコプターと行動を共にしていたこと、飛行方向がNASA方面であることから、軍の秘密兵器と断定したのだ。

UFOと遭遇した直後、3人は慌てて車外に飛びだした。その際、強烈な熱波に襲われ、顔や手に火傷を負った。帰宅後も頭痛、吐き気、下痢に苛まれた。おまけに脱毛症状まで出た。これは典型的な放射線被ばく症状に近い状態だった。

UFOは、菱形という形状、噴射ノズル、その飛び方など、従来のUFOとは大きく異なっている。また気づかれるや瞬時に飛び去るはずのUFOが、ヘリコプターの一団に誘導されるように従っていた。

しかも軍が事件を隠蔽しよう

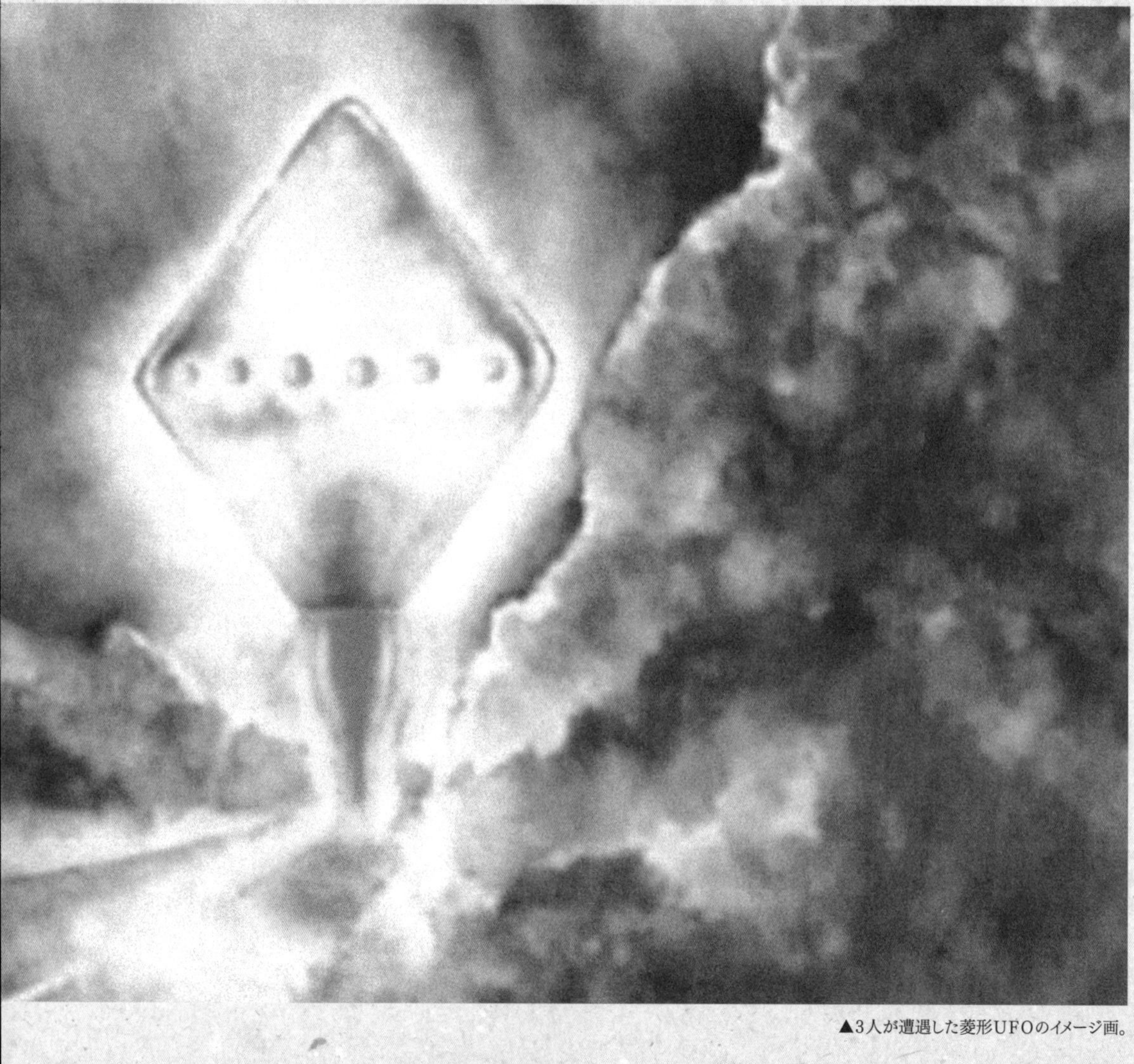

▲3人が遭遇した菱形UFOのイメージ画。

としていた事実からも、このUFOは〝秘密兵器〟の類いだった可能性が高い。が、極めて危険な放射能を放出していたところを見ると、この秘密兵器たるUFOは故障していたか、あるいは〝未完成〟のものだったのかもしれない。そうであれば、ヘリコプターの存在も、その飛び方も不可解ではなくなるのだ。

◀上：民間UFO研究団体「MUFON」の調査で、事件現場でインタビューを受ける3人。
下：事件後、キャッシュの髪の毛は頭皮が見えるほど抜け落ちてしまった。

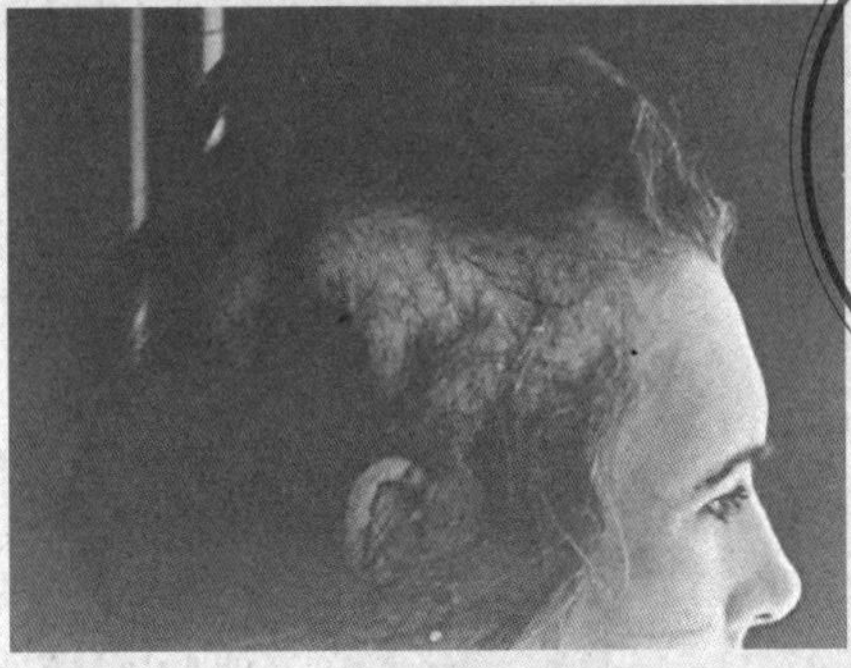

ム認定
AUTHORIZATION

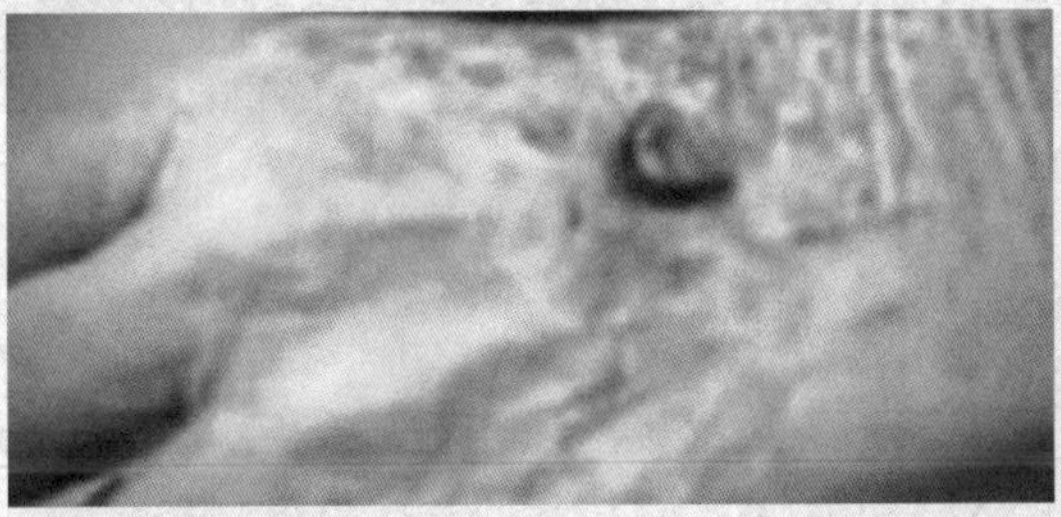

▼上・下：菱形UFOに遭遇してから、ひどい火傷の症状が現れたランドラム。

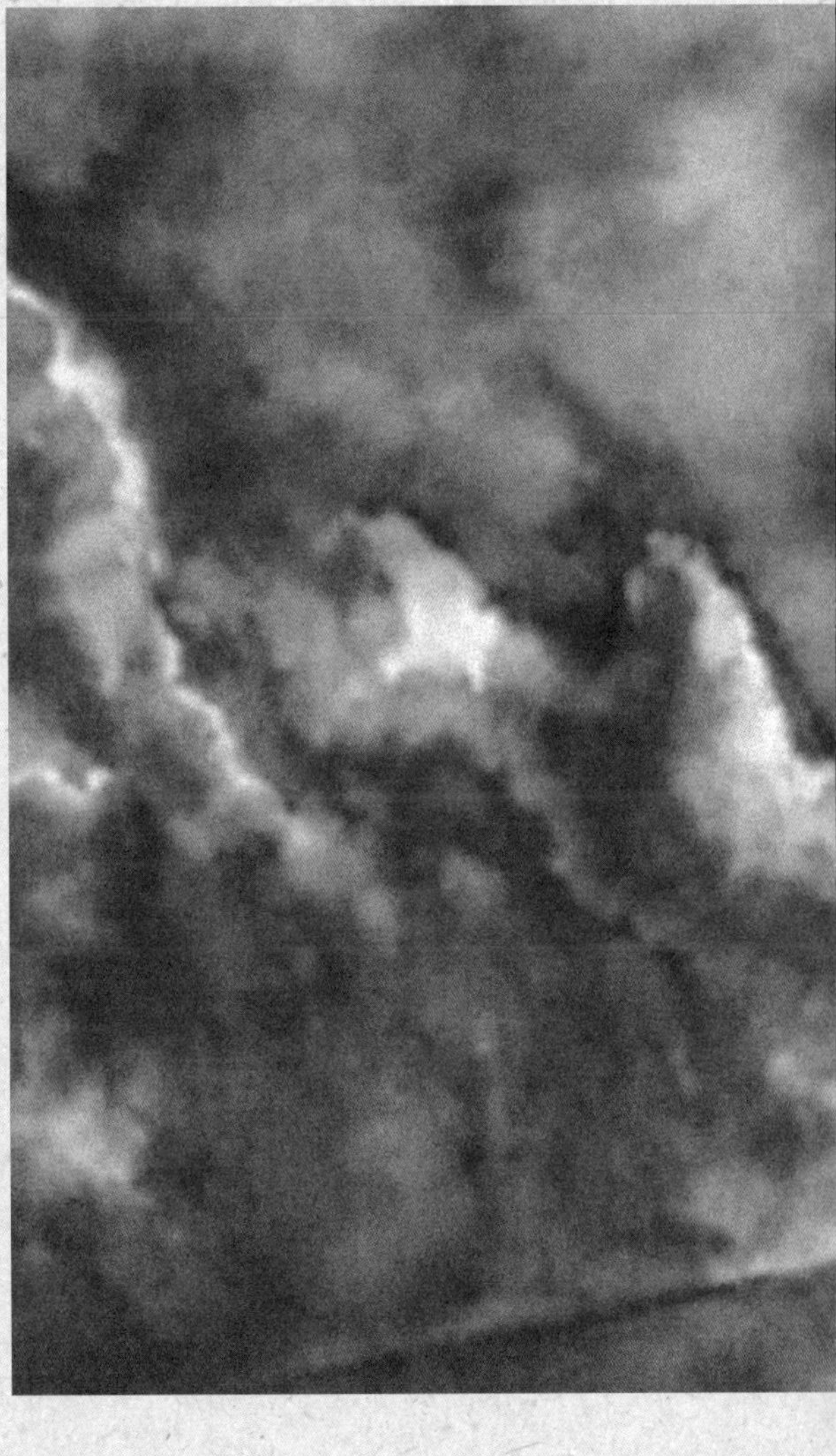

▼事件の証拠として伝わる唯一の写真。発光して浮上する瞬間の円盤らしきものが写っている。

No.000013

介良事件

1972年8月、高知県長岡郡介良《けら》（現・高知市介良）で、中学生9人のグループが小型の円盤形UFOを〝何度も〟捕獲した。日本、いや世界のUFO事件の中でも非常に特異な事例として記録される、通称、介良事件である。

その手のひらサイズの円盤は、ゴルフ練習場（現在はない）のある田んぼ（約300メートル四方）で発見され、中学生グループによって、ごく簡単に持ち去られた。少年たちはその円盤を火であぶり、ハンマーで叩き、底の穴に水を入れるなどして、好奇心のままに円盤をいじりまわした。

しかし介良円盤は捕らえられるたびにいつの間にか消失し、元の田んぼに戻る――再び「落ちている」という現象が繰り返されたのだ。

幾度もの奇妙な消失と出現を経た介良円盤だったが、9月29日、ついにその姿を完全に消してしまう。

捕らえられた円盤が、その都度、消失したという現象こそ介良事件のキーポイントになって

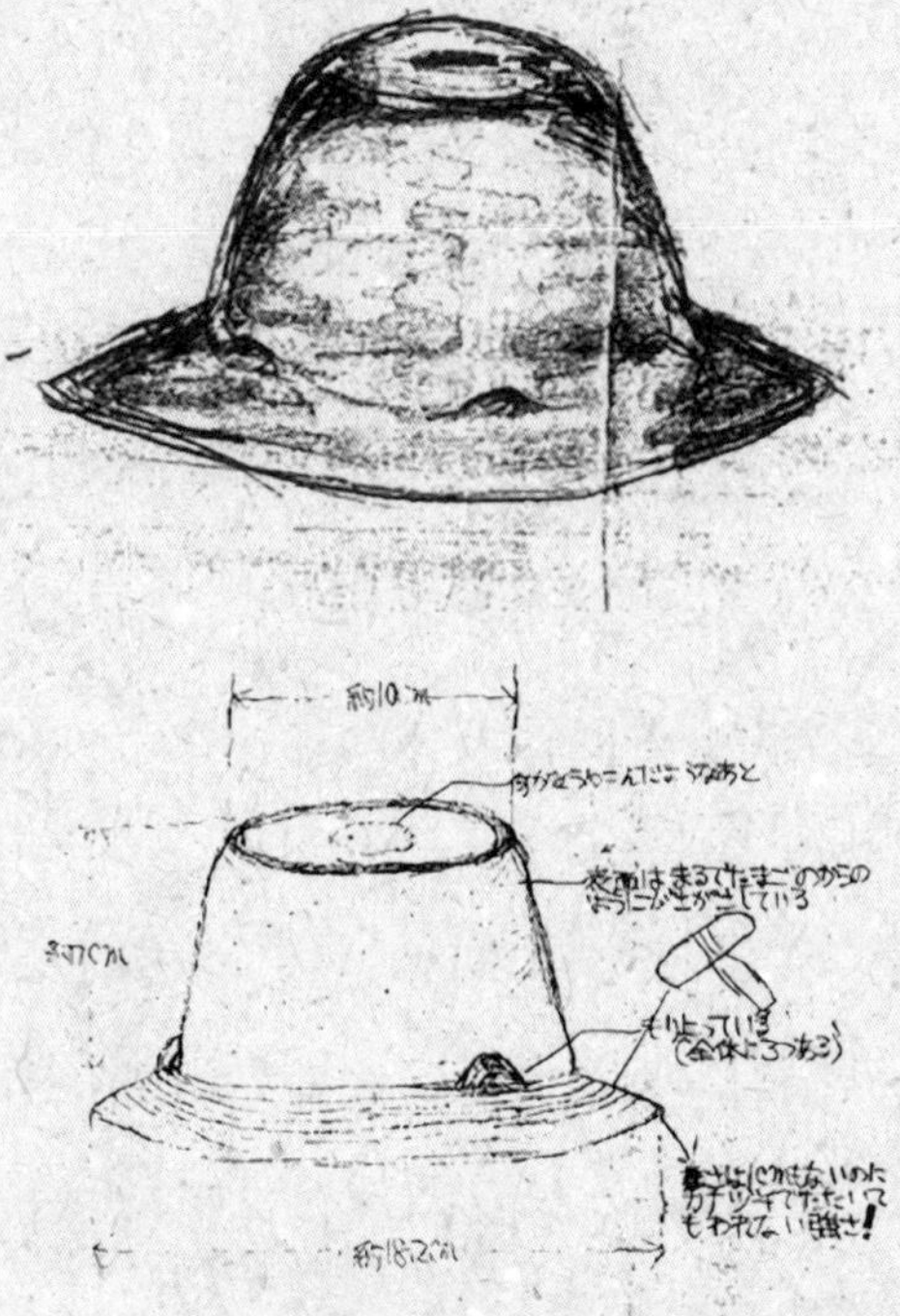

▲右：原寸のレプリカを現場に置いて検証した。小さく、草むらにまぎれこめば見つけることは困難だったと思われるが、出現と捕獲は数度に上った。左：UFOを捕獲した少年によるスケッチ。直径18.2cmで厚みや特徴的な凹凸があるなど、細部まで記録されている。何かしらの物体を手にしたことは間違いないだろう。
▶UFO捕獲現場のひとつ。何もない田んぼの中に、小型円盤が突如、出現した。

認定 AUTHORIZATION

いる。そして、この奇怪な消失は、捕獲したUFOをナップザックやビニール袋などに入れて〝封印〟したときに起こっているのだ。目の前で消えるわけではなく、袋などに入れていたはずがなくなってしまうのだ。

少年たちの証言から推測すると、少なくとも介良円盤は有人の飛行物体ではない。だとすれば、無人偵察機の一種だったのだろうか？

また、円盤には一種のテレポート能力が備わっており、緊急回避システムのように発動したという見方もできる。宇宙から飛来したものではなく、異次元とこの世界を自在に出入りしていた物体だった可能性もある。

介良円盤の正体、そして目的は何だったのだろうか？　残念ながら写真は撮られていないし、現物も消失しているため、それを確かめる術はない。すべては記憶の中だ。

もしもあのまま捕獲に成功していたら、UFO研究に大きな前進がもたらされていたに違いない。今後、介良という場所を軸にしたリサーチが重要になるだろう。

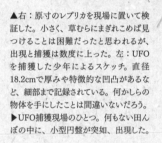

▲事件当時に撮影されたという写真。軍が駆けつける前に、民間人によって話題となり、ネットで公開されてしまった。

No.000014

カナダ・マニトバのUFO墜落事件

2015年2月18日、カナダのマニトバ郊外の先住民居留区にあるウィニペグ湖上空に、光り輝く物体が出現。そのまま急降下し、凍てついた湖に落下した。湖の周辺にいた8人の漁師が、その顛末を目撃している。

墜落したのは円盤形の物体で、凍った湖面に垂直に突き刺さっており、現場周辺を約150人の兵士が包囲し、スノーモービルやトラックなどで落下した機体を速やかに回収した。この事件の詳細が、フェイスブックを中心に世界に発信され、話題となった。

カナダ軍はウィニペグ湖への出動について肯定しつつも「北極近辺での厳しい状況下を想定した緊急事態訓練だ」と答えている。多くの人が目撃したという湖に突き刺さった機体については「軍用機の離陸実験」と主張した。

その後、事件はカナダ政府による徹底した報道管制が敷かれ、テレビや新聞では、いっさい報道されなくなった。落下現場を目撃した漁師8人の中には写真を撮った者もいたが、写真はカナダ軍に押収されると同時に身柄も拘束されてしまい、連絡がとれないという。

だが今でもフェイスブックやツイッターで盛んに情報が交換されており、ネットには落下現場を撮影した写真や動画、さらに回収された謎の機体が闇夜に紛れてトラックで運ばれているところなど、衝撃的な写真がリークされて公開されている。

カナダ軍は「ただの演習だ」と否定しつつも、「軍用機」と称した当該の機体の一般公開を拒んでいる。

本当に訓練なら、訓練機体を公開して証明すべきではないか。そして、拘束した漁師たちをいまだに解放しないのはなぜか？

カナダ政府は、接収したUFOのテクノロジーを用いて何をしようとしているのだろうか？

No.000015

エリア51

▲アメリカ、ネバダ州にある秘密基地エリア51。2013年に公表されるまで、“地図にない極秘軍事施設”とも呼ばれていた。

世界でもっとも有名なアメリカ軍の秘密基地「エリア51」は、アメリカ、ネバダ州ラスベガスの北西約150キロの地にある。

2013年にCIAがその存在を公表したが、ここが次世代航空機や秘密兵器の開発実験施設であることは周知の事実で、ステルス機や、ドローンなどが開発・実用化されている。だが、これはあくまで「表の顔」で、エリア51には「裏の顔」がある。実は、墜落したUFOが運び込まれ、人間と異星人がUFOの共同開発をしているというのだ。

1989年3月、テレビ番組でその事実を暴露したのが物理学者ロバート・ラザー。彼はエリア51の地下施設「S－4」で、地球製UFOの研究・開発に関与していたと証言。さらに「基地内に異星人がいる」と断言し、エリア51の存在を一夜にして知れわたらせた。

その後も「S－4の陰謀」を明かす証言者が登場。1990年、オハイオ州にあるライト・パターソン空軍基地のエンジニアだったビル・ユーハウスが、テレビ番組で「1958年から1988年にかけて、〝模擬空飛ぶ円盤〟の操縦訓練計画に従事していた」と発言。この飛行訓練のリーダーを務めていたのは異星人だったと指摘。会話は、すべてテレパシーだったという。

異星人の存在はS－4内で最高機密に属する研究をしていたという微生物学者のダン・バーリッシュ博士も主張した。1994年、「末梢神経障害」に冒された異星人の治療法の開発に専念していたという。また、2014年8月、ロッキード・マーティン社の上級科学者でステルス戦闘機の開発に携わったボイド・ブッシュマンが、エリア51でUFO開発チームにいた経験と異星人の存在について、写真を公開しながら告発した。

彼らの証言が事実なら、異星人のテクノロジーを取り入れたアメリカのUFO開発も含めた陰謀は、今日も着実な進歩を遂げていることになる。ちなみに周辺は、「UFOが出現する」という噂を聞きつけ、多くの人々が訪れる「観光名所」になっている。

認定

No.000016

エリア51の異星人J-ROD

▲ビル・ユーハウスによるジャロードのスケッチ。

1990年のこと。アメリカ、オハイオ州にあるライト・パターソン空軍基地のエンジニアだったビル・ユーハウス（当時78歳）という人物がテレビ番組で、こんな爆弾発言をした。

エリア51があるグルームレイクの地下施設サイト4（S-4）で、自分は1958年から1988年にかけて、特定の空軍パイロットを使った「模擬空飛ぶ円盤」の操縦訓練計画に従事していた――と。

ビルによれば、その模擬円盤＝UFOシミュレーターが最初に開発されたのは、1958年のこと。機体のベースは、1953年にアリゾナ州キングマンで回収された、直径約30メートルの地球外UFOを忠実に再現したものだった。そして驚くべきことにこの飛行訓練のリーダーを務めていたのは「ジャロード＝J-ROD」と呼ばれる異星人だったという。

ジャロードについて、「身長は1・5メートルで、肌は灰色、アーモンド形の目には真っ黒なレンズがはまっているようだった。人間の寿命で200歳を超

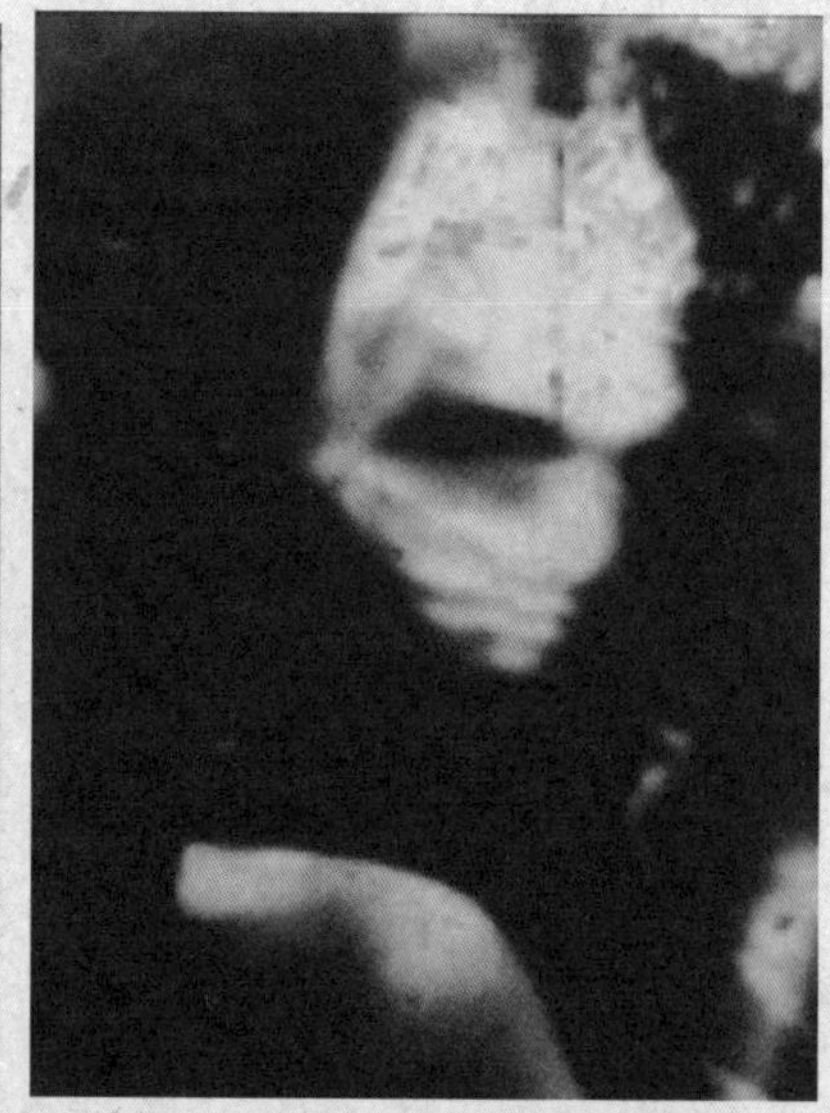

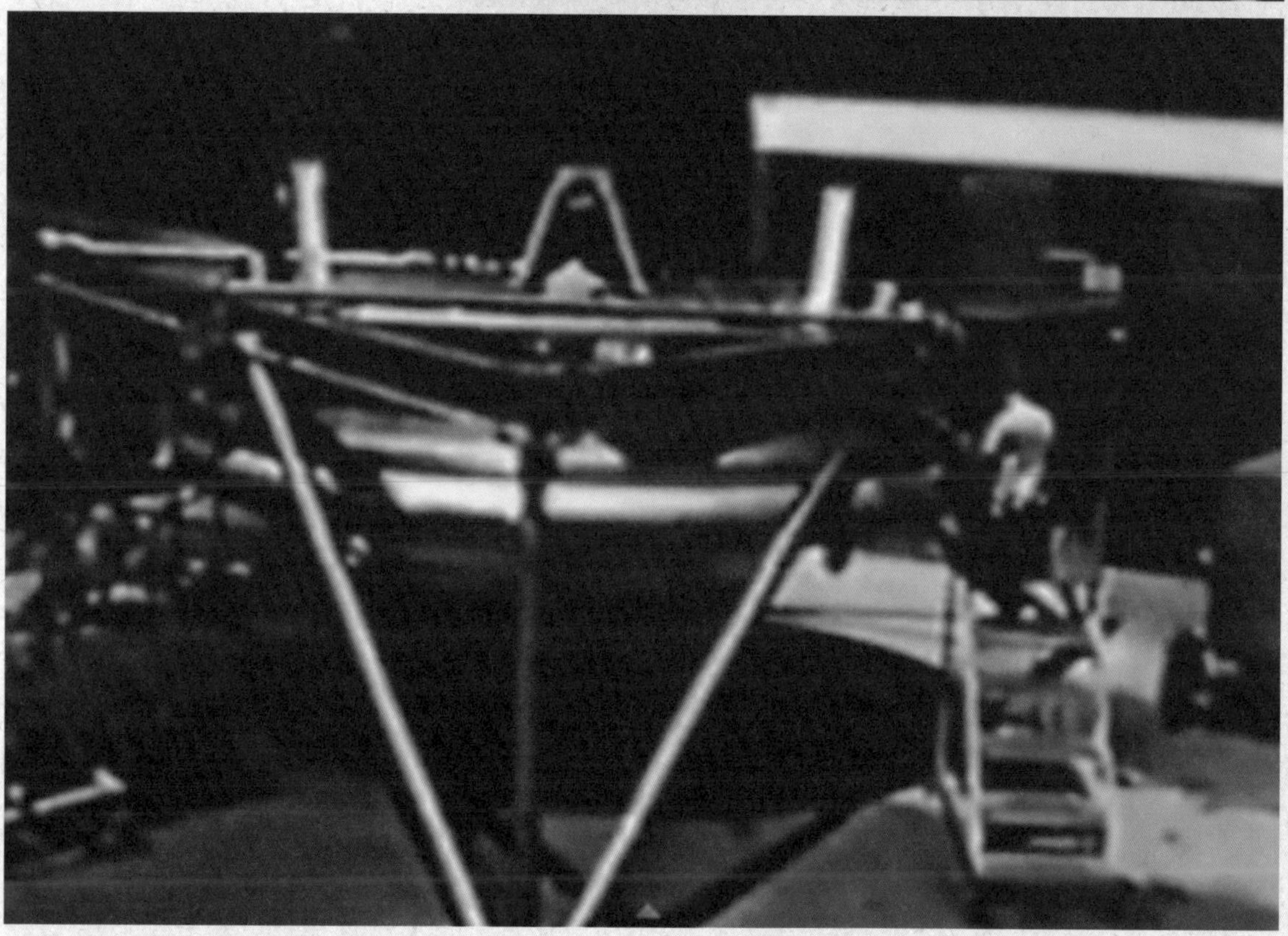

▶右：1980年代に撮影されたジャロードの写真とされるもの。ビルのスケッチと確かに似ている。左：「末梢神経障害に冒されたジャロードの治療法の開発に専念していたという微生物学者ダン・バーリッシュ。
▼S-4内に設置されたUFOシミュレーター。

え、寿命はそう長くない状態だった」と語り、そのスケッチを描いている。

ジャロードとの会話は、すべてテレパシーだったという。彼らジャロードは「地球外知的生物＝イーブン」と称され、1960年代半ばからすでに、地球との科学交流計画が進行していたのだという。

ジャロードの存在を主張する人物はほかにもいる。「S－4」内の施設で国家の最高機密に属する研究をしていたという微生物学者ダン・バーリッシュ博士だ。

博士は1994年にジャロードの腕から細胞を採取、DNAの分析を行ったという。ジャロードは「末梢神経障害」に冒されており、その治療法の開発に専念していたそうだ。

博士によれば、エイリアンと人間のDNAを交配させ、ハイブリッドを創造する計画も進行中だという。

事実なら、異星人のテクノロジーを取り入れたアメリカのUFO開発も含めた陰謀は、今日も着実な進歩を遂げていることになる。

No.000017

プロジェクト・セルポ

◀惑星セルポからやってきた異星人とされる写真。セルポ告発サイトの管理者に送られてきたのだという。

▼「プロジェクト・セルポ」告発の公式サイト。英文ではあるが、驚愕のプロジェクトの全貌が記載されている。

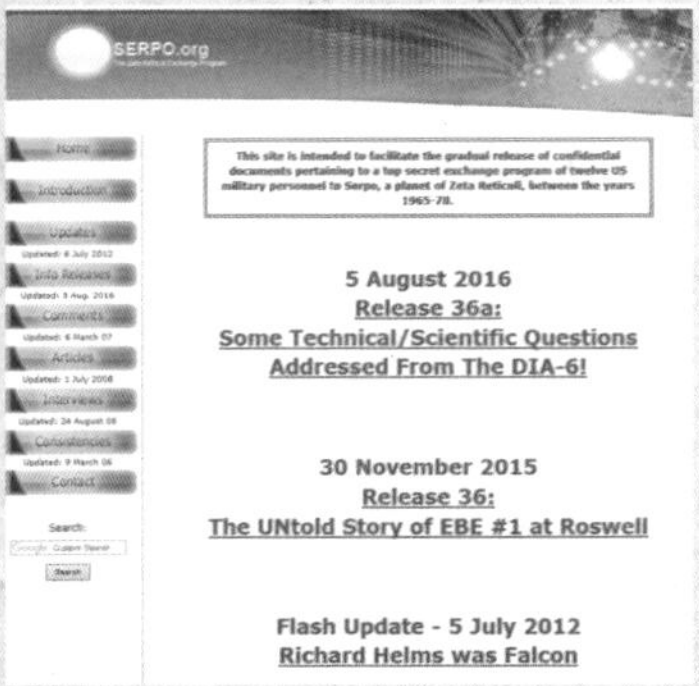

1960年代からアメリカ政府が実施していた極秘計画が、インターネット上でリークされた。2005年11月、匿名のアメリカ国防情報局元職員からUFO研究家に送られたメールが発端となり、存在が明らかとなった。その計画の名は「プロジェクト・セルポ」。

それによると地球から約38光年に位置するレティクル座ゼータ連星系の惑星セルポへ、アメリカの軍人12名が送り込まれたという。

ことの起こりは1947年7月、ロズウェルで発生したUFO墜落事件だ。救出された生存者の協力を得て、米政府は彼の母星セルポとの交信に成功。惑星間の交換留学プロジェクトが発動したのだ。

1965年7月、セルポの宇宙船がネバダ実験場に到着。セルポ星人を受け入れ、同時に男性10人と女性2人で構成された地球人チームが送りだされる。約270日後、到着したセルポは地球とほぼ同じ大気組成で、気圧も大差なかった。だが、太陽がふたつあり、同時には沈まないため、夜はない。気温はセ氏35～46度もあり、放射線レベルも高かったので、慣れるのに数か月を要したそうだ。

この星には惑星間戦争に巻き込まれた過去があり、人口は65万人程度。彼らは平和的で、音楽やスポーツを楽しむといった文化的共通点もあったという。

地球人たちはセルポで10年以上過ごし、1978年に帰還。当地で死亡したふたりと残留を希望した者を除く、男性7人、女性ひとりの計8人が、再び地球の大地を踏んだ。

なお、地球に滞在していたセルポ星人は1994年に母星に帰還している。当時の米大統領クリントンは継続を希望したが、計画は打ち切られ、すべては隠蔽された。

それがなぜ、今になってリークされたのか？　計画は本当に存在したのか？　残念ながら新たな情報もなく、ゆえに真偽も疑わしい。だが、その背後にひと握りの真実が隠されている可能性も否定できない。

No.000018

フーファイター事件

▲1945年イタリアの空戦で撮影されたフーファイター。

▶右：アメリカの爆撃機B-29のパイロットたち。1945年7月6日、横浜近郊上空でフーファイターに遭遇したという。左：UFO研究家レオナルド・ストリングフィールドが太平洋戦争中、空軍兵士として参加中に目撃したフーファイターのスケッチ。

第2次世界大戦後期、小型で球形の飛行物体や、赤や橙、黄色や白色の怪光を放つ飛行物体の出現があいついだ。当時、アメリカ空軍によって「フーファイター（Foo Fighter）」と名づけられた謎の飛行物体は、ヨーロッパ上空、さらに太平洋上空にも出没。それらは連合軍だけでなく日本やドイツといった枢軸軍のパイロットや水兵、地上兵たちによっても目撃されている。

1942年、南太平洋上のソロモン諸島でそれを目撃した米海兵隊のスティーブン・J・ブリックナーの証言は実に興味深い。空襲警報を聞いて上空を見あげたブリックナーは、ほかの兵士たちと150ほどの物体が空中で「震えながら動いている」のを見た。物体は光球というよりは磨いた銀色をしており、10〜12機で隊列をなし、日本軍機よりも速い速度で飛んでいたのだ。

「人生でもっとも畏敬の念を喚起させる存在だった。あれはこれまでにないスペクタクルだった」と、彼はまるで神聖な存在に遭遇したときのように述懐している。

フーファイターは群れをなして飛び、ときにまとわりつくように戦闘機を追尾してくる。ある米陸軍少佐は、その振る舞いが、「戦場を監視するようだった」と証言している。1945年、アメリカの「タイムズ」は、その正体を「謎めいた秘密兵器」として結論づけている。

もっとも注目すべきは「小型で銀色の球形物体が戦闘機のすぐそばにはりつき、高速でどこまでもついてきた」という点で、目撃者たちの証言が一致していることにある。

その正体が地球外のUFOで、戦場を監視していたのなら、それを操る者たちは、地球人類がお互いに傷つけ合う様を見ていたのか？　それがブリックナーの感じたように〝神聖なる存在〟であれば、その愚行を憂えていたのかもしれない。

フーファイターは人類に危害をくわえることはなかった。そして、戦争の終結とともに、その目撃数は減少し、新たな目撃もなくなった。

No.000019

ケネス・アーノルド事件

1947年6月24日、UFO史上にその名を刻む重大な事件が起きた。アメリカの実業家、ケネス・アーノルドがワシントン上空で未確認飛行物体に遭遇し、その体験を公表。UFOの存在を広く世界に知らしめたのだ。

同日午後2時ごろ、ワシントン州チェハリスからヤキマに向かって自家用セスナに乗り込んだ彼は、消息不明の米海兵隊機の捜索協力を求める無線を傍受。これを聞いたアーノルドがレーニア山上空約2000メートルの空域に達した午後3時ごろ、事件は起こった。

アーノルドの頭上に、輝きを放つ9機の飛行物体が出現したのだ。輝く機体は平たい半月のような形で、想像を絶する高スピードで飛んでいた。急降下と急上昇を繰り返し、やがてジグザグに飛びはじめたその物体は、どの飛行機の特徴とも一致しないものだった。

空港に降り立ったアーノルドは、そのときの様子を「まるで水面をスキップするように飛んでいた。その形は、コーヒーカップの受け皿を向かい合わせに重ねたようだった」と証言した。これついては、水面に投げた皿が弾むような独特の飛び方に似ているという表現を、新聞記者が彼の言葉をつなぎあわせ、〝空飛ぶ皿〟＝フライング・ソーサーという言葉で伝えたという説もある。いずれにしても、これを端緒に空飛ぶ円盤の存在は瞬く間に世界に広まっていく。

この事件でもっとも重要なのは、これ以前にいわゆるUFOの目撃報告がないという点だ。つまり、アーノルドが前例の影響を受けていないということになる。

付け加えるなら、事件はこれで終わりではない。2週間後の7月6日、彼の親友で、日刊紙記者のデビッド・ジョンソンも同空域で不規則な動きをする円形物体を目撃。さらに、付近の飛行場の職員が目撃し、ユナイ

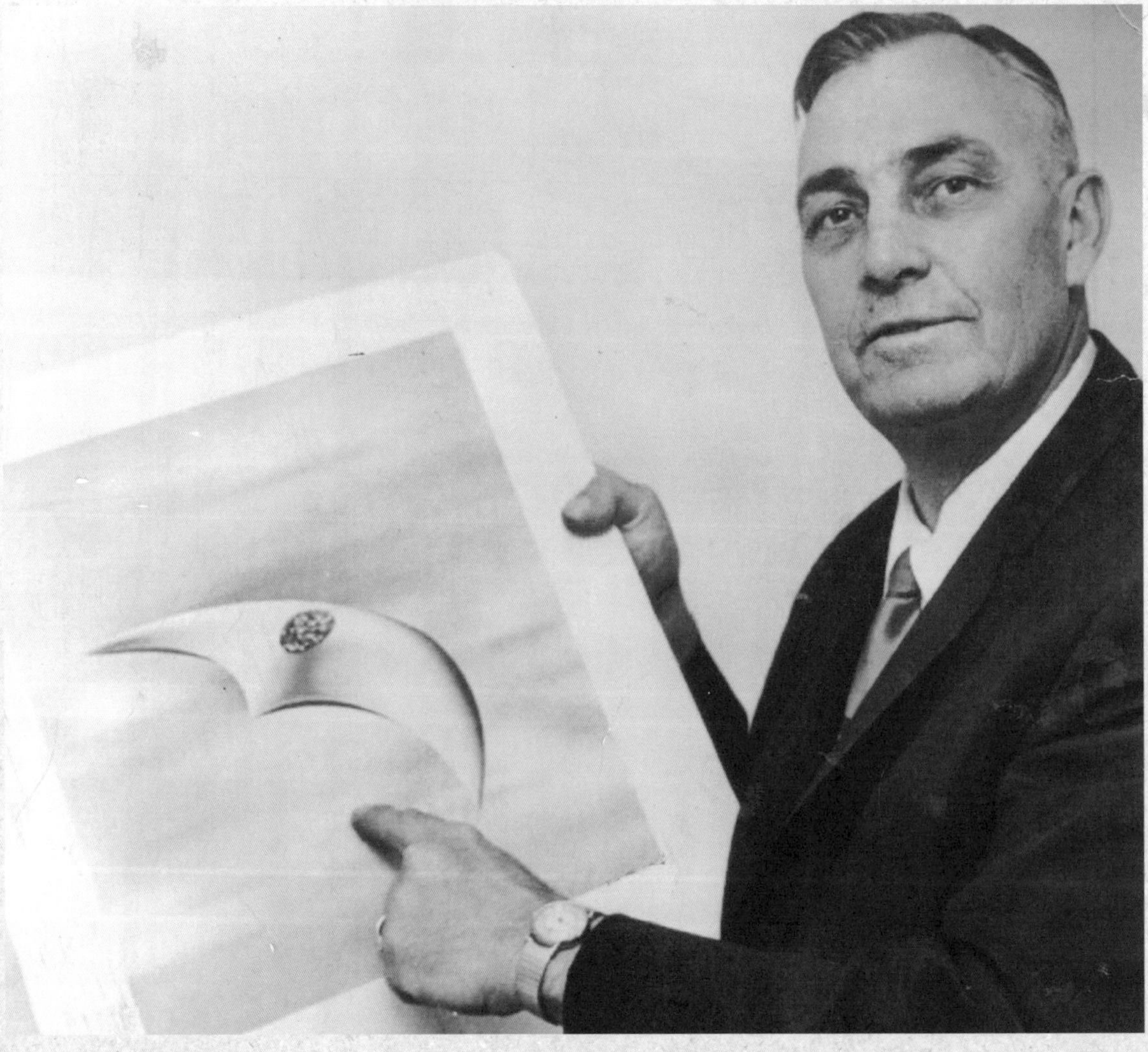

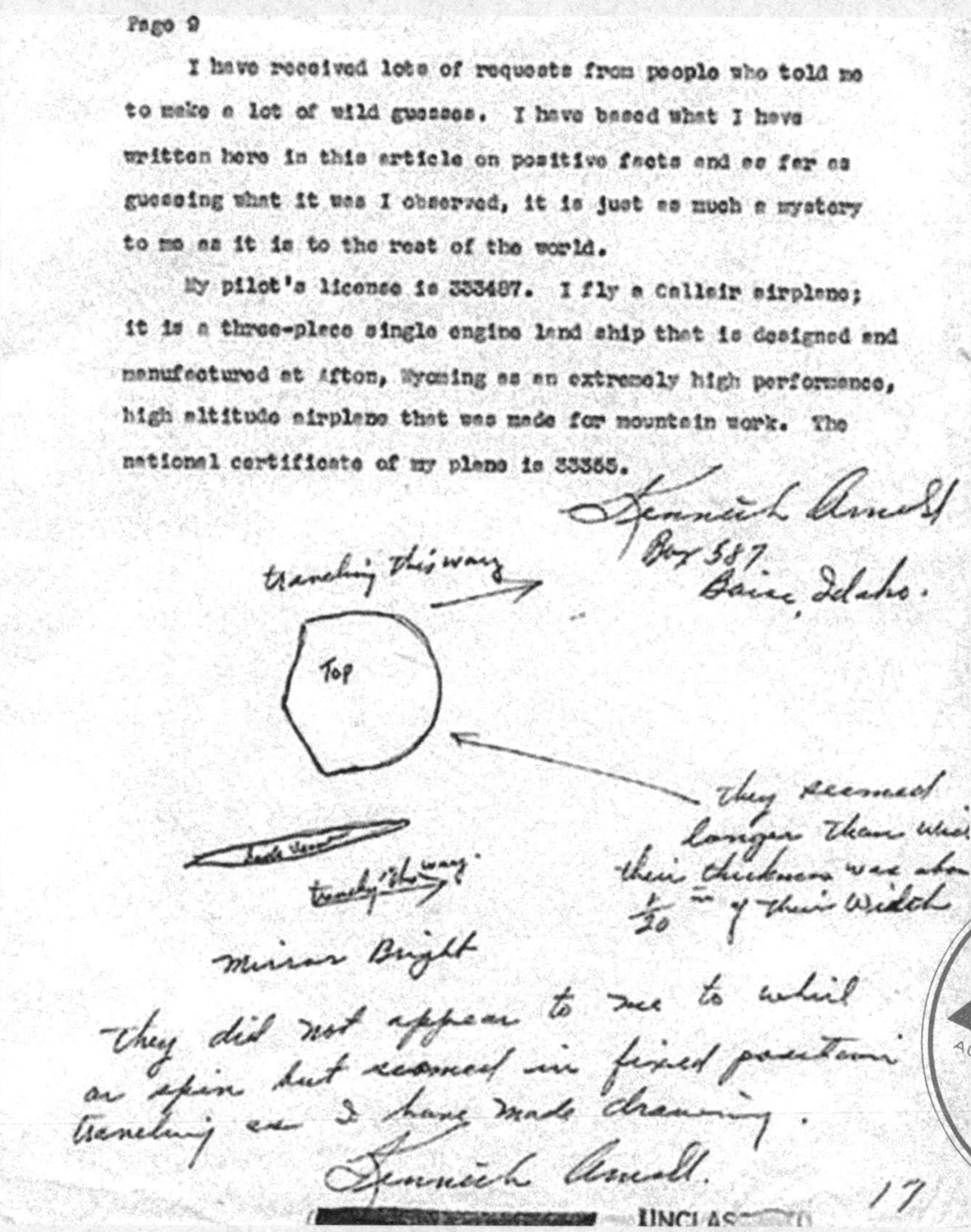
Page 9

I have received lots of requests from people who told me to make a lot of wild guesses. I have based what I have written here in this article on positive facts and as far as guessing what it was I observed, it is just as much a mystery to me as it is to the rest of the world.

My pilot's license is 333487. I fly a Callair airplane; it is a three-place single engine land ship that is designed and manufactured at Afton, Wyoming as an extremely high performance, high altitude airplane that was made for mountain work. The national certificate of my plane is 33355.

Kenneth Arnold
Box 587
Boise, Idaho.

They did not appear to me to whirl or spin but seemed in fixed position traveling as I have made drawing.

Kenneth Arnold.

17

[redacted] UNCLAS

テッド航空の機長も同様の体験をしている。そう、この事件の真の姿は、未確認飛行物体が短期間に同じ空域に出現、複数の人間によって目撃されたＵＦＯフラップであったのだ。

こうした一連の流れからしても、アーノルドの事件はＵＦＯ史において重要な起点として捉えるべきだろう。

▶「Flying Saucer」という呼称を生んだケネス・アーノルド。彼がUFOに遭遇した日付にちなんで、6月24日は「UFOの日」と定められている。

◀上：後に公開されたFBI文書でもアーノルドが遭遇した未確認飛行物体について記録されている。下：アーノルドが飛行物体と遭遇したレーニア山。

No.000020

マンテル大尉事件

UFOや異星人の目撃・遭遇事件は数多あるが、目撃者の死亡事例は少ない。ここで紹介する事件はそうした稀有な事件のうちのひとつである。

1948年1月7日のこと。アメリカ、ケンタッキー州ゴッドマン空軍基地にハイウェイパトロールから緊急報告が入る。奇妙な物体が高速で基地に向かっているというのだ。主任管制官のブラックウェル技術軍曹が双眼鏡で状況を確認、警戒態勢を取るよう指示を出す。午後1時45分過ぎ、基地上空に到達。銀色の球体を押し潰したような形状をしたそれは、上部を赤く光らせながら、まるで監視するように滞空していた。

そのとき、訓練飛行中の戦闘機から帰投報告が入る。搭乗していたのはトーマス・マンテル大尉。第2次大戦で大きな戦果をあげた腕利きのパイロットだ。状況を確認するよう指示を受けた彼は愛機P-51を旋回させ、未確認飛行物体めがけて上昇。直径80メートルはあろうかという金属製の物体が、大尉の目に飛び込んでくる。

午後2時45分、最初の報告によると、物体はマンテル機のほぼ半分のスピード、時速約290キロで上昇中だという。そして午後3時15分、3度目の報告が入る。

「現在、高度約4500メートル。物体は時速約470キロで移動中。6000メートルまで上昇して捕捉できなければ追跡を断念する」

この通信から1時間後、基地から150キロ離れた場所で、マンテル機はバラバラの状態で発見された。死亡が確認された大尉の腕時計は3時18分で停止していた。ところが、その後に行われた軍の説明は明らかに不自然だった。大尉の追跡は金星を見誤ったもので、途中で意識を失い、機体は空中分解したというのだ。そればかりではない。彼が最後に口にしたという言葉も非公開にされていた。

「あっ、中に人がいる！」――通信が途切れる前、大尉はこう口にしていたのだが……。

大尉は飛行物体内部の何者かを視認した。墜落の原因がその搭乗者とかかわりがあると考え

LT. B. A. HAMMOND
"Woozy" at 22,000 feet

LT. A. W. CLEMENTS
Only he had oxygen.

hase for Flying Disk
lamed In Crash Death

antell Going Straight Into Sun, Buddies
Air Guard Say; Believe He Blacked Out

Capt. Thomas F. Mantell, Jr., 25, was "climbing into the " after what he thought was a flying disk shortly before was killed in a plane crash near Franklin, Ky., Wednes-

reported two of Mantell's lles in the Kentucky National Guard, who were in the air him at the time. The Air d yesterday said Mantell, d War II hero, who lived at

National Guard headquarters here said Mantell and his companions were asked by the Fort Knox radio to "look for" an object resembling a "flying saucer" reported sighted southwest of Godman Field.

lost," he said. "Then we started climbing and I assumed we were looking for Louisville." Hammond was depending on Mantell and Clements for navigation and

Column 1, back page, this section.

Flying-Disk Chase Blamed In Air Death

Continued from First Page.

went on up with them to avoid losing his bearings.

"I felt a little shaky at 15,000 feet," he declared, "because I realized we were supposed to take oxygen at 12,000."

"By the time I hit 22,000 I was seeing double. I pulled alongside Clements and indicated with gestures that I didn't have an oxygen mask. In fact I circled my

▲トーマス・マンテル大尉（左）と、墜落した愛機。
◀上：顛末は、UFO遭遇による墜落死亡事件として報道された。下：マンテル大尉が遭遇した金属製の飛行物体。金星の誤認という指摘もあるが、ベテランパイロットがそんなミスを犯すだろうか？

るほうが自然だろう。なぜ、彼の最後の言葉は非公開とされたのか？　マンテル大尉の目撃は、その機体の搭乗者にとって、よほど不都合なことだったに違いない。

No.000021

日航機アラスカ沖事件

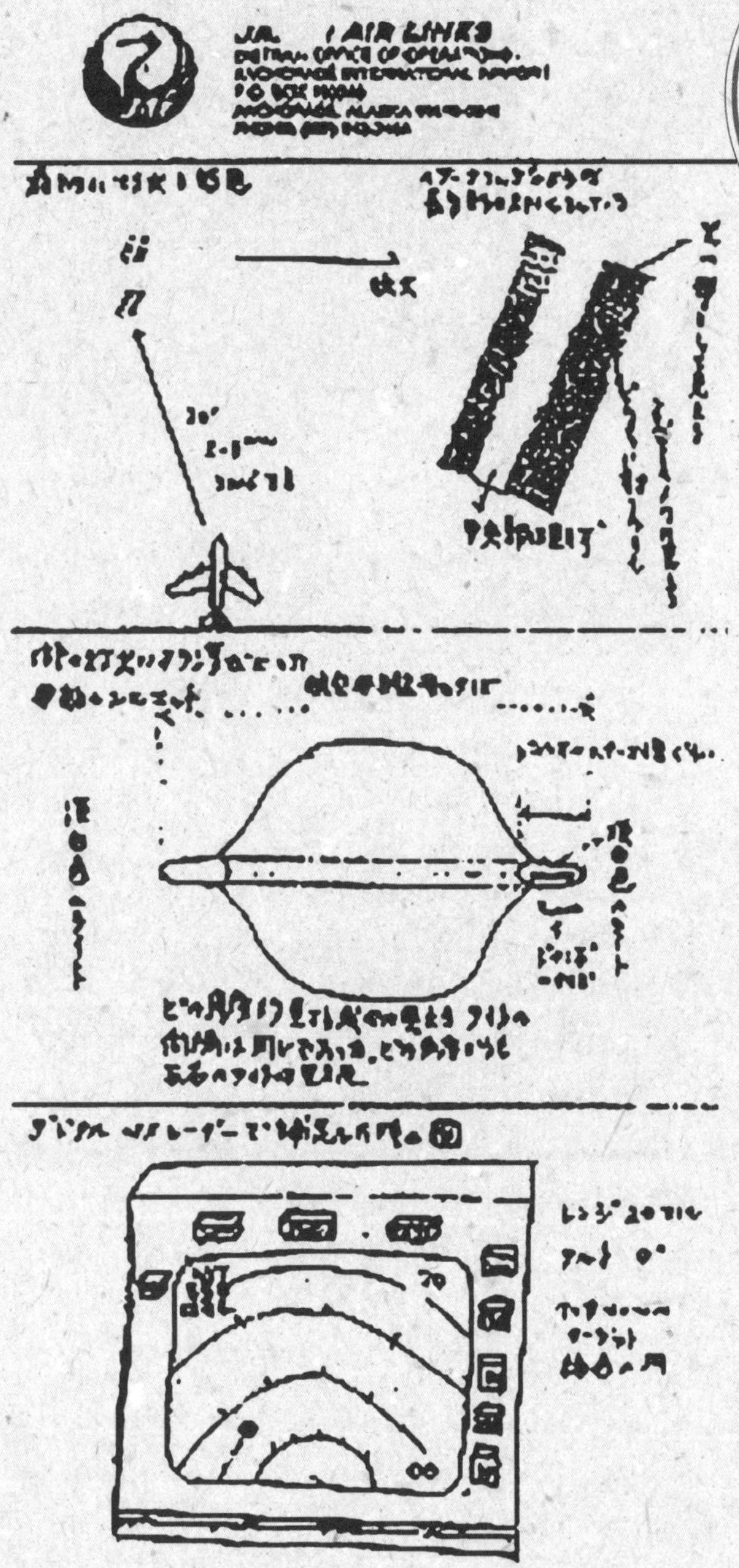

◀証言から状況を構成すると、巨大円盤や発光体の位置、大きさに矛盾はなく、確実に「遭遇した」事実が浮かび上がった。

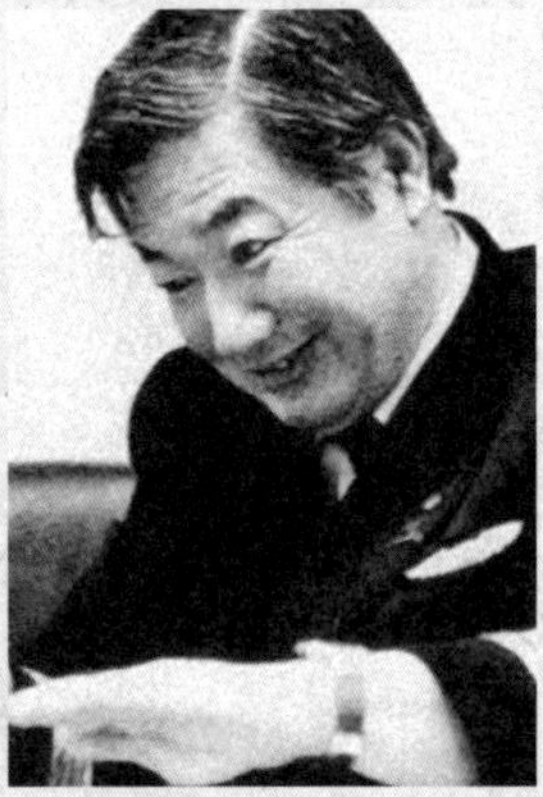

▼寺内謙寿機長（当時47歳）。これ以前に2度、飛行中のUFO遭遇体験をしている。

1986年11月17日、日本の航空機がUFOに遭遇した。

パリ発の日本航空特別貨物便のジャンボジェット機が、アラスカのアンカレッジ空港に向けて飛行中のことだ。機体の左方向に不可思議な帯状の光体がふたつ並んで現れた。それらは正方形で、全長約48メートル。左右にオレンジと白に光る無数の排気ノズルの列を備えており、ノズルからは強烈な光が放たれていた。それは突然、同機の前方に瞬間移動して、しばらく停止後、ふいに姿を消した。

数分後、別の青白い光体がふたつ現れた。同機のレーダーは前方約11～13キロの空域に巨大な物体を捉えていた。大型空母2隻を背中あわせに重ねたような球状で、ジャンボ機の数十倍はあろうかという巨大さだった。奇妙な光体は機体にぴったりとついてきた。だが、同機が米ユナイテッド航空機とすれちがった瞬間、パッと消えてしまったというのだ。

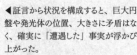

アンカレッジ空港に到着した機長以下3人のパイロットは、米連邦航空局（FAA）から事情聴取を受け、寺内機長は「パイロット生活で3度目のUFO目撃体験だった」と証言した。副操縦士と航空機関士は最初の光体の目撃は認めたがUFOだとは証言しなかった。また、副操縦士は2度目の遭遇について「私には見えず、何もいえない」と濁した。

それから1か月以上経った12月30日、共同通信社が事件を報

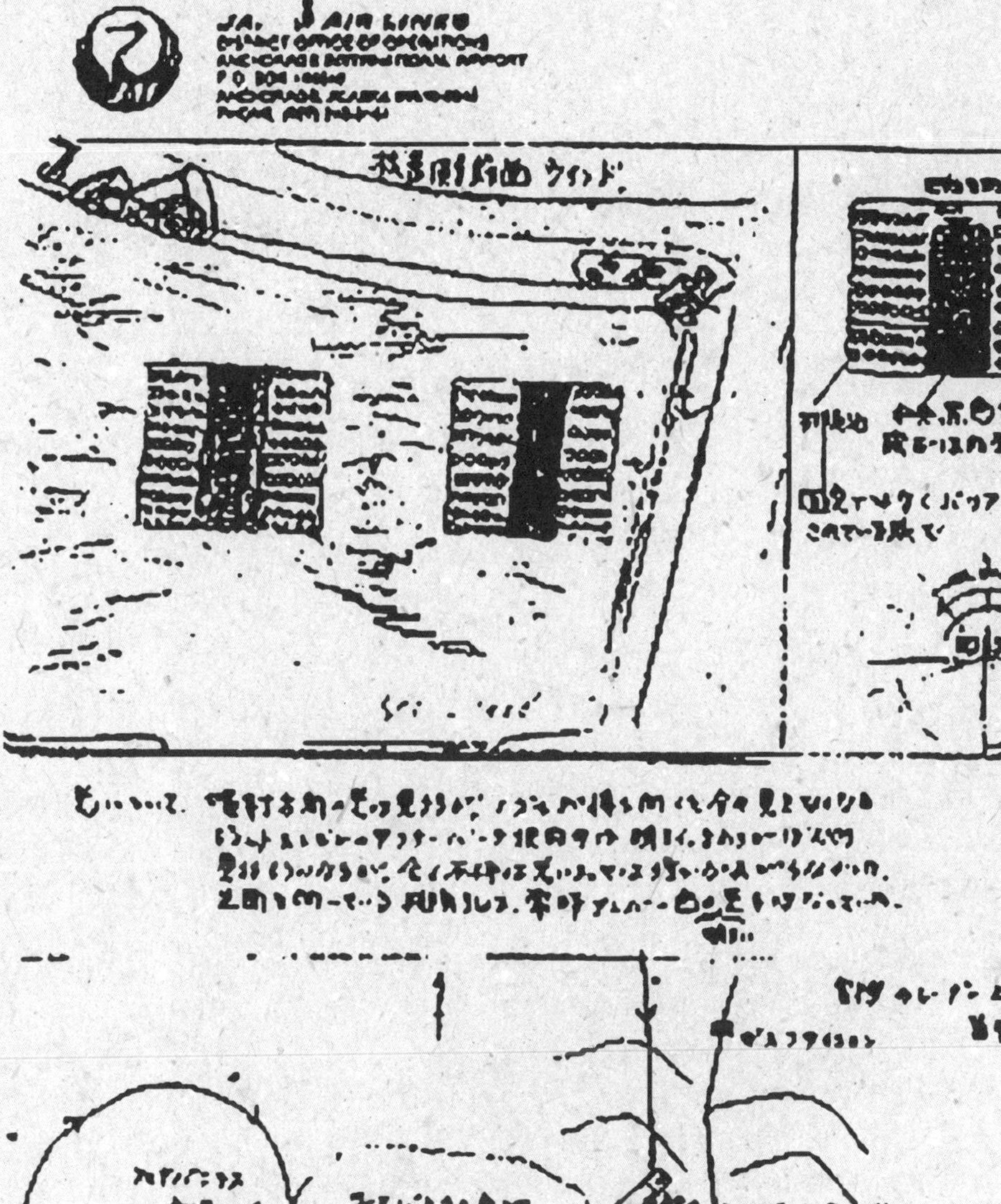

道すると、このニュースは世界中を駆け巡った。だが、アメリカの航空専門誌は真っ向からUFO説を否定。ほどなくして寺内機長は地上職に配属された。

だが、約30年後の2007年11月12日――。なんと米ワシントンDCの全米記者クラブで、当時この事件を担当したFAA元幹部が「日本の貨物機が遭遇したUFOを米軍のレーダーも捉えていた」「米政府やCIA、FBIがそれを隠蔽した」と暴露している。

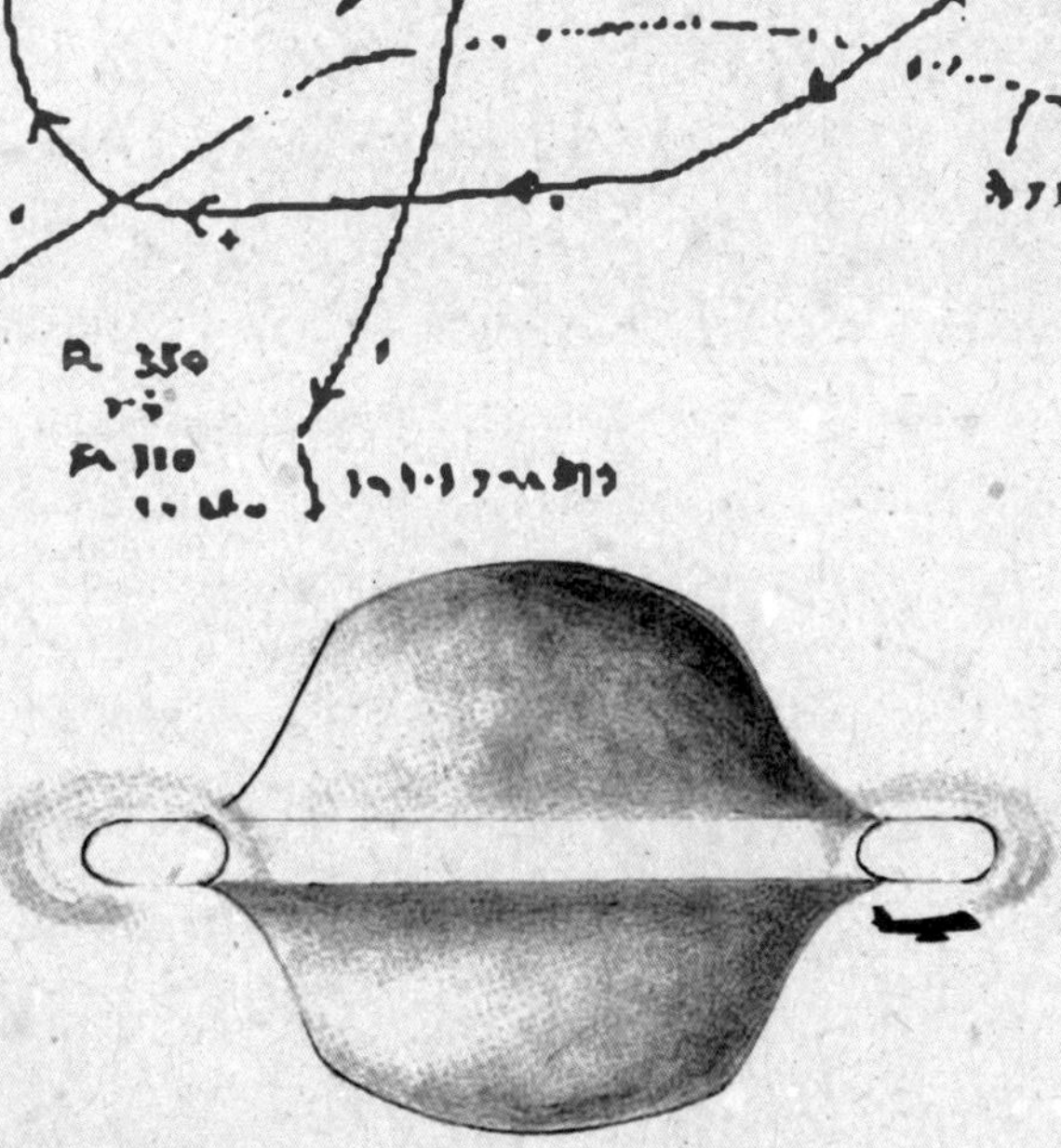

▲日航機貨物便が遭遇した巨大円盤の再現。

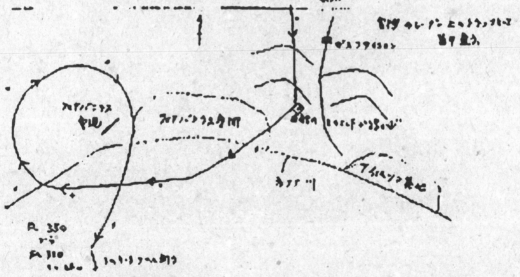

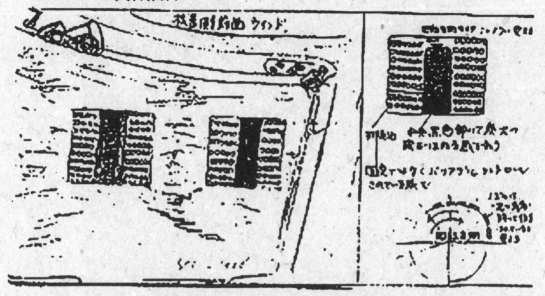

No.000022

メキシコ空軍UFO遭遇事件

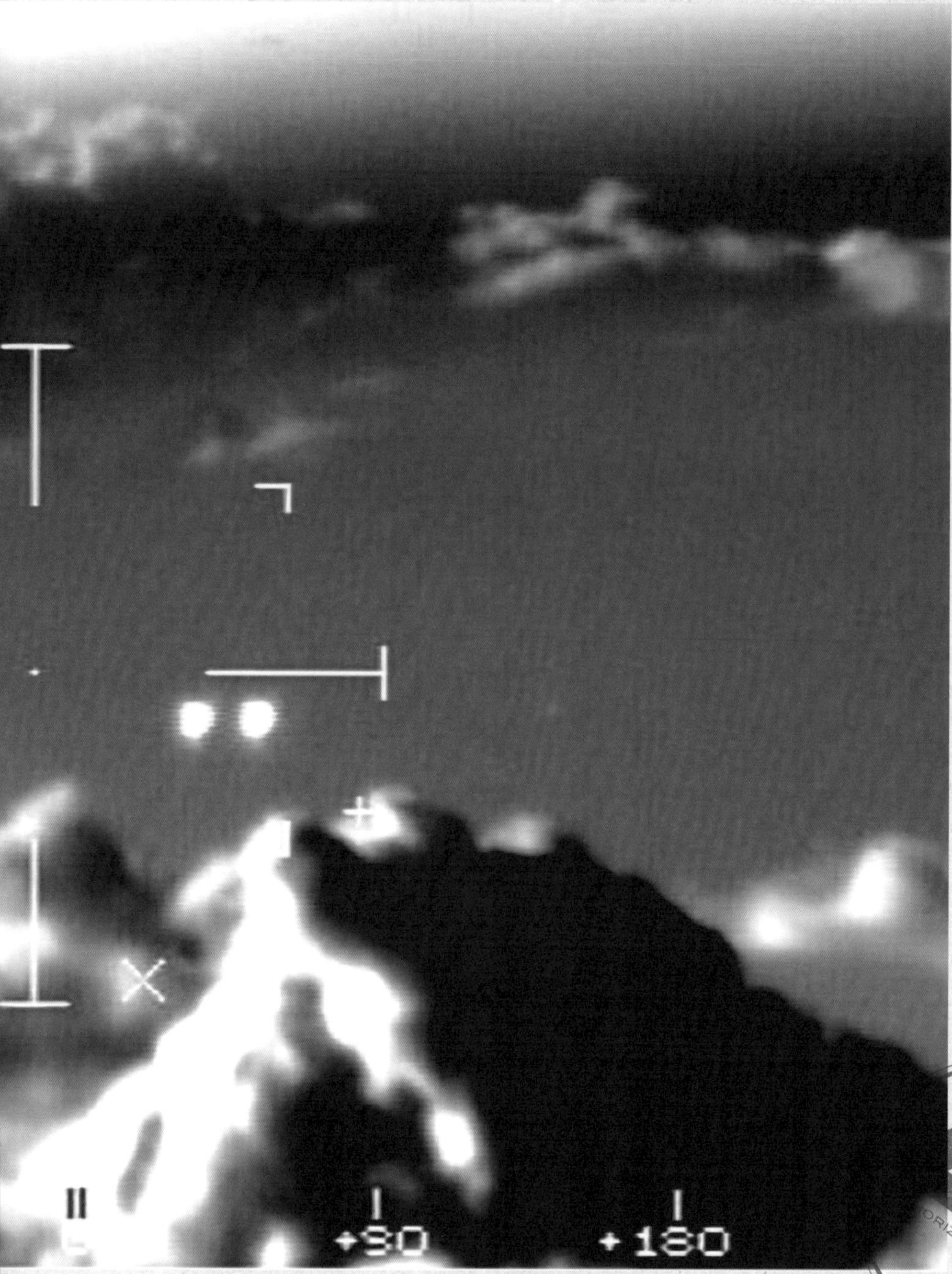

▲2004年3月5日、メキシコのクイダッド・デル・カルメン上空に現れたUFO編隊。

ＵＦＯ多発地帯として世界的に有名なメキシコでも、２００４年３月５日に起きたＵＦＯ遭遇事件は、特筆すべきものだ。なぜなら、政府がその一部始終を公表したからだ。

事件が発生したのは、ユカタン半島南西部、カンペチェ州クイダッド・デル・カルメン上空。最新鋭のデジタル撮影機材を搭載した空軍の偵察機、マリーンC-26A型ビモターが、不審な飛行物体を検知した。時刻は17時、天気は快晴、高度３３００メートルでの出来事だった。

当初は２機が確認されていたが、最終的には11機もが15分にわたり、このC-26A型機に寄り添うように飛行したという。これらの物体はレーダーと熱感知センサーにも反応し、ある時点では８個の物体が円を描くように編隊を組んだのである。

しかし、不思議なことにC-26A型機を操縦していた３人の搭乗員たちはこの物体を目視できていない。最接近距離は３・２キロ。搭乗員はいずれも通常の飛行物体なら十分に見分けがつくベテランの軍人なのに、だ。

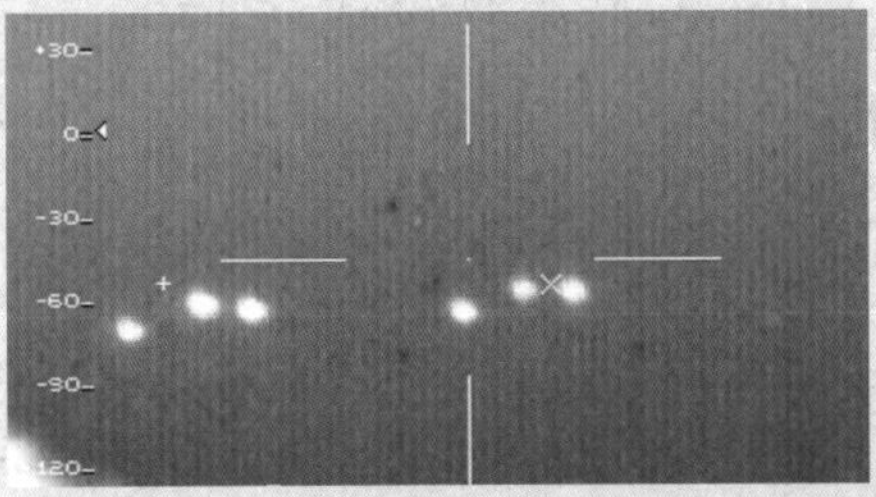

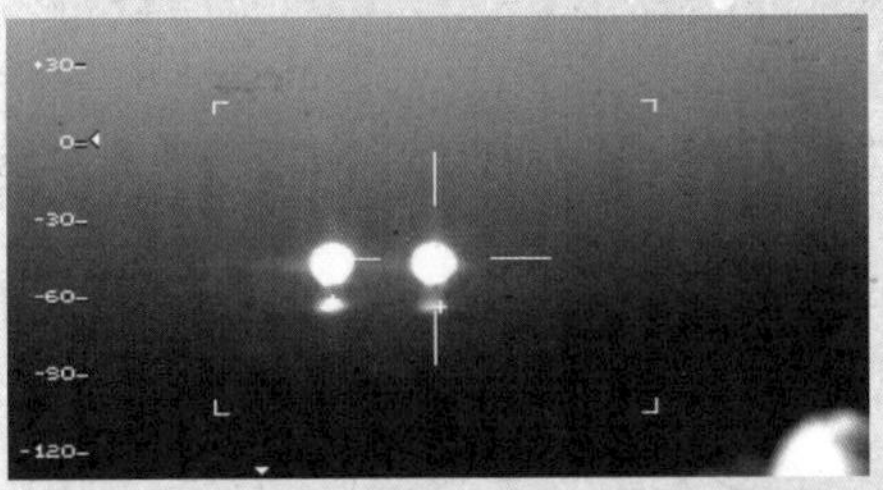

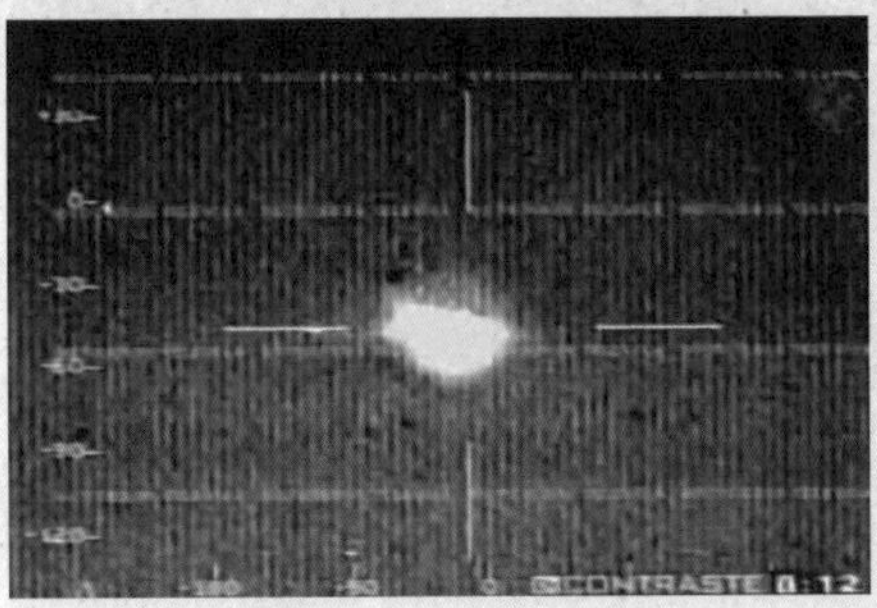

▲上・中：UFO編隊は、円を描くように飛行していた。当初は2機が確認されていたが、最終的には11機もが現れたという。下：UFO編隊の別のタイミングでの撮影画像。

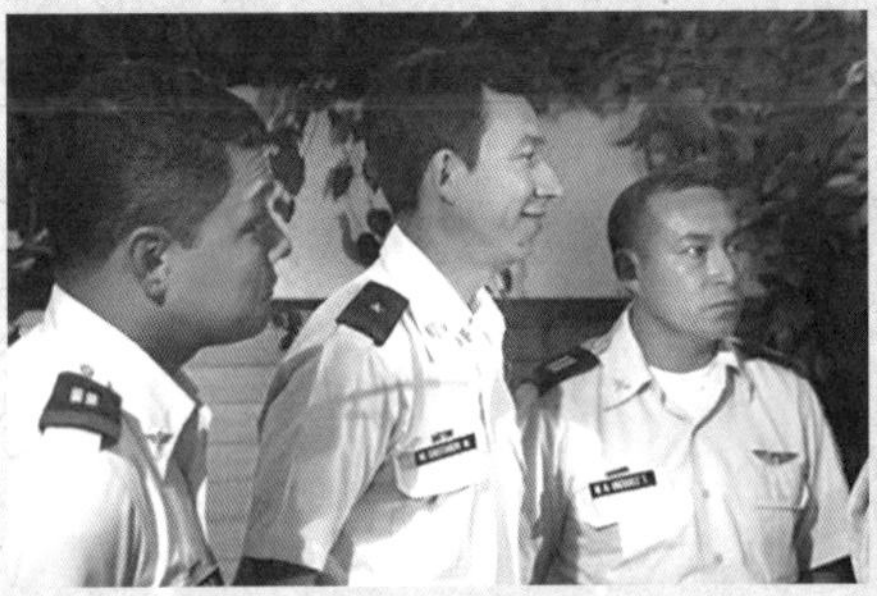

▲UFOと遭遇したメキシコ空軍のパイロットたち。レーダーでしか捉えられないUFOに囲まれたときには大変な恐怖を感じたという。

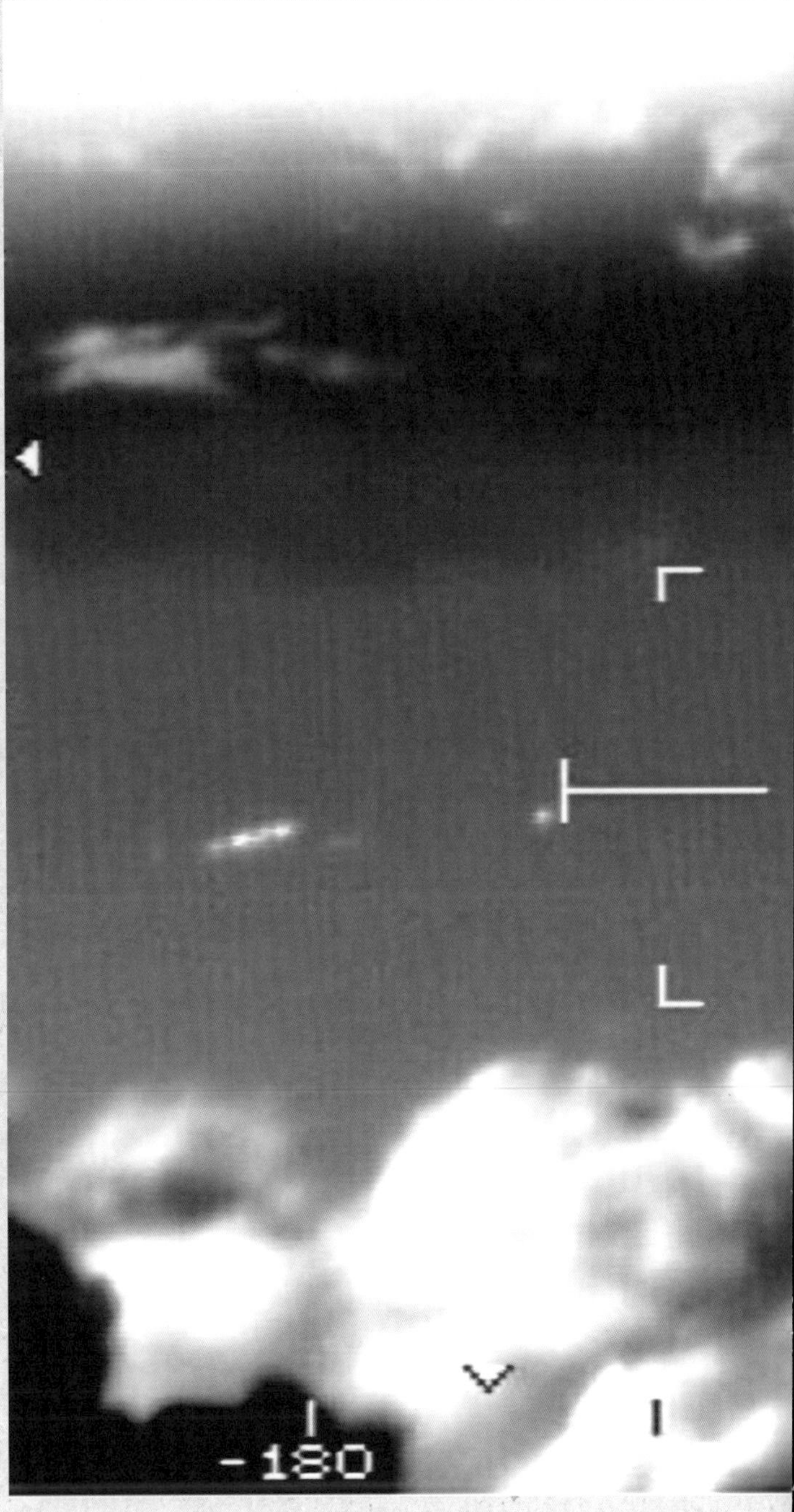

加えて、彼らの目の前のレーダーは飛行物体を感知していたにもかかわらず、である。

レーダー上で物体は、消えたり現れたりを繰り返していた。飛行速度や方向もめまぐるしく変わり、90度や130度の旋回をするなど航跡も異常で、大変な高温を発していたそうだ。ちなみに搭乗員らがもっとも怯えたのは機体が取り囲まれた瞬間だ。明らかに飛行物体は軍を挑発していたといえよう。

メキシコ政府はこの事実を受け、1か月半にわたり徹底的に調査を行ったが、物体の正体は不明だった。そこで政府は4月20日、メキシコの著名なUFO研究家ハイメ・マウサンに国防大臣自らが公式資料を手渡し、調査協力を要請。

さまざまな角度から検証した結果、マウサンはこの飛行物体を「エイリアンクラフト」の可能性が高いと結論づけ、政府はこの報告をマスメディアに公表したのだ。

メキシコ空軍が持つ資料を国防省が情報開示する……UFO史に残る事件であることは間違いない。

No.000023
ロサンゼルス事件

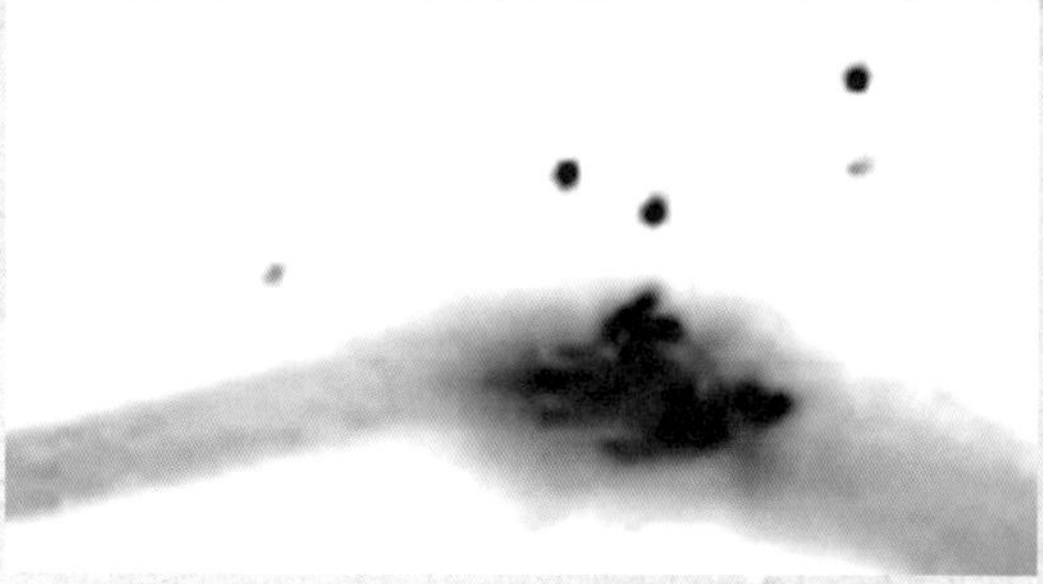

▲サーチライトに照らされて、アメリカ軍の高射砲のいっせい砲撃を浴びるUFOの姿。周囲の光点は炸裂する高射砲の弾丸だ。
◀色調を変えた画像。

太平洋戦争勃発直後の1942年2月25日、アメリカ、カリフォルニア州ロサンゼルス市の夜空に約15機のUFOが現れ、空襲だと騒ぎになった。

午前2時過ぎ、第4次防空司令部は、対空監視員から「太平洋海岸線上空に未確認機あり！」との連絡を受け、午前2時23分、ロサンゼルス近郊の各都市に灯火管制を敷いた。ただちに空襲警報が発令され、全市にサイレンが鳴り響いた。何十万という市民が、このサイレンの音にたたき起こされたのだ。

夜空に向かっていっせいに投射された多数のサーチライトの中、1400発を超える高射砲弾が、UFO群めがけて炸裂した。だが、相当数被弾したにもかかわらず、墜落したUFOは1機もなかった。UFO群は、砲弾の嵐にもビクともせずに高度2700〜5400メートルを、160キロという速度で悠然と飛行していったのだ。

午前4時14分、UFO群が市の東方に去ったため、砲撃が中止され、3時間後の午前7時20分に空襲警報は解除された。この光景は写真にも撮られ、翌26日付「ロサンゼルス・タイムズ」の紙面を飾り、市民たちを驚愕させた。

サーチライトの光束の中に存在するUFO群。その上に写り込む複数の光体は、高射砲弾が当たらずに空中で炸裂したものだ。米軍は、前年末の日本軍による真珠湾攻撃の再来か、と危惧して砲撃行動に出たという。この砲撃で、砲弾の破片が市内の家々の上に降り注ぎ、5人もの死亡者が出た。

太平洋戦争終了後、このUFO群が日本のものであったかどうか、米軍により日本軍の資料が徹底的に調査されたが、当時、西海岸を空襲したような航空部隊の記録はどこにも発見されなかった。

このUFO群＝未確認機の正体は謎のままだが、戦時体制下での事件だっただけに、画像の存在も踏まえて、その記録的価値は高く、世界初の〝真正なUFO事件〟だと、評価されている。

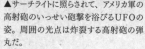

No.000024

ワシントン事件

▲1952年7月20日夜に、米ワシントンの国会議事堂上空を通過するUFO群が出没した。この写真はゴースト。

1952年7月19日23時40分、アメリカ、ワシントン国際空港の航空管制センターのレーダースコープ上に突然、7つの光が出現した。

当初、管制官は、機械の故障だと思った。なぜなら、この怪光は吸い込まれるように消滅したり、猛スピードで外枠へ消えたかと思うと、テレポートしてきたかのように、スコープ中心に現れるなど、不可思議な動きを繰り返したからだ。

この様子はワシントン空港の管制塔や、ワシントン郊外にあるアンドルーズ空軍基地のレーダーにも捉えられていた。同空軍基地がスコープ上の光の動きから飛行物体の速度を割り出したところ、当初時速200キロ前後で動いていたが、時速1万1700キロにまでスピードアップしたという。

飛行物体は、付近を飛んでいた旅客機の搭乗員や乗客らにも目撃されていた。航空機を追いかけるようなそぶりを見せ、ホワイトハウスや国会議事堂上空領域にまで侵入を繰り返したという。その後一度は消滅したようだが、ほどなくしてスコープ上に出現し、挑発的な飛び方を繰り返した。

そこで翌20日の午前3時、ついに米軍が行動に出る。2機のF−94戦闘機に迎撃を命じたのだ。その瞬間、飛行物体の姿が消えた。しかし午前5時半、F−94機が捜索を打ち切ると同時に再出現。威嚇飛行した後、飛び去っていった。市民の通報もあり、事件は翌朝にはマスコミに知れ渡った。しかし空軍情報部は説明を拒否。情報開示について、激しい議論が続いた。

そんな7月26日、ワシントンDCの上空に再びあの怪光が出現した。このときはホワイトハウスでも討議が行われ、大統領トールマン自ら、高名な物理学者アインシュタインに電話で意見を求めている。また、再びF−94戦闘機が出撃。追跡劇を繰り広げている。

事件を受け、マスコミ取材陣は厳しく真相を問いつめた。しかし、空軍の発表は「自然現象」というものだった。

No.000025

ニューヨーク大停電

◀大停電のさなか、アメリカ、ニューヨーク州のマンハッタン上空でUFOとおぼしき光体の姿が捉えられた。

1965年11月9日の夕方、ニューヨーク州をはじめとするアメリカ北東部の9つの州とカナダの2州一帯を、突如、大停電が襲った。

発端はナイアガラ滝の北方2キロの場所に位置するサー・アダム・ベック第2発電所の回路の原因不明の停止だった。突然の事態にカナダ、トロントに電力を供給するラインがわずか4秒で遮断され、カナダ・アメリカ東部統合高圧送電線網を完全に崩壊させた。

夕方といえばラッシュアワーのピークだ。中でもニューヨークは大混乱に陥った。地下鉄は全線その場でストップ。信号機が機能しない道路は事故が頻発。空港は閉鎖され、着陸予定の便はほかの都市に回された。陸上の航行誘導レーダーに頼る船舶も、危険な状態にさらされた。

街中においても、エレベーターは人を乗せたままストップ。停電による事故で病院に救急患者が搬送され、病院自体がパニックに陥っていた。教会は「敵の攻撃」を恐れる人々であふれかえった。

「敵」とはUFOである。

というのも、この大停電が発生する直前から停電後にわたって、停電該当区域に数十個のUFOの大群が出現していたというのだ。目撃者は極めて多く、各地の地上や空で見たという証言が寄せられた。ナイアガラ滝の発電所付近でも大停電が始まる直前に、丸く輝く物体がパイロットによって目撃されていた。

ニューヨーク州の地域紙「シラキュース・ヘラルド・ジャーナル」は、近隣住民から「奇妙な飛行物体を目撃した」という報告が100件以上も寄せられたと報じた。写真誌「タイム」も、カメラマンが撮影した上空を飛ぶ丸い光体を掲載。

実は、UFOが接近すると、地上の電気装置や人間に影響を及ぼすことがあるという。「EM効果(電磁効果)」と呼ばれるもので、今回もこれが停電の原因ではないかと指摘されている。似た事例はイタリアやブラジルにもあり、あながちバカにできない〝仮説〟といえそうだ。

No.000026

カイコウラ事件

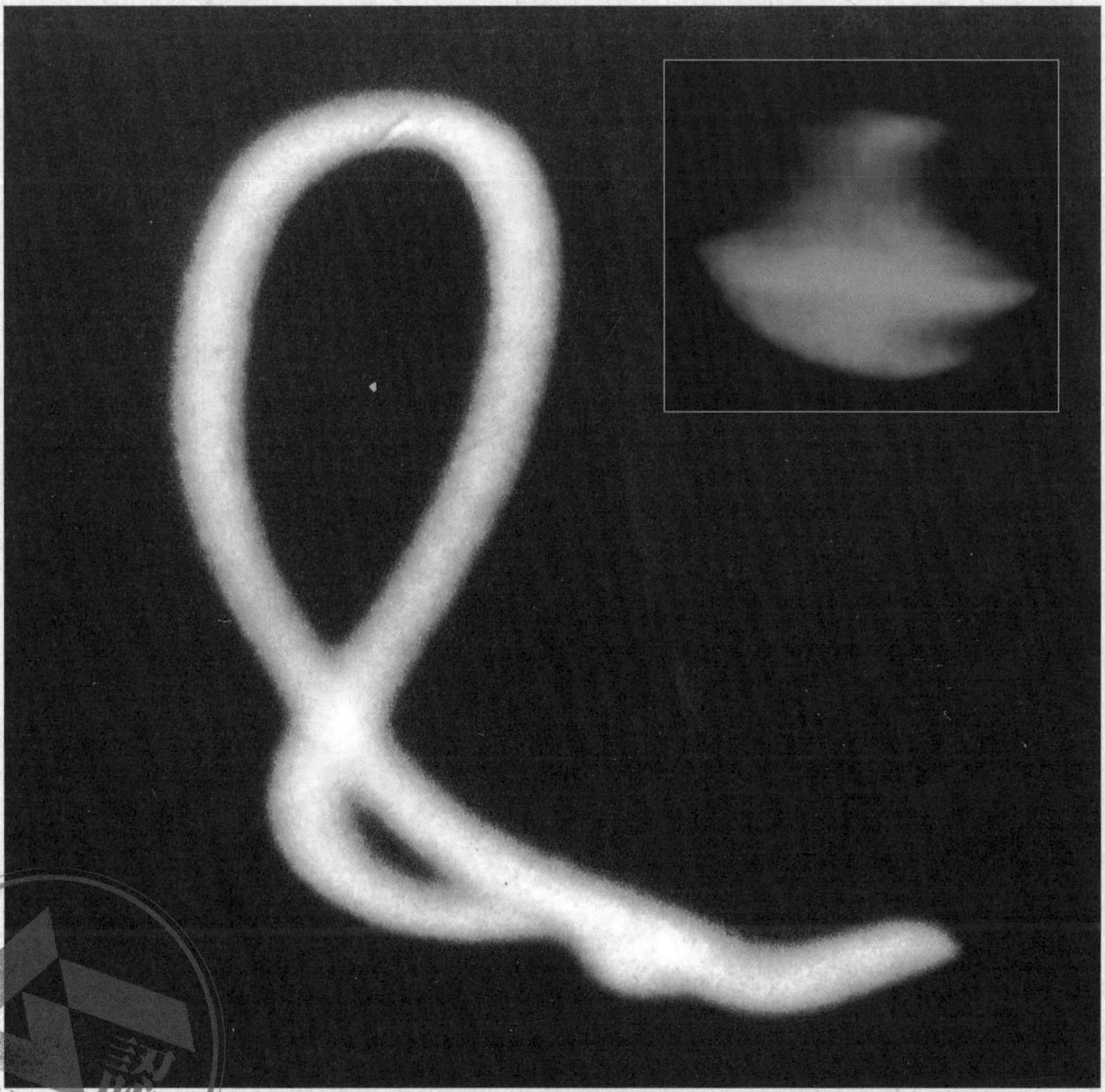

▲1978年、カイコウラでテレビ局の番組クルーが遭遇したUFO。このフィルムの1コマが手ぶれでなければ、UFOは秒速17キロで動いていたことになる。右上囲み内：別画像から、その姿は円盤形だったことがわかる。

認定
AUTHORIZATION

1978年12月21日、ニュージーランド南島のカイコウラ地区に複数の光体が出現。飛行中のパイロットや多くの地元住民らに目撃された。謎の物体は、航空機や地上管制塔のレーダーにもキャッチされた。ニュージーランドでは、約2か月前からUFOの目撃情報が相次ぎ、飛行中のセスナ機が行方不明になる事件も起きていた。

12月30日深夜、オーストラリアのテレビ局「チャンネル0」のクルーが、UFOに関する番組制作のため、このUFO出現ルートをたどることになった。

ニュース記者のフォーガティら3人の取材班は、カイコウラ地区上空を飛ぶアーゴシー貨物機に乗り、ウェリントン空港を飛び立った。

貨物機に乗り込んだフォーガティらは、操縦席下の荷物詰め込み室で番組の導入部分の撮影を開始した。クック海峡を南に飛行中、しばらくすると、「カイコウラ方向に複数の奇妙な光を発見した」という情報が操縦室から入った。

機材を手に3人が操縦室へ向かうと、確かに上空に、5つの異常な光が点滅している。カメラマンは怪光へレンズを向けつづけた。

この様子をウェリントンの管制塔もキャッチ。アーゴシー機に向け、「ターゲットは機体と並んで移動している」「次第に大きくなっている」などの忠告を始める。午前1時1分、アーゴシー機がクライストチャーチ空港に着陸するまで、怪光はついてきたという。

さらに空港で荷物を降ろしたアーゴシー機が、ブレンハイムへ向けて飛んだ2分後のことだ。再びあの複数の光が出現し、またしても機にまとわりついてきた。光体の動きはさらに大胆になり、からかうような行動をとるかと思えば、急激に方向転換をするなど、明らかに「意思」を持っているかのようにふるまったのだ。

この一部始終を収めたフィルムは翌年1月1日、スクープとして世界中へ配信されているが、光の正体は今なお謎である。

No.000027

ペトロザヴォドスク事件

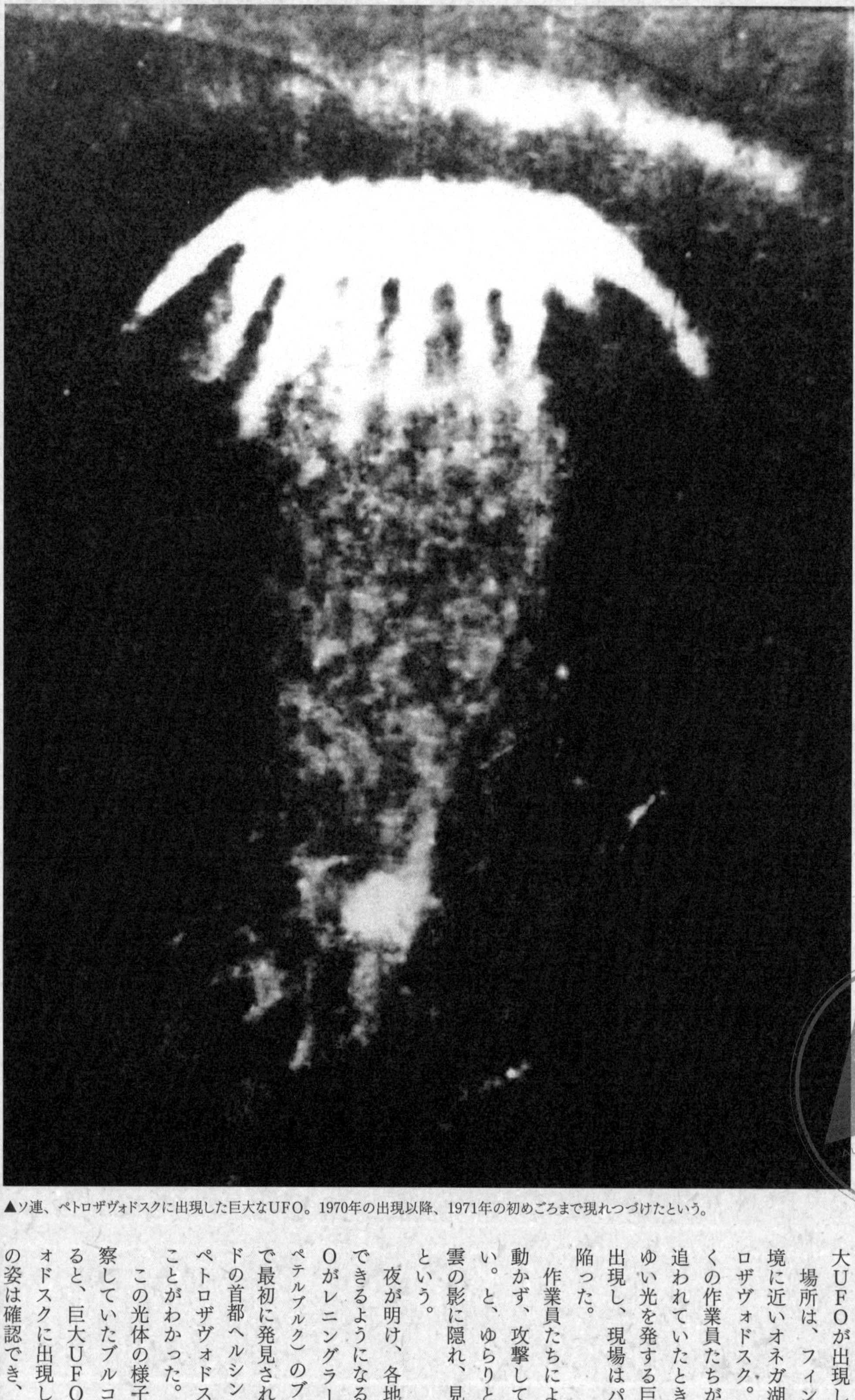

▲ソ連、ペトロザヴォドスクに出現した巨大なＵＦＯ。1970年の出現以降、1971年の初めごろまで現れつづけたという。

１９７０年9月20日午前4時20分ごろ、ソ連（現ロシア）に、クラゲの足のような光を発する巨大ＵＦＯが出現した。

場所は、フィンランドとの国境に近いオネガ湖西岸の街ペトロザヴォドスク。湖岸の港で多くの作業員たちが徹夜の仕事に追われていたとき、上空にまばゆい光を発する巨大なＵＦＯが出現し、現場はパニック状態に陥った。

作業員たちによれば、物体は動かず、攻撃してくる様子もない。と、ゆらりと動くと上空の雲の影に隠れ、見えなくなったという。

夜が明け、各地で情報が共有できるようになると、このＵＦＯがレニングラード（現サンクトペテルブルク）のプルコフ天文台で最初に発見され、フィンランドの首都ヘルシンキ上空を飛び、ペトロザヴォドスクに向かったことがわかった。

この光体の様子を一部始終観察していたプルコフ天文台によると、巨大ＵＦＯがペトロザヴォドスクに出現したころも光体の姿は確認でき、刻々と変化を

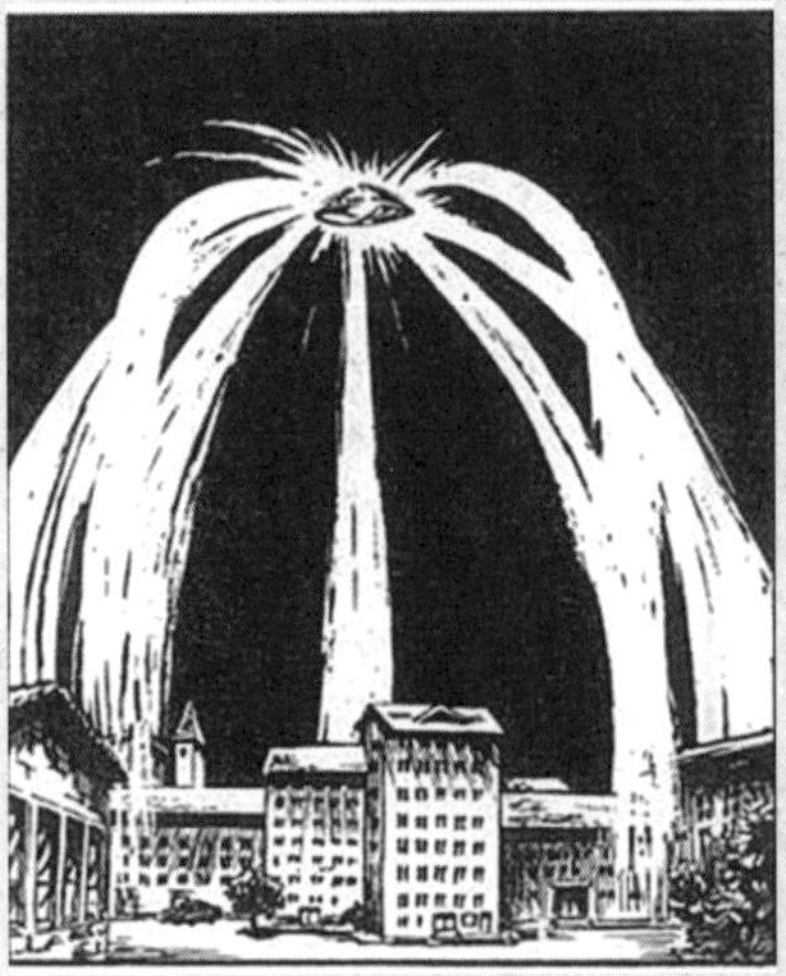

▲事件後に描かれたスケッチ。飛行物体から大量の何かが降り注がれたという。

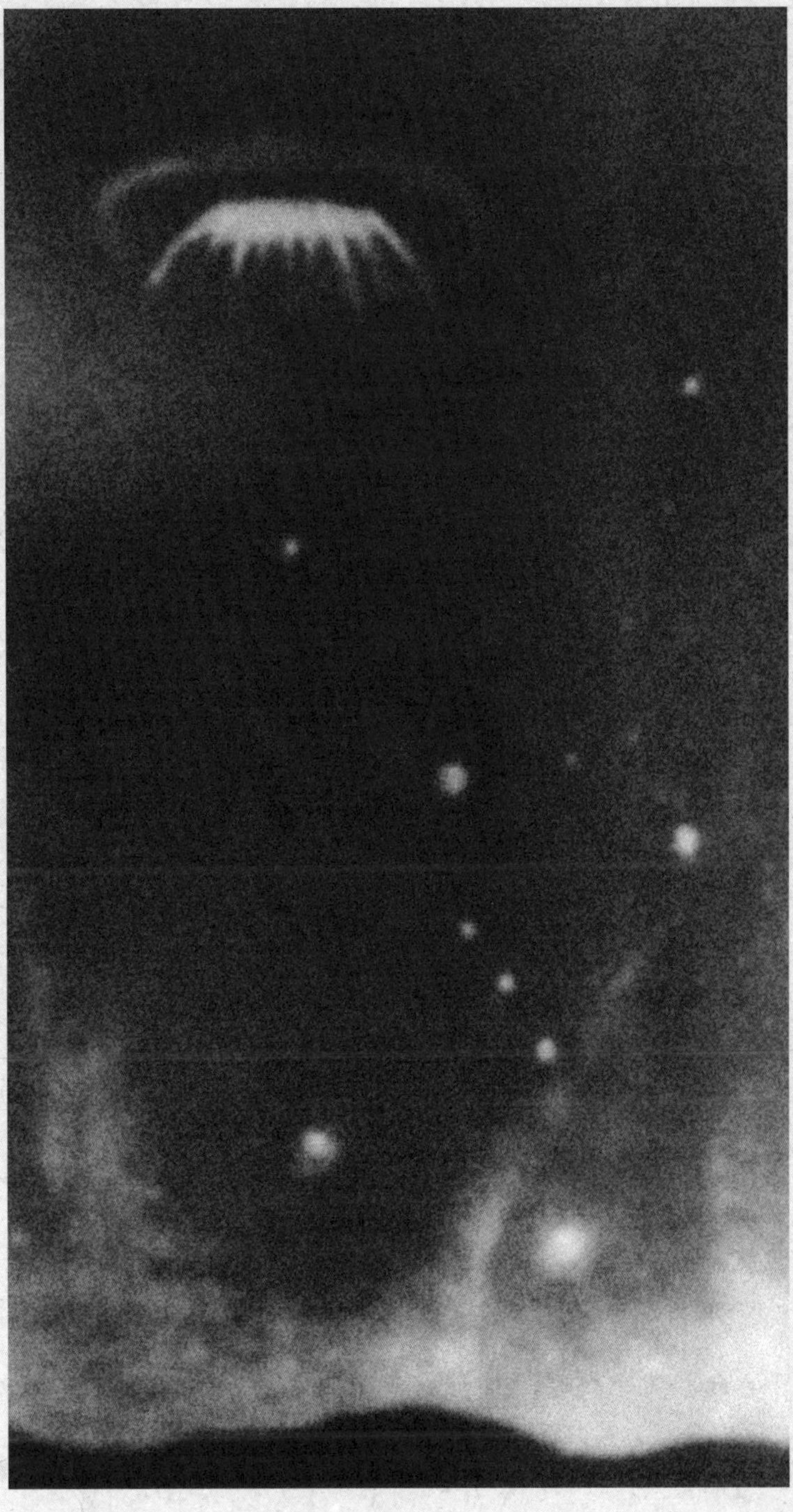

▶ペトロザヴォドクスに出現したUFOのイメージ画。その姿は空を飛ぶ巨大なクラゲのようで、小型の物体を吐き出していたという。

▼UFOが吐き出した小型物体は、道路に深い穴を開けた。

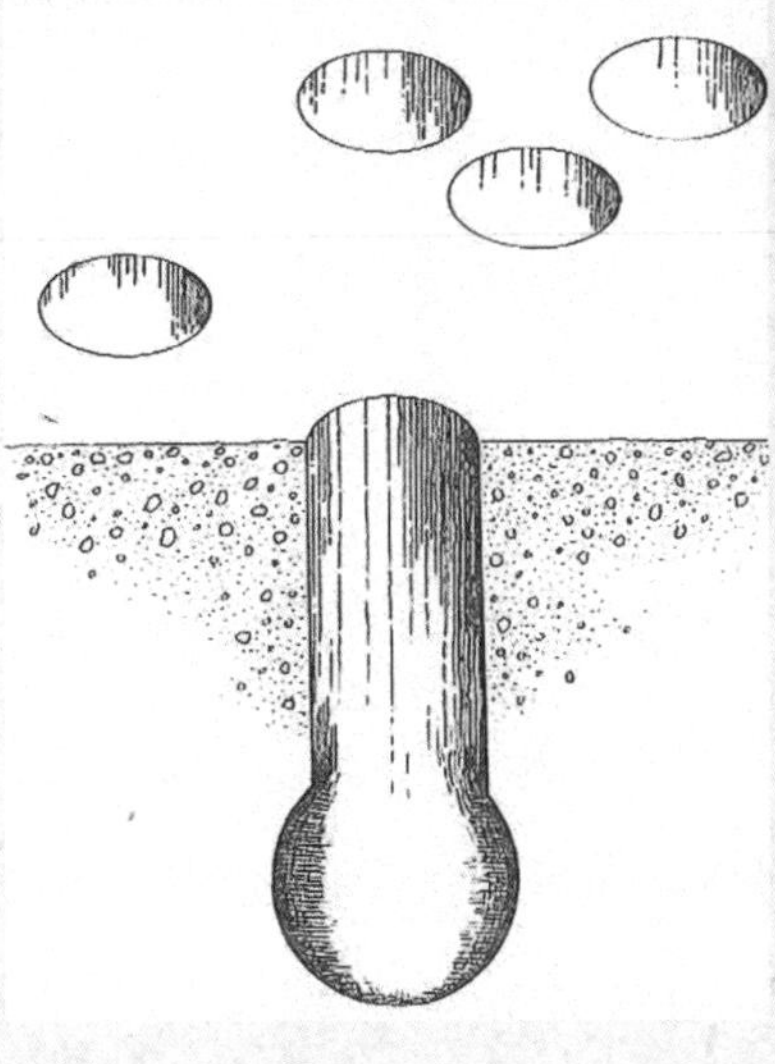

見せ、時には地上に向けて何かを発射していたという。

ここで疑問が生じる。

ブルコフ天文台からペトロザヴォドスクのUFOが見えていたなら、計算上ではこのUFOは大きさ直径10キロで、高度約100キロ地点に滞空していたことになる。

実は、このころソ連北部の各地で、UFOの目撃が頻発していた。場所や角度から、同じタイプのUFOが複数存在していたようだ。

そこまで超巨大な物体が派手な動きをしていたとなると、ソ連軍の沈黙も無気味だ。東西の冷戦まっただ中の時代。ソ連領空に侵入した所在不明の飛行物体など、即、攻撃対象になりそうなものだが、ソ連軍が出動する様子はなかったという。

その後もUFOの出現は、1979年初頭まで続いた。そして、最終的には1キロほどもある巨大なUFOが出現し、2時間程度滞空。小型の飛行隊を吐きだしたり、吸い込んだりしたという。

物体の正体、目的は今なお謎に包まれている。

No.000028

フェニックスライト事件

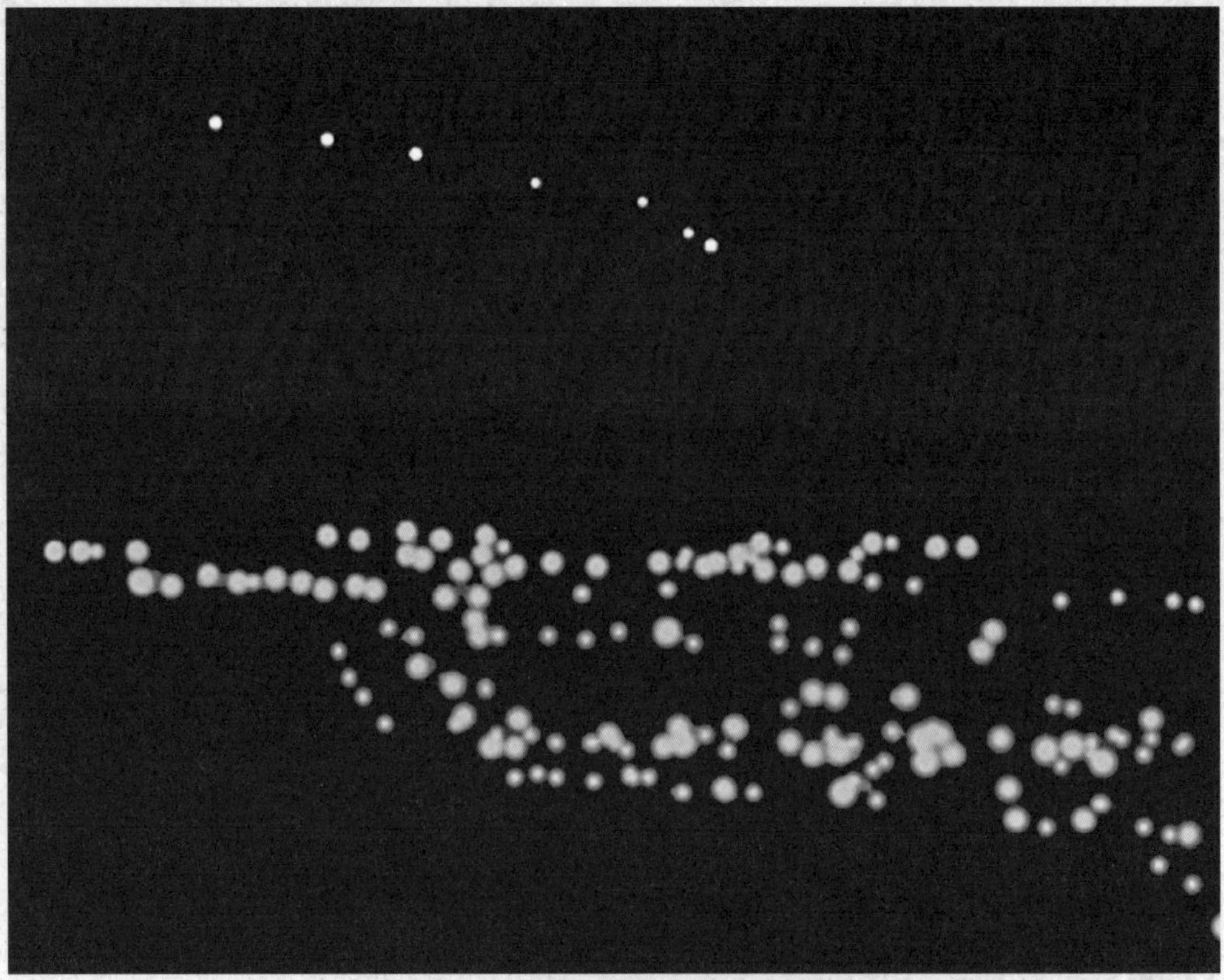

▲1997年3月13日20時ごろ、アリゾナ州のフェニックス上空に出現した謎の光体。目撃地名から「フェニックスライト」と呼ばれる。
▶V字形のUFOの再現スケッチ。
◀2007年2月6日に目撃されたフェニックスライト。夜空に黄白色の光が浮かびあがった。この様子はテレビ局のヘリコプターがリアルタイム中継をした。

1997年3月13日20時ごろ、アメリカ、アリゾナ州フェニックスの東側上空に、奇妙なライトの集団が出現し、住民を震撼させた。

最初に確認されたのは、フェニックス近郊の街ポールデン。証言するのは元警官の男性で、5つの怪光が空中を飛行していたという。

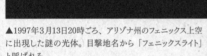

怪光はプレスコット、ウィッケンバーグ、フェニックスへ……と、数を増やしながらゆっくりと移動し、22時にはフェニックスの南、サンバレー南東のはずれにあるヒーラー川上空に出現。ここでは数千人以上の人々がこの光を目撃している。人々は不安から、地元警察や各政府機関へ通報しつづけた。さらに情報はルーク空軍基地に寄せられた。

しかし、不思議なことに空軍のレーダー・スクリーンにはこの怪光の情報が映しだされていなかったという。だが、人々の目にはちゃんと見えている……。そして「巨大な飛行船だった」「無音で飛行していた」「機体はグレーで、球体の光は機体に取

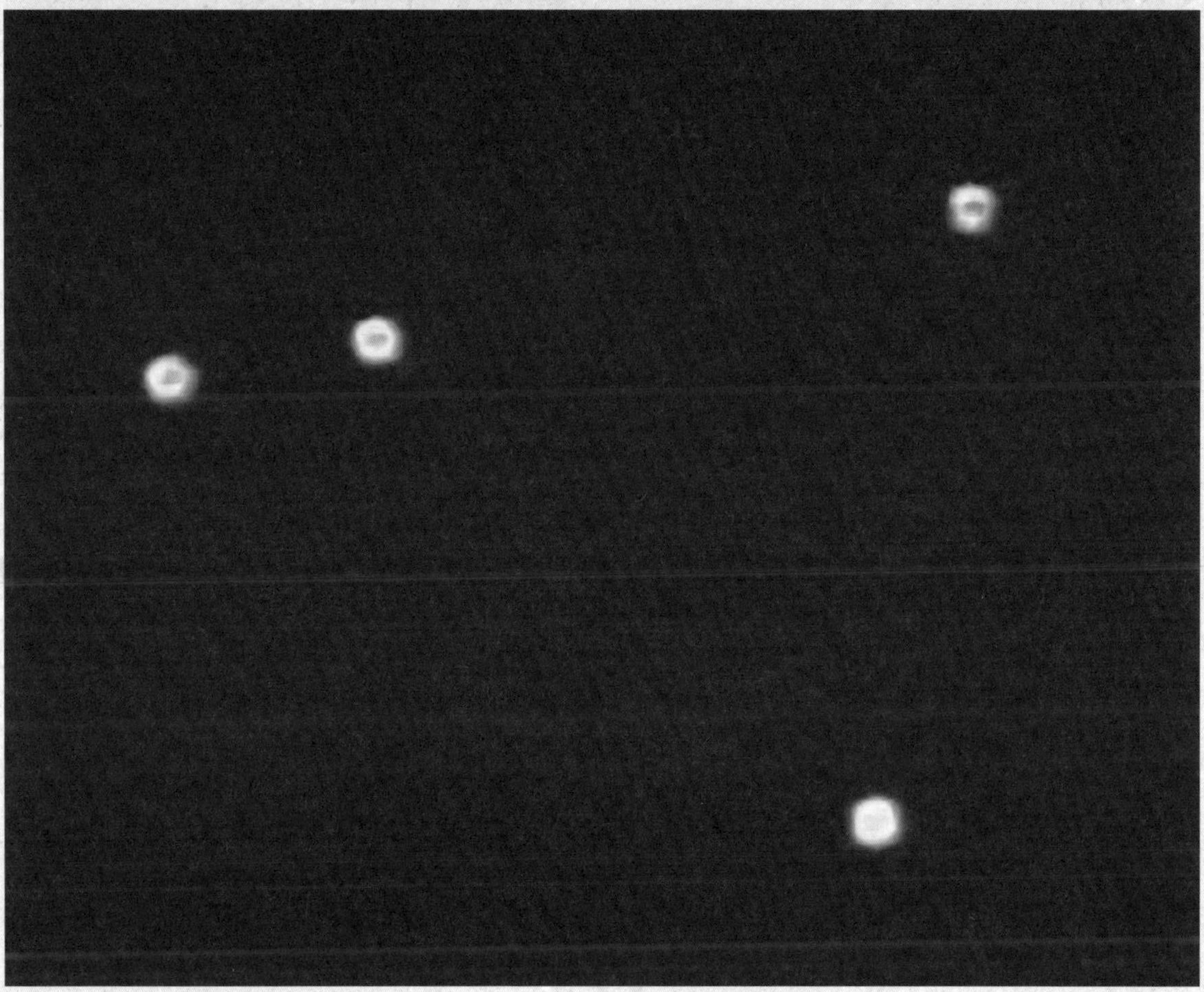

りつけられていたライトによるもののようだった」と、語っているのだ。

　ちなみに、物体を撮影した写真から割りだしたところ、ライトの大きさだけで直径1・6キロ〜3・2キロと推察。つまり、母船クラスの超巨大UFOの可能性もある。

　この事件はそれだけでは終わらない。10年後の2007年2月6日、なんと同じフェニックスに、再び同様のライト群が出現したのだ。このときは、市民の通報を受けたテレビ局がヘリコプターを派遣。リアルタイムで中継までしている。夜空に浮かんだのは黄白色の5つのライトで、三角形やV字を形作っていた。ところがひとつずつライトは消え、5分ですべて消えてしまった。

　このライトの正体は、照明弾と発表されたが、専門家によるスペクトル分析では、照明弾などではないことが判明している。そもそも、一般人らによって撮影されたビデオや写真で見る美しいライトの配列は、決して照明弾で形成できるものではない。謎は深まるばかりである。

No.000029

ヘスダーレンライト

▲ノルウェー、ヘスダーレン峡谷に出現した怪光。1981年以降、峡谷近くの村の住民たちが観察したことで知られるようになった。以後、怪光は自らの存在を誇示するかのように、出現頻度を増していった。そして多くの写真が撮られた。
▼ヘスダーレンの怪光は、研究団体の科学者や研究者の前に、幾度となく出現。蛇のようにうねったり、急停止や急旋回などを繰り返す姿を見せた。

▲怪光は分析の結果、95パーセントが長波を発する高エネルギーのプラズマであり、自ら熱を発していることが判明。また、残り5パーセントは固体のUFOとされている。

AUTHORIZATION 認定

1981年以降、ノルウェー、ヘスダーレン峡谷のアスパスホーレンに、謎の光体が頻々と出現している。一般に「ヘスダーレンの怪光」と呼ばれるこの光体は、突然、空中に出現したかと思うと1時間以上も滞空したり、分裂したり、ときにはゆっくりと動きまわり、そして猛スピードで飛び去る。怪光は小型で最大に輝いたときでも飛行機の着陸灯程度の大きさなのである。

1982年2月、UFO研究団体が行った調査で、怪光が出現すると磁気計に変動が計測され、しかもレーザー光線を照射した場合、それに応えるかのように規則的にフラッシュしながら移動するという事実が判明。1984年からは「プロジェクト・ヘスダーレン」と名づけられた観測チームが結成され、同様の現象が観測された。その後、イタリアの宇宙物理学者や科学者たちによる調査プロジェクト「EMBLA」が2000年8月と2001年8月に調査を実施。怪光の電磁波スペクトル分析、写真やビデオ映像の分析などが行われ、豊富なデータからその実態が明らかになった。

怪光の95パーセントが長波を発する高エネルギーのプラズマだったこと、そしてまた怪光は形や大きさを変えても温度が一定だったことがわかった。これは怪光が自ら熱を発しているということになる。だが自然界には自ら熱を発するプラズマなど存在しない。では、このプラズマは、いったい何なのか？

それはプラズマが磁界の中に閉じ込められ、その磁界によって拡散できなくなったのではないかと考えられているが、それを取り巻く磁界の生成メカニズムは不明のままだ。興味深いことに、残りの5パーセントが、なんと固体のUFOだとされている。カメラのフラッシュをたいた瞬間、呼応するかのように空に出現するという。

ヘスダーレンには、科学の概念を覆すような特質をもった熱プラズマ、固体のUFOなどと多くの謎が集中して発生しているのだ。

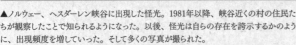

No.000030

不知火

▲◀不知火の観望地として知られる、八代海の海岸沿いにある永尾《えいのお》神社から撮影された、八代海上空を飛ぶ不知火。これらの写真は、永尾神社に掲げられている。

認定
AUTHORIZATION

旧暦の8月1日(八朔《はっさく》)のみに現れる「不知火《しらぬい》」は、熊本県の八代海に古代から見られる怪火現象である。この神秘の光にちなんで海は「不知火海」と呼ばれている。不知火は、西暦100年ごろからあり、『日本書紀』にも記述されている。近年の研究で、夏の干潟部分の暖気と、干潟に流れ込む川の水で冷やされた冷気とが生む「空気の層＝空気レンズ」による漁火の「蜃気楼現象」だったことが科学的に証明されているが、「不知火発生源＝種」が海中にあるという指摘もある。

実は2004年、第十管区海上保安本部所属の測量船「いそしお」が、海底に直径約50メートル、高さ約5メートルの円形に盛り上がった海丘88個のピラミッド群というべき異常磁気発生構造物を発見した。

また、不知火出現地点は日本の「中央構造線」の最南端に位置している。太古には最大の「パワースポット＝龍穴箇所」だったに違いない。そこに空気レンズ層が創出されるのも偶然ではない可能性がある。実は、不知火の「種」こそ、このピラミッド群なのかもしれない。

不知火海ではUFOも多発し、写真にも撮られている。興味深い伝説がある。海岸の岬の丘にある永尾《えいのお》神社の祭神は「鱏《えい》」だ。1匹のエイが八代海から山を越えて有明海に出ようとして果たさず、ここに留まった、というのだ。エイが空を飛ぶはずがない。エイの形をした物体が飛んできたのだ。「神＝異星人」がこの地を選び、〝不知火の種〟を仕掛けたのではないだろうか。

不知火は、太古、エイ型宇宙船で降臨した異星人と、この地の人々が交流したことの証であり、現代に継承されている〝御印〟かもしれない。ちなみに、「シラヌイ」というのは、アイヌの言葉で〝宇宙から降りる炎〟を意味する。まさしく赤い炎に包まれたUFOである。

かつての隆盛期は終わったとはいえ、不知火は今なお出現している。まるで太古に交わされた〝神との約束〟を守っているかのように。

No.000031

有明のUFO連続出現事件

▲2017年9月4日に椛島よし子さんが撮影したUFO。下記のスケッチのとおり、カメラ右手の多良岳から左手の雲仙岳に向かって高度を変えながら飛行していた。

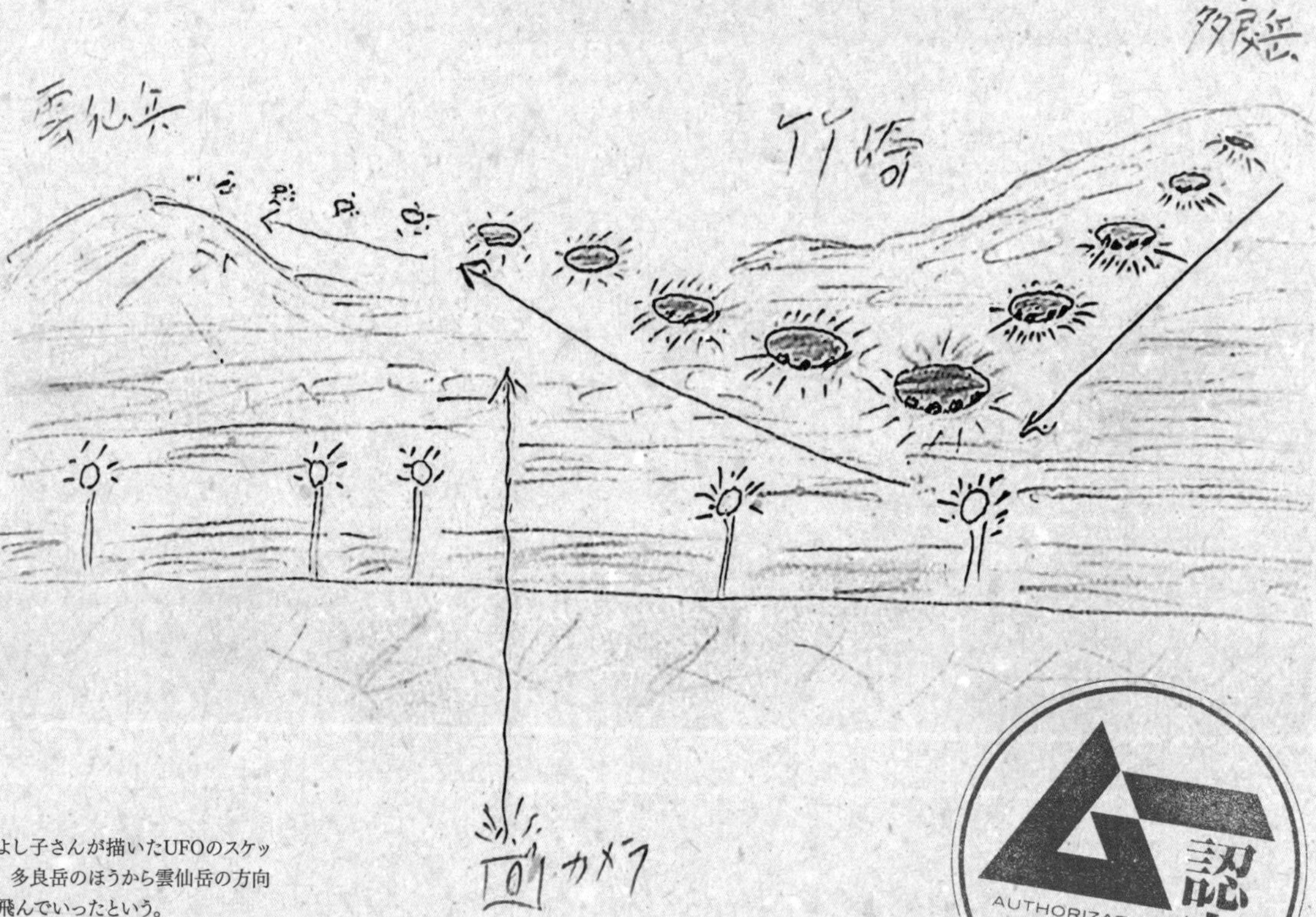

▲よし子さんが描いたUFOのスケッチ。多良岳のほうから雲仙岳の方向へ飛んでいったという。

AUTHORIZATION 認定

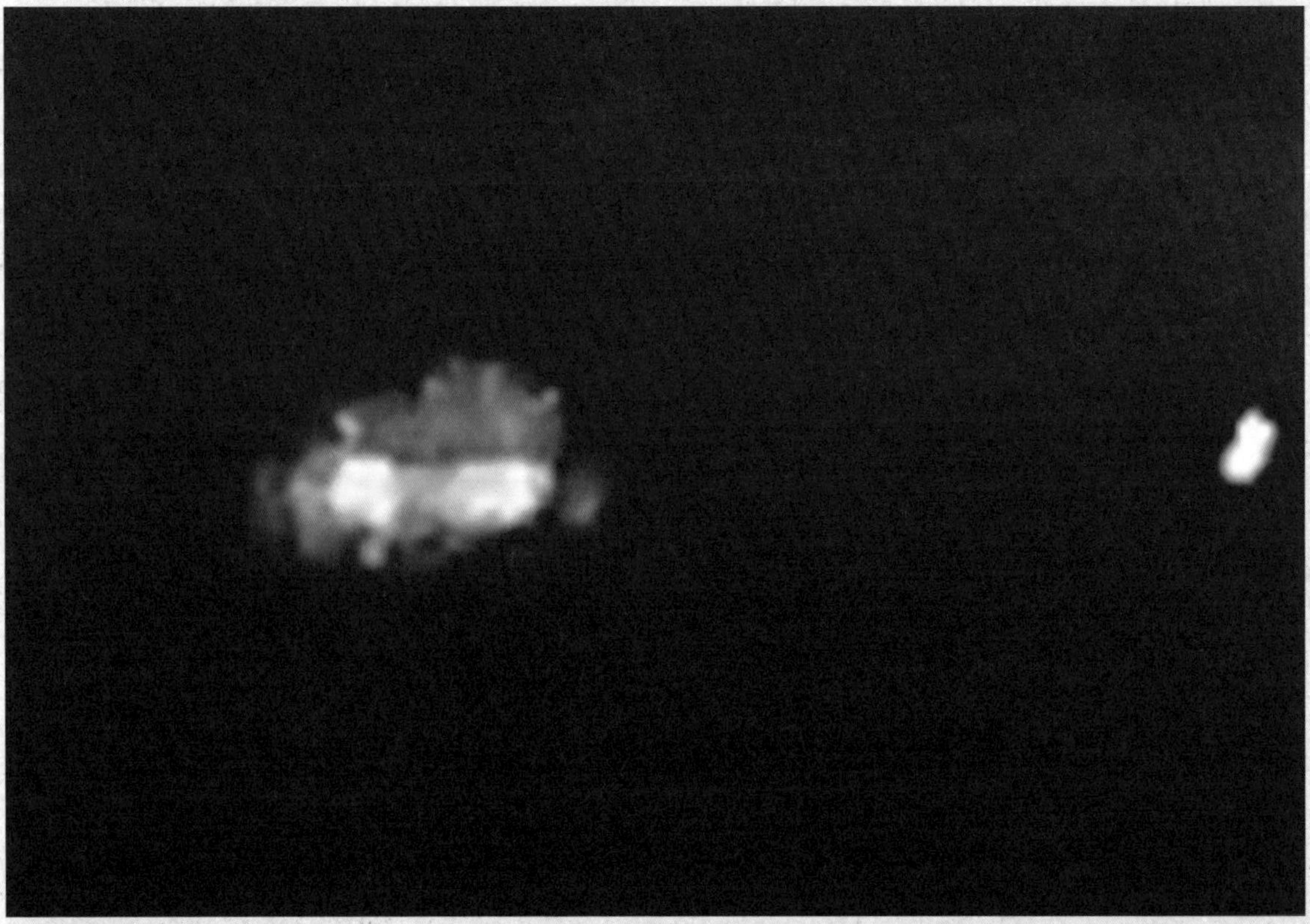

▲2018年1月17日に撮影されたUFO。ふたつの球体が重なっているように見える。

◀UFO目撃後、頭頂部が痛み出し、耳鳴りや頭痛もするようになったというよし子さん。UFOが現れるとウソのように治まるという。

九州最大の湾である有明海では、干潟を利用した海苔の養殖が有名だが、実はUFOの多発地帯でもある。とりわけ海苔の収穫期に入ると、UFOが顕著に現れる。昼夜を問わず作業する養殖業者たちの間でUFOの出現は、ごく当たり前の現象になっているのだ。

それを裏づけるように、2017年9月4日、福岡県柳川市で有明海上空を飛行するUFOが撮影されるという事件が起こった。当夜午後8時30分過ぎ、椛島よし子さん（当時56歳）と夫の十二男さん（当時70歳＝海苔養殖・生産業）は、多良岳《たら》（長崎県と佐賀県の県境に位置する標高996メートルの山）の方向に光り輝くUFOを目撃。UFOが左にターンして、有明海上空を雲仙岳（長崎県の島原半島中央部にそびえる火山）の方向に向かっていったとき、よし子さんは、スマホを手にして撮影した。画像を拡大すると無気味な発光体が確認できた。

11月、海苔の収穫期に入ると同時に、UFOが姿を現しはじめた。12月21日夜、よし子さんは、低空を移動していく赤く光るUFOをスマホで撮影。さらに翌22日午後6時過ぎ、自宅の真上に「ブーン、ブーン」と唸り音をあげ、赤と緑のライトをつけたUFOが飛来。その数日後、職場で働いていたよし子さんの頭頂部が痛みだし、膨らむという異変が起きた。

その後は、激しい耳鳴りや頭痛に襲われると、それが合図のようにUFOが現れるようになったが、目撃した途端、耳鳴りや頭痛がウソのように消えてしまうのである。以後、赤く脈動するUFO、赤、白、緑色のアンテナを持つ三角形UFOが椛島夫妻の目前に再三再四出現するなど、通称「有明UFO出現事件」は、今なお継続中である。

現地では、北島弘氏（宇宙現象観測所センター主宰）が駆使するUFO観測装置SID－1もまたUFOをキャッチしている。夜間と昼間撮られたUFOはいずれも0・5秒から1秒足らずの短時間で出現し、消えている。まるで異空間から現れて、再び異空間へ吸い込まれるように、である。

有明の海に出現するUFOには、何か未知なる〝謎＝秘密〟が隠されているに違いない……。

▼SID-1が撮影したUFO。飛行物体自体が発光していると思われる。

No.000032

多発するUFOと海苔の培養液

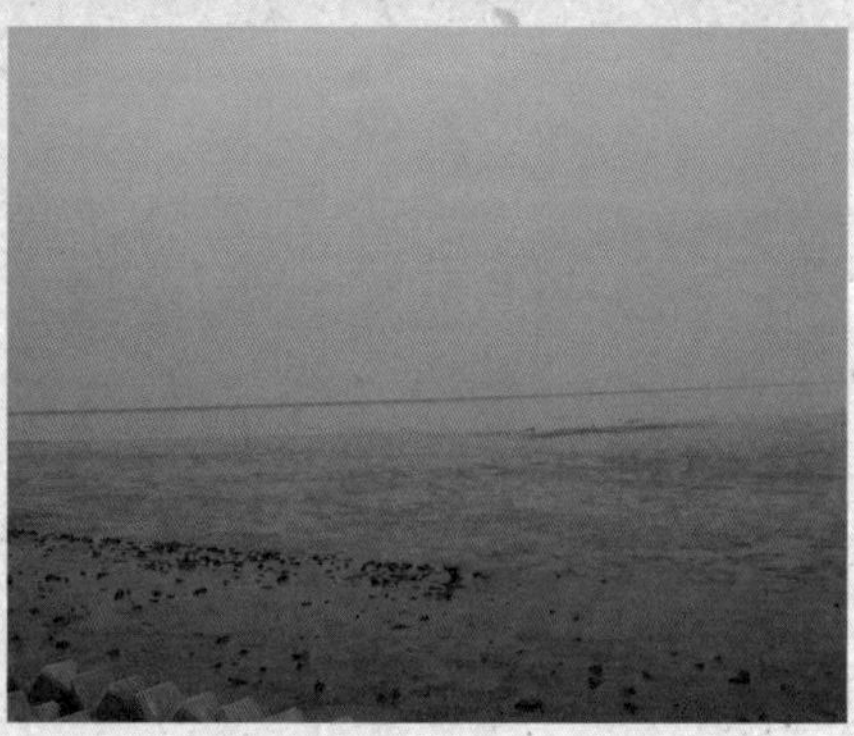

▲左：多良岳。UFOはこの方角から飛来するという。右：海苔の養殖が行われる有明の干潟では、UFOが頻発している。

有明海のＵＦＯについて海苔の培養液の調合をしている千代島さんが興味深い情報を明かしている。多良岳からＵＦＯが来ると1週間後に海苔に赤腐れが発生し、雲仙岳からＵＦＯが来ると、1週間後に海苔に有害な壺状菌が発生するのだという。ＵＦＯは青や赤の脈動する光を放ちながら100メートル以下の低空を飛んでくるという。

ＵＦＯの接近で海苔に異変が発生する――。これは〝ＵＦＯのＥＭ（Electro Magnetic Effectの略）効果〟ではないのか？　ＥＭ効果とはＵＦＯの接近によって生じる現象で、電子機器制御不能、人体火傷、植物変色などの事例が報告されている。そのＥＭ効果によって有害な菌の増殖を促し、海苔に壊滅的な被害をもたらすのだろうか？　または菌の発生に興味を抱き、状況を観察しているだけかもしれない。

千代島さんの培養液を使っている佐賀県の海苔生産業者のＡさんは、海苔の収穫時にＵＦＯが飛来すると証言しているが、菌が発生して海苔がだめになってもＵＦＯの接近によって復活

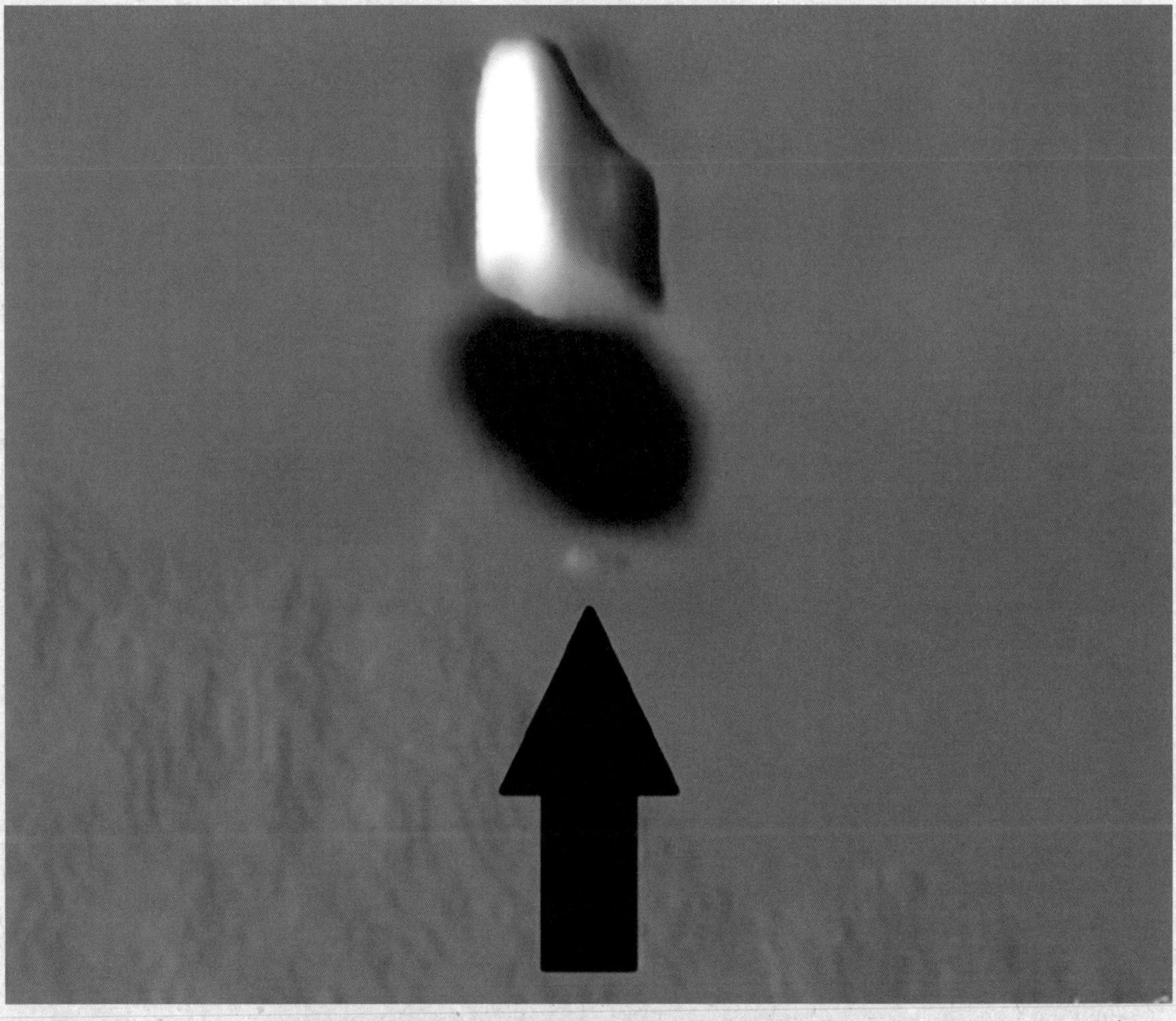

▲別の場所でSID-1が捉えた飛行物体。底面に「穴」が開いているようだ。

▶雲仙岳。世界各地で火山はUFOのホットスポットだが、ここも同様なのだろうか？

するという。あろうことか、福岡県側と佐賀県側で逆のことが起こっている。もしかして、これはＵＦＯのＥＭ効果と培養液の相乗効果だろうか？　あるいはまた千代島さんの培養液に、本人も自覚していない秘密があるのだろうか？

当の千代島さんは、「ＵＦＯが現れるのは、海苔の生育と培養液に興味をもっているからに違いない……それも培養液の調合に秘密があるからだ」というばかり。千代島さんは、その秘密を熟知しているからこそ実践しているという。

有明海に多発するＵＦＯについて、千代島さんは、「雲仙岳火山がキーになっている」と独自の仮説を説いている。雲仙岳はアルカリ性火山なのでケイ素がある。メキシコのポポカテペトル山もアルカリ性だからＵＦＯが現れるという。

「ケイ素は、たとえるならコンデンサー。使い方で、電気に変換されるからだ」という指摘もある。つまり、雲仙のアルカリ性の火山灰がＵＦＯのバッテリーに入ると、バッテリーが復活するのだという。

No.000033 ダルシィ地下基地

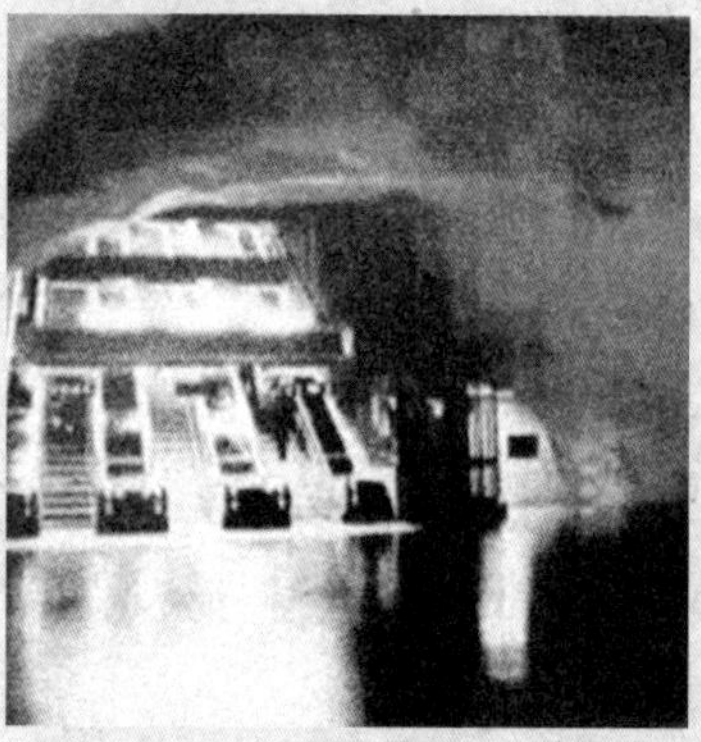

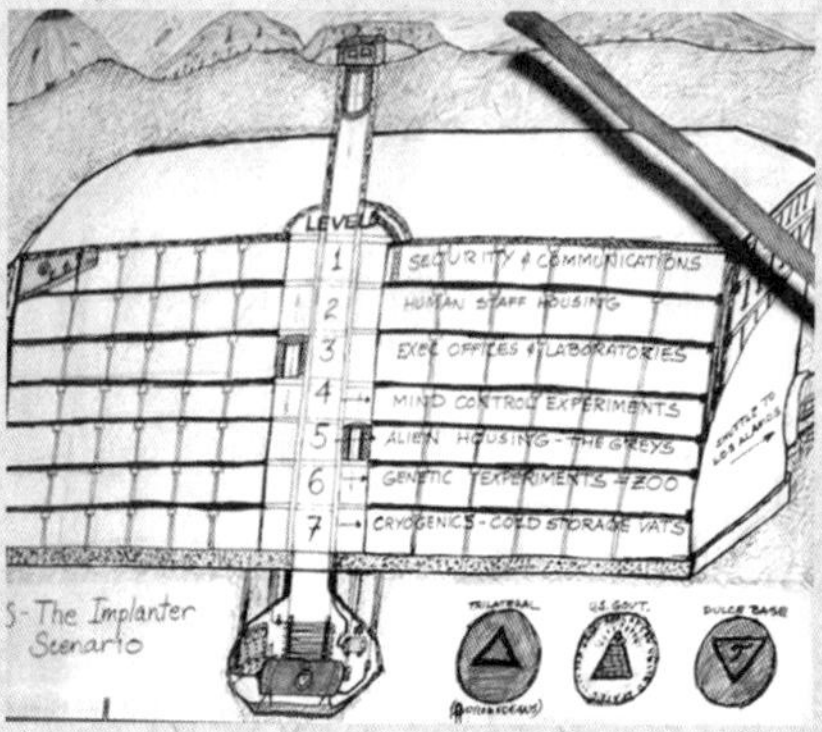

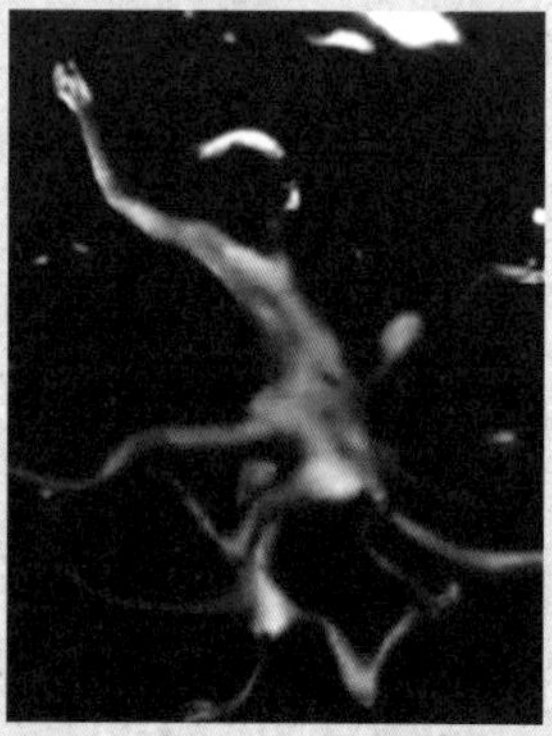

▲上・下：ダルシィ地下基地の内部とされる写真。

▲右：ダルシィ地下基地6階で創造されたキメラ“タコ人間”。左：ダルシィ地下基地は、全部で7階建て。それぞれにさまざまな目的をもって地球人と異星人が使用している。

アメリカ、ニューメキシコ州ダルシィには、「ルナ」と呼ばれる米政府と異星人の共有地下基地があるという。

1940年代に異星人と政府の間で、〝条約＝密約〟が交わされ、異星の高度なテクノロジーと引き換えに、生体実験を目的としたアニマル・ミューティレーションや人間のアブダクションを許可したのだ。このときルナは建設された。

情報は、基地内から脱出したエンジニアたちのリークで明かされた。地下基地はダルシィから4キロ北東のアーチュレタ・メサの地下にあり、幅約30キロ、長さ8キロという広大な基地内を高速でチューブ状シャトルが行き来し、近くのロスアラモス研究所ともリンクしているという。さらに7階構造で、2000人を超える異星人が作業をしていることが判明した。

1階は車両の保管庫、2階は基地のオフィス、トンネル掘削機やUFOの保管庫だ。3階は政府機関が占有し、4階では人間の精神や夢の管理、催眠術、そしてテレパシー研究などが行われている。

5階では人間の体の部位が液体で満たされた巨大な容器に入れられ並べられている。数千単位の檻に多くの人々が閉じ込められていて、ときには肉体を切り分けられ、基地内の異星人たちの食料となるという。

6階は、遺伝子研究専用の施設で、異星人と人間、人間と動物の交配実験が行われている。魚や鳥などが遺伝子組み換えで姿を変えられ、別の生き物にされている。また、数本の腕や脚を持つ人間、コウモリのような翼を持つ人間がいるという。

7階は、食料用の子供を含む多数の人間が冷蔵保存されている。また胎児レベルで大量のクローンを作り、ある程度の大きさまで薬液の中で育てる。労働可能なまでに肉体が成長した時点で薬液から出され、すぐに奴隷として作業に就かされるというが……。

情報では、ダルシィと同様の地下基地は、アリゾナ、コロラド、ユタの各州にもあるという。

AUTHORIZATION 認定

No.000034

パルサー・プロジェクト

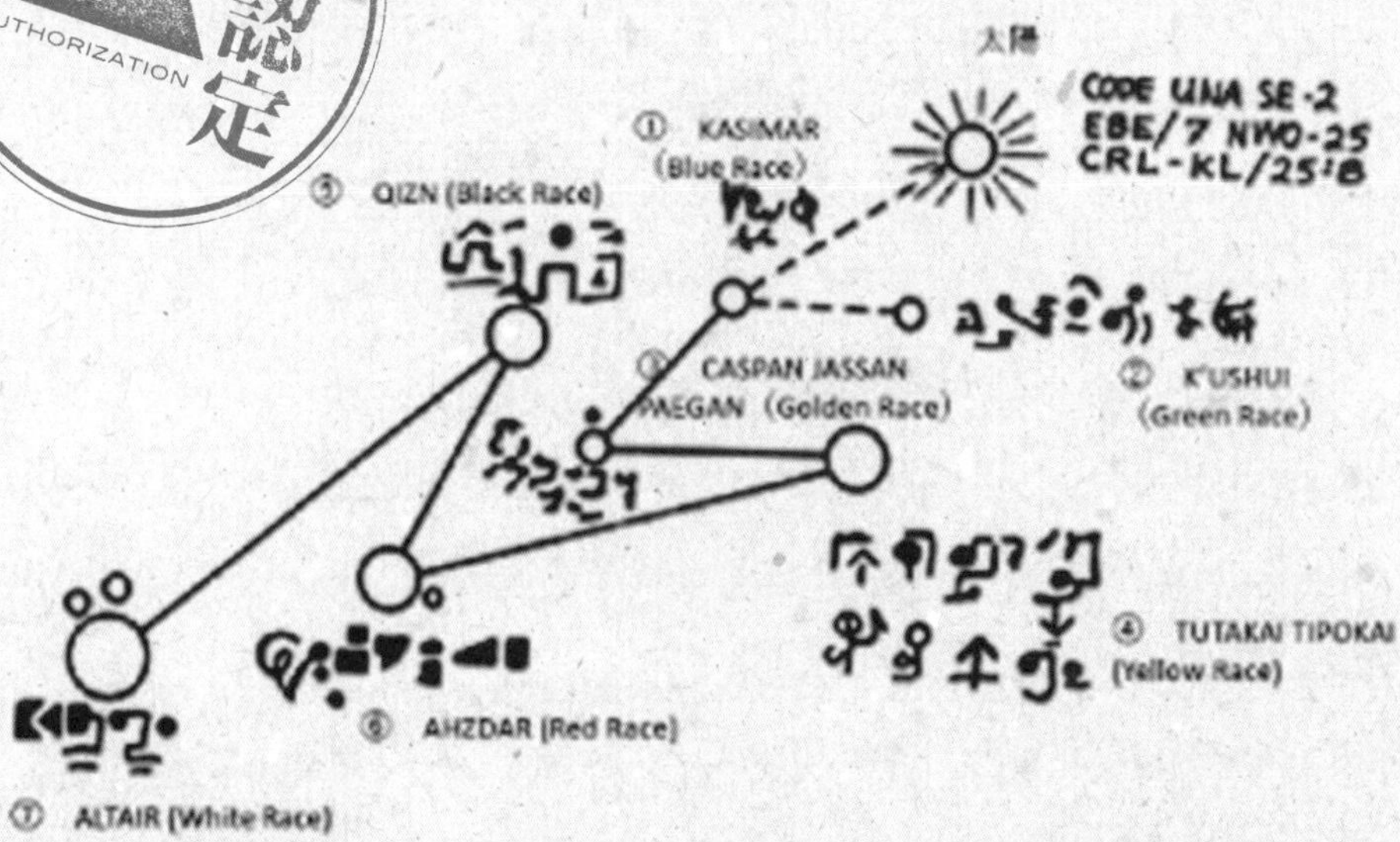

▲「パルサー文書」には、墜落したUFOから発見された天体図が載っており、そこには地球に文明を興した7種の異星人の祖と、そのルーツである惑星が示されている。
▶右：「ブルー・プラネット計画」に33年間携わっていた科学者のジェファーソン・ソーザ。左：復刻された「ブルー・プラネット計画」の文書。

　1947年7月、ロズウェルで起きたUFO墜落事件以来、米政府はエイリアンの存在を注視するようになった。そして翌年3月、アズテックに墜落したUFOから人間の死体で満たされた〝容器〟が発見されると、彼らが単に観光目的の来訪者でないことを確信する。政府は集められた情報をもとに「ブルー・プラネット計画」を立ちあげ、地球全域を対象としたUFO事件の調査を本格化させる。

　この計画に33年間携わっていた科学者のジェファーソン・ソーザは、UFO墜落事故現場の検証と、捕獲エイリアンとの接触によるUFO現象の調査分析を任されていた。実はその彼が、調査の内容を秘密裏に記録していた。

　驚いたことにこの極秘記録は数年前に流出し、公開されている。何者かによって〝増補改訂〟され、「パルサー・プロジェクト」と命名された文書には、さまざまな天体からUFOが飛来している事実、墜落したUFOを回収し、エイリアンを捕獲、死体を解剖している事実、政府とエイリアンが密約している事実が記録されていた。

　文書はまた、約160種のエイリアンの存在が確認されていることも示している。墜落現場での調査記録とともに、科学的考察から導かれたエイリアンの種別と生物学的要素、言語に至るまで、詳細な情報が残されていたのだ。

　恐ろしいのは、エイリアンとの密約である。

　1947年に当時の大統領ハリー・S・トルーマン大統領は、ニューメキシコ州ダルシィの地下をグレイ領と認める極秘大統領令に調印。地球外テクノロジーの獲得と引き換えに、アニマル・ミューティレーションや医学目的で人間をアブダクションする権限をグレイに与えたという。

　流出源となったソーザは存命しているが、彼の口から文書の謎を聞くことは難しいだろう。移住先で拘束された彼は懲役26年の判決が下され、現在も連邦刑務所に服役中なのだ。

認定
AUTHORIZATION

No.000035

ベルギーのUFOフラップ

◀1990年４月４日にプティ・ルシェンで撮られた三角形ＵＦＯ。1989年11月からの半年間で、延べ5万人以上がこうした三角形ＵＦＯを目撃している。

１９８９年11月29日、ベルギーの農村地帯、リエージュとオイペン一帯で、17時ごろから約４時間の間に１４５件ものＵＦＯ目撃情報が警察に寄せられる事件が発生した。

実際にこのＵＦＯを目撃した地元警官によると、通報のあった牧場上空に約30メートルの大きさの、先端が丸く黒い三角形の物体が停空していたという。底部中央には消防車の警告灯のようなライトが３つついていて、先端から地上に向けて強力な光を照射していたそうだ。

この事件を皮切りに、翌90年５月まで、ベルギー上空にＵＦＯが頻出。とりわけ１９９０年３月30日から31日に出現したＵＦＯに対して、軍が出動する事態にまで陥った。

30日の22時50分、グロンにあるレーダーサイトに、三角形を構成する３つの発光体が出現した。同様に、セメルザーケのＮＡＴＯ（北太平洋条約機構）軍基地のレーダーも、この飛行物体を捕捉。そこで、ついにベルギー空軍も動きだした。

31日０時５分、ベルギー空軍はＦ-16戦闘機を２台発進させ、ＵＦＯを75分にもわたって追跡、１度だけＵＦＯを捕捉している。

このときなんと、ＵＦＯは時速２８０キロから一瞬で時速１８００キロまで急加速したという。ちなみに、このとき発生した重力＝Ｇは、推定で40Ｇ。鍛錬したパイロットでさえ、限界は８Ｇだ。さらに、高度約２７００メートルから約１５００メートルまで急降下するなど、〝地球上〟の常識では考えられない動きをし、高度約３３００メートルまで急上昇したかと思うと、地上に向かって急降下し、姿を消した。

１９９２年６月22日、これらの事件を受けてベルギー空軍のド・ブローエル大佐は、「われわれの防衛システムは、この種の飛行物体には無力だ」というコメントを残している。

なお、前述の半年間で、ＵＦＯを目撃したと主張する市民は延べ５万人以上に上った。数の多さからも一連の事件の異様さがうかがえる。

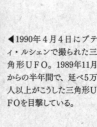

AUTHORIZATION 認定

No.000036 地球製の三角形UFOアストラ

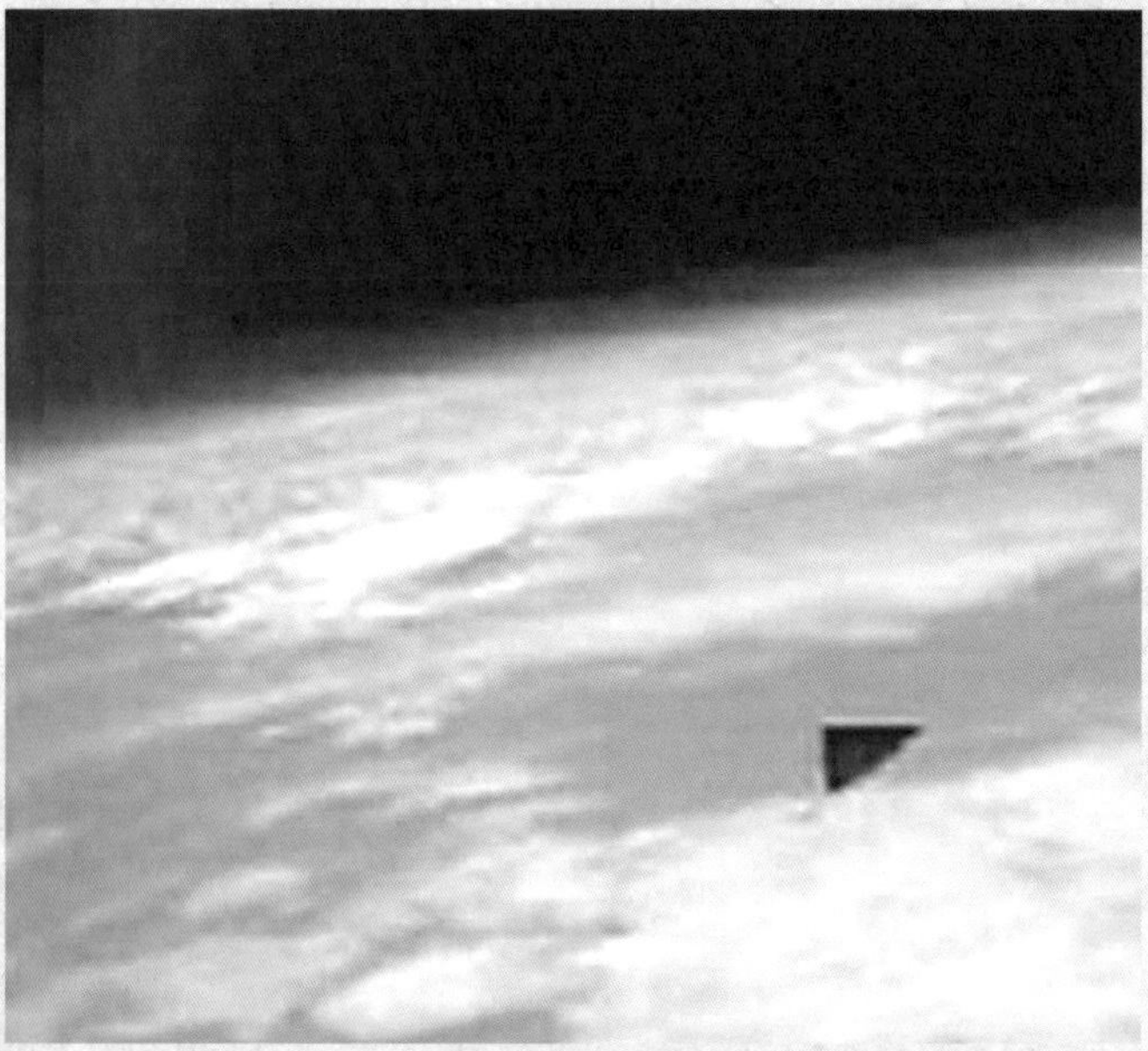

▶宇宙空間を飛ぶ大型のアストラ。2008年2月6日付の「ニューヨーク・タイムズ」紙に掲載された。

▼2010年3月、アメリカ、サウスカロライナ州で民家の窓越しに撮影されたブラック・トライアングル。

▲2008年、フランス、パリ上空で撮影されたブラック・マンタ。その機体中央のライトが上下に膨れあがりだしたところ（左）。

アメリカ空軍が密かに推進している「オーロラ計画」。そこで開発されたのが、「TR-3B」という黒色三角形の機体だ。コードネーム「アストラ」と呼ばれている。

1994年から、地球外の技術をもとに開発されてきたというアストラは、核エネルギーを利用した電磁気推進で飛行する超ハイテク機だといわれている。数年前からアメリカで多発する無気味な黒色三角形UFO「ブラック・トライアングル」も、そのアストラだという。

天空を音もなく飛行していくブラック・トライアングルは、しばしば映像撮影されている。例を挙げれば、2010年3月16日、サウスカロライナ州グリーンズビルに出現したブラック・トライアングルが、民家の窓越しに撮影された。注目すべきは機体下部。その中心が、燃えるように脈動し、輝いている。撮影者が外に出たとき、UFOは雲の中に隠れてしまったという。

ブラック・トライアングルが、衝撃的なテクノロジーを発揮した映像も撮られている。2008年、フランスのパリ上空で撮影された機体は、アストラの中で、「ブラック・マンタ」と呼ばれる全長18メートル、幅14メートルの小型機だという。映像では、撮影開始から約1分20秒後に、機体中央のライトが上下に膨れ、大きな光の玉となって機体を包み込んだ直後、一瞬にして消滅する、驚くべき光景が映っている。これはアストラが、異空間にテレポートする光景としか考えられない。

ちなみに、アストラには大型機がある。全長180メートル、幅90メートル、重さ100トン、最大速度はマッハ9。12万フィートの高空まで瞬間移動可能な機体だという。

宇宙空間から機体を撮影したとされる画像が、2008年2月6日付の「ニューヨーク・タイムズ」紙にリーク情報として掲載された。

アストラの目的とは、異星から飛来する「エイリアン・クラフト」の監視なのだろうか……。

No.000037

地球を監視するブラック・ナイト

ブラック・ナイト＝黒色の騎士。それは、地球軌道を周回する「未知なる黒色衛星」につけられた名だ。

ブラック・ナイトが初めて話題になったのは1950年代のこと。アメリカと旧ソ連で苛烈な人工衛星打ち上げ競争をしていた時代にさかのぼる。両国の人工衛星が、未知の巨大な物体に追跡されるという事件がたびたび起こったのだ。

1960年2月、アメリカは極軌道を周回する旧ソ連のものと思われる未知の衛星を発見。だが、その大きさからして旧ソ連の衛星ではありえず、黒色の怪物体は「ブラック・ナイト」と名づけられた。そして1998年11月6日に打ち上げられたスペースシャトル「STS088ミッション」によって、初めて、無気味で異様な形をしたブラック・ナイトの姿が撮られた。

続く2011年11月9日、火星の衛星フォボスからのサンプルリターンを目的に打ち上げられたロシアの火星探査船「フォボスグルント」には中国の火星探査機も同梱されていたが、地球離脱軌道に乗らず遭難。2012年1月16日未明、南太平洋に墜落。その原因を、「ロシア宇宙局」は、なんとブラック・ナイトから発せられたミステリアスな〃フォース〃が、グルントの火星軌道投入を妨害したためだ、と指摘したのだ。

なぜ、グルントが妨害に遭ったのか？

それには、理由がある。

実はグルントには、火星を汚染するかもしれない地球生命体が搭載されていた。だからこそ火星到達が阻止された。ブラック・ナイトによって、地球圏外への「離脱阻止」が行われたのだ。

ブラック・ナイトの正体は、何なのか？

その存在が話題になっていた当時、アマチュアのハム無線通信家たちが、ブラック・ナイトから発信された奇妙なコード化された電波を受信した。

解析の結果、それは1万3000年前の地球の位置がプロットされた星系表で、そこに「うしかい座イプシロン星系」が意味深に示されていたことが判明。もし、そこがブラック・ナイトの発進源だとすれば、その正体は地球外に起因した衛星だった、ということになる。

宇宙探検時代本格化の少し前、アメリカが地球の軌道上で発見した謎の衛星ブラック・ナイトは、遥か太古から、地球を監視していた異星の秘密衛星である可能性が高いといえるのだ。

だが、その情報も正体も、すべて極秘扱いにされている。

ム認定 AUTHORIZATION

異様な形をしたブラック・ナイト。このようなブラック・ナイトが、火星探査船フォボスグルントの火星軌道投入を妨害したのだろうか。

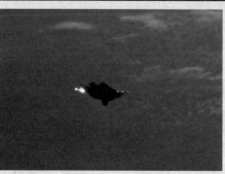

▲1998年に打ち上げられたスペースシャトル「STS088ミッション」によって撮影されたブラック・ナイト。下の囲みは、その拡大。
◀右：ブラック・ナイトの形状は、実にさまざまだ。左：明らかに炎を噴出しているように見えるブラック・ナイト。推進力を持つことがわかる。

No.000038

ナチスの円盤型航空機 ハウニヴー

世界初のロケット兵器開発に成功するなど、時代を超越した科学力を有するナチス・ドイツは、UFOの開発に成功していた——。

都市伝説的に語られてきたこの〝ナチスUFO〟の存在が現実だったことがわかったのは、1978年9月のこと。「情報公開法」のもと、これまで極秘にされていたナチスの円盤に関するFBIの資料が公にされたのだ。

そのうちのひとつに、1952年8月1日付のFBIによる「テレタイプ・メモ」なる資料がある。それは、1940年にドイツの10番目の秘密工場で働いていたという男の証言が記されたものである。この工場で開発された円盤型機のテスト飛行に立ち会った彼によれば、機体は2万メートル上空を時速1700キロの猛スピードで航行したというのである。さらに、それが「V-7」と呼ばれていたことも明かしている。そればかりではない。FBIが法務局に宛てた1957年11月7日の文書にも、実際にUFOを目撃した人物の証言が記録されていたのだ。

ナチスのUFO開発プロジェクトについては諸説あるが、V-7は1930年代にスタートした「ヴリル計画」によって生みだされたものと考えられている。ミュンヘン工科大学のW・O・シューマン博士らが開発した円盤型航空機「RFZ-1」の研究が、親衛隊技術部門の「E-IV部隊」へと移管。1939年までに、ビクター・ショーベルガーを中心に電磁波重力型エンジンを搭載した「RFZ-5」が完成した。以降、この開発ラインの円盤型航空機は「ハウニヴー」のコードネームで呼ばれるようになったという。そして、1942年の冬ごろに開発された「ハウニヴーII」が前出のV-7だと目されている。

このハウニヴーIIについては、指摘しておかねばならないことがある。公表されている図面や流出写真にあるハウニヴーIIの形状が、アダムスキー型UFOに酷似しているのだ。ナチスの超科学力は異星人によってもたらされたとする仮説はしばしば語られてきたが、もしかしたら、このハウニヴーがその〝証拠〟となるものかもしれない。

認定 AUTHORIZATION

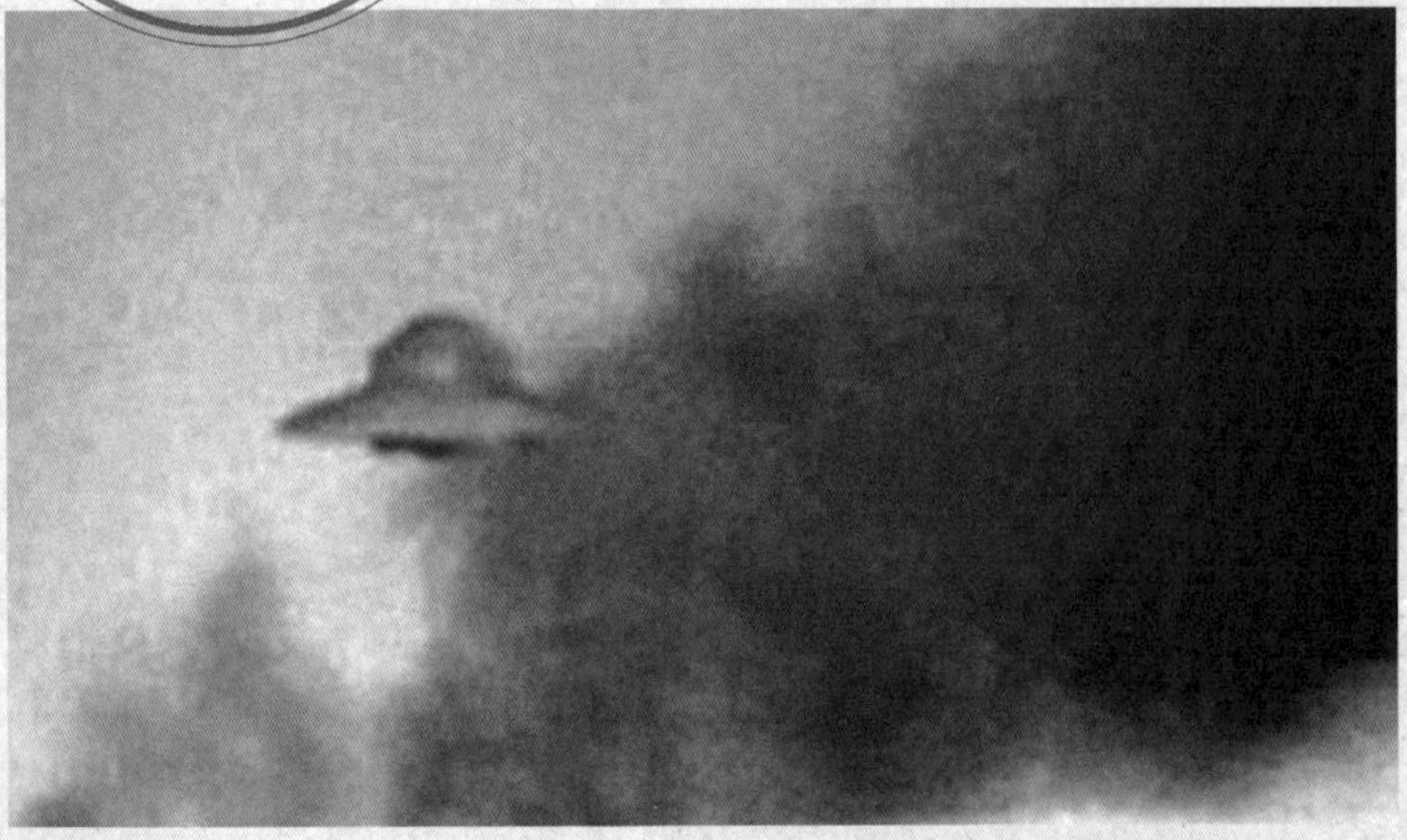

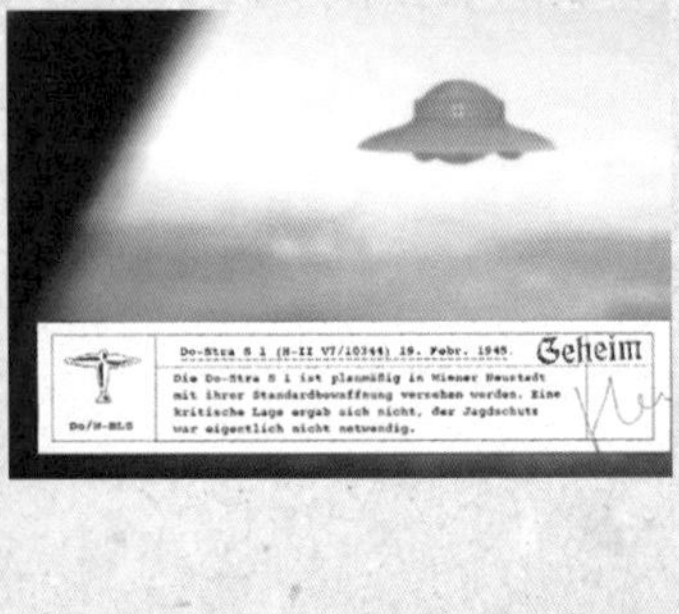

◀▼飛行中のハウニヴーV-7と思われる写真。

▲ハウニヴーII型。鮮明すぎるため再現資料の複写と思われる写真。

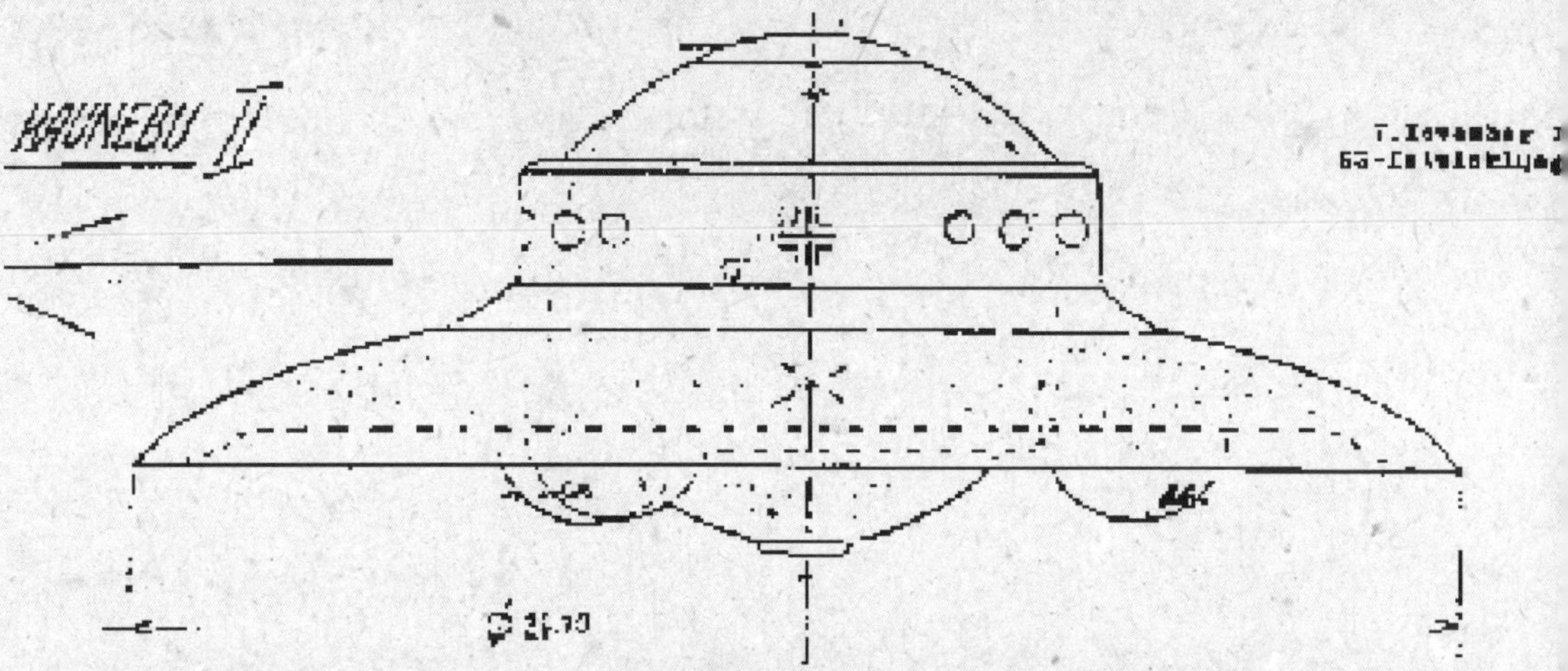

▲ハウニヴーII型の設計図面。
▶ハウニヴーII型と思われる画像。
機関銃を装備していた。

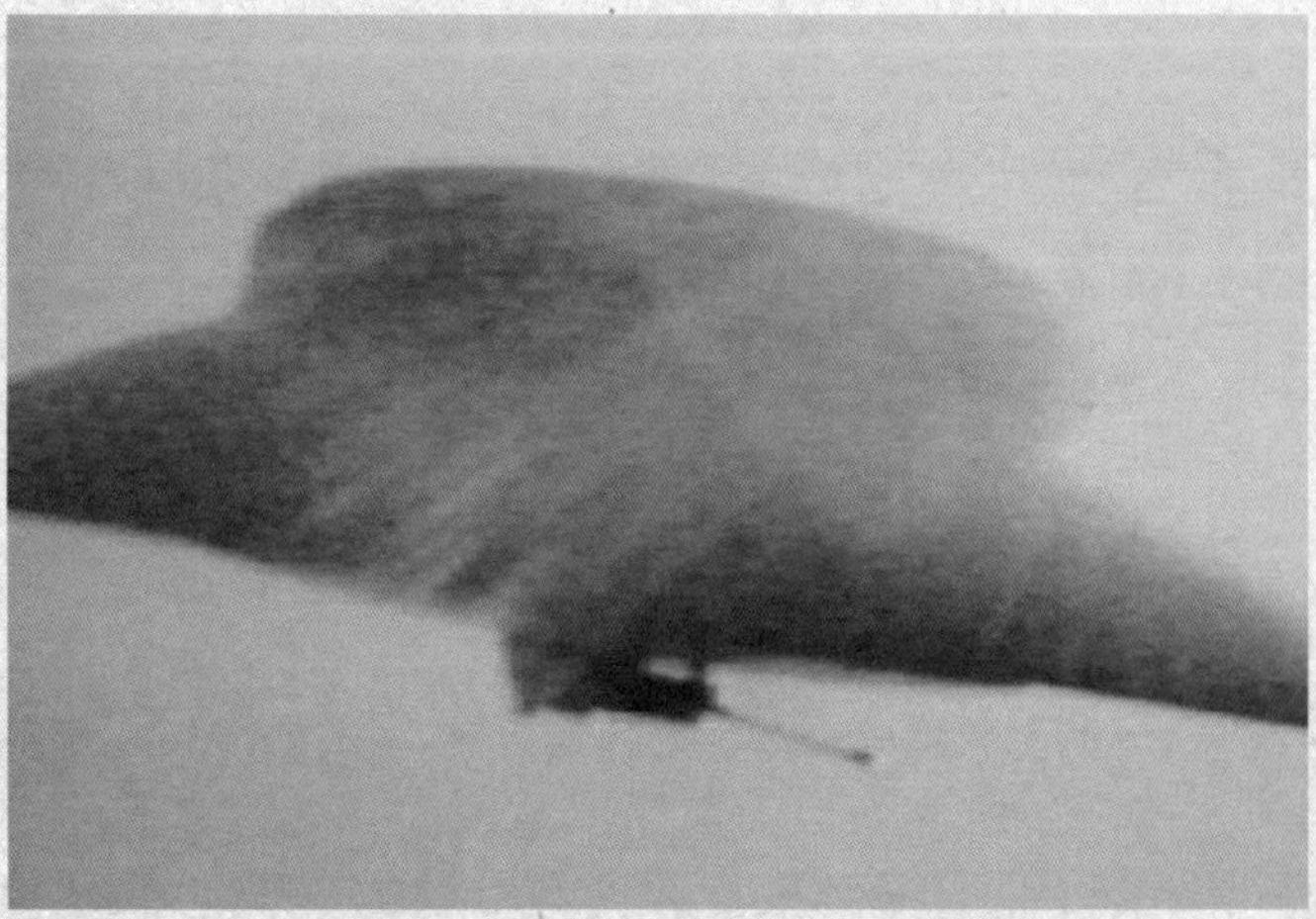

No.000039

ナチス最後の超兵器ディグロッケ

認定
AUTHORIZATION

▲ナチスが開発したベル形UFOディグロッケ。

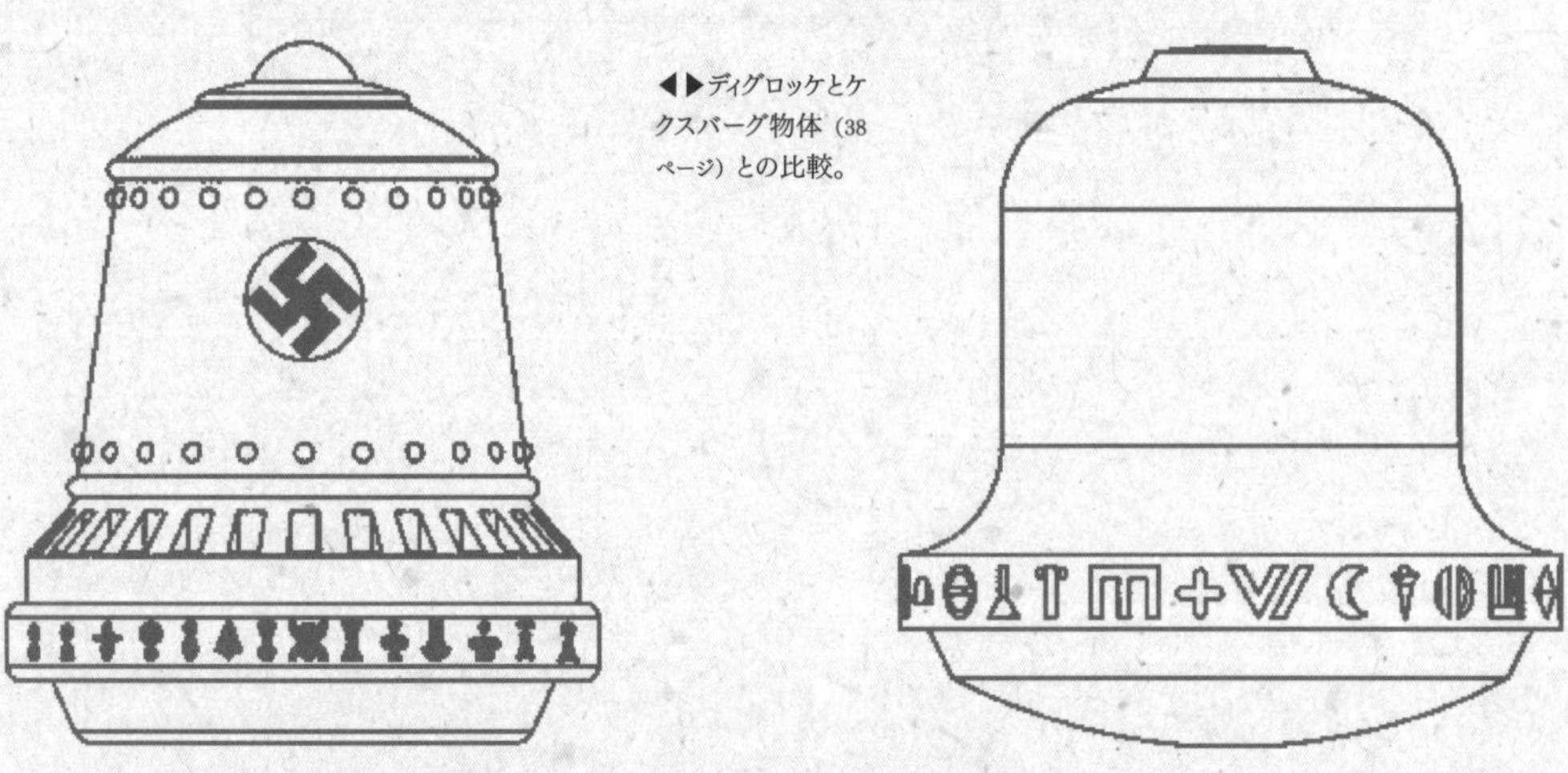
NAZI BELL
KECKSBURG ACORN
NOTE: STRANGE INSCRIPTIONS WERE FOUND ON BOTH THE NAZI BELL AND KECKSBURG ACORN

◀▶ディグロッケとケクスバーグ物体（38ページ）との比較。

UFO開発プロジェクト、ヴリル計画によって円盤型航空機を成功させたナチス・ドイツであったが、敗戦により実用化には至らなかった。その試作機や設計図はナチス自身の手で破棄されたが、秘密裏にアメリカにもたらされたものがある。釣り鐘に似た形状から〝ナチス・ベル〟とも呼ばれる超兵器「ディグロッケ」だ。

ハンス・カムラー率いるSSの科学者たちが完成させたディグロッケは、全高3・6〜4・5メートル、幅約2・7メートルの巨大な釣り鐘に似た形状。オリハルコンのボディに反重力推進器を有していた。核兵器を搭載し、時空間航行さえも実現したといわれる。

その驚異の動力は、2機の内蔵シリンダーを高圧電流で逆回転させて発生する電磁場によって機体を浮上させるシステムだ。運用時には強力な放射線と電磁波を放つため、最初の実験では、立ち会った科学者や周辺の動植物まで死に至らしめたという。

この超兵器の開発は、ポーランド南部のヴェンツェシュラスコ廃坑にある秘密基地で、1944年12月から進められた。だが、連合軍によるドイツ本土への爆撃が激しさを増し、敗戦濃厚となった1945年4月、関係者六十数名は銃殺。秘密基地は地下壕ごと破壊され、計画は抹消された。

ところが、ペーパークリップ作戦に紛れて、カムラーがアメリカに亡命。このとき多くのUFO開発研究資料とともにディグロッケのそれも、アメリカに渡ったと目されている。なぜなら、それを裏づける事件が起きているからだ。

1965年12月9日午後4時、ペンシルベニア州のケクスバーグ上空に現れたベル形UFOが郊外の森に墜落した。機体にはナチス由来であることを示すルーン文字が刻まれており、それがディグロッケであることは間違いない。

つまり、超兵器の技術を入手したアメリカが、開発を継続していたのだ。肝心の機体はMIBに回収され、その行方は杳として知れない。だが、事件から50年以上が経った今、ディグロッケがさらなる進化を遂げていても不思議はない。

◀右：回転するエネルギーを表す「スワスティカ」は古代から使われてきたシンボル。ディグロッケの駆動機構にも古代の叡智が用いられていたのだろうか。
左：ディグロッケ開発を指揮したハンス・カムラー。終戦時にアメリカに亡命した。
▼ポーランドのシュレンジェン地方にある、ディグロッケの推進装置実験場の跡地とされる場所。

Lucjan Zientek

No.000040

世界各地に出現するピラミッド形UFOの謎

認定
AUTHORIZATION

◀2013年9月9日、中国、河北省唐山市滦南にある滦南発電所の上空に現れた2機のピラミッド形UFO。

この世に実体があるようでないような摩訶不思議なピラミッド形UFO（略してP－UFO）が世界各地に出現している。

２００９年12月9日深夜、ロシア、クレムリン上空に出現したP－UFOは、空中を悠々と漂う〝巨大な空飛ぶピラミッド〟だった。数日後、再びクレムリンに現れ、撮影された映像がテレビで公開され、初めてその存在が、世界中の話題となった。

ついで２０１０年2月28日、中国の陝西《せんせい》省西安市上空に大小2機のP－UFOが出現。特異なのは形ではなく、この「子機」ともいうべきP－UFOが〝本体＝親機〟の周囲を旋回する光景だ。

同3月にもP－UFOの映像がネット上にアップされていく。南米コロンビアで撮影された鮮明なP－UFOも、子機が本体にまとわりつく。同じくスペインのP－UFO映像には、子機が2機付随。P－UFOには、〝子機〟がつきまとうもの、というパターンが観測された。

ピラミッド形UFOが見せる超常的な側面もまた見逃せない

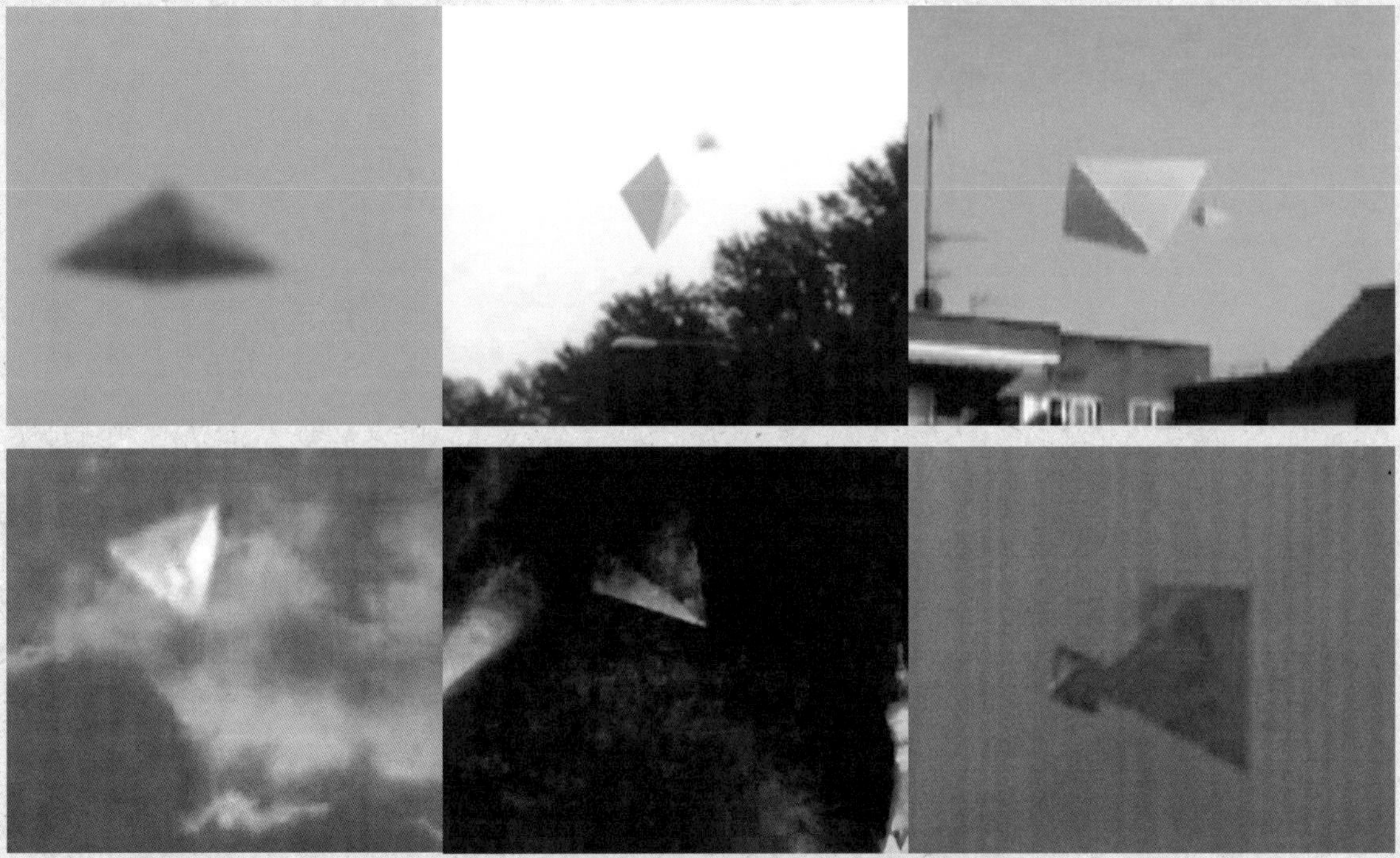

▲上・右：2010年3月、コロンビアのP－UFO。上・中：2012年7月2日、テキサス州オースティンのP－UFO。上・左：2014年7月、中国の北京市上空で撮影されたP－UFO。下・右：2010年2月28日、中国の陝西《せんせい》省西安市上空に現れた2機のP－UFO。下・中：2009年12月9日、ロシア、クレムリン上空に出現したP－UFO。下・左：1968年にラトビアで撮影された、雲間に消えるP－UFO。
◀2010年1月、アメリカ、フロリダ州で撮られたP-UFO。

現象である。

最近公開された1968年にラトビアで撮られた動画では、P－UFOが雲の中に吸い込まれるようにして消えている。

2010年1月、アメリカ、フロリダ州で撮られたP－UFOは、微粒子のような物体をふり注ぎ、1、2秒後に消えてしまった。一瞬のうちに、異空間に消えていったとしか考えようがない。

2012年7月2日、テキサス州オースチン、2013年9月9日、河北省唐山市灤南《らんなん》にある灤南発電所上空、2014年7月、北京市など、P－UFOは、今なお、出現しつづけている。北京市ではビデオにも撮られている。

その正体は、いったい何か？　地球外からの飛来物なのか？　軍が開発した極秘の超ハイテク機なのか？　それとも、異次元空間から投影されたものなのか？

現時点では、その正体を検証するには、あまりにも情報が少なすぎる。今後のP－UFO出現の趨勢を見守るしかなさそうである。

No.000041

異形ＵＦＯドローンズ

▲上：2007年4月、アメリカ、カリフォルニア州に出現したドローンズ。これをきっかけにドローンズは形を変えながらたびたび出現するようになる。右下：2006年5月にオレゴン州で撮影された虫眼鏡形のドローンズ。
◀上：2007年5月、カリフォルニア州とネバダ州の州境にあるタホー湖付近に出現したドローンズ。下：2002年7月26日に撮影されたドローンズ。

２００７年４月、アメリカ、カリフォルニア州で目撃が多発し、話題を呼んだドローンズ。その形はさまざまだが、無人機であることは目撃証言で共通している。

そのプロトタイプと見られる画像が、世界最大の民間ＵＦＯ研究団体「ＭＵＦＯＮ」のサイトに投稿された。それは２００２年７月26日に撮られた画像だ。出現場所は伏せられているが、川の上空に、鋭利な角が伸びたような２個の突起物をもつリング状の物体が浮かんでいる。しばらくすると同様のものがもう１機現れ、30秒後に消えたという。

２００６年５月25日、オレゴン州で撮られたものもかなり異様だ。まるでレンズのない虫眼鏡のような形をして、左右に長い角が生えている。物体は音もなく飛び、やがて丘のほうに沈んで消えたという。

これらは２００７年に多数目撃されたドローンズの原型と考えられる。

その後、さらに奇怪さを増し、進化した姿を見せる。同年５月、カリフォルニアとネバダの州境

▶2007年5月にアラバマ州バーミンガムに出現したドローンズ。
▼左・右：2007年6月5日、カリフォルニア州サラトガ郡の国立公園に出現したシャンデリア形のドローンズ。それ以前に出現したものと比べ、進化しているように形状が変化している。

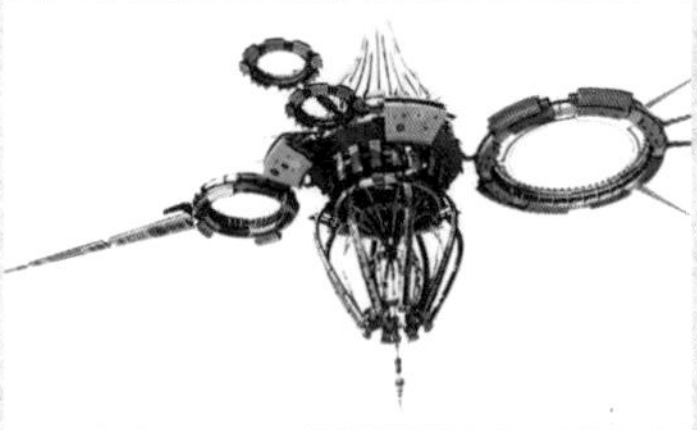

認定
AUTHORIZATION

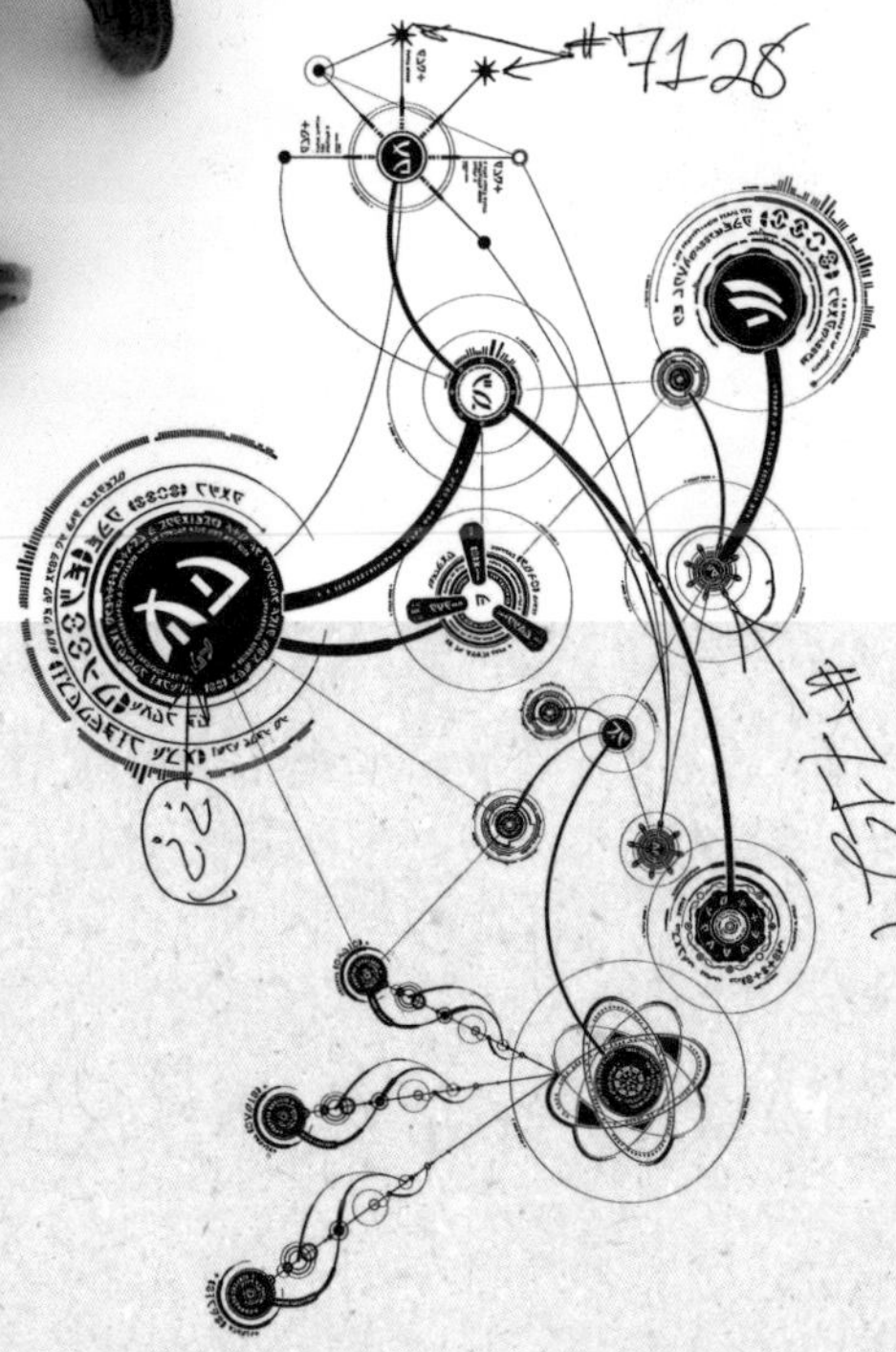

▲アイザックという人物の説明によれば、ドローンズの重力発生装置はこのような形状をしているという。
▶アイザックによる、ドローンズの動力源についての説明に付属する図版。
◀アイザックが公開した「Q3−85」というパーツの写真に描かれた記号は、目撃されるドローンズに描かれている記号と酷似している。


のタホー湖付近に出現したドローンズは、まさにその進化・変化の様相を呈している。

　そして同形らしきドローンズは、アラバマ州バーミンガムでも目撃された。撮影者によれば、ドローンズは電線のすぐ上のあたりに滞空していた。何だろうと凝視していると、動きだしパチッ、パチッという音を立てて飛んでいったという。ついで同月16日にキャビトリアに出現し、多数の住民に目撃・撮影されている。

　さらに8月28日の月食中にも出現した。それはケンタッキー州在住の人物によって、ビデオで撮影されている。

　さて、ドローンズは3D模型とCGによるトリックという説がある。しかし、紹介したドローンズは形状や構造、付属物の位置が微妙に違う。確かに複数存在するのだ。

　実は、アイザックと名乗る匿名エンジニアが、ドローンズは自身のかかわっていた国防総省のプロジェクトで開発されたものだと告発している。地球外の技術による反重力飛行を実験していたという。

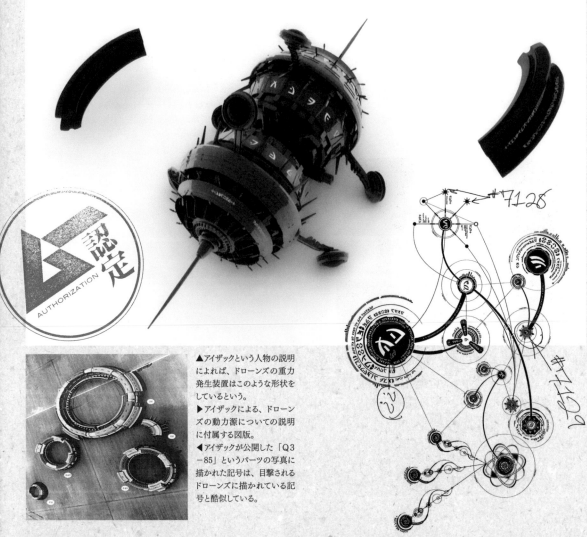

No.000042

原子力施設を監視するUFO

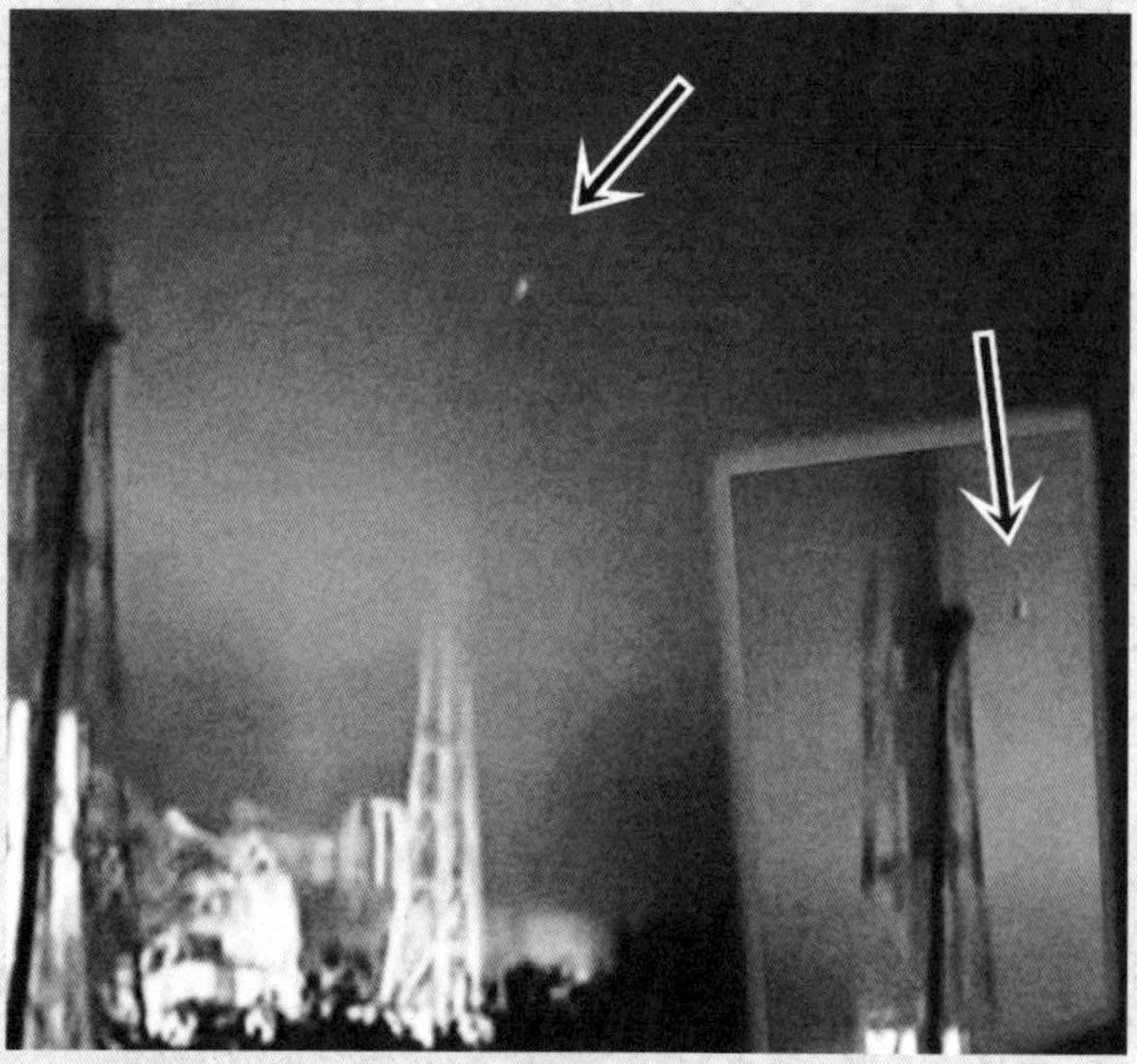

▲右：2011年6月13日、福島第一原発の上空で発生した怪光。ライブカメラによって撮影された。左・上・下：2008年10月14日、スロベニアのクルシコ原発近郊に飛来したUFO。その10日後の夜、めまぐるしく色を変える怪光も目撃された（下）。一連の監視行動だったのか？

▲左：2014年11月10日、フランスのカットノン原発に出現したUFO。右：2011年４月12日、事故後の福島第一原発に葉巻形UFOが飛来していた。

２０１１年３月11日の東日本大震災で深刻なダメージを負った東京電力福島第一原子力発電所に、UFOが幾度も飛来していると噂になった。

たとえば３月18日に世界中を危惧させたキノコ雲が発生する直前、放水中の３号機原子炉の上方に黒色のUFOが現れ、去っていく映像が記録されている。あたかも悪化する原子炉の崩壊を監視するかのようだった。

あのロシア、チェルノブイリ原発事故の際も、崩壊し燃え盛る４号炉の３００メートル圏内にUFOが出現。核爆発寸前の危機にあった原子炉に、２筋の赤い光線を照射して飛び去ったという。その光線が、放射能レベルを引き下げたというデータまであるのだ。

そもそも１９４０年代から急速にUFO事件が増加した背景には、人類の核技術と関係がある。アメリカをはじめ、ドイツ、ソ連、イギリス、フランス、そして日本が原子爆弾の研究に着手したのは、いずれも第２次世界大戦下だ。

近年、フランスをはじめ、スロベニア、アメリカなど、世界中の原子力発電所の近辺でUFO出現の頻度が増している。さらに核兵器保管庫や地下のミサイルサイロでは、UFOがなんらかのエネルギー波を照射し、管制機能を無力化させる現象も報告されている。

人類が有するエネルギー源の中で、もっとも危険な存在、核。それを管理下におく原発施設近傍に出現を繰り返すUFO。その目的は、原子力施設の〝監視〟にほかならない。

今なお、世界各地では紛争やテロ活動が続いている。局地的な争いが端緒となり、世界が再び、核エネルギーを行使する大戦火に包まれてしまう危険は常にある。

UFOが懸念し、警告しているのは、この地球規模の危機なのだ。核エネルギーは宇宙時代の文明にとってタブーなのか？人類には早すぎる技術なのか？核エネルギーの使い方を誤ったとき、UFOがおとなしく見守っているとは限らない。

No.000043

ウェールズのUFOトライアングル

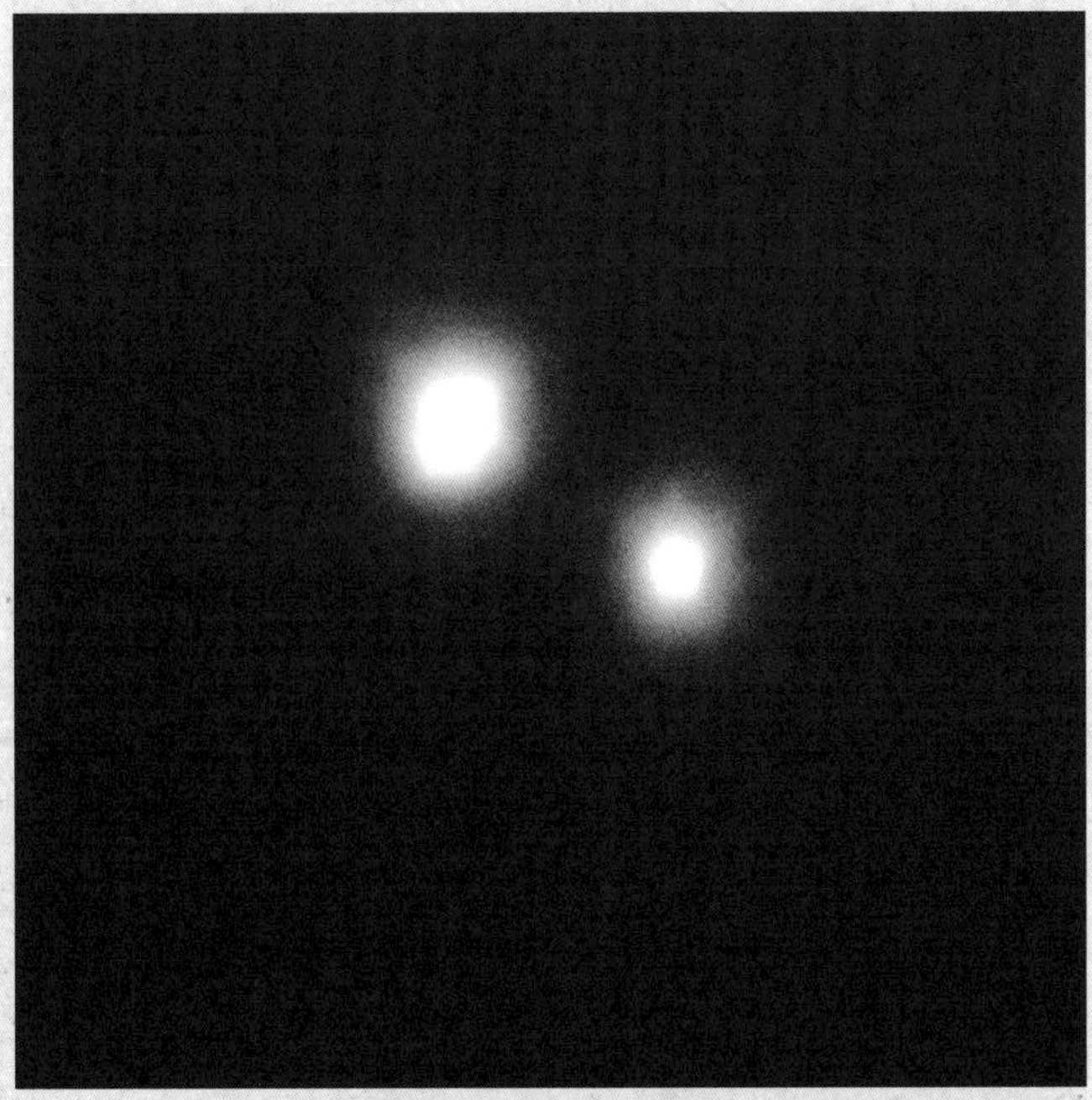

▶イギリスUFO回廊に出現したプラズマ生命体と見られる謎の発光体。これはひとつの発光体がふたつに分かれたもの。

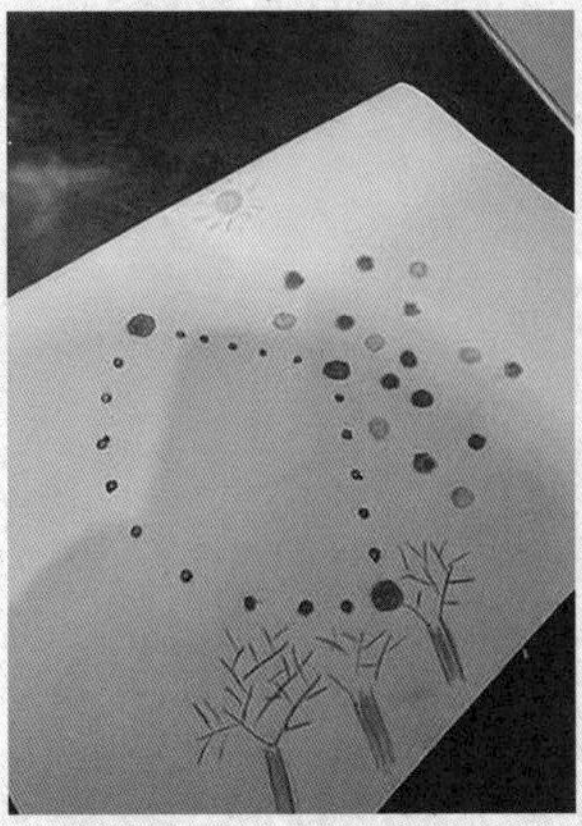

▼第一ゲートでカズとデーブが見たUFO編隊。

▲左：ブロードヘブインの小学生が描いたUFOと宇宙人。右：ウェールズの牧草地帯で、発光体出現の後に死んでいた羊。

2009年3月、イギリス、ウェールズ地方の牧草地帯にUFOが現れた。シュルーズベリーとポーイスを結ぶ80キロほどの範囲で、あたりは「UFO回廊」と呼ばれていた。

ゾーンの中心付近に位置するラドノール・フォレスト一帯では、真夜中に球形の発光体が飛び回り、農家の羊が襲われて、目や耳を皮膚ごと切り取られ、内臓までもがえぐり取られて殺害されるというミューティレート事件が発生。3月12日から13日にかけて地元の研究家フィル・ホイルとマイク・フリーベリーはラドノール・フォレストで、この発光体の撮影に成功した。さらに発光体から発せられたレーザー光線が羊を襲う瞬間までも目撃したのだ。

実は、このUFO回廊を含むウェールズには、地元で有名なUFOが頻発するミステリーゾーンが存在している。シュルーズベリーとグロスター、そして南西のセント・ブライズ湾を結ぶ三角形は、かつて「ウェールズ・トライアングル」と呼ばれていた。つまり、UFO回廊もこのゾーンにおけるミステリーのひとつでしかなかったのだ。

ここでは1970年代後半から、UFO目撃事件が頻発。とりわけ1977年は、特筆すべき事件が顕著に起こった。なかでも2月4日、ブロードヘブン小学校で児童15人が葉巻形のUFOを目撃。窓まで見えたと大騒ぎになった。それから二十数年経ち、再び同じゾーン内で事件が多発。これは「ウェールズ・トライアングル」復活の証だった。

UFOの正体は、プラズマ状の物質で形状が変わる、ある種の生物という仮説がある。フィルたちが撮影した発光体の正体もプラズマ生命体とする説が流布した。これは、通常は成層圏よりも上の空域に生息するが、時折、低空に降りてくるという。

UFO回廊に現れた発光体の正体は、プラズマ生命体だったのだろうか。復活した「ウェールズ・トライアングル」内で、今後も多発するだろう事件の続報を待ちたい。

No.000044

エイモス・ミラー事件

1968年2月2日の早朝、ニュージーランドのオークランド郊外で羊牧場を経営するエイモス・ミラー（当時39歳）と息子のビル（当時17歳）が、畑の柵の修理をしていたときのことだ。どこからともなくピーッという耳障りな音が聞こえてきた。

「何だ？」

とふたりが音のするほうに目をやると、約200メートル先にある林の上空に円盤形の物体が浮かんでいた。

その上部には円錐形の塔のようなものがついていた。その周囲には丸窓が連なり、機体全体が光っていた。やがて円盤は3本の脚を伸ばし、ゆっくりと降下して、小川の向こう側に着陸した。

これを見たエイモスは、ビルの制止を振り切って、まるで魅入られたかのように円盤に接近していった。ビルは恐怖に襲われて、その様子をただじっと見守っていた。

エイモスが小川の対岸にさしかかったときだ。円盤からまばゆいばかりの光線が発射されて、エイモスの身を包んだ。一瞬の出来事だった。エイモスは、弾かれたようにもんどり打って地面に倒れた。

すると円盤はブーンという音を立てて猛スピードで飛び去っていった。これを見て、我にかえったビルが駆け寄っていくと、エイモスはすでに息がなく、頭皮が額から後頭部にかけて溶けたように消失、頭蓋骨が露出していた。

通報で現場を訪れた警官は、ビルを〝殺人事件〟の重要参考人として拘束した。ビルの話は、単なる空想か妄想でしかない、と判断されてしまったのだ。

その後、ジョン・ウィッテイ博士率いるチームが検死にあたると、エイモスの遺体には、頭部以外に傷ひとつなく、すべての骨から燐の成分だけが消失していることが判明した。そして、その死についての謎が深まった。

これが殺人事件だとしたら、その殺害方法は、まったく特定できなかったのである。

ビルの証言で、警察は現場検証を実施した。すると彼の証言どおり、そこには直径18メートルの円盤の着陸痕らしきものが発見された。

結局、ビルは逮捕から5日後に釈放され無罪放免となり、この戦慄のUFO殺人事件は、迷宮入りとなっている。

▼UFOによる怪光線を浴びて死んだエイモス・ミラー。この殺人事件はいまだ解決されておらず、迷宮入りしている。

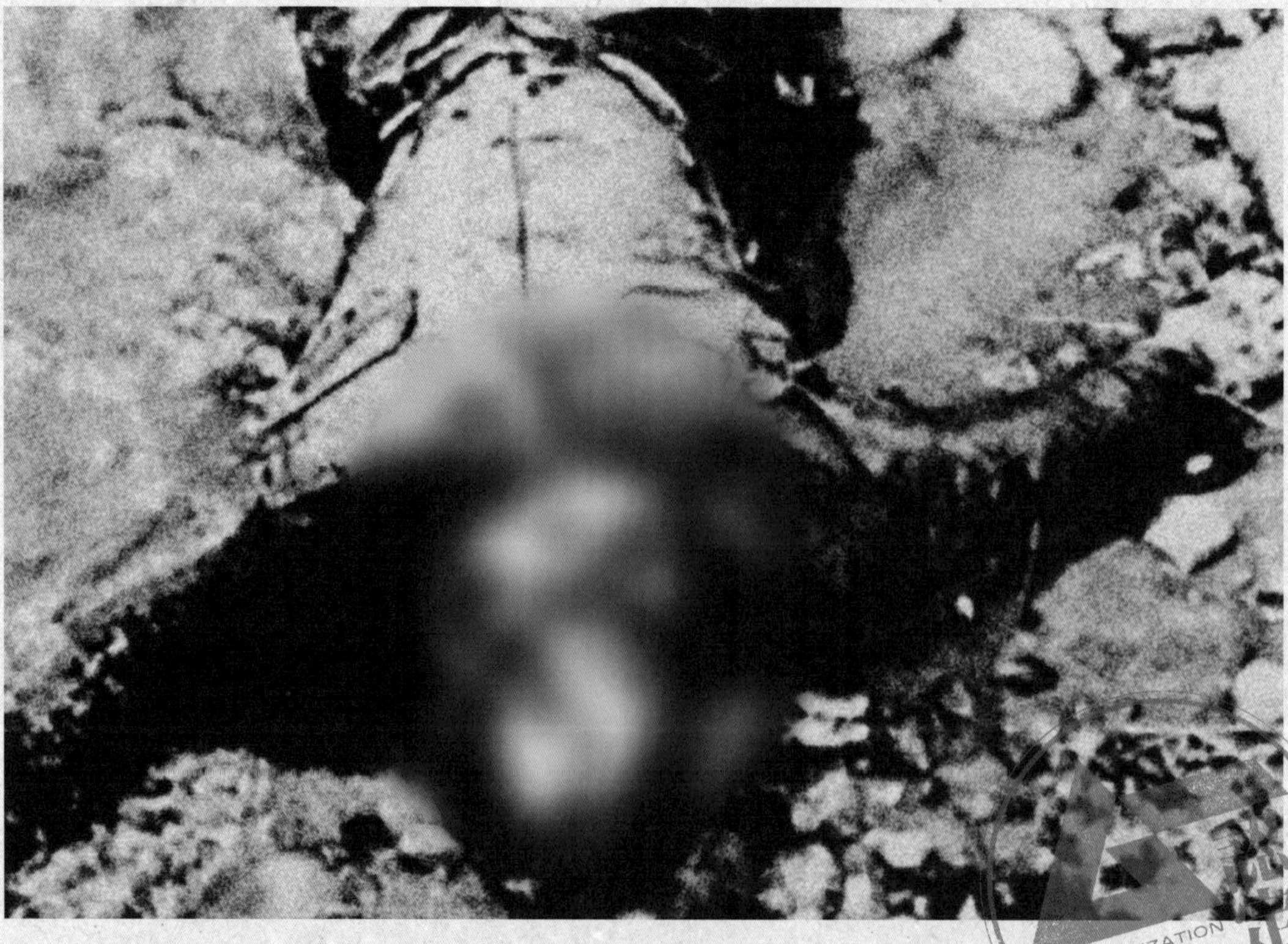

No.000045

スティーブン・ミシャラク事件

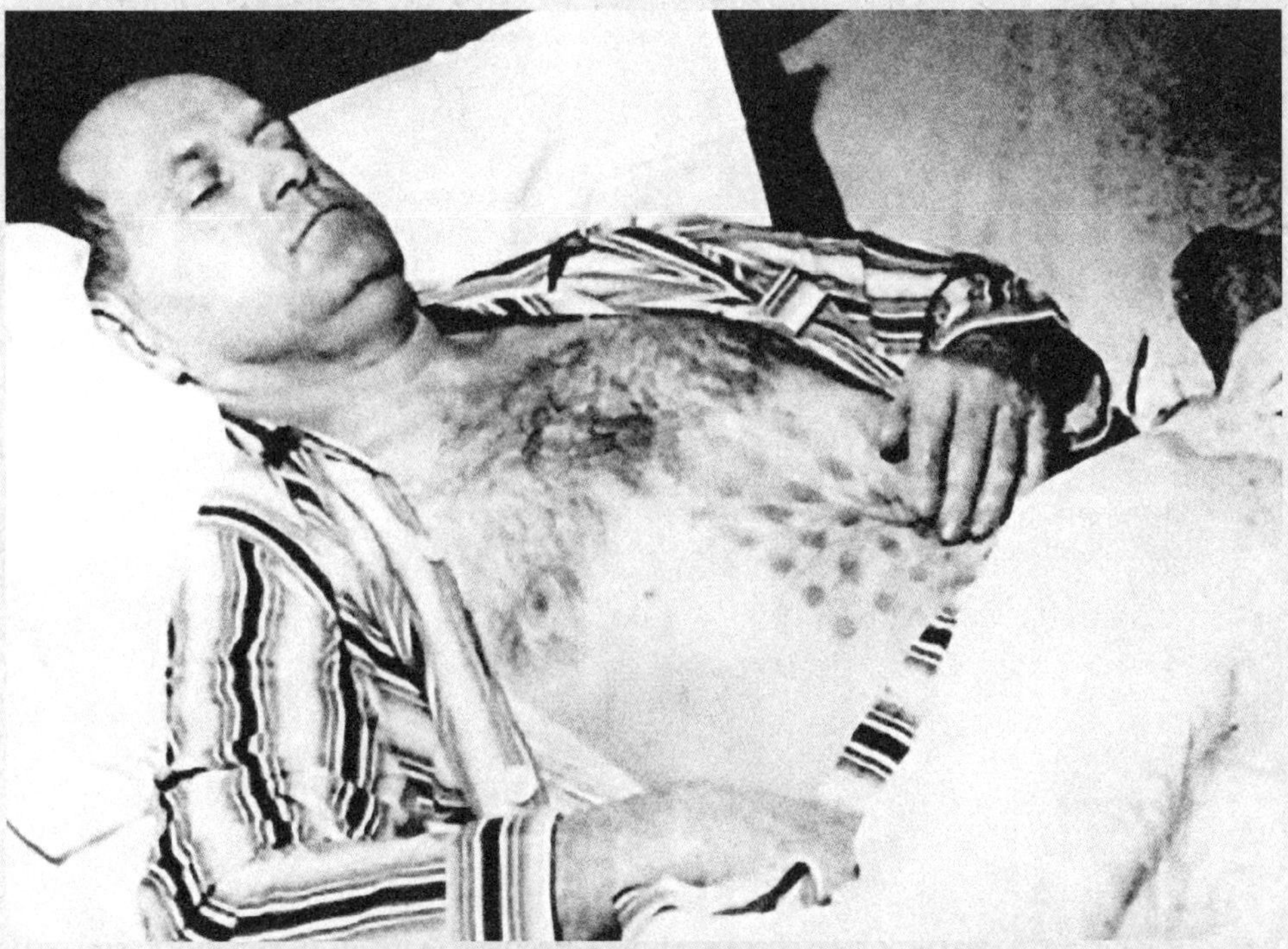

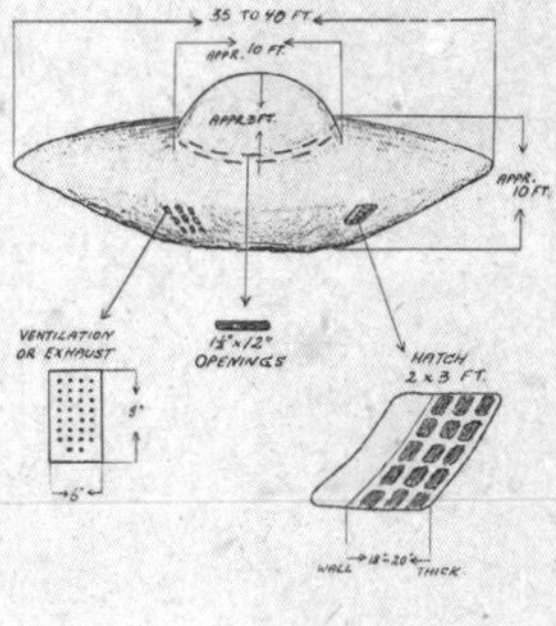

▲UFO遭遇後、幾何学的な形の火傷を負ったスティーブン・ミシャラク。
◀ミシャラクによるUFOのスケッチ。右下のハッチが開いたという。

認定 AUTHORIZATION

1967年5月30日、スティーブン・ミシャラク（当時51歳）は、カナダ、マニトバ州ホワイトシェルの森林地帯にあるファルコン湖で、銀の鉱脈を捜していた。

その日、彼が昼食をとっていると、空に輝く真紅の光が出現。それはやがてふたつの円盤形の光になり、ひとつは猛スピードで飛び去り、もうひとつはすぐ近くの岩場に着陸。色をさまざまに変えて灰色になり、ステンレスのような質感になった。

間近で見る物体の直径は約10メートル。上部には円形のドーム、機体の横腹には通風孔か排気口らしきものが付属している。たちまち硫黄臭が鼻をついた。機体からシューという音が聞こえていた。開いたハッチから中を覗くと、さまざまな色の無数のライトがついたパネルが見え、ライトが不規則に点滅していた。ほかには何も見当たらない。

ミシャラクがおもむろに機体に触れたときのことだ。なんと、はめていたゴムでコーティングされた手袋が一瞬にして溶けてしまったのである。さらに直後、強烈な熱風が彼を襲った。たちまち胸に焼けつくような痛みが走り、上着が燃え上がった。慌てて上着を脱いでいるうちに、機体の横腹から熱風が噴出。UFOはあっという間に飛び去った。

直後に彼は、激しい頭痛や吐き気に襲われ、病院に駆け込み治療を受けたが、重症だった。医師の初見で、放射線被ばく症状が出ていたのだ。すぐに入院したが、体重はみるみる激減し、胸から耳にかけて吹き出物が広がり、また腹部から胸にかけて〝幾何学的な火傷痕〟が現れた。入院後は、しばらく吐き気や失神に悩まされた。

医師は超音波かガンマ線を浴びたせいではないか、と診断。彼が回復したのは、なんとUFOとの遭遇から6か月後のことだった。

現場から通常ではありえない量のラジウム226が検出されたという。それを残した犯人は、ミシャラクが接近遭遇したUFOとしか考えられない。

▼上：2012年10月25日午後8時45分ごろ、ポポカテペトル山の火口に降下する巨大円筒形UFO。

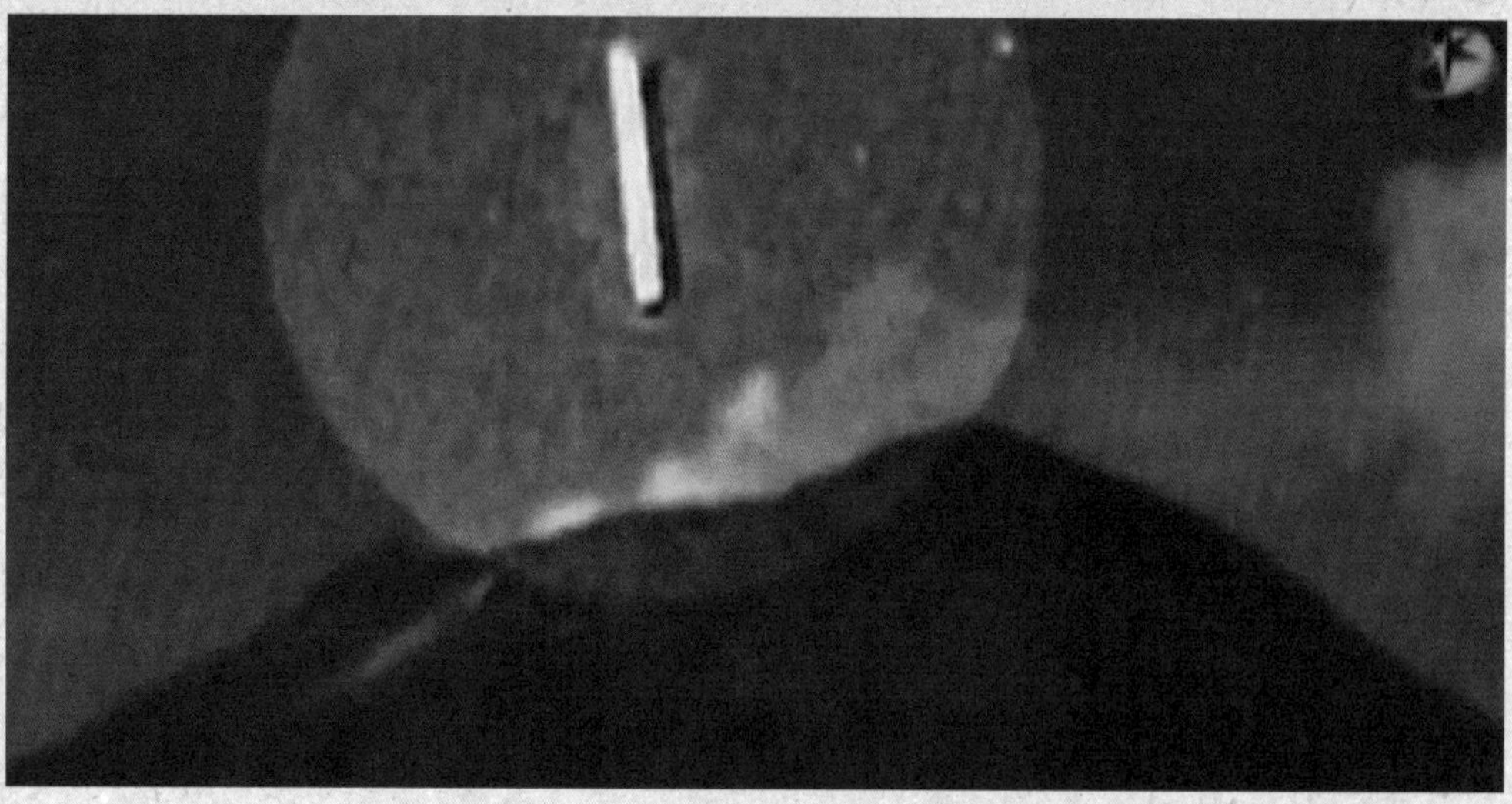

No. 000046

ポポカテペトル山とUFO

世界有数の「ＵＦＯ出現多発地帯」、メキシコ、プエブラ州の活火山ポポカテペトル。この聖なる山の近くに設置された火山活動監視用ビデオカメラが、驚くべき光景を捉えた。

２０１２年10月25日午後８時45分ごろ、標高５４２６メートルのポポカテペトルの火口めがけて白色で巨大な円筒形のＵＦＯが降下し、その直後に火山が激しく噴火したのだ。この映像はすぐにテレビのニュースなどで報じられ、大騒動となった。映像を分析した国際天文台およびメキシコ国立自治大学の天文学者によれば、物体の大きさは長さ約１キロ、幅２００メートルという超巨大な物体であることがわかったのだ。

この事件後、１週間にわたり噴火が続き、地元では「ＵＦＯが落下したせいだ。火口の底にはＵＦＯの秘密基地がある」と噂された。

また２０１３年５月30日午後８時38分過ぎには、火口に飛び込むＵＦＯが監視用カメラに記録されている。目撃者によれば、火山上空の右手方向から２機の

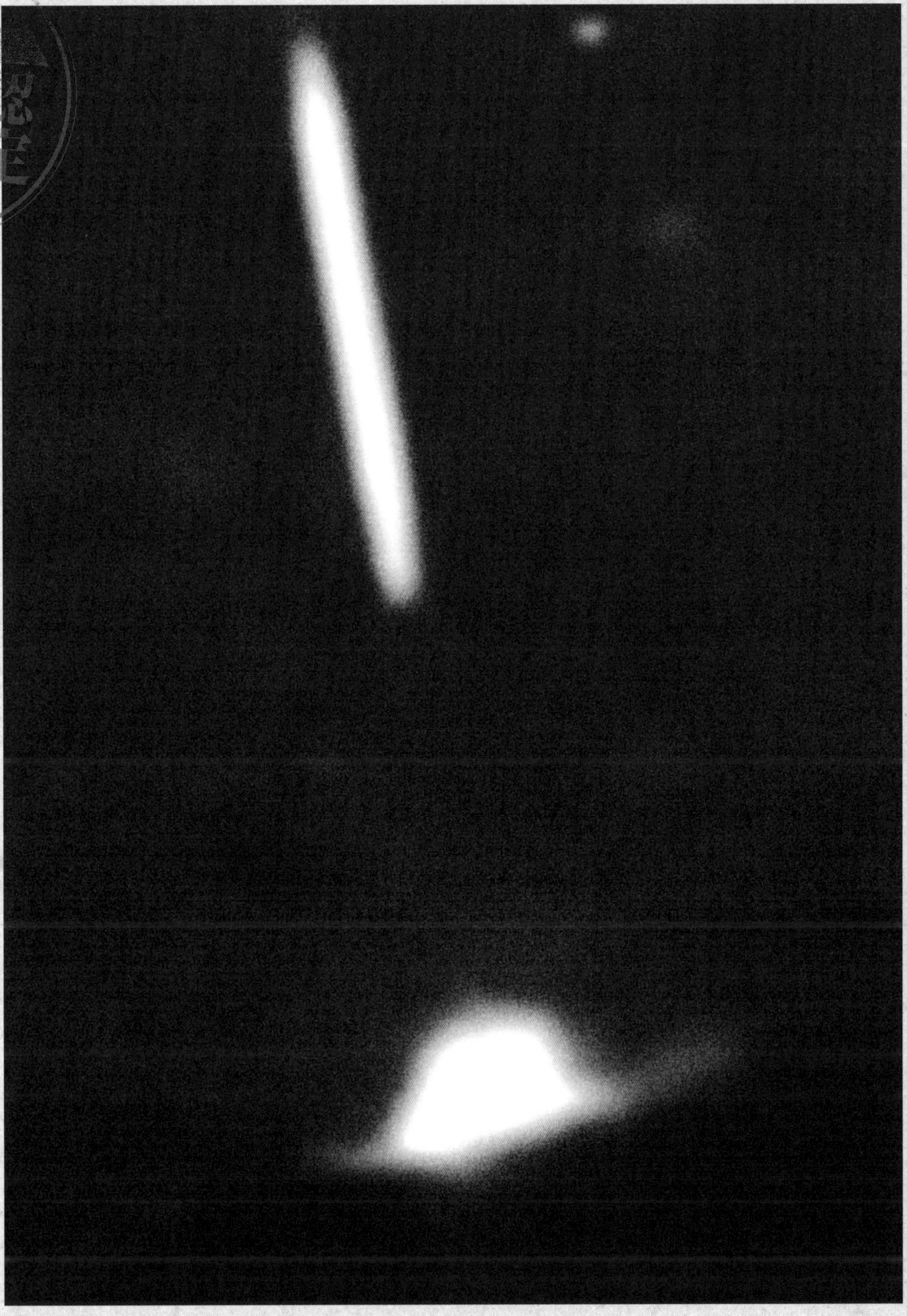

▶左・右：2012年11月15日に、火口から飛び出していくUFO。火口内部には、UFOの秘密基地があるのだろうか？

白く脈動するUFOが出現、1機が左手方向の火口に移動し、火口の真上で急旋回すると吸い込まれていった。

そのUFOだが、実は火口に進入していくばかりではない。2012年11月15日、なんと監視カメラが火口から垂直に飛びだしていくUFOを捉えている。火口からマグマが噴きだしはじめると、2機の超巨大UFOが、火口から発進していったのだ。これは噂どおり、火口内部にその発進基地が存在していることを示唆せずにはおかない。つまり、火口は、地下基地から飛び立ったUFOの帰還先であり、同時に発進元でもあるのだ。

UFOは、地底文明からやってくるという「地球内部飛来説」がある。2013年6月、元CIA職員エドワード・スノーデンは、地底世界と地底人に関する機密文書の存在と、その中身をマスメディアにリークした。UFOが地球内部から発進し、そこに地底世界が存在するというのだ。ならば、そこに住む地底人とは何者なのか？　火山内部が調査されれば、その真実が明らかになるだろう。

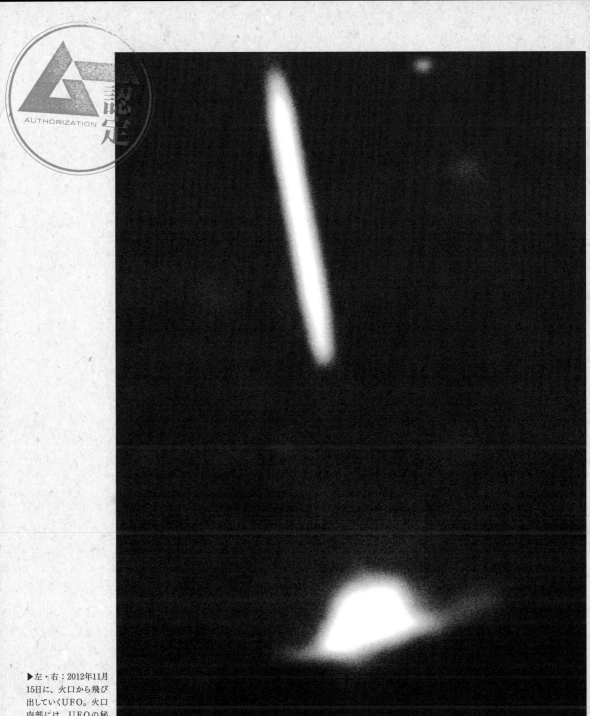

No.000047

タイのカオカラー山

▲チュンサムン一家の瞑想によるチャネリングで出現したUFO。ニュースにも取り上げられた。
◀カオカラー山。山頂付近のUFO施設は地図にもほぼ情報がなく、地元の案内がなくてはたどり着けない。

タイ中部の「カオカラー山」は、タイ有数のUFO多発スポットだ。丘にUFO観測所があり、チュンサムン一家による組織「UFOカオカラー」が管理する。彼らはタイ仏教のヴィパッサナーという瞑想法を通じてUFOを呼び、チャネリングで異星人と交信するのである。

UFO観測所は1997年に、元警察巡査のチュアー・チュンサムンが創始。彼の死後、娘が中心になって運営している。

チュンサムン一家が最初にUFOと遭遇したのは、1997年12月2日、チュアーの意識の中に異星人が現れ、交信してきた。ついでUFOが1週間続けて姿を現し、一家はUFOと異星人の存在を確信した。

同月13日、一家がラムカムヘン大学の公開講座に参加した際、チュアーの息子チューチャが「午後6時、大学上空にUFOが出現する」というメッセージを受けた。講座参加者らが固唾を飲んで見守ると、予告10分前に三角形のUFOが出現、不規則に飛び回って姿を消していった。事件はニュースに取り上げられ、一家は一躍、時の人となった。

その後もチュアーは瞑想によって何度も予告どおりにUFOを出現させてUFOカオカラーの名をタイ国内に浸透させていった。

そして2004年12月16日、テレビ番組にUFOカオカラーのメンバーが登場し「異星人の忠告で、大きな地震や津波に注意するように」と警告した。その10日後、あのスマトラ地震が発生。予言が当たったことでUFOカオカラーは話題となり、メンバーが増加、UFO観測会にも大勢が参加するようになった。

さらに翌2005年3月6日、カオカラー地区に異星人が出現、観測所付近を歩いている姿が撮影され、反響を呼んだ。

ちなみに、UFOカオカラーが交信している異星人は2種類。別の太陽系にあるロクカタタバカディンコン星人と冥王星人だ。彼らの交信目的は、近い将来に起こる危機的災害から人類を救うためだという。

No.000048-000062

3 異星人事件

No. 000048

ホプキンスビル事件

1955年8月21日、アメリカ、ケンタッキー州ホプキンスビルで、銀色の小型異星人が農場を襲うという奇妙な事件が起きた。

同夜、農場にはサットン家を含め8人の大人と3人の子供がいた。午後7時30分ごろ、井戸水をくみに外に出たビリー・レイ・テイラーが近くの渓谷に降下する光る物体を目撃。1時間後の午後8時30分過ぎ、庭先につないでいる犬が激しく吠えはじめた。

不審に思ったテイラーとサットン家の息子が外に出てみると、宙に浮いたままこちらに向かってくる怪物が現れた。

身長1・5メートル、銀色に光る体、異常に細い手足、黄色く光る巨大な目と大きな耳、長い腕、長い爪のついた指……驚いたふたりは約6メートルの距離から、手にしていたショットガンとライフルで怪物を狙撃。怪物は銃弾を受けてもひるまず、とんぼ返りを打って闇の中に消えた。

その後、怪物は樹上、窓外、屋根を乱舞するように現れた。銃撃を繰り返しても効果がなく、大人たちを脅かした。動きが速く、1匹ではなく複数いるように見えるこの怪物は、常に物陰から物陰へと移動しているかのようだった。

恐怖にかられた彼らは午後11時ごろ、2台の車に分乗して警察署に駆け込んだ。すぐさま10名の騎馬警官隊が現場に駆けつけたが、何かが動きまわった痕跡以外は、事件を立証するものは何も発見できなかった。

ところが、翌22日午前2時15分ごろ、警官が引きあげると、再び怪物が現れた。怪物の出没は結局、午前5時15分ごろまで続いたという。その後の調査で、怪物が覗き込んだという寝室の窓の網戸にショットガンと22口径ライフルの弾痕と見られる大小5個の穴が開いていると報告されている。

ちなみに、関係者の話では、当夜8人の大人はだれひとり酒を飲んでおらず、彼らが酔ってふざけていた可能性はない。

残る謎、それは怪物＝異星人の目的だ。いったい何のために当地を訪れ、周辺の住民たちの中でも、なぜサットン家の人々をターゲットとしたのか、それがわからないのだ。

結局、多くの謎を残したまま、事件は幕を閉じている。

▼弾痕が残る寝室窓の網戸。

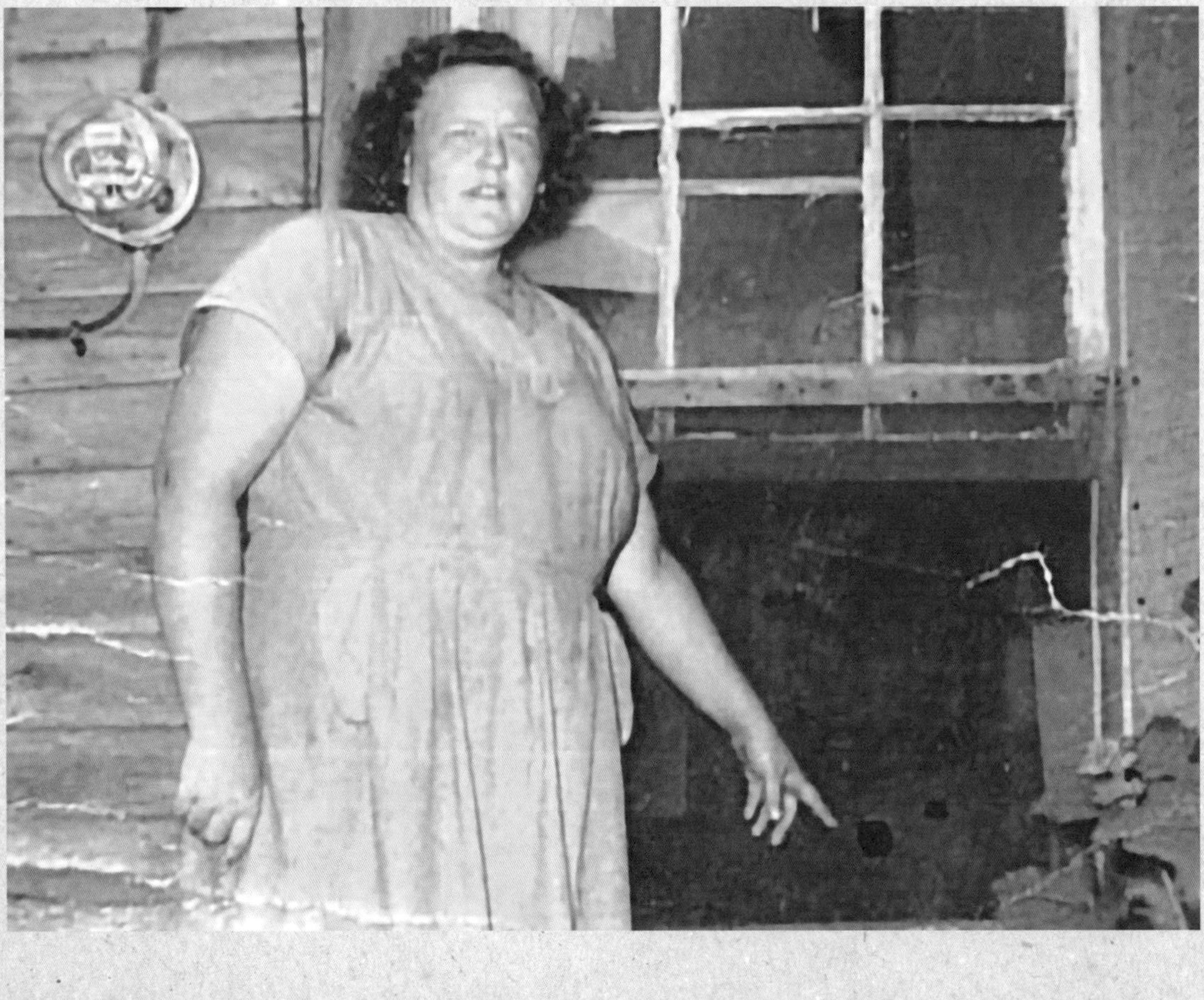

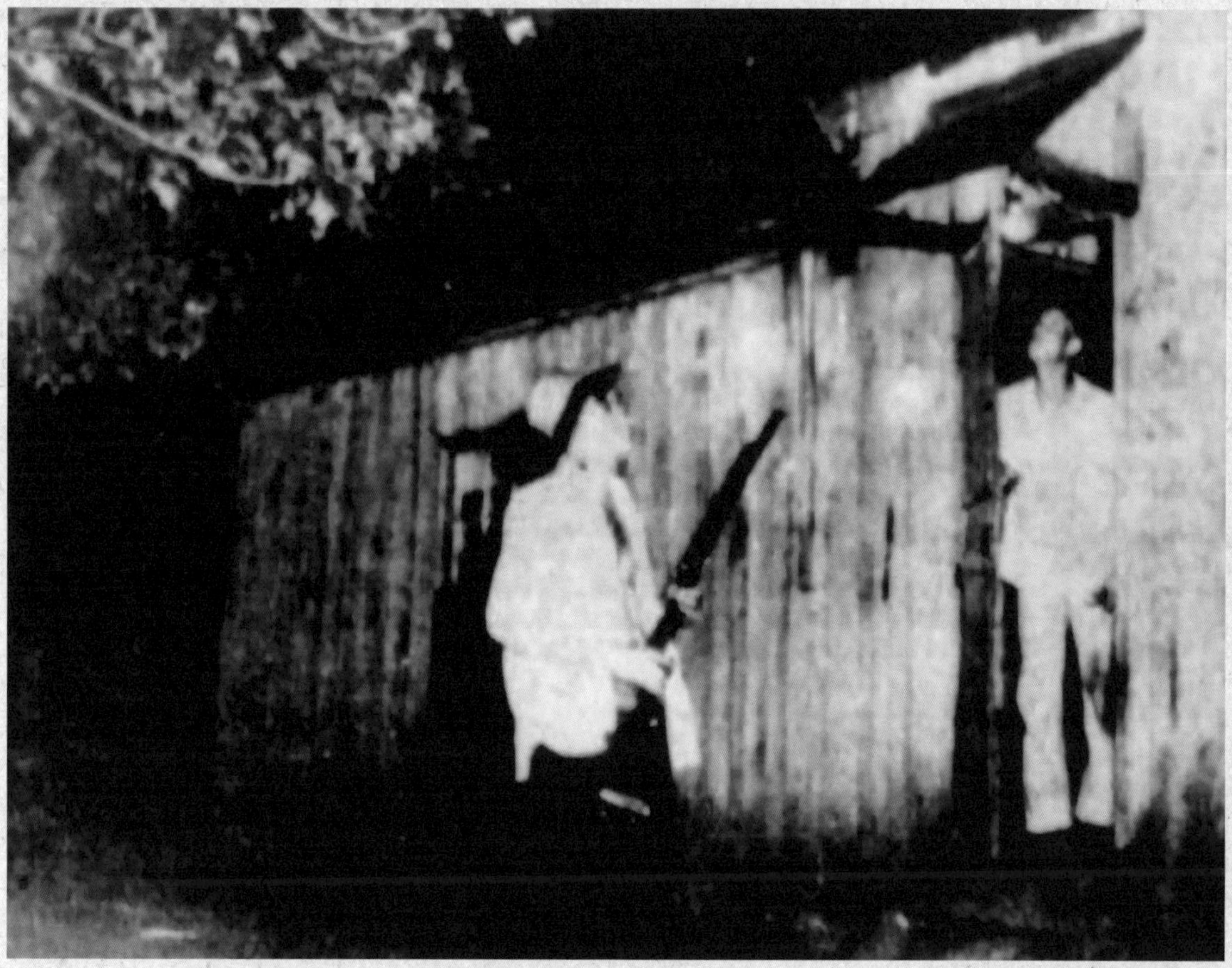

▲怪物が徘徊した事件当時の様子。

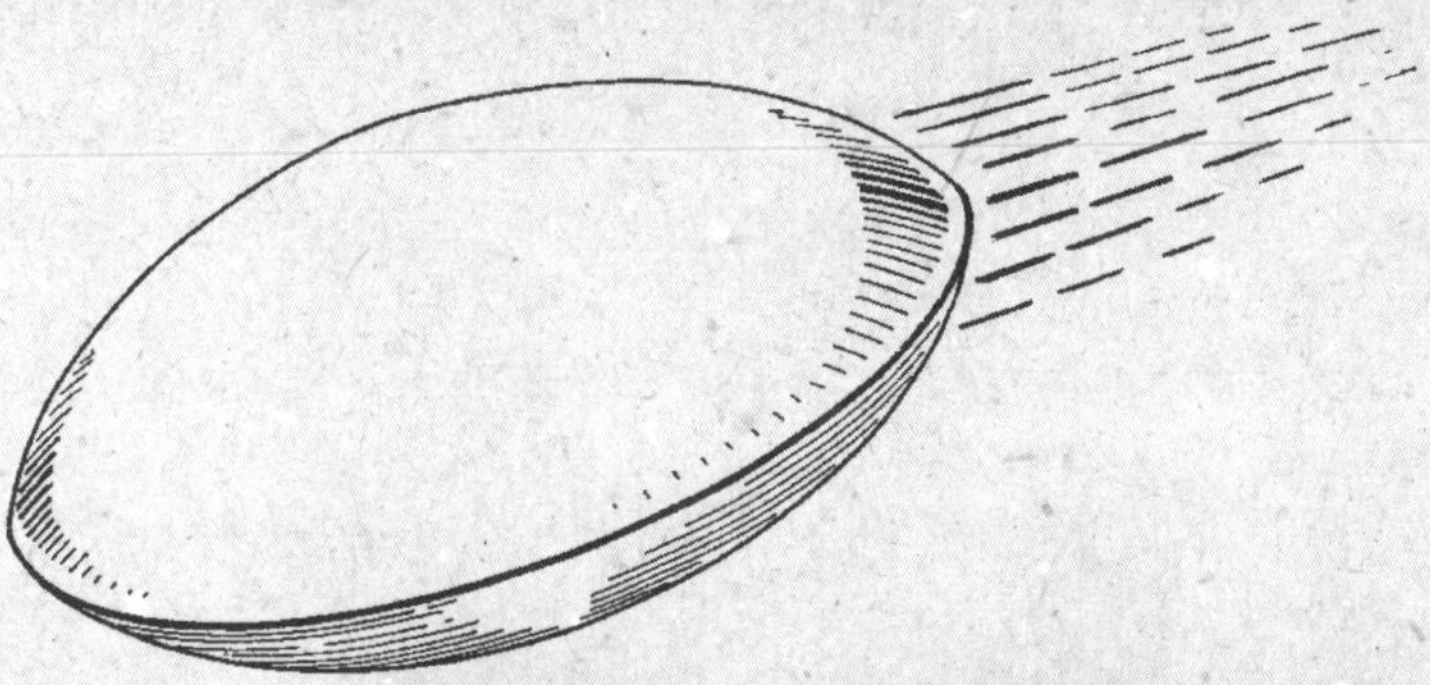

AUTHORIZATION 認定

▲ビリー・レイ・テイラーが描いたUFOのスケッチ。
▶サットン家の人々が描いた怪物のイラスト。3体で細部の特徴が異なる。

No.000049 ロニー・ザモラ事件

▲上：ザモラの勇敢な調査を称え、事件現場には記念碑が残されている。
◀右下：事件直後の米空軍UFO調査機関関係者による現場の確認作業の様子。左下：事件現場に立つ目撃者のロニー・ザモラ（左）。

１９６４年４月24日、アメリカ、ニューメキシコ州ソコロで、現職の警察官ロニー・ザモラが卵形ＵＦＯとふたりの異星人に遭遇した。

17時45分、制限速度を超えた１台の車をザモラはパトカーで追跡していた。町外れに出たそのときだ。轟音が響いたかと思うと、パトカーの右手前方の空に炎が上がった。付近にダイナマイト倉庫があることを思いだしたザモラは追跡をやめ、現場へ急行した。炎は上がりつづけている。

ふと、ザモラは奇妙な点に気づく。炎に動きがない。おまけに煙がいっさい出ていないのだ。

ダイナマイト倉庫を見わたせる山頂に着くころには、炎は消えていた。ザモラには、眼下の干上がった川床に、白い車が頭から突き刺さっているのが見えた。川に下り、車の中を覗き込むと、ふたりの小柄で真っ白なつなぎを着た人物がいた。彼らはザモラを見て、驚いて飛び跳ねた。

ザモラはパトカーに戻り、「交通事故が発生した！」と警察署

▲ザモラが目撃した卵形のUFOが飛び立った後に、現場に残されていた着陸脚の痕跡。
◀ザモラによる、卵形UFOのスケッチ。
▼事件現場の景色を俯瞰した写真。

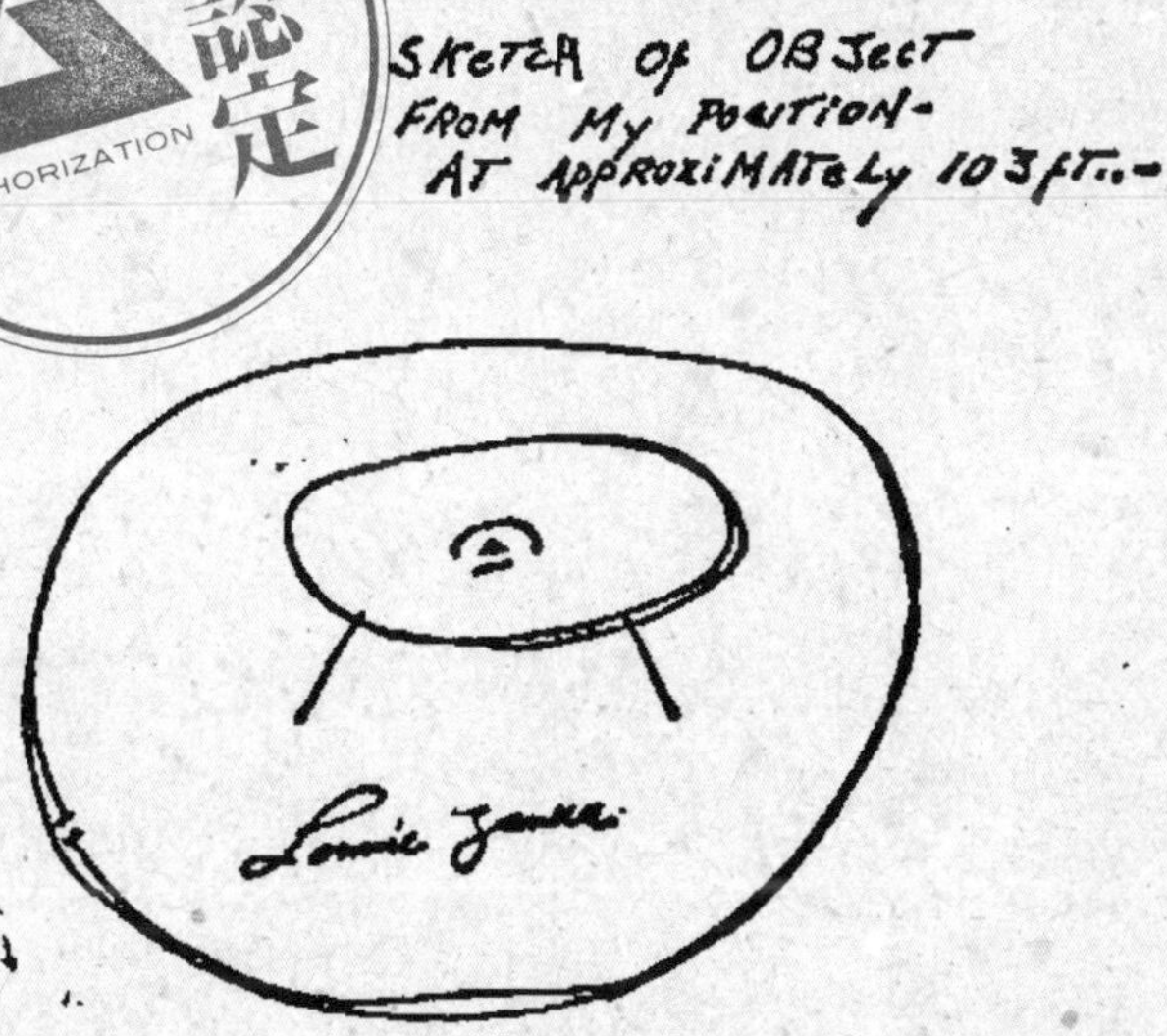

に無線連絡を入れると、パトカーを降りようとした。するとバタンというドアを開閉するような音が聞こえ、ふたりの人影が消えた。

不審に思ったザモラが見ると、物体は車ではなく、卵形の〝何か〟だった。大きさは4メートル前後。短い脚で地面に立っていた。材質はアルミニウムのようで、側面にはドアや窓はなく、縦・横約60センチほどの赤いマークが描かれていた。

ザモラが近づこうとした瞬間、卵形の〝何か〟は轟音を響かせ、炎を発し、4〜5メートル空中へ浮かび上がると、猛烈なスピードで南東に飛んだ。ほんの数十秒の出来事だったという。

一連の事件に関するザモラの証言は、すぐには受け入れられなかったが、現場検証の結果、着陸跡や足跡らしき小さなくぼみが確認された。

さらに土壌調査や草木の分析の結果、正体不明の有機物質も数種類発見された。

しかし、これらの証拠は空軍に持ち去られ、今なお、卵形のUFOや白い人物の正体は謎のままだ。

No.000050

フラットウッズ・モンスター事件

１９５２年９月12日、アメリカ、ウエストバージニア州ブラクストン郡フラットウッズでショッキングな事件が起こった。

午後７時15分過ぎ。学校のグラウンドでフットボール中だったエドワード・メイと弟のフレッド、その友達が丘に落下する怪物体を目撃。すぐにメイ兄弟の母親に告げた。

母親は、別に３人を伴って、暗闇の中、現場に向かった。そこには直径３メートルくらいの輝く物体が着陸していて、ブーンと唸りながら赤く脈動していた。全員が目や鼻に焼けつくような刺激臭を感じた。先頭にいたレモンが向けた懐中電灯の光の中に怪物が立っていた。

オレンジ色に輝く大きな目をした身の丈約３メートル、頭部はスペードのエースのような形で、赤い顔、極端に細い爪のような手をもち、明るいひだ状の緑色の服を身につけていた。怪物が「シュー」と威嚇するような音を発するたびに、白い霧が

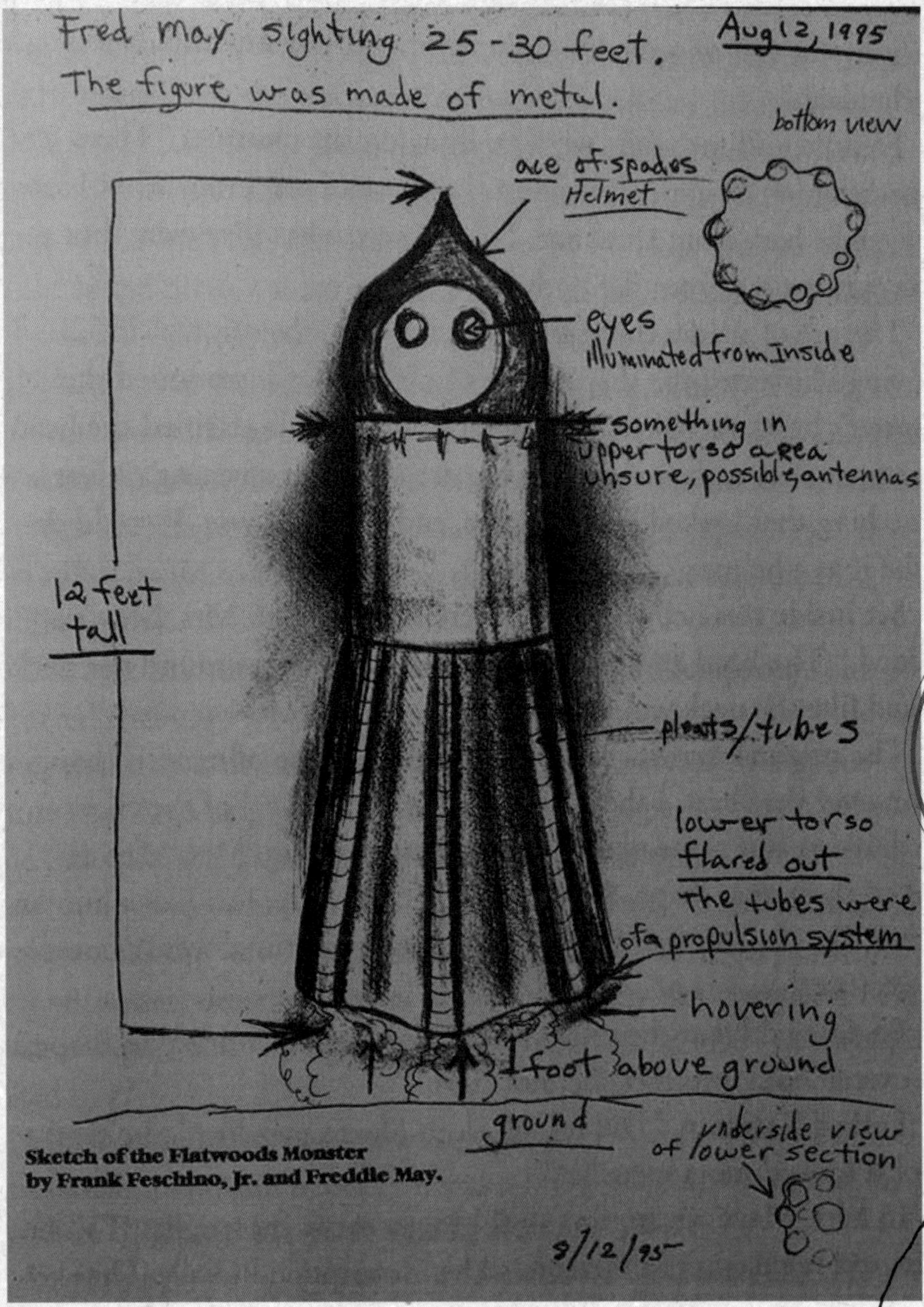

▲エドワード・メイが1995年に描いた再現スケッチ。事件当時とは異なり、ロボットのような特徴だ。

▶メイ一家ら７人がフラットウッズの丘で遭遇した、身の丈約３メートルの巨大な怪生物。シューと威嚇するような音とともに白いガスのようなものを発したという。

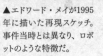

発生し、刺激臭が漂ってきた。

　怪物が宙を滑って接近してきたので全員が恐怖で家に逃げ込み、保安官と地元紙「ブラクストン・デモクラット」に通報した。記者が現場に行ったときは、すでに怪物も怪物体も姿がなく、金属が焼けつくような異臭だけが漂っていた。

　怪物と遭遇後、全員の鼻腔や咽喉が腫れあがり、痛みに悩まされた。診察した医師は、マスタードガスを吸った被害者の症状によく似ているといった。

〝フラットウッズに赤い顔の毒ガスを放つモンスターが現れた！〟

　事件は全米中に知れ渡り、たちまち話題となり注目された。翌週9月19日には、ニューヨークのテレビ番組にメイ一家が出演、事件の顛末を語り、彼らが見た怪物の再現イラストも作成された。

　この事件は、全米でも大変な話題となり、大勢の人々が現地に押し寄せるなど大騒動になったが、正体は判明しなかった。

　7人が遭遇した怪物の正体は、UFOに同乗していた〝エイリアン・アニマル〟なのかもしれない。

▲左：1995年の証言によるスケッチ。ロボットのようだったという。右：目撃者らによるモンスターのスケッチ。

▶フラットウッズの丘で怪物に遭遇したメイ一家ら7人。毒ガスを吸ってしまったような症状を訴えた。
◀UFOリサーチャーのフランク・フェスティノによる再現。浮遊する機体に乗ったエイリアンだったという仮説に基づいている。

No.000051

マドリードのウンモ星人

▲1967年6月1日、スペインのマドリード郊外にあるサンホセに、予告どおりに現れたUFO。

1966年2月6日、スペイン、マドリード南西郊外のアルーチェに光り輝くUFOが出現。複数の人間によって目撃された。UFOの底面には、漢字の「王」の文字を思わせる奇妙なマークが刻まれていた。

その1年後の4月ごろから、冷たい惑星「ウンモ」の使者「ユミット」を名乗る〝異星人〟から電話を受けたり、手紙を受け取ったりしたという報告が相次ぐようになっていた。

届けられた手紙は6000通以上。手紙にはタイピングされたアルファベットとともに、〝ウンモ文字〟とおぼしき文字も用いられていた。

高度な知識に基づく手紙の内容は、宇宙生物の生態系について、14・5光年離れた母星や彼らの飛行艇について、哲学や心理学についてなどが綴られていた。

手紙には、次にUFOが出現する日時、着陸地点を予告したものもあった。そして1967年6月1日、UFOは予告どおり、マドリード郊外のサンホセに出現。その底部には、手紙に

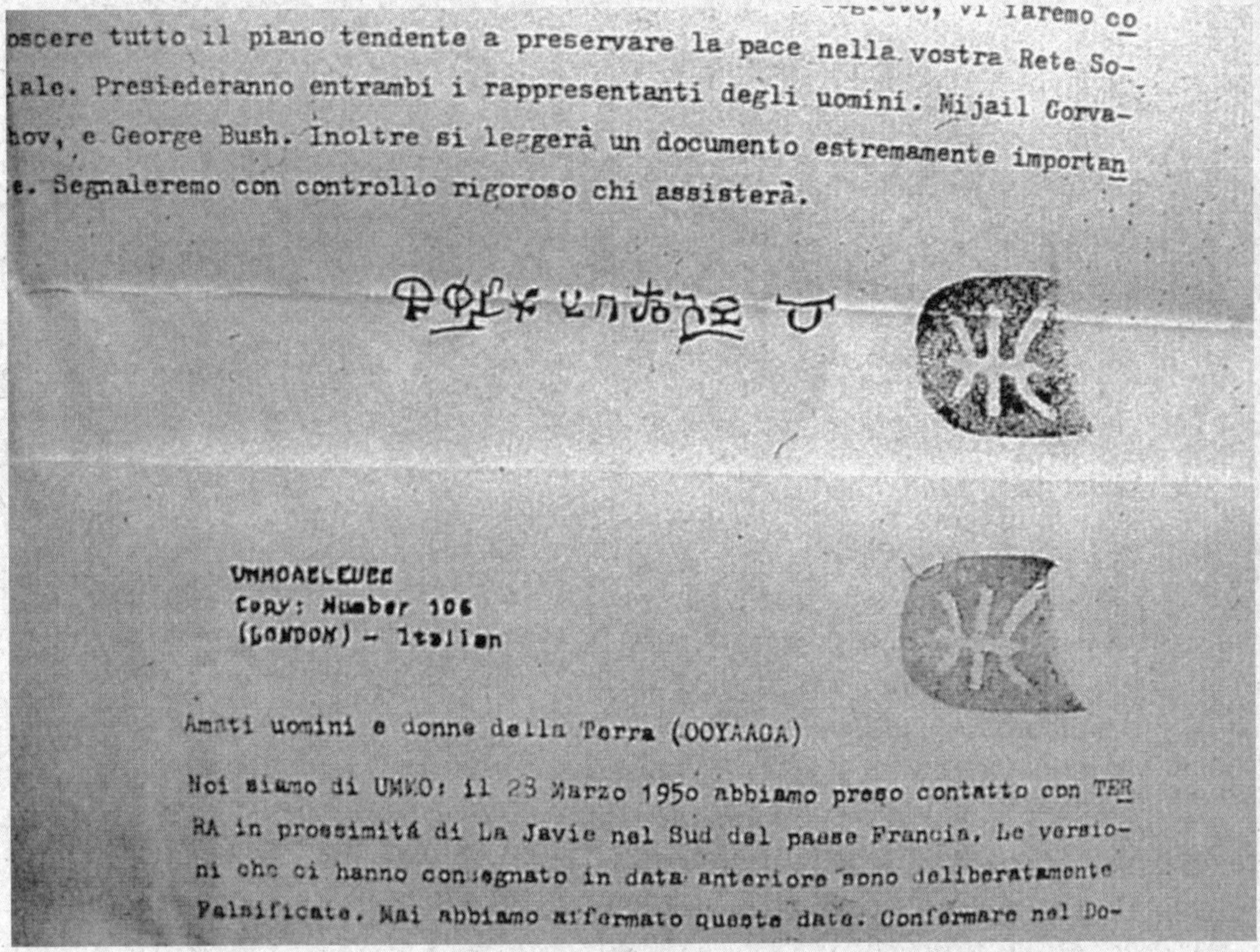

...scere tutto il piano tendente a preservare la pace nella vostra Rete Sociale. Presiederanno entrambi i rappresentanti degli uomini. Mijail Gorvahov, e George Bush. Inoltre si leggerà un documento estremamente importante. Segnaleremo con controllo rigoroso chi assisterà.

UMMOAELEWEE
Copy: Number 106
(LONDON) - Italian

Amati uomini e donne della Terra (OOYAAGA)

Noi siamo di UMMO: il 28 Marzo 1950 abbiamo preso contatto con TERRA in prossimitá di La Javie nel Sud del paese Francia. Le versioni che ci hanno consegnato in data anteriore sono deliberatamente Falsificate. Mai abbiamo affermato queste date. Confermare nel Do-

▲6000人以上の人に送られた「ウンモレター」の一部。

▶「ウンモレター」に書かれていた「文字」を整理した表。

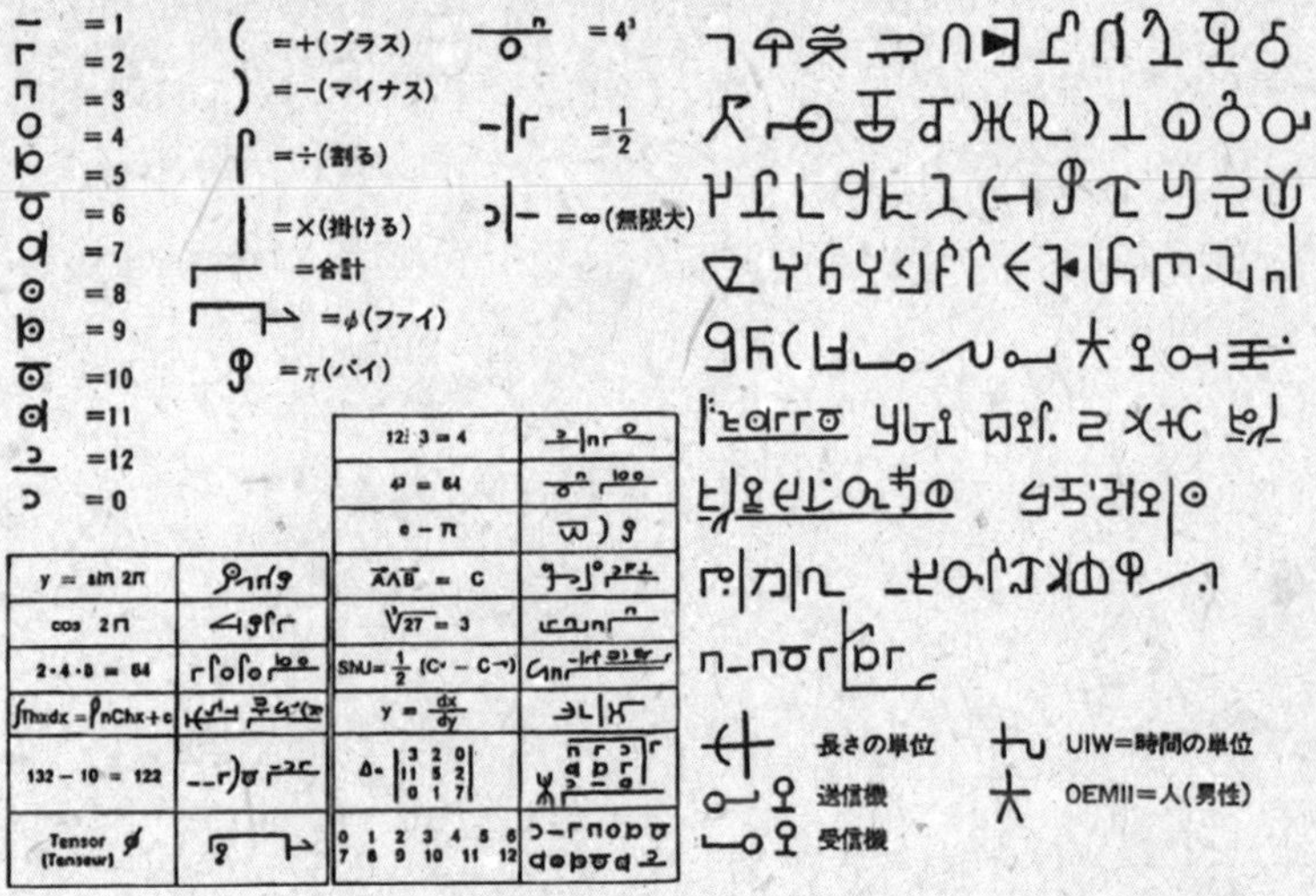

認定
AUTHORIZATION

記された「王」のマークが刻まれていたのだ。

手紙が語るには、彼らが地球の存在を認識したのは（地球時間の）1948年のことで、2年後には先遣隊が送り込まれ、地球の政治経済の中枢部にも〝先兵〟がいるという。ただし侵略目的ではなく、自分たちの知識を地球人に与え、それによってどんな〝化学反応〟が起こるのかを観察しているのだという。

その後、ウンモ星人の手紙は世界各国の科学者や研究者のもとにも届くようになる。

中でもフランス国立科学研究センター（CNRS）で主任研究員を務めていたジャン＝ピエール・プチは、受け取った手紙をもとにプラズマ推進装置やUFOの飛行原理などさまざまな研究を発表したという。

1989年には、旧ソ連のボロネジ市にも「王」のマークが刻まれたUFOが出現。ロボットのような異星人の姿が目撃された。

一連の手紙が真実であれば、ウンモ星人はこの惑星にいすわり、地球人を観察しつづけているのかもしれない。

No.000052

ボロネジのウンモ星人

旧ソ連では1989年4月末から7月にかけて、北西部のボロネジ市でUFOフラップ（集中目撃）が起こった。

多くの住民たちが光り輝く巨大な球体もしくは円盤形の物体が公園の上空に浮かび、後に着陸したのを目撃したのである。

UFOの中からは、人間とやや似た姿形の異星人が数人出現。身長は約3〜4メートルで頭部が極端に小さかった。彼らはUFOのそばを歩きまわった後、機体の中に姿を消した。

そのさなか、公園内を散歩中の少年たちもこの異星人に遭遇。少年のひとりが大声を上げたところ、異星人が光線銃らしきものを発射した。すると瞬時に少年の姿が消えた。だが異星人が機内に戻り、UFOが離陸すると、少年はどこからともなく姿を現したという。

同年10月9日、ソ連の国営通信社であるタス通信が「UFOの着陸と異星人の出現は事実であり、事後に調査をした科学者たちも、これが事実であることを認めた」というニュースを配信し、世界中を仰天させた。続いて「ニューヨーク・タイムズ」（1989年10月11日付）紙も、すぐさま以下の記事を掲載した。

「これは冗談でも作り話でもない。国営タス通信も、いわゆる地球外生命体が旧ソ連北部を訪れたことについて真剣な討議が行われている事実を伝えている。

異星人の身長は約3メートルあり、全身を包むタイプの銀色のスーツを着て、青銅色のブーツをはいていた。胸に円盤状の装置がついていて、姿を消した次の瞬間にもう1体の異星人ロボットを伴って再び姿を現し、あたりをゆっくりと歩きまわっていた。2体の宇宙人は、三角形の光を通じて会話を交わしているようだ。ロボットは本体に触れることでスイッチが入る仕組みになっているようだった……」

このように、ボロネジで起きたUFO事件は、アメリカでも大変な衝撃とともに受けとめられ、テレビのニュースでもたびたび取り上げられた。

興味深いことがある。UFOの機体には、1966年にスペインのマドリードに出現したウンモ星人のUFOと同じマークが印されていたのだ。

だとすると、ボロネジの異星人は、ウンモ星人だったことになるのである。

▼1989年に旧ソ連北部のボロネジ市の公園に現れた異星人のイメージ図。光線銃のようなものを発射した瞬間、少年の姿が消えた。

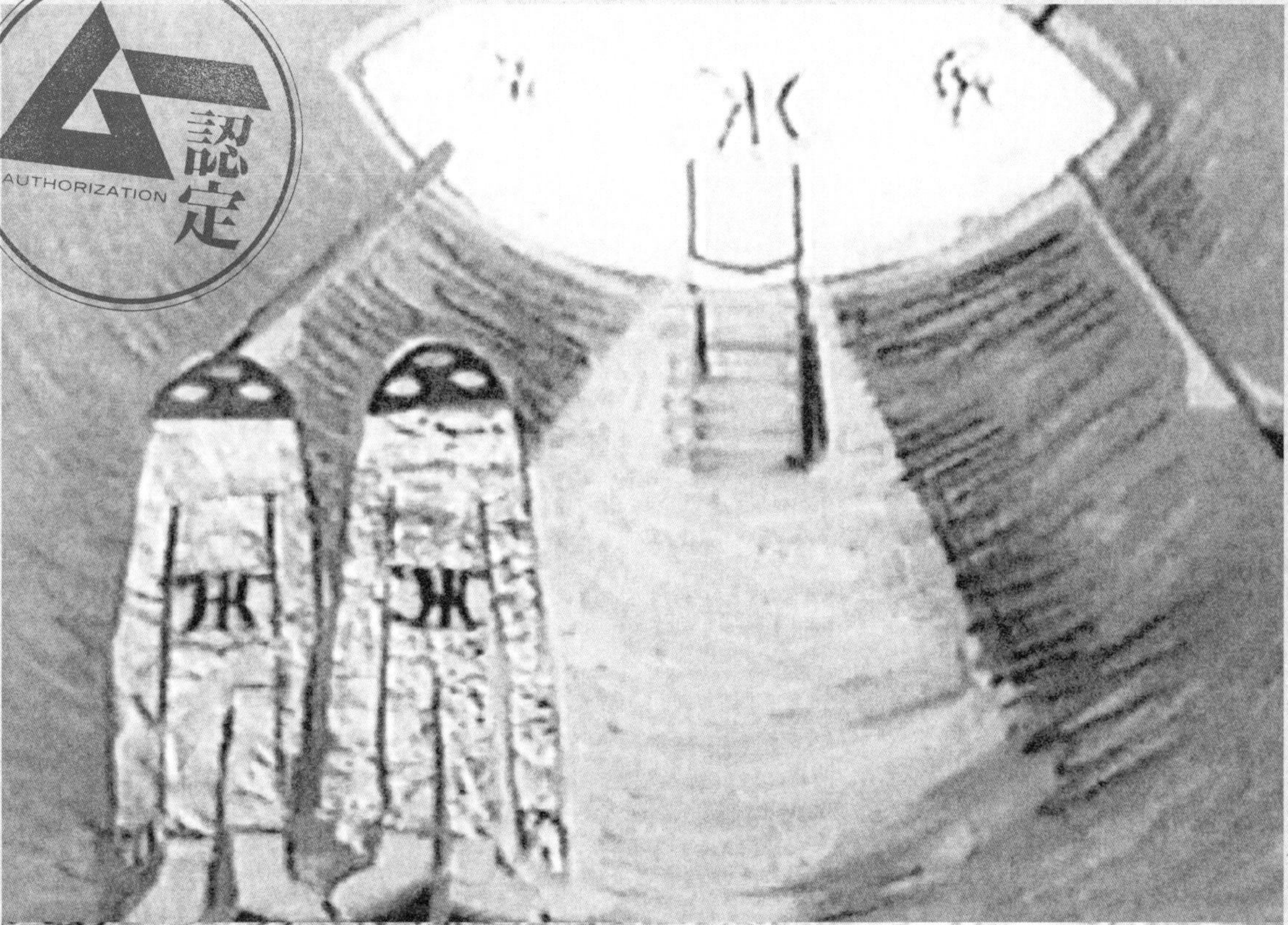

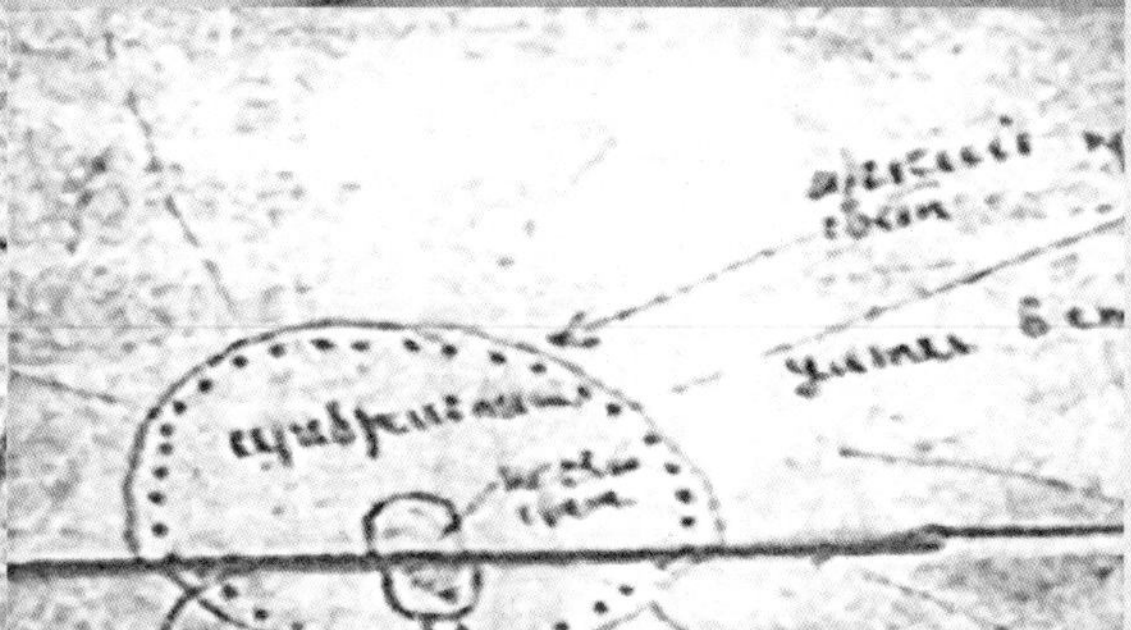

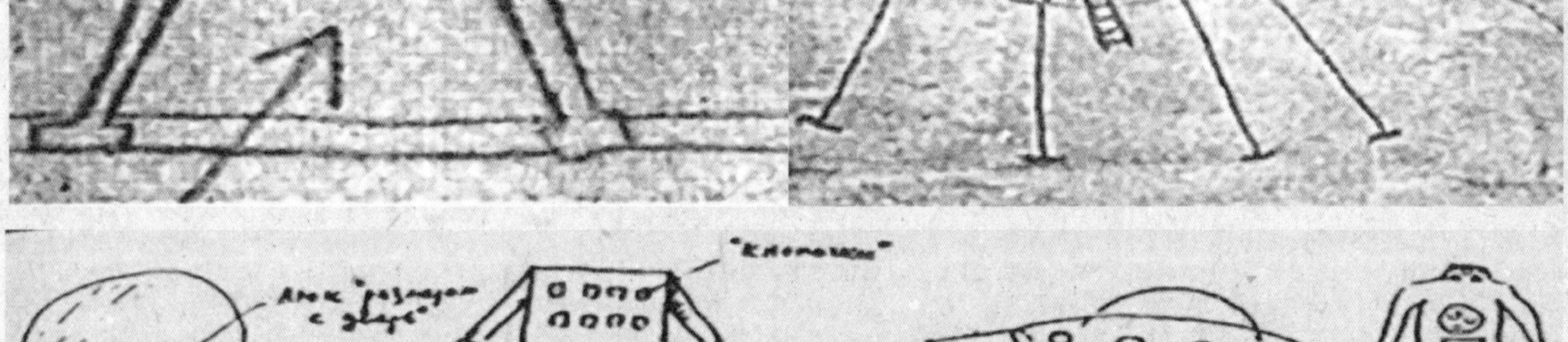

▲上・下：目撃者による異星人とUFO、ロボットのスケッチ。着陸したUFOにもウンモ星人のマークがついていたという。
▶異星人に遭遇した子供たち。

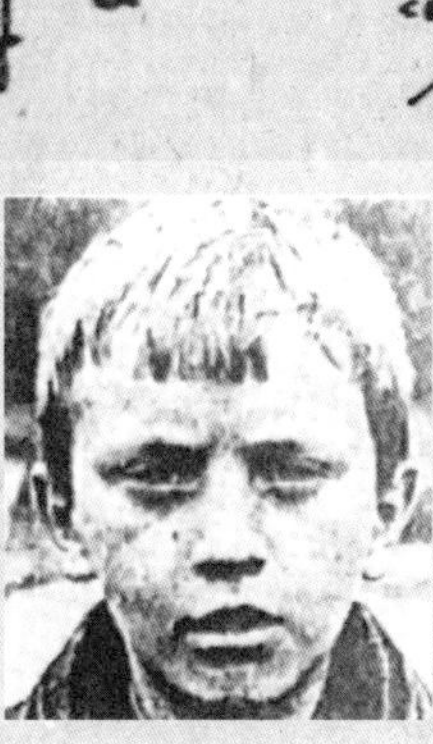
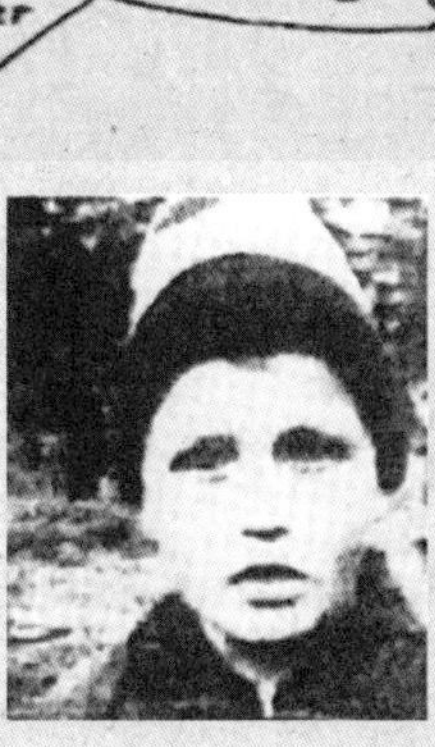

No.000053

パスカグーラ事件

1973年10月11日、アメリカ、ミシシッピー州にあるパスカグーラという小さな田舎町で、世界を震撼させる事件が起きた。当事者は、チャールズ・E・ヒクソン（当時45歳）とカルヴィン・R・パーカー・ジュニア（当時18歳）。ふたりはその日、川岸で夜釣りを楽しんでいた。

時刻は21時を過ぎ、ヒクソンが釣り針に餌をつけようとしたときのことだ。ヒューッという音に気づき空を見上げると、高さ約2・4メートル、幅は約3メートルほどの大きさの巨大な長方形の物体が浮かんでいた。青みがかった灰色の卵を引き伸ばしたような形をしたそれは、降下し、ふたりに接近。地上約60センチで浮遊を始めた。

驚きのあまりヒクソンが硬直していると、いつのまにか3体の〝生物〟が目の前にいた。身長約1・5メートル。肌は青白く、シワが幾筋も刻まれていた。耳は尖り、顔には細く裂けたような目と、尖った小さな鼻の下

▼ヒクソンとパーカー・ジュニアの証言をもとに描かれた異星人とUFOの説明イラスト。

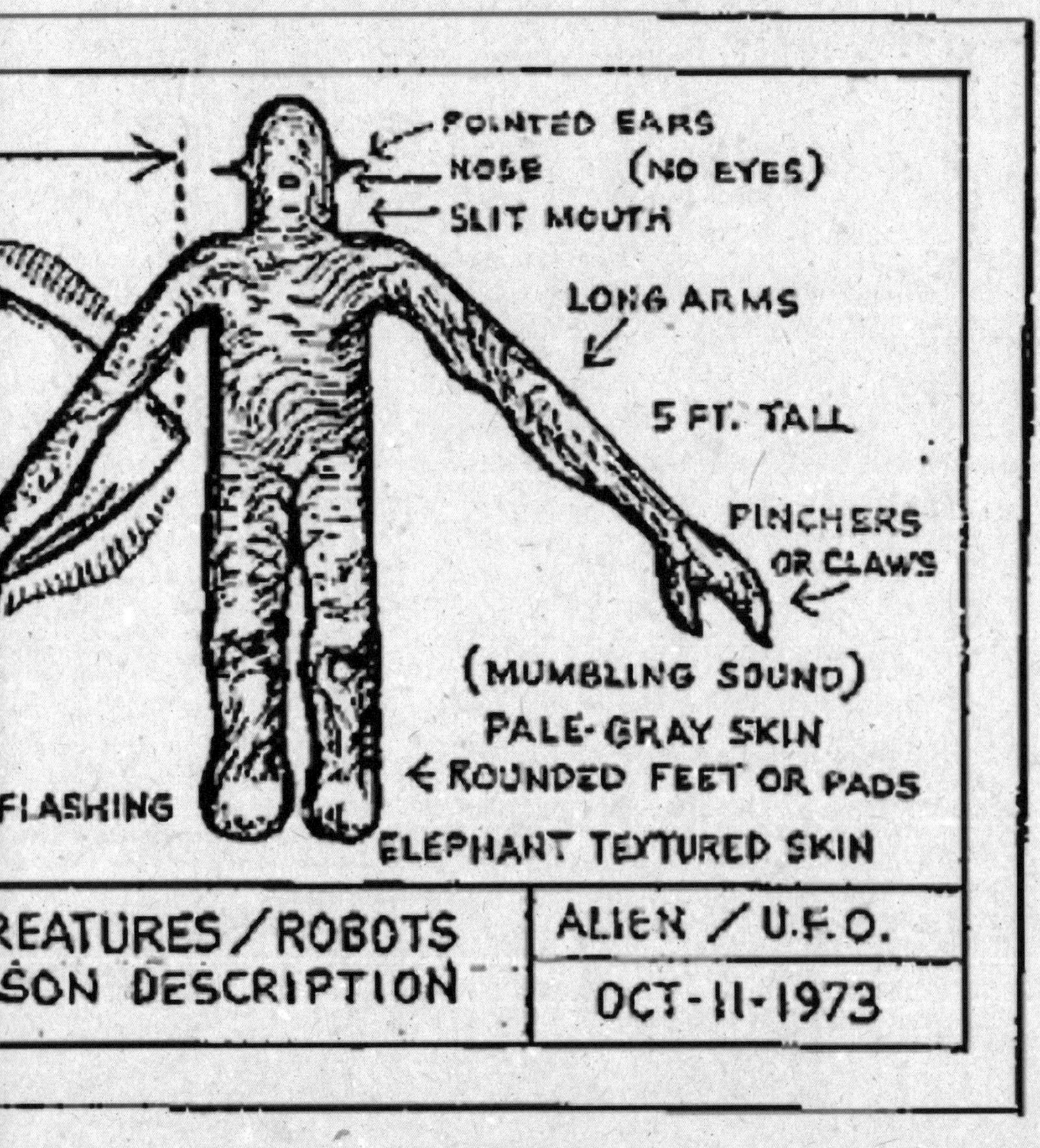

に口らしき穴がひとつあいていた。手はカニのハサミのような形だったという。そんな不可思議な生物がふたりのもとに幽霊のようにスーッと近づいてきたというのだ。

〝生物〟が触れたのが原因だろう。パーカーはすぐに気絶した。ヒクソンは意識を残したまま、2体の〝生物〟にふわふわと持ち上げられ、目の前の飛行体の中に連れ込まれた。飛行体の中は照明器具が見当たらないにもかかわらず明るかったという。そして、なんと直径25センチほどの巨大な目玉のような物体が現れ、彼の体の隅々を調べはじめたのだ。

このとき、ヒクソンは幾度も体をひっくり返されているが、身動きがまったく取れず、宙に浮いたような状態だったそうだ。パーカーは気を失ったまま寝かされていた。時間にして約20分。ふと気づくと、いつのまにか元の川岸に戻っていた。

ふたりはすぐに保安官事務所に駆け込み、事件の詳細は新聞にも掲載され、多くの専門家たちが調査に乗りだした。しかし今なお、その真相は不明だ。

▲当事者のパーカー・ジュニアは2018年に著書（上）を刊行し、自身が現場で体験したことを詳細に語った。ヒクソンは2011年に他界している。

▲パスカグーラ事件でＵＦＯとの遭遇状況を描いたスケッチを持って説明するヒクソン。

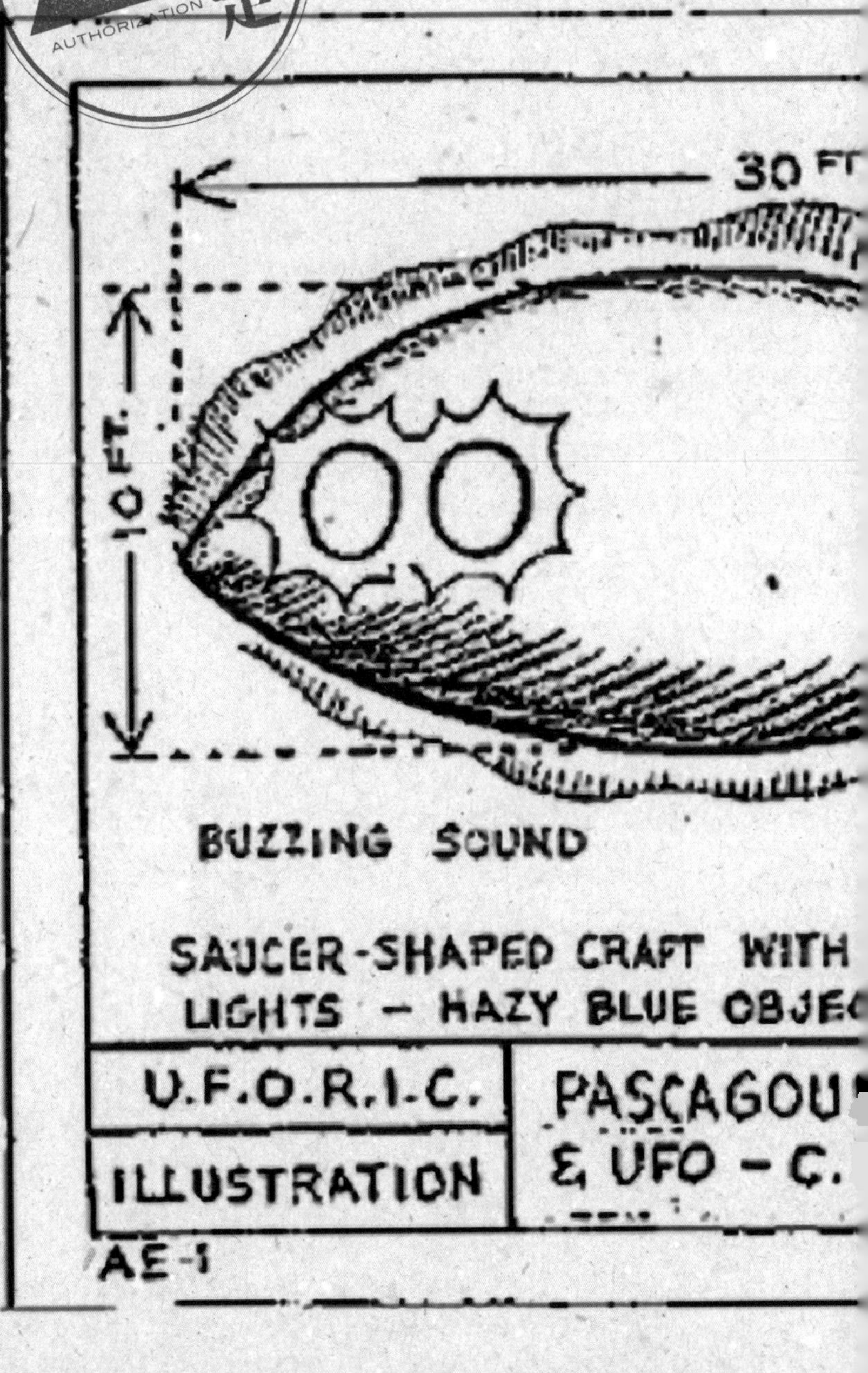

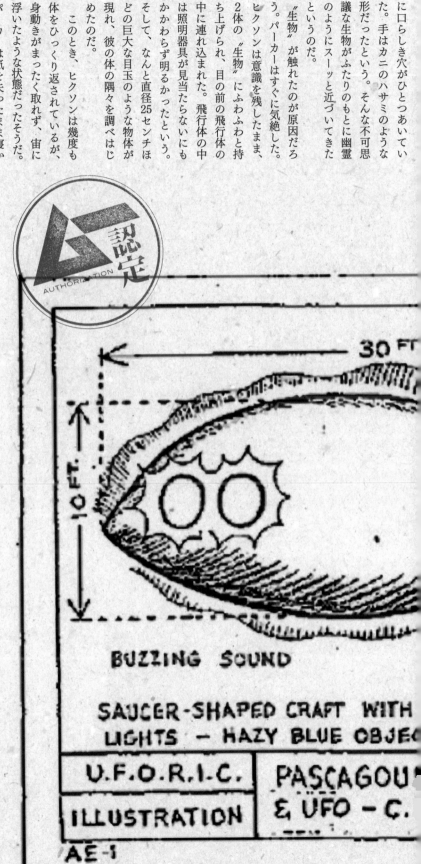

No.000054

赤い星から来た異星人

▲1989年、ロシア人記者パーベル・ムホルトフの目の前に現れ、着陸した球形UFO。
▶ムホルトフがウラル山中でコンタクトした発光体の異星人。彼らはリベラ（てんびん座）の赤い星からやってきたと、ムホルトフに説明したという。

1989年4月末、ロシア西部のポログダ州ハロフスク市でUFOの出現、異星人の目撃事件が多発した。

その後7月に入り、ペルミ州一帯でもUFOが多発。16日、同市ペルミの集団農場で働く労働者たちが頭のない巨人タイプの異星人らしき集団を目撃。同時刻、北側にあるキャンプ場で合宿中の少年団メンバーがUFOから出てきた手足の長い異星人と遭遇した。

少年のひとりが石を投げると異星人も光線銃で応戦。地面の草が燃えたという。

その後もペルミ市の周囲で、UFOや異星人の目撃事件が頻発したため、マスコミの取材陣が7月29日にかけて、この地に殺到し、ウラルモリョプカ村近くのウラル山中でキャンプをしていた。

取材陣の中のひとり、ロシア人記者のパーベル・ムホルトフは、29日深夜、球形のUFOを目撃。さらに翌30日には、何かに誘われるように森に入っていった。そこで暗闇の中でボーッと光る異星人たちと遭遇し、直接、コンタクトしたのだ。

「どこから来たのですか?」

彼が質問すると、異星人たちは、言葉ではなく文字で返答した。夜空に、ロシア語のアルファベットが発光しながら浮かび上がり、文章を綴っていったのだ。

それによれば、彼らはリベラ（てんびん座）の赤い星から来たという。そして、目的や地球上での行動はその星の中央組織の指令次第だという。

ムホルトフは勇気をふりしぼって、その星に連れていってほしいと請願した。

ところが、彼らは、ムホルトフが二度と地球に帰れなくなること、ムホルトフを連れていくと、その思想で星の世界が汚染されてしまうからダメだと断ったという。

この事件を報道した「コムソモーリスカヤ・プラウダ」（1989年10月12日号）は、ムホルトフの目の前に着陸しているUFOと、空中に浮かぶ発光体の写真を掲載している。

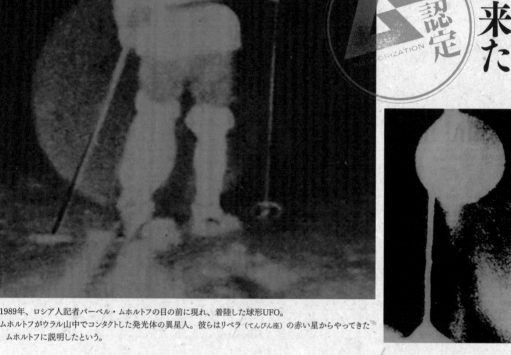

No.000055

グリーンズバーグのエイリアン・アニマル

▲現場で採取した、獣人の足跡の石膏型を提示するスタン・ゴードン。
▶謎の獣人のイメージイラスト。UFOが連れてきたエイリアン・アニマルだったのか？

1973年10月25日午後9時過ぎ、アメリカ、ペンシルベニア州グリーンズバーグで、農場の上空に赤く輝く球形UFOが出現、丘に降りていく様子が住人に目撃された。

スティーブ・プラスキー（当時22歳）と少年ふたり（当時10歳）は、トラックで丘の上に着陸したUFOに接近。そこには直径30メートルほどのドーム形UFOが、芝刈り機のような音を立てながら白い光を放ち、周囲を明るく照らしていた。

見ると、農場のフェンス近くに暗い灰色の毛に覆われた2体の獣人が立っている。体長は2・4メートルと2・1メートルほど。緑がかった黄色い目、腕は地面に届くほど長く、赤ん坊のような鳴き声を発していた。あたりにはゴムが焼けるような臭気も漂っている。スティーブはライフルで獣人の頭上に、曳光《えいこう》弾《だん》を2発撃った。すると驚くべきことに、大きいほうの獣人が右手を上げて弾をつかんだ。同時にUFOの発光が消えて騒音も止んだ。さらにスティーブは3発を撃ったが獣人はひるまなかったので、トラックで農場主の家に行き、警察に通報した。

午後9時45分ごろ、スティーブが警官と現場に戻ると、UFOが着陸していたあたりの地面が明るく輝いていた。そして森の中から再び獣人たちが現れたのだ。スティーブがライフルを撃つと獣人は一瞬たじろいだが、再び突進し、手前のフェンスに激突。彼らはパトカーに飛び乗り、その場から逃げた。

深夜午前1時30分ごろ、警官からの連絡で、グリーンズバーグに拠点を置くUFO研究グループがやってきた。スタン・ゴードンが指揮するこのグループは、警察やマスコミと連携してUFO調査を行っていた。

スタンらは、現場に残された巨大な三本指の足跡を石膏型に採取。1975年には、著名な透視能力者ピーター・フルコスが、この石膏型を透視。「大気圏の外、地球外の生物のものだ」と断言している。この獣人の正体は、UFOが連れてきたエイリアン・アニマルなのだろうか。

No.000056

異星人焼死体トマトマン

▲1980年に民間UFO研究団体が公表して、UFO研究家たちを騒然とさせた"トマトマン"の死体。その正体はサルとされたが、肩の下に眼鏡のつるらしきものが確認できる。
◀同時に公表されたもう1枚の写真。上の写真とは様相がかなり異なっていて、同じ死体を撮ったものかどうかは不明。

　1948年7月7日、アメリカ、テキサス州ラレドの南、メキシコ領内のヌエボ・ラレドとサビナス川の中間地点に円盤形のUFOが墜落するという事件が起こった。そして1980年、その事件に絡む2枚の異星人の死体写真が、オハイオ州の民間UFO研究団体によって公表され、UFO界を震撼させた。

　衝撃的なこの写真は、同州のUFO研究家のウィラード・マッキンタイアが、1978年12月、テネシー州に住む退役軍人から入手したものだった。現場で写真を撮ったのは、海軍のカメラマンで、ネガを持ちだしリークした張本人である。

　カメラマンの情報では、現場は高熱を帯びており、多量の冷却剤がまかれてから回収作業が行われたという。墜落した機体は既知の飛行機の類いではなく、ボルトで結合された部分もあったが、既存の道具ではこれを緩めることはできなかった。機体の金属類は異様に硬く、切断にはダイヤモンドドリルや特殊なカッターなどが使用された。

　死体はヒト形だが体に比べて頭部は異常に大きく、腕も胴の下まで届くほど長かった。指先は4本のかぎ爪状で、耳、鼻は小さく、口は細くてスリット状だったという。

　7月8日、軍から医師が派遣されて死体が検視された。体長約1・35メートルで、骨の構造や体内組織は人間とはまったく異なっていたという。死体も含め、残骸のすべてがアメリカとメキシコのトラックで回収された。機体本体は、軍用機に積まれテキサス州の、どこかの基地へと運ばれていったという。

　公表された2枚の写真に関して、民間UFO研究団体「GSW」の分析では、V2ロケット実験に用いられたサルだと結論された。

　その後、死体の肩の下に眼鏡のつるらしきものが認められた。実験用のサルがなぜ眼鏡をかけていたのか？　サルではなく、人間とするなら、頭部が異様に丸く大きすぎる。やはりエイリアンの死体と見るのが理にかなっているといえそうだ。

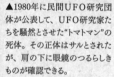

No.000057

チューブ付きエイリアン

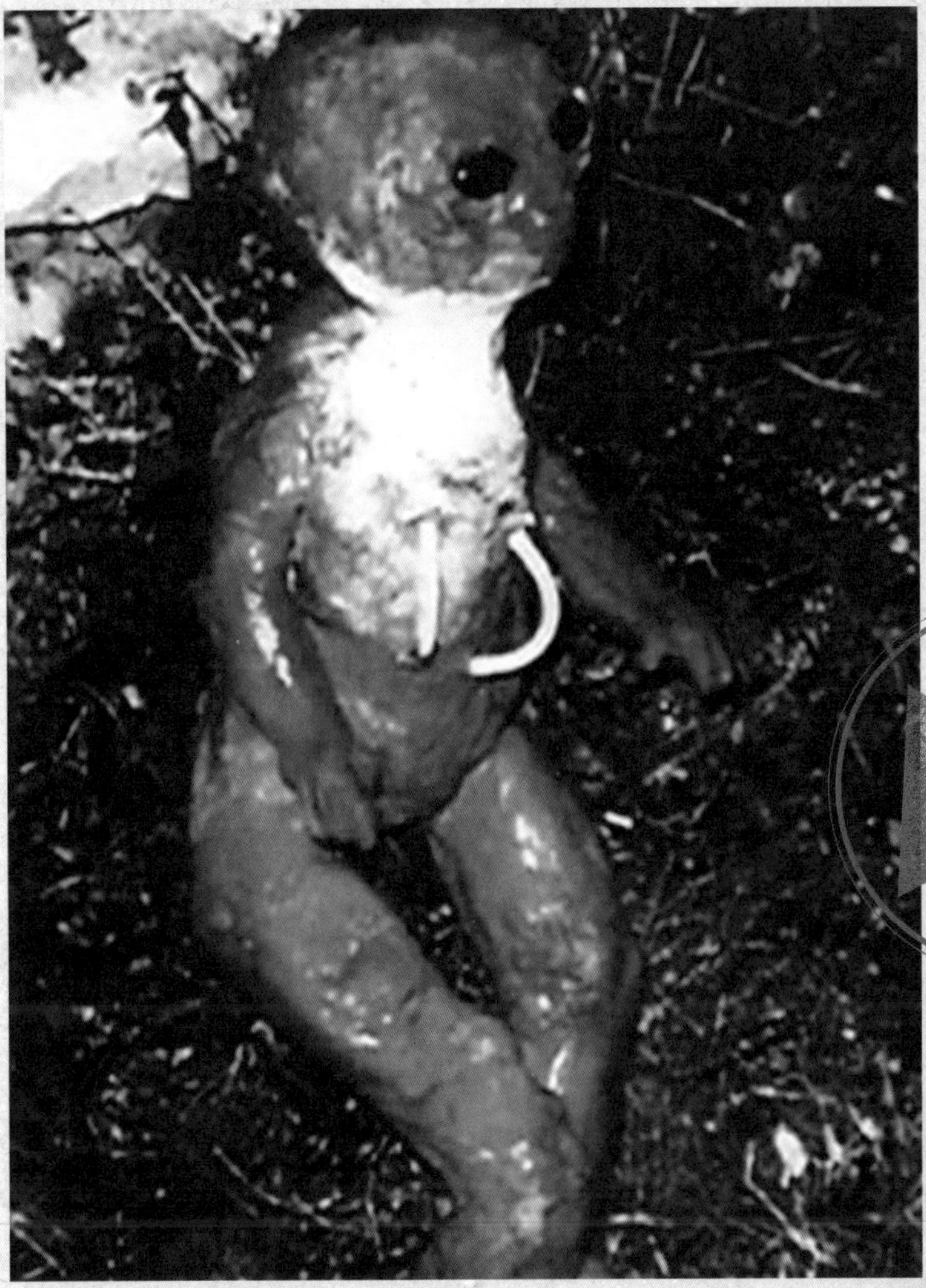

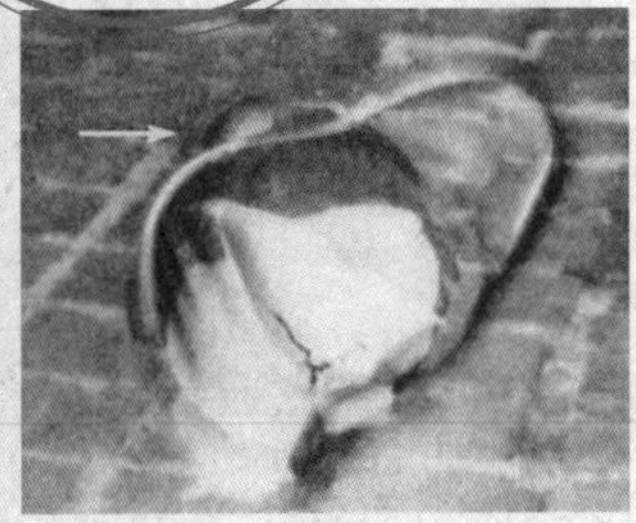

◀1993年9月20日、イタリアのペンキ職人カポーニが自宅庭で撮影したエイリアン。皮膚は赤く湿り、艶のある質感だった。胸には2本のチューブがあり、規則正しく動いていたという。▼1993年5月24日、猫のような鳴き声とともに現れたエイリアン（矢印）。

1993年5月から9月にかけて、23歳のペンキ職人フィルベルト・カポーニが、エイリアンと見られる奇怪な容姿をした生物の写真を撮影した。現場はイタリアのマルケ州アスコーリ・ピセノ地方の地区プレタレ・ダルカータにある彼の自宅で、彼の姉も祖母もこのエイリアンを目撃している。

1993年の5月9日夕方、バイクで帰宅した彼はガレージ付近で初めてエイリアンを目撃。体長は約75センチ、がっしりとした体格だった。その後、ポラロイドカメラを準備して再出現を待った。そして5月24日、猫のような鳴き声とともにエイリアンが出現。2枚撮影したが逃げ足がすばやく、明確なエイリアンの姿は写っていなかった。

さらに8月20日に自宅庭に現れたエイリアンの明確な姿の撮影に成功。その体は暗い色の特殊なボディスーツを着用しているような質感があり、胸からチューブが2本突きでていた。

その後9月20日に撮ったのが、彼にとって最後のエイリアンの写真だった。この写真では、エイリアンの肌がこれまでになく赤く湿って、艶のある質感を漂わせている。

カポーニは、エイリアンについて、こう語っている。

「エイリアンの胸部に2本のチューブがついており、かすかに動いていました。たぶん、それで呼吸をしていたのだと思います。チューブはふたつとも規則正しく動いていましたから」

また、彼はエイリアンの体から、水が滴っていたと証言した。テラスには庭の花々にやる水を2個のドラム缶にためていたが、そのひとつは水が半分まで減っていた。そこで彼は、エイリアンは水分を欲し、ドラム缶の水で自分の体を潤すために現れたのだと主張した。この証言から、エイリアンは水生生物か水陸両生の生物だった可能性が浮上した。

もしエイリアンが本当に水陸両生生物なら、ボディスーツのように見えたものは、体を保湿するための特殊なスーツだったのかもしれない。

No.000058

プエルトリコのエイリアン死体

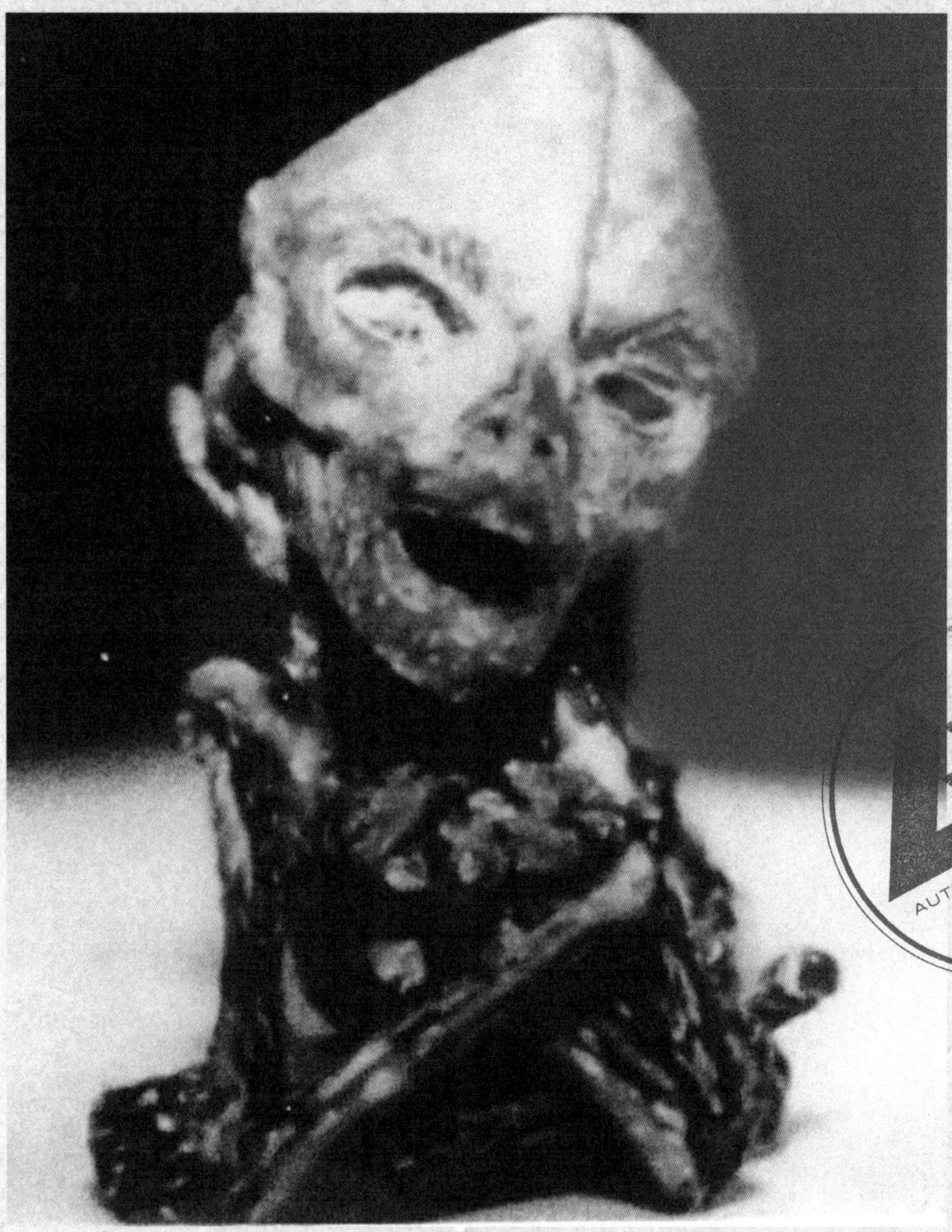

認定
AUTHORIZATION

◀1980年夏、トレジャー・ハンターがプエルトリコの山中で鉢合わせ、撲殺した小型エイリアンの死体。頭部、アーモンド形の眼窩は異常に大きく、明らかに既知の生物ではない。

このミイラ化した異様な怪物。その正体はなんと、撲殺されたエイリアンだ。なぜ撲殺されたのか？

話は１９８０年の夏にさかのぼる。トレジャー・ハンターのチノが、プエルトリコ、サリナス郊外の山岳地帯テタス・デ・カイエイで考古学的遺物を探索中、偶然、この怪物の一団と鉢合わせした。怪物たちは小柄で体長は約30センチ。明らかに人間ではなかった。アーモンド形のいくつもの目が、彼をじっと見つめている。

恐怖に駆られたチノは落ちていた木の枝で目の前にいた小人の頭を、ガツンと力いっぱい殴った。怪物は、そのまま膝を折って地面に崩れおちた。これを見てほかの連中は、奇妙な叫び声を上げて逃げ去っていった。

好奇心からチノは死体を自宅に持ち帰り、瓶に入れてアルコール漬けにして納屋の地下倉庫に保管した。

その夜、何者かが侵入しようとしたのに気づきサリナス署に通報。駆けつけたオズワルド・サンチャゴ巡査は、その怪物の姿に驚いた。

人間の胎児にしては頭部が異常に大きく、腕も長すぎた。手の指は4本、鋭い爪があり、指と指の間に薄い膜があった。アーモンド形の眼窩も異様に大きい。皮膚は光沢があるが、荒れてでこぼこしていた。色はクリーム色に少し緑が混ざっている。後頭部には突起のある穴がふたつ開いていた。耳らしきものはなく、まさにモンスターだった。

翌日、チノは知人の科学者カリスト・ペレスに相談して死体をホルマリン漬けにして保管してもらった。プエルトリコ大学で奇形の胎児のサンプルを、うんざりするほど見てきた経験から、ペレスは「この死体は明らかに未知の生物だ」と判断した。

このホルマリン漬けの死体が手元にあった間、ペレスのもとには正体不明の人物から何度も脅迫電話があり、得体の知れない人物の訪問を受けた。

この奇妙な生物の死体は、専門家の鑑定を待つ間に、何者かに盗まれてしまったという。

No.000059

カスケード山の異星人殴打事件

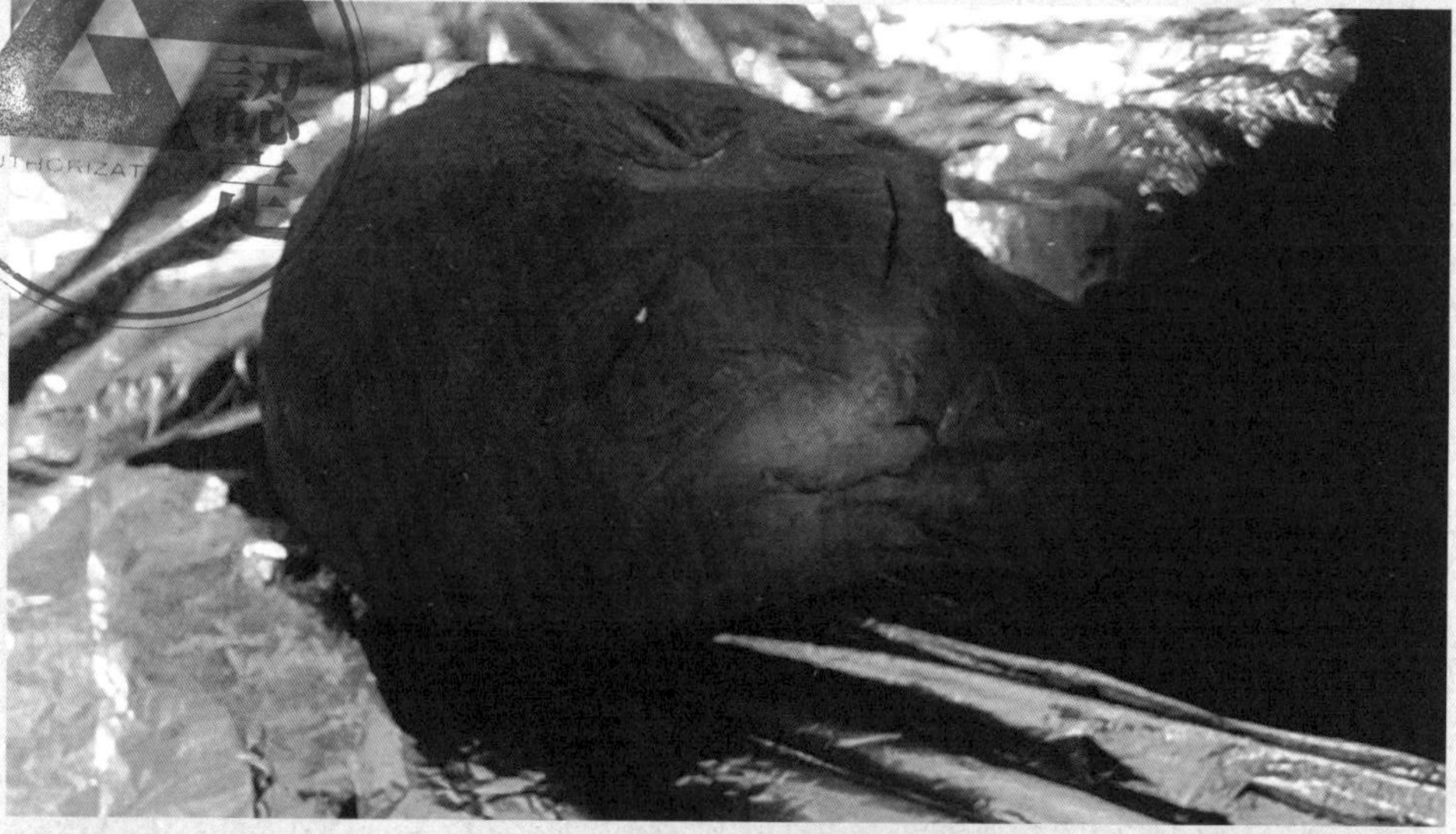

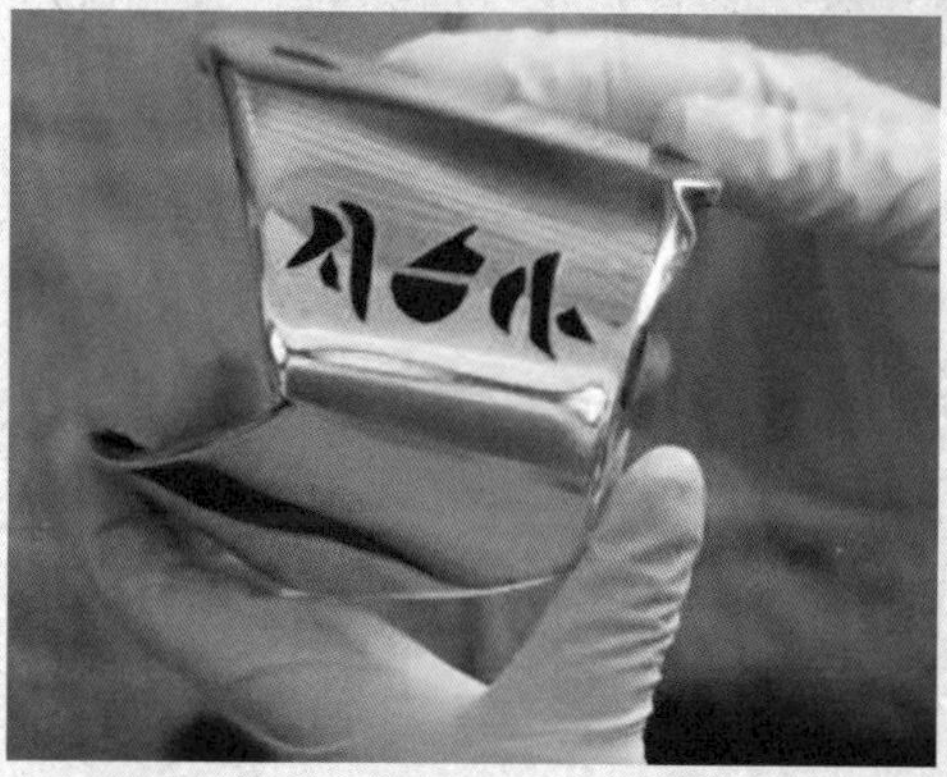

▲上：1996年10月15日、心理学者ジョナサン・リードがハイキングに出かけたカスケード山系で遭遇した異星人。下・右：森の中に突然現れた黒いUFOは、冷気を放っていたという。下・左：博士が異星人、UFOと遭遇した現場から持ち帰った物。奇妙な文字のようなものが描かれているが、これは何を意味するのか？

1996年10月15日。アメリカ、ワシントン州シアトル在住の心理学者ジョナサン・リード博士は、愛犬スージーを連れて、カスケード山系へ出かけた。山道でスージーが突然、走りだした。追いかけた博士は、そこでピンク色がかった肌の小柄な怪物を見た。スージーが怪物の左手に噛みついていたのだ。

その直後、周囲の大気が激しく振動。やがてそれがピークに達すると、スージーの体は一瞬にして白い粉と化し、飛び散った。身の危険を感じた博士はそばに落ちていた木片で怪物の頭を一撃。そして恐怖をこらえ、ビデオカメラにその姿を収めた。すると背後に地響きを感じた。振り返ると、長さ3メートル、幅1・1メートル、厚さ0・6メートルほどの黒いUFOが浮かんでいた。

博士は布で怪物を包み、自宅へ逃げ帰ると、体を詳細に調べた。1・4メートルほどの体、魚のような歯の生えた口、3本指。どこを見ても、異星の生物だった。

「すべてを渡せば、命は助けてやる」

3日後、政府機関の者という男から高圧的な電話があった。再び電話があり、男は「ダークサイド」のメンバーだと、素性を明かす。これは国家安全保障局内にある、UFOとエイリアンに関する事件の隠蔽工作機関だというのだ。

博士が友人に相談中、異星人を保管した冷蔵庫から音がし、見ると異星人は蘇生していた。冷蔵庫の温度が、生存に適していたらしい。

事件から9日目、リード宅が数台の車に取り囲まれた。ダークサイドが実力行使に出たのだ。博士は、隙をついてその場を離れた。自宅へ戻ると、UFOを撮影したビデオと、異星人の姿が消えていた。しかも、友人まで行方不明に。さらには事件の資料のコピーを預けていたもうひとりの友人が、突然、心臓発作で死亡し、資料は消えていた。

かくしてリード博士は、住み慣れたシアトルの街を離れる決意をしたのである……。

No.000060

ヒル夫妻誘拐事件

異星人による明確な誘拐事件は1961年9月19日、アメリカのニューハンプシャー州の国道上で発生した。

午後11時過ぎ、休暇を終えたバーニー・ヒルが自宅へ車を走らせていたときのこと。助手席に座る妻のベティが地形にそって飛ぶ、青い怪光を発見する。双眼鏡で確認すると、それはコウモリのような翼をもつ巨大な飛行物体だった。側面には無数の窓のようなものが並び、無気味な影が見おろしている。

危険を感じたバーニーは車を急発進させたが、「ビーッ」という怪音が響き、同時にふたりは意識を失ってしまう。

再び意識を取り戻したとき、車は何事もなかったように走っていた。だが、そこは目撃地点から56キロ離れた町だった。帰宅までの時間も2時間多くかかっており、その間の記憶も欠落していた。さらに奇妙なことに、バーニーの靴のかかとが不自然にすり減り、ベティの服は裂けていた。

その日以来、夫妻は神経障害に陥り、ベティは目のつりあがった小さな男たちに検査される悪夢に悩まされつづけた。

そこでふたりは、精神分析医のベンジャミン・サイモンに治療を依頼。1963年から逆行催眠施術を受け、失われた記憶を取り戻す。だがそれは、異星人よってUFOに拉致された悪夢のような現実だった。夫妻は爪や毛髪、皮膚の一部、精液などを採取され、さまざまな検査を受けていたのだ。

施術は別々に行われたが、ふたりの証言は一致していた。バーニーが妻の話に引きずられたとする主張もあるが、それでは物理的な痕跡——すり減った靴のかかとや破けた服について説明できない。何よりベティは異星人から見せられた未知の恒星系（当時）の存

▲異星人に誘拐されたベティとバーニーのヒル夫妻。

在を覚えていた。

これらの事実から、夫妻の証言は信憑性が高いといえるだろう。

その後の研究で、ベティの見た天体図はグレイ・タイプのエイリアン「レティキュリアン」が棲むレティクル座ゼータ連星系と推測されている。

かくして、ヒル夫妻の体験は、異星人誘拐事件であるのと同時に、グレイ・エイリアンの最初の目撃事件として、UFO史に記録されることとなったのである。

▼ヒル夫妻をアブダクトしたUFOの再現イラスト。側面には無数の窓があったという。

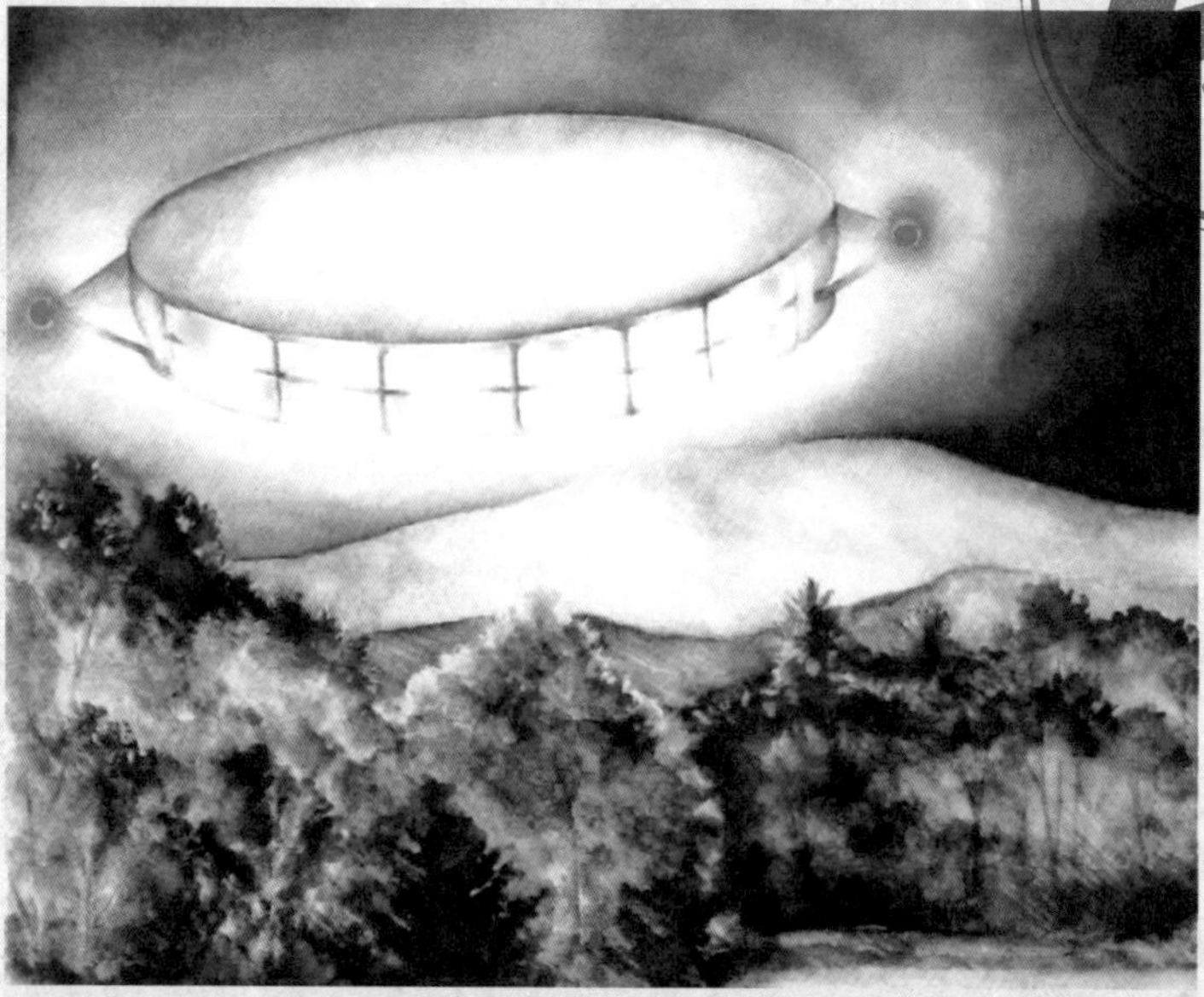

▲ヒル夫妻の記憶から再現された異星人レティキュリアンのスケッチ。

No.000061 甲府事件

▲UFOに遭遇し、異星人に話しかけられた様子を証言する当時のK君とY君。

1975年2月23日、山梨県甲府市上町の小学2年生（当時）のK君とY君は、空き地で遊んでいた。

夕方になり、ふとK君が東の空を見上げると、オレンジ色に輝くふたつの物体が浮かんでいた。その光がふたりに接近、頭上で停止した。下から見る物体は円形で、底にくるくる回る3つの装置がついていた。

ふたりは急いで近くの墓地に逃げ込んだ。しばらくUFOは滞空したが、飛び去った。

ホッとしたふたりは、一目散に家路に向かう。ところがブドウ畑を通りかかったとき、畑から空き地で見たあのオレンジ色の光が漏れ見えた。2度目の遭遇に警戒心も薄れていたのだろう。ふたりは近づき、観察を始めた。

UFOの大きさは直径約2・5メートル、高さ約1・5メートル、銀色で四角い窓がついていた。

すると、ドアらしきものが手前に倒れ、ステップになった。K君が内部を覗くと、〝異星人〟がいた。身長約130センチ。銀色の服をまとい、腰にはベルトが巻かれていた。手の指は4本、長い耳をし、顔は茶色で横皺が走り、口からは3本の牙が生えていた。

ふたりは今度こそ逃げ帰り、後日、少年たちの主張に対して現場検証が行われたのである。

そして、現場の土壌が採取され、東海村原子力研究所で、高感度の放射線測定装置によるγ線スペクトラム分析が行われた。その結果、2週間程度という短い半減期の放射能が検出されたのだ。半月程度で自然界に存在する放射能の「減衰」は絶対に起きない。

検出された放射線は、現場の地面に外部から放射線が浴びせられ、土の中にもともとある鉄などの元素が放射能を帯びたためと考えられる。

驚くべきことだが、これはブドウ畑で、〝原子炉〟のような装置が稼働していたことを意味するのだ。

この事実から、少年たちの「ブドウ畑にUFOが着陸した」という主張をウソだ、と一笑に付すことはできないのである。

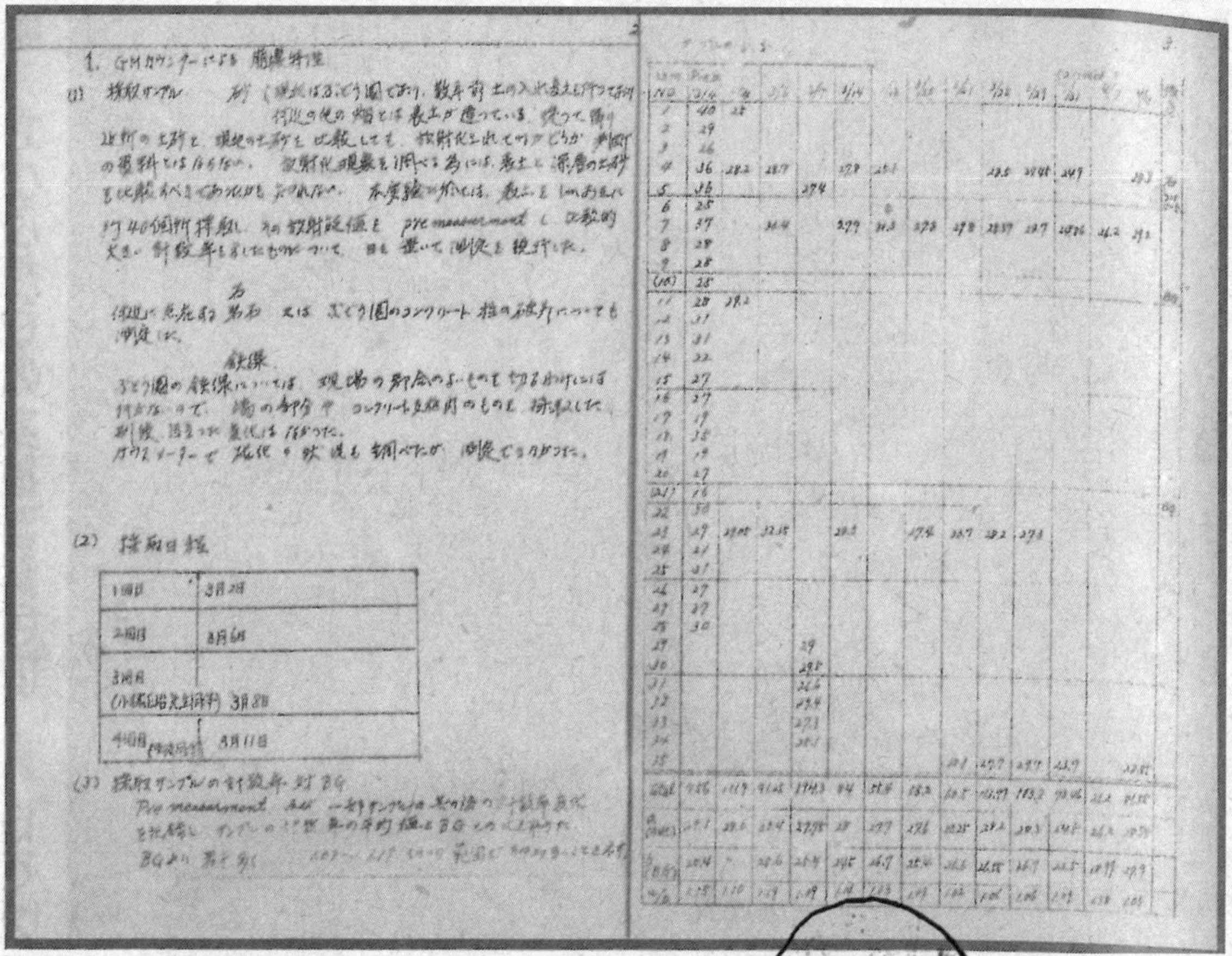

1. GMカウンターによる 放射能測定

(1) 採取サンプル

(2) 採取日程

1回目	3月2日
2回目	3月6日
3回目（小藤田増光試料採取）	3月8日
4回目	3月11日

(3) 採取サンプルの計数率・対BG

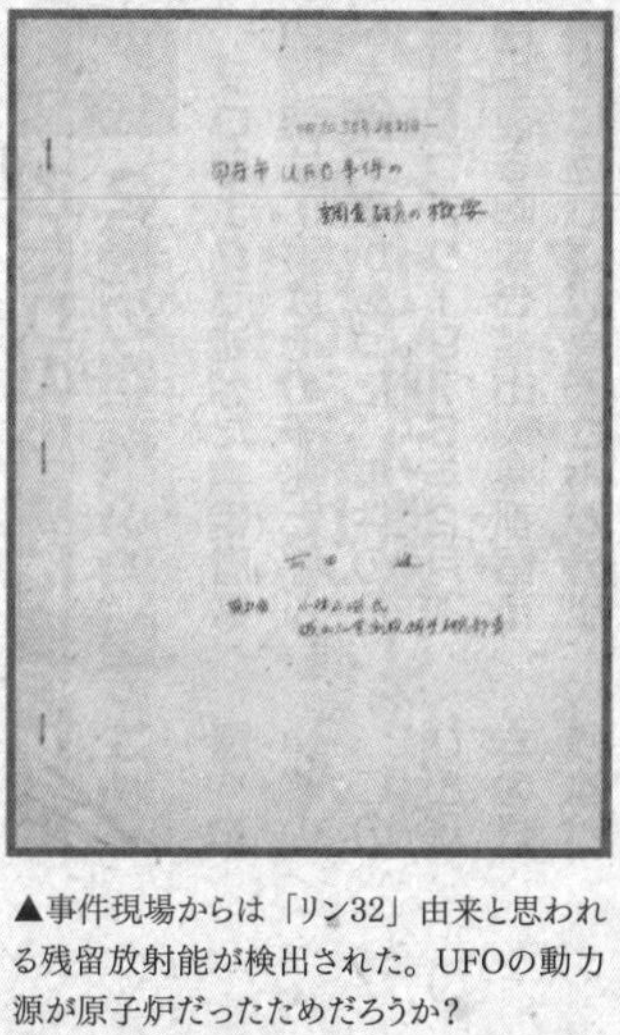

▲事件現場からは「リン32」由来と思われる残留放射能が検出された。UFOの動力源が原子炉だったためだろうか？

▶K君とY君が目撃したUFOと異星人のスケッチ。
◀事件現場に立つ調査員。

No.000062

メキシコで逮捕された異星人

▲異星人写真史上、もっとも有名なこの写真は、2012年5月、インターネットサイト「forgetmori」によって、これまで不明だった出典やその真偽まで明らかにされた。

1950年代に、西ドイツのケルンの新聞に掲載されたという、史上もっとも有名な異星人の写真がある。希少な情報では、メキシコに不時着した空飛ぶ円盤の乗組員だという。写真の異星人を連行しているふたりの人物は、アメリカのFBI（連邦捜査局）かCIA（中央情報局）のエージェントだとされている。

これまで、この写真が初めて掲載された新聞が不明だったことから、写真だけがあちこちで流用され、独り歩きしていた。ただし、世界中のUFO研究家たちは、これが〝ニセモノ〟だ、と同様の主張をしていた。つまり、人形を使った合成写真ではないか、というのである。

2012年5月、ついに、この写真の真相が明らかになった。ウェブサイト「forgetmori」が、フェイクと断じたのである。同サイトによれば、写真の初出は、ドイツの週刊誌「ノイル・イストリーアラ」（1950年3月29日号）の創刊号に掲載されたエイプリルフール用の記事だったという。

さらに追加情報として、翌週の4月5日号も紹介。そこには、「読者に対してイタズラをした。すべてウソで、合成写真だ」とはっきり書かれていることを明らかにした。

超常現象を検証している当サイトでは、当時の週刊誌を捜しだして、そのページをそのままアップしているが、発刊されてから60年以上も経っているのに、汚れもシミもシワなどもなく、新品同様で、肝心の異星人連行画像の超鮮明さには驚かされた。これは、まさに当サイトの快挙といっていいだろう。

実は、この記事は意図的につくられた、という指摘がある。それは1947年7月、アメリカ、ニューメキシコ州ロズウエルで起きた、「UFOと異星人の回収事件」の火種がまだくすぶっていたので、それを消し去るための隠蔽工作がなされたというのだ。つまり、ロズウェル事件を曖昧模糊とするため、わざと〝ウソ・ニュース〟を記事化して、UFOと異星人の存在を茶化したのだという。

はたして真相は？

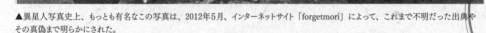

No.0000063-000075

4 宇宙のUFO

No.000063

太陽系外からのUFOオウムアムア

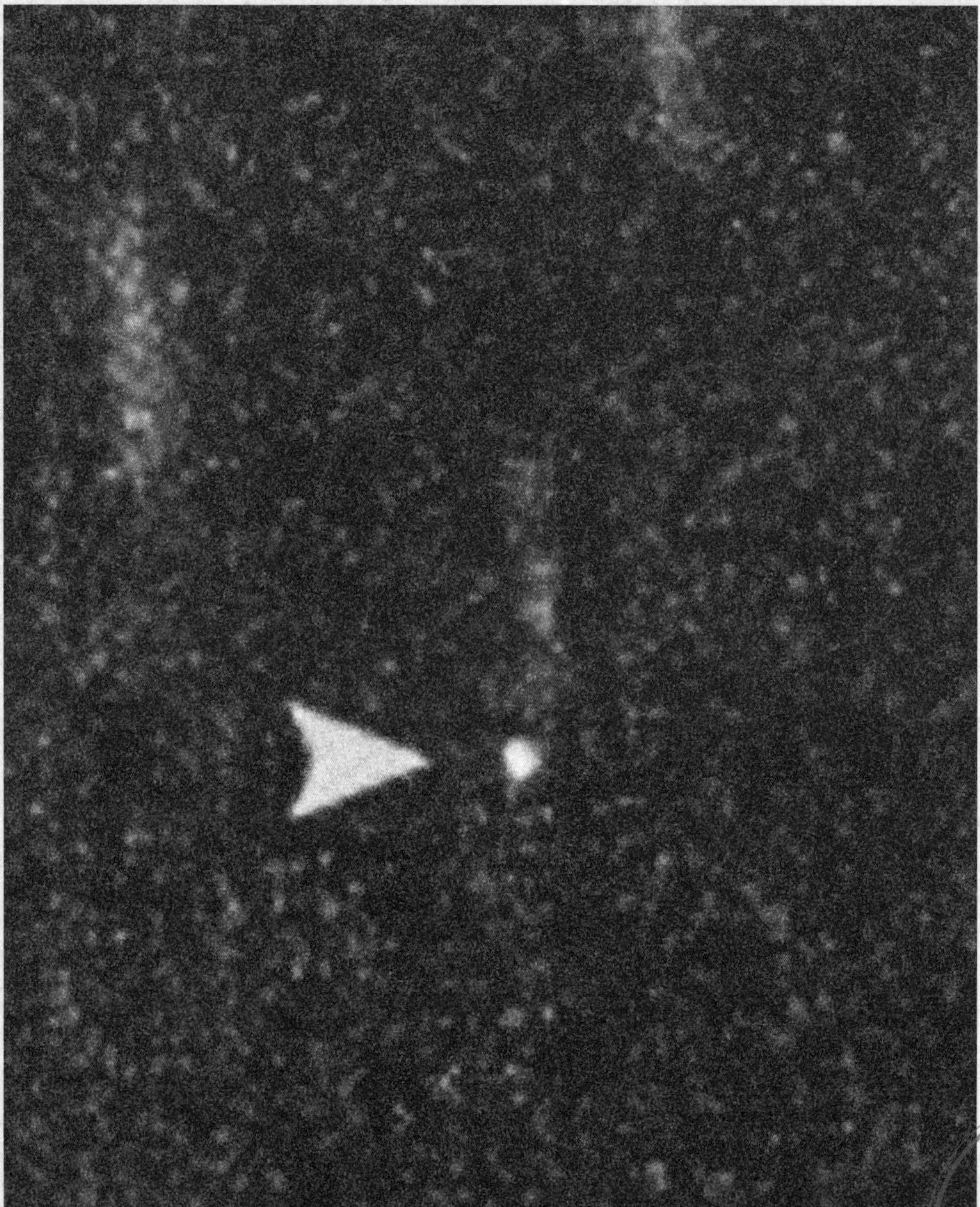

▲写真撮影されたオウムアムア（矢印の先の光）。

２０１７年10月19日、ハワイ大学の天文学研究所にある「パンスターズ望遠鏡」が、人類観測史上初の太陽系外から飛来した「恒星間天体」を発見。ハワイ語で「初めての使者」、「遠方からの使者」などを意味する「オウムアムア」と命名された。天体の軌道を計算すると、こと座でもっとも明るい恒星「ベガ」の方向から時速９万５０００キロという脅威のスピードで飛来してきたことが判明している。

とりわけ注目を集めたのは、奇妙な形状である。長さ４００メートル、幅約40メートル、縦横比が10対1という葉巻形をしていたのだ。そこから、「太陽系に侵入してきた超巨大な葉巻形ＵＦＯ」ではないか、とも推測された。

実際、それを裏づける発見もある。英クイーンズ大学ベルファスト校などの天文学者チームが、オウムアムアの表面は、有機物に富む厚さ50センチの物質の層で覆われており、これが太陽熱による内部の氷の蒸発を防いでいる可能性がある、と発表したのだ。

▲オウムアムアの想像図。いかにも葉巻形UFOといったスタイルをしている。
▶太陽系内を横切った、オウムアムアの軌道図。
▼太陽系外からの飛来者であるオウムアムアの姿を捉えた、ハワイのパンスターズ望遠鏡。

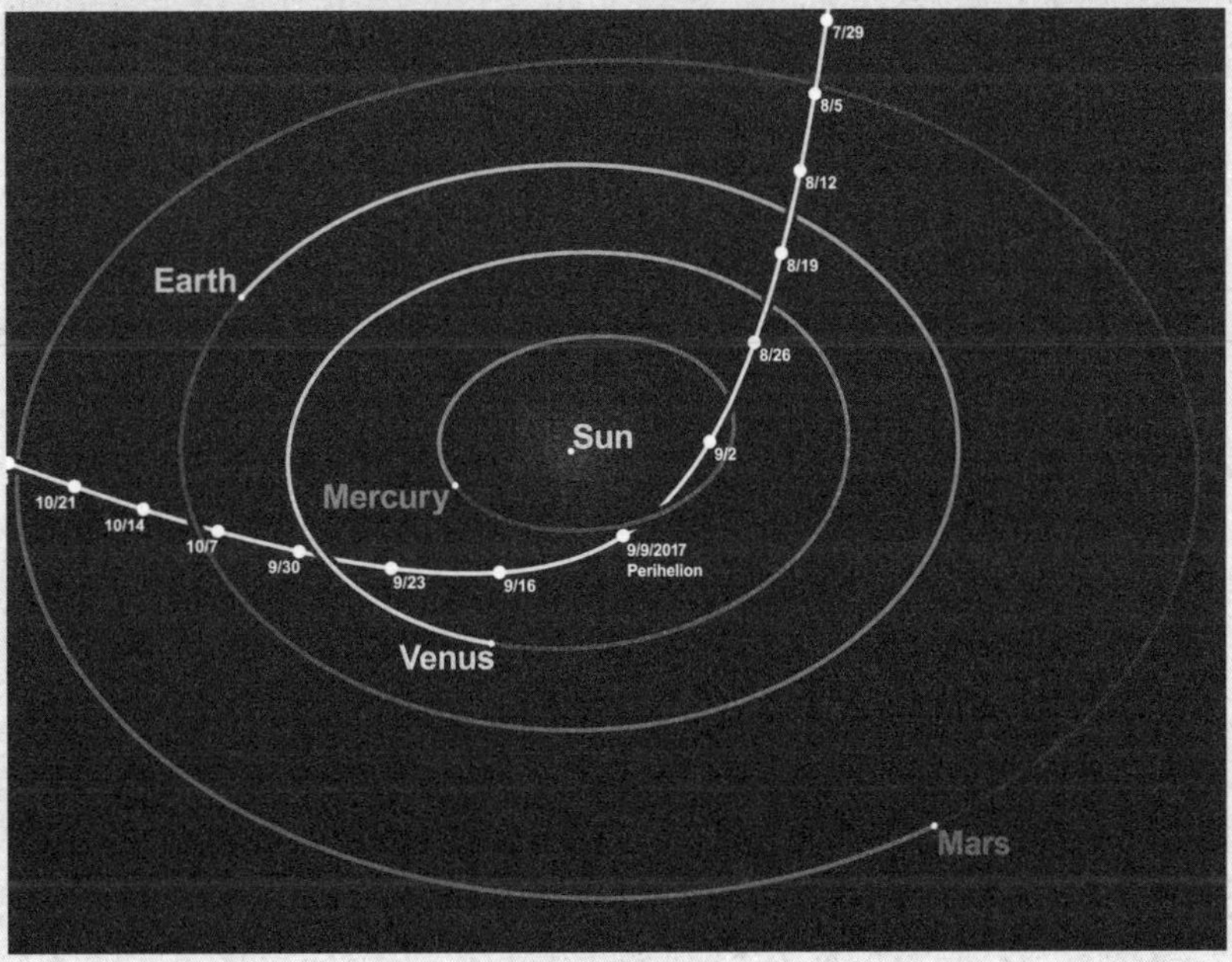

恒星間宇宙船は表面が金属で覆われている場合、宇宙風化でぼろぼろになり、長期間の飛行ができなくなる。そのため、表面を炭素の厚い被膜で覆って、宇宙風化の防止を図っている、と考えられるのだ。

宇宙船説に関しては、さらなる情報もある。

2018年に亡くなった理論物理学者スティーヴン・ホーキング博士率いる天文学者グループが、この天体について詳しい調査を行っていたというのだ。これも、オウムアウアが異星人の探査機である可能性が出てきたからだといえる。

現在、オウムアムアは時速31万キロメートルのスピードで地球から遠ざかっている。

米ハーバード・スミソニアン天体物理学センターの天文物理学者エイブラハム・ローブ教授も、オウムアムアが自然の天体ではない説を提示した。現在までオウムアムア＝宇宙船から信号が獲得できていない事実について、教授は「宇宙船が現在惰行航行中か、あるいは母艦から発射された偵察機だからではないか」と主張しているのだ。

No.000064

小惑星ベンヌのピラミッド

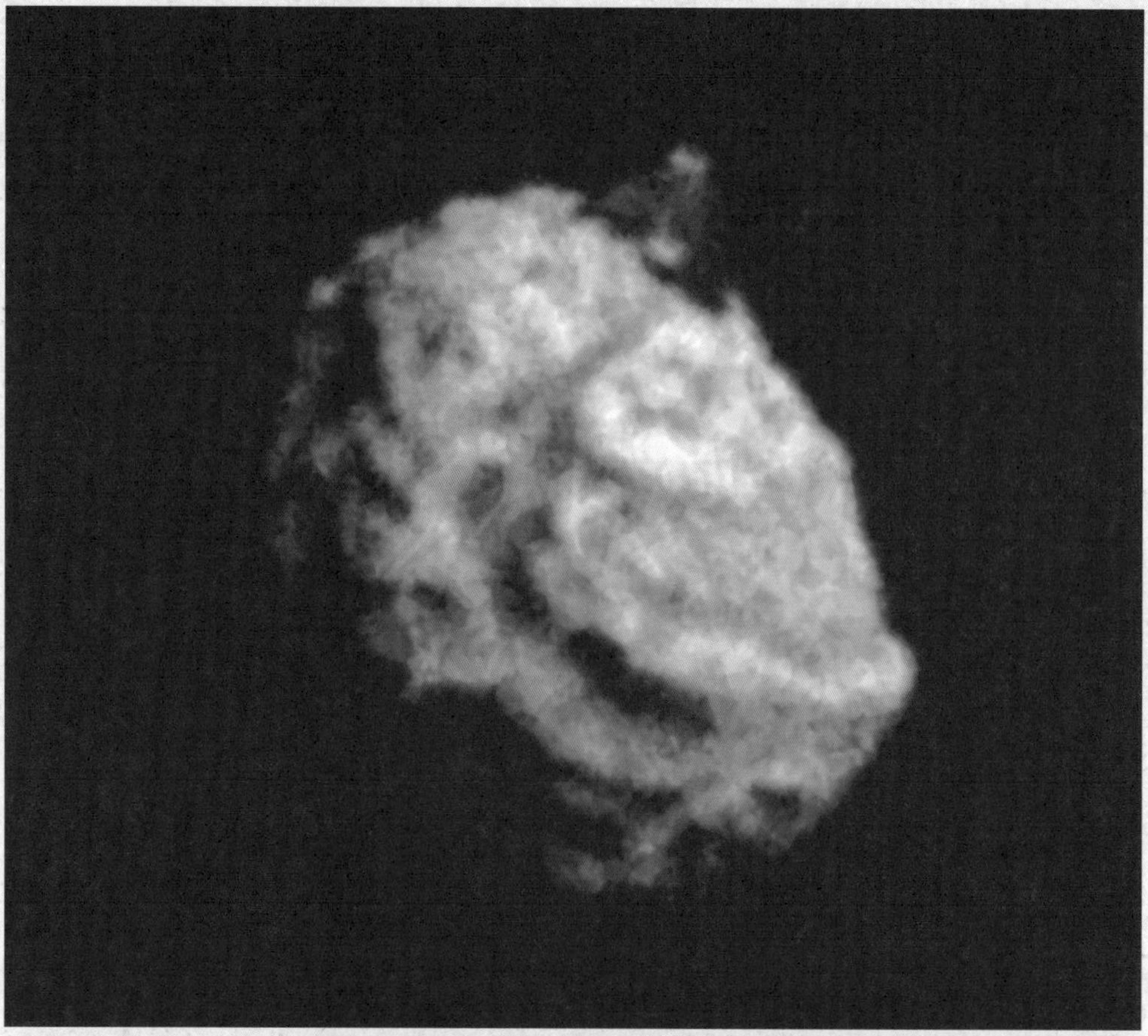

２０１４年6月末、インド宇宙研究機関ＩＳＲＯの科学者が、太陽系の小惑星ベンヌ（１９９９ＲＱ３６）にピラミッドのような謎の構造物を発見したと発表した。

ベンヌは、１９９９年に、Ｌ《リ》ＩＮ《ニ》ＥＡＲ《ア》（リンカーン地球近傍小惑星探査）によって発見された小惑星で、直径は約５６０メートル。その大きさからピラミッド形構造物の高さは約１００メートルほどだと推測できる。これはエジプトの三大ピラミッドとほぼ同じ高さである。

また、頂上は平らで白く、発光しているようにも見える。底部の一部は埋もれているようだ。

この物体に関してＵＦＯ研究家や超古代文明研究家たちの間では、「エイリアンの基地だ」、「地球外文明の遺跡だろう」などと、さまざまな仮説が飛び交っている。

一方で、自然にできた水晶だとか、または発光部分の特徴から蛍石の結晶だという指摘もある。しかし、自然に形成された結晶にしては、あまりにもサイズが大きすぎるのではないだろ

◀▲探査機オサイリス・レックスが撮影したベンヌの地表画像。
▶上・下：真っ黒なピラミッドが屹立する小惑星ベンヌ。ピラミッドには白い点（発光点？）も確認された。

うか。

現段階では、このピラミッドの正体は不明だ。

だが、筆者は「失われた文明の遺物」の可能性が高いと見ている。というのも、かつて、太陽系には高度な文明が栄え、第５惑星フェイトンが存在していたという説があるのだ。

巨大隕石の衝突か、星間戦争か、なんらかの大規模破壊によって大破したフェイトンの名残が、火星と木星間の小惑星帯だというものだ。

小惑星ベンヌがフェイトンの残骸だと仮定すれば、未知の地球外文明の遺跡が残っていてもなんら不思議はない。または、破壊されたフェイトン文明から脱出したポッドだとも考えられる。

ＮＡＳＡは２０１２年にベンヌの探査計画を発表しており、２０１６年に探査機オサイリス・レックスを打ちあげた。現在、ベンヌ地表のさまざまな画像が公開されている。これらの情報から謎めいたピラミッド形構造と、ベンヌに遺された文明の真相が明らかになるかもしれない。

No.000065

アイソン彗星と巨大葉巻形UFO

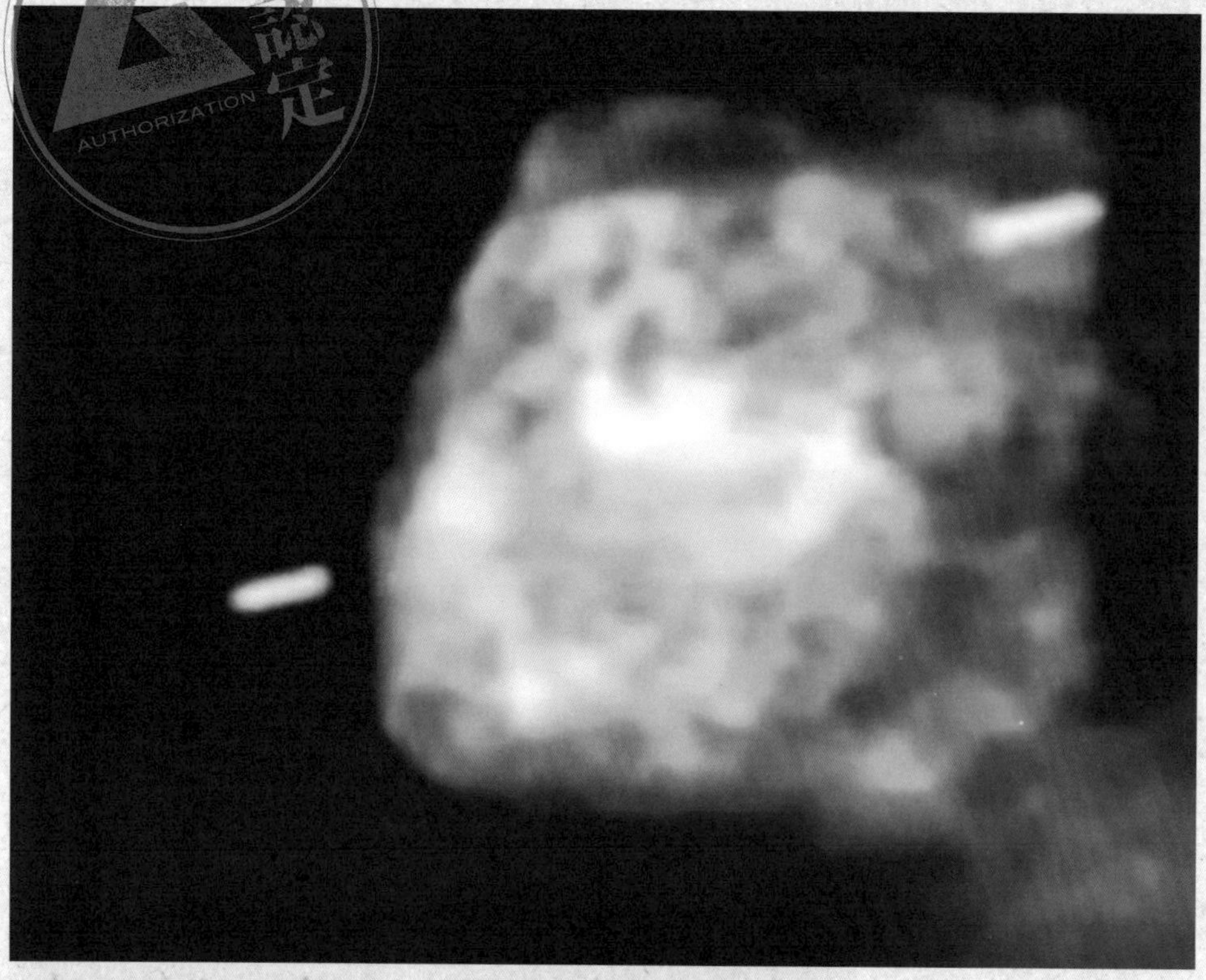

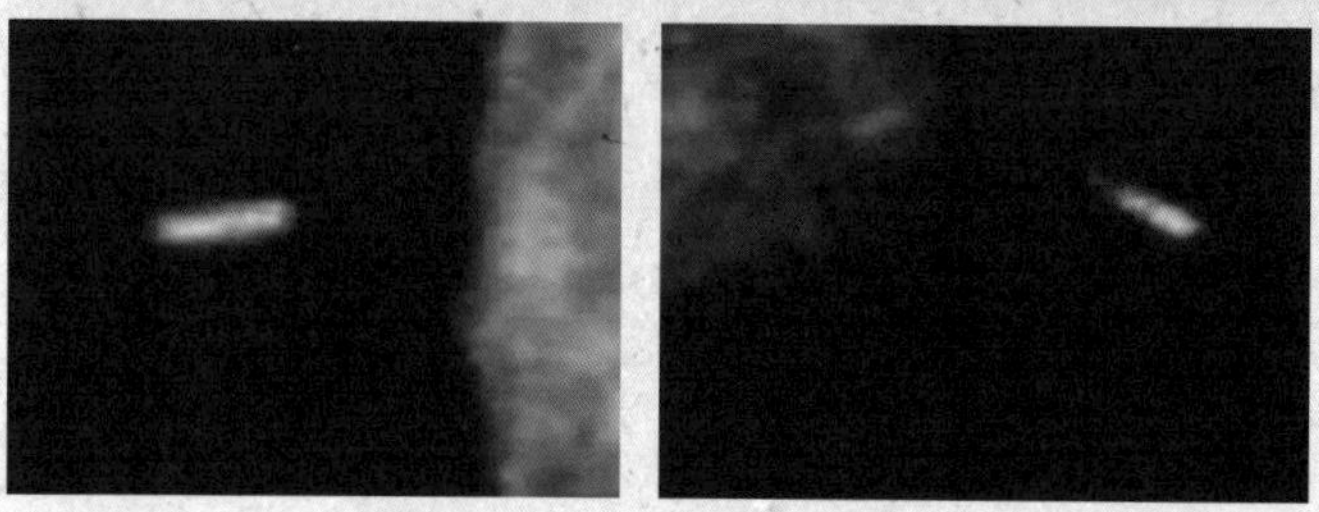

▲中国のデータ中継衛星「天鏈1号」が撮影したアイソン彗星。周囲を謎の葉巻形UFOが旋回している様子が確認できる。
◀アイソン彗星の左側を旋回するUFOを拡大。左から右へ移動し、アイソン彗星の裏側に回って再び正面に出現した。

2012年9月21日に発見され、地球に接近したアイソン彗星。UFOと宇宙現象研究家スコット・ワリングは、この彗星を捉えた画像の中から、衝撃的なものを発見し、公開した。

2013年8月末に公開された近接撮影映像には2機の謎の物体――巨大な葉巻形UFOが映っていたのだ。2機が連携しながらアイソンの周囲を旋回し、まるでその軌道をコントロールしているかのようにも見える。

この驚愕の映像を捉えたのは中国のデータ中継衛星の天鏈《てんれん》1号。2013年8月23日、搭載されたレーダーで撮影されたものだという。

ワリングが公表したアイソン彗星の映像は、実はこれが2度目だ。最初に公表した映像は、彼が画像処理を施したもので、アイソン彗星の核と、ふたつの棒状の長い塊が映っていた。おそらく長い棒状の塊の正体は、アイソン彗星の周囲を旋回する巨大なUFOだろう。

2機の葉巻形UFOは、彗星をコントロールしているのだろうか。

そうだとすれば、このUFOはとてつもなく進んだ超文明の産物である。しかし彗星をコントロールして地球に接近するというのなら、その目的はいったい何だというのか？

この画像を検証したワリングは、「2機の葉巻形UFOがアイソンを地球と激突するような軌道に導いているのではないか」と、警告した。

直径が約5キロの大きさであるアイソンが地球に激突したら、人類を含めた地上の生命は絶滅の危機に瀕するだろう。NASAの情報では、アイソン彗星は火星に1083万キロの距離まで接近し、2013年12月26日には、地球から6420万キロまで接近するとされた。

しかし、幸いなことに、アイソンは激突とはかけ離れた距離の宇宙空間を飛翔していった。

今回は地球に激突することもなく無事だったが、次回の接近時には、果たしてどうなるのか、アイソンが危険な彗星であることに変わりはない。

No.000066

はくちょう座のダイソン・スウォーム

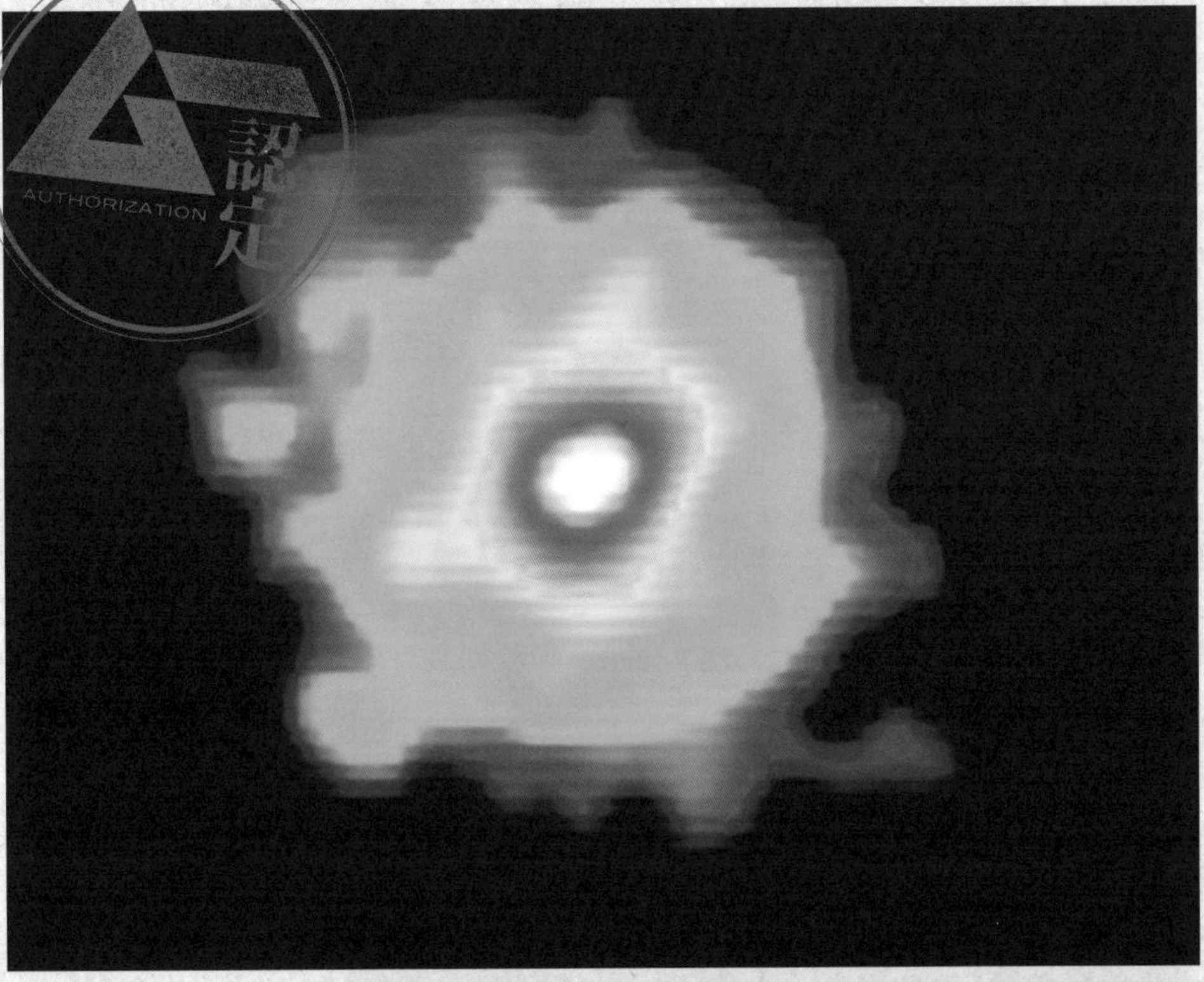

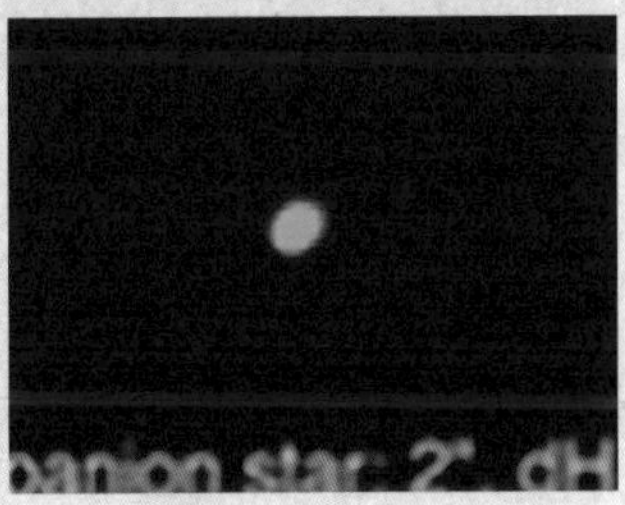

▲KIC8462852Aの手前を通過する、大量の彗星の残骸の想像イラスト（写真＝NASA／JPL）。
▶左・右：ケプラー宇宙望遠鏡が撮影したKIC8462852Aと、その周りを回る謎の伴星（写真＝NASA）。

ケプラー宇宙望遠鏡が、地球からはくちょう座方向の、約1480光年彼方にある恒星「KIC8462852A」の不可解な減光現象を発見した。2015年9月、NASAは、それは惑星が原因の現象ではなく、奇妙な〝点〟である、と指摘。一度の減光でこの恒星の明るさは、実に15〜22パーセントも暗くなるからだ。

〝点〟の正体は、恒星の引力に捕捉された小惑星、彗星の残骸と考えられたが、恒星周辺に強い赤外線が観測されず否定された。そこで浮上したのが、「異星人による巨大構造物」説だ。惑星系の存在が示唆される恒星だけに、決して荒唐無稽な仮説ではなく、アメリカの物理学者フリーマン・ダイソンが提唱した仮説と合致する。

1960年、ダイソンは「高度に発展した文明では、恒星の発する熱や光をすべて集めるために、恒星をまるごと覆う構造物を建造する可能性がある」と主張。この〝ダイソン球〟と呼ばれる構造物から、後に〝ダイソン・スウォーム（ダイソン群）〟という概念が生まれた。これぞ、今回発見された〝点〟の正体と考えられるのだ。

ダイソン・スウォームは恒星が発するエネルギーの収集装置だが、恒星の軌道を周回するもので、ダイソン球とは異なり、恒星からの光をすべて遮ることはない。

アメリカ、カリフォルニア大学バークレー校のSETI（地球外知的生命体探査）研究センターのアンドリュー・セミョーンも、こう語っている。

「KIC8462852Aの光を遮っているのが、このダイソン・スウォームである可能性は否定できない。これは集光装置ではなく、望遠鏡や居住区である可能性もある」

この仮説を検証すべく、同センターのメンバーはウェストバージニア州にあるアメリカ国立電波天文台が所有する世界最大の可動式電波望遠鏡、グリーンバンク望遠鏡を使って恒星周辺における人為的な電波の発信の有無を探ろうとしている。

No.000067

太陽UFOと謎の暗黒天体ラジャ・サン

近年、太陽近傍空間に多発するUFOの中で、異彩を放つのが、太陽系最大の重力をもつ太陽の影響をまったく受けず自在に移動していく巨大な暗黒物体の存在だ。

たとえば2012年3月11日、NASAの太陽観測衛星「SDO」が捉えた、太陽に触手のようなものを伸ばし、エネルギーを補給しているかのような暗黒物体である。木星サイズで太陽光を反射しないこの暗黒物体は、そのままワープするかのようにものすごいスピードで太陽から離れ去っていった。

ついで4月21日、SDOが、太陽をかすめて急速に移動していく暗黒物体を捉えた。そのスクリーンショットには、巨大な円形の物体がシルエットになって写り込んでいる。2015年7月にも、太陽の近傍空間に出現した黒色で巨大な物体が撮られている。

その後の2017年8月23日、NASAの太陽観測衛星「SOHO」が、太陽の背後の闇の中にボーッと浮かび上がっている巨大な円形の物体を捉えたが、これは明らかに惑星だとしか思えない代物だ。

奇妙なことに、この画像が公開された直後、通信機器がオフになってしまい、その後24日になって機器がオンになり画像が復活。ところが23日の画像からは、この謎の物体が削除されてしまっていたのだ。

インドの古代神話には、太陽と月を1周する第三の天体「ラーフ」が登場する。ラーフは暗黒天体で、日食と月食を起こす元凶だと信じられている。「ラーフ」が、太陽を呑み込む暗黒天体だとすれば、太陽の背後に出現するこの物体こそ、その「ラーフ」を彷彿とさせる。

ここで挙げたような巨大な暗黒物体の正体だが、一説には「ラジャ・サン」だといわれている。ラジャ・サンとは、チベット密教の予言にある終末の世界の幕開けを告げる天体のことだ。ラ

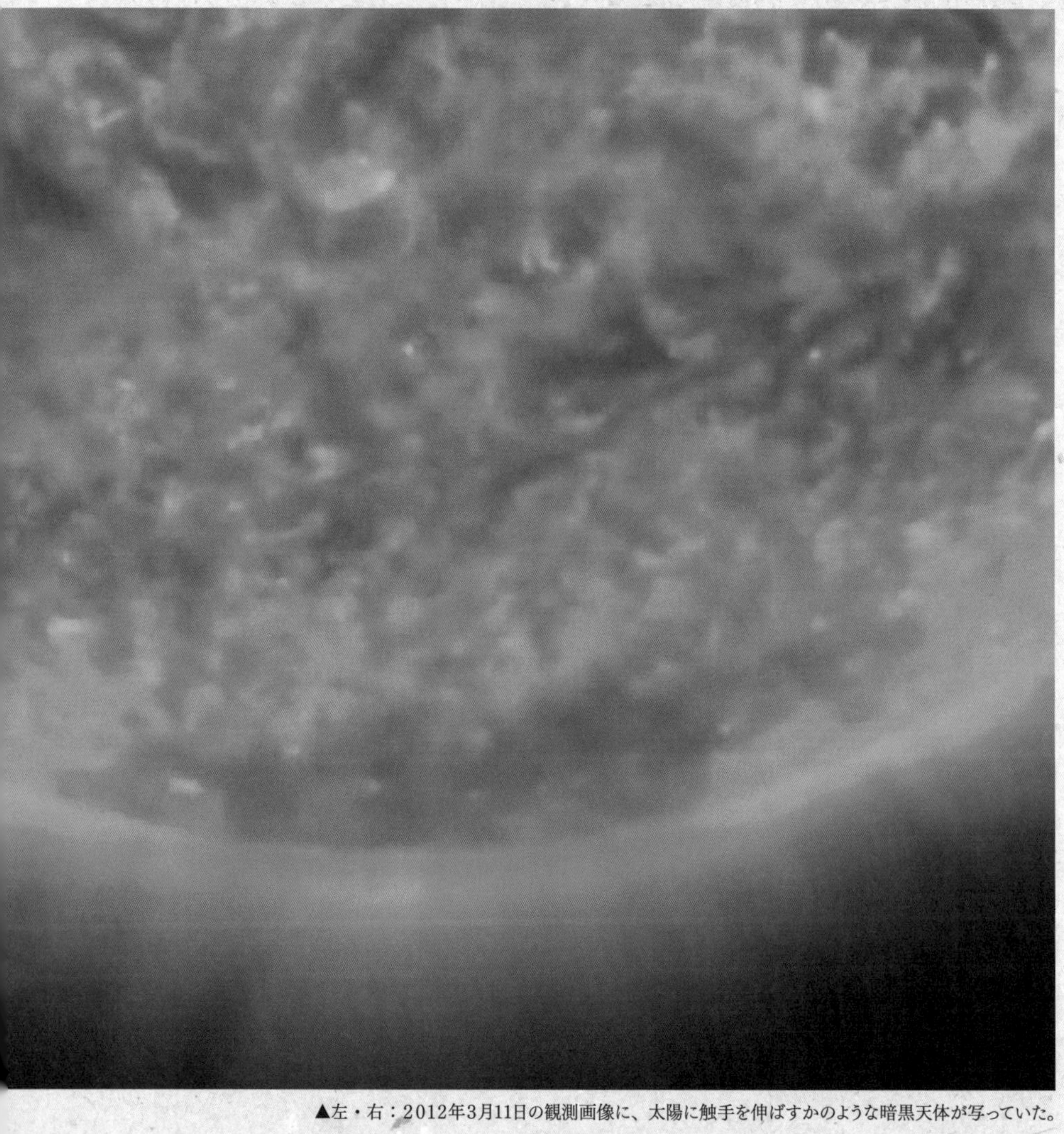

▲左・右：2012年3月11日の観測画像に、太陽に触手を伸ばすかのような暗黒天体が写っていた。

ジャ・サンは、光を吸収するブラック・プラズマで構成されていて、決まった軌道を描いておらず、太陽系内を自由自在に動き回っているという。

近い将来、この暗黒天体ラジャ・サンはいかなる動きを見せるのか？　予言どおり、なんらかの災厄をもたらすのだろうか……？

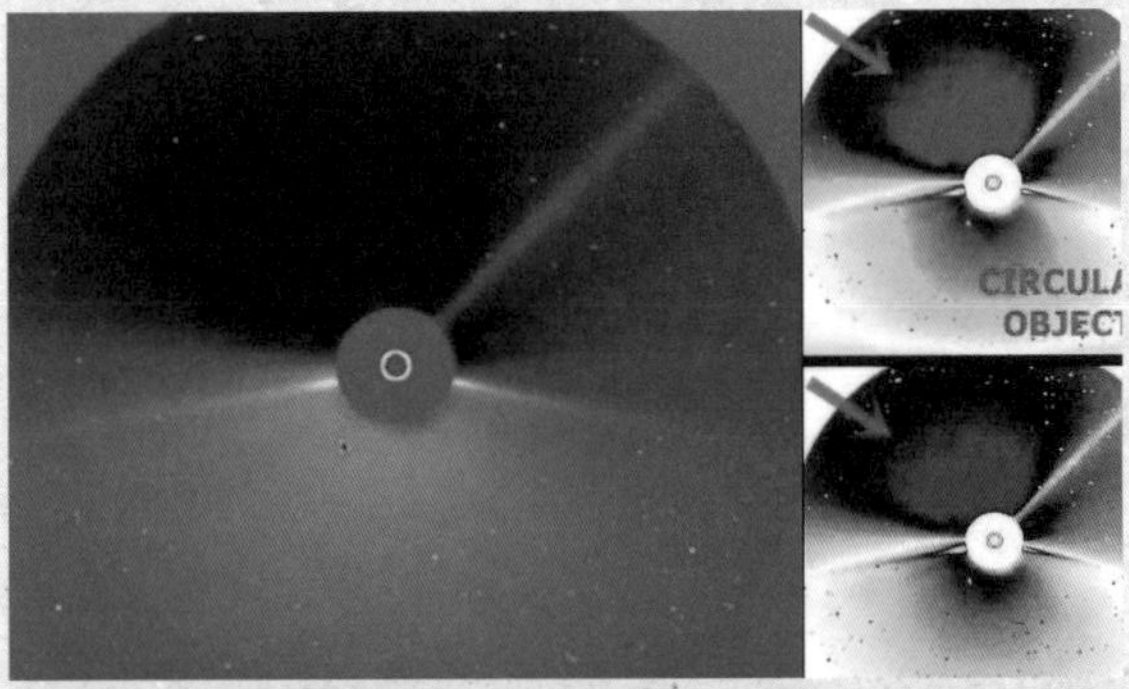

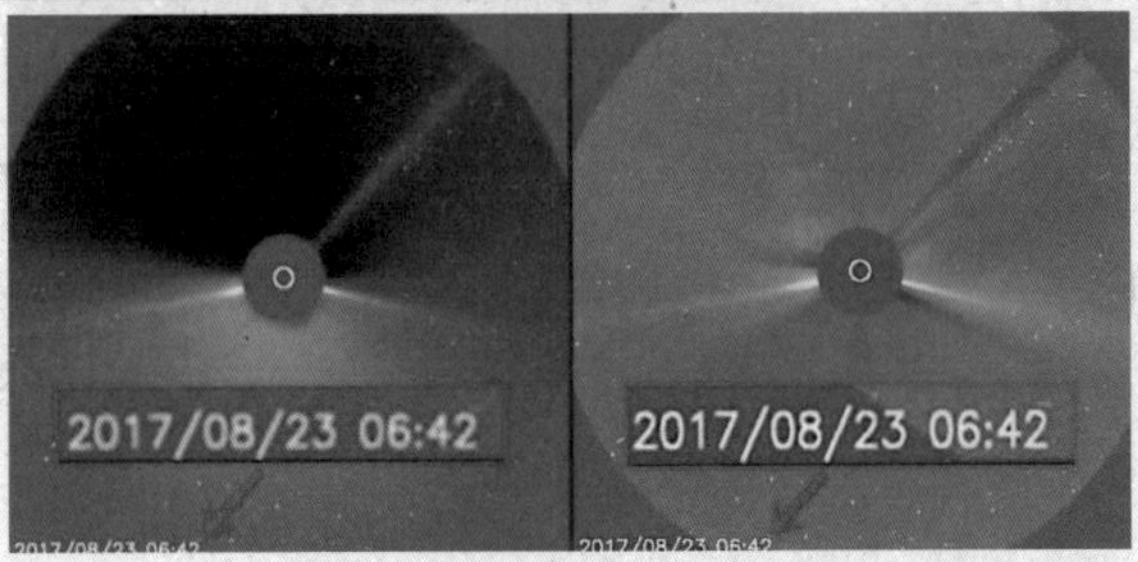

◀上：2015年7月にも太陽近傍で暗黒天体が観測されている。
下：2017年8月に観測された謎の惑星は、後にNASAによって画像修正されてしまった。

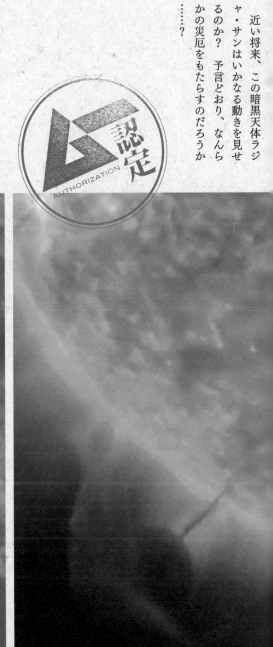

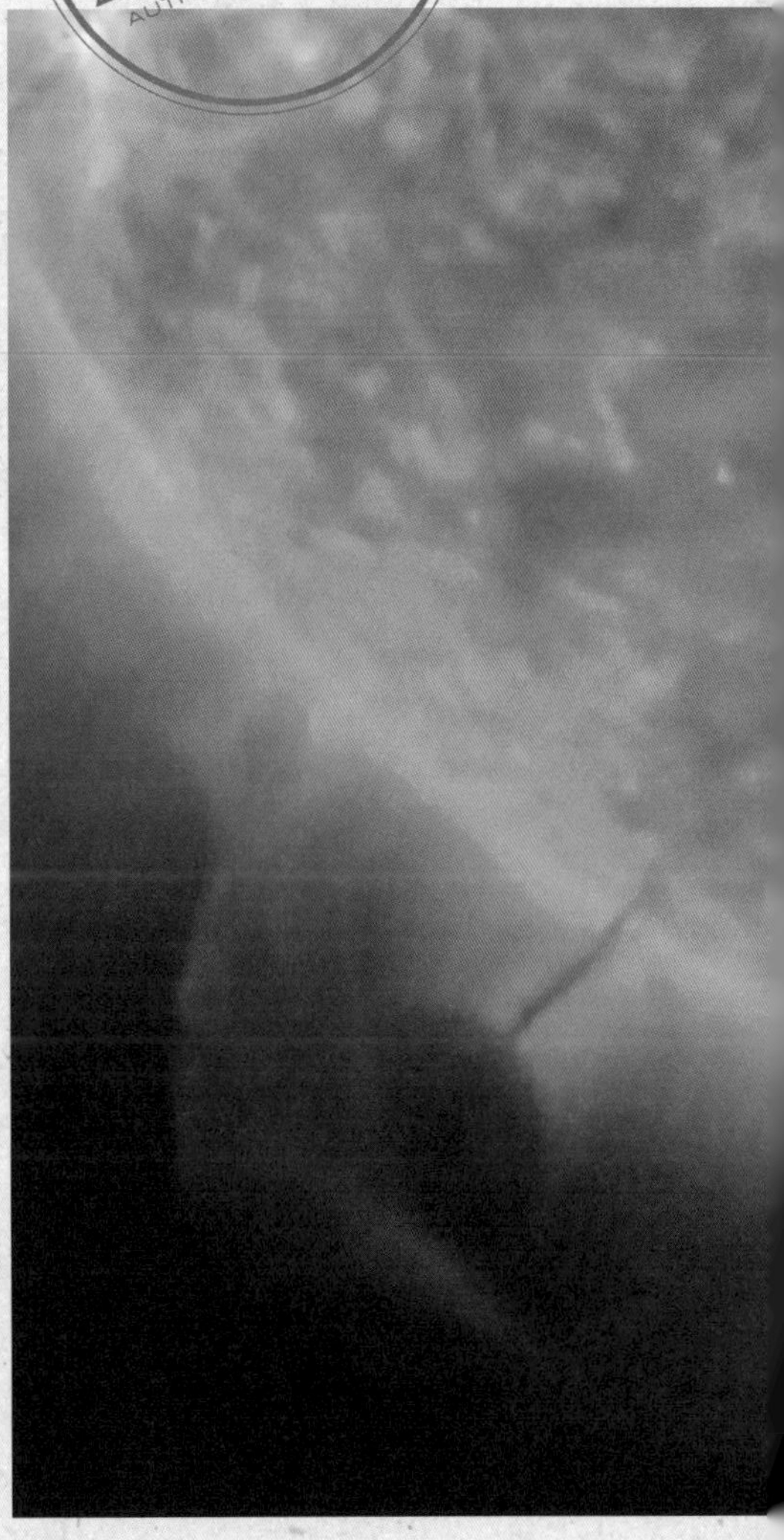

No.000068

スペースクリッター

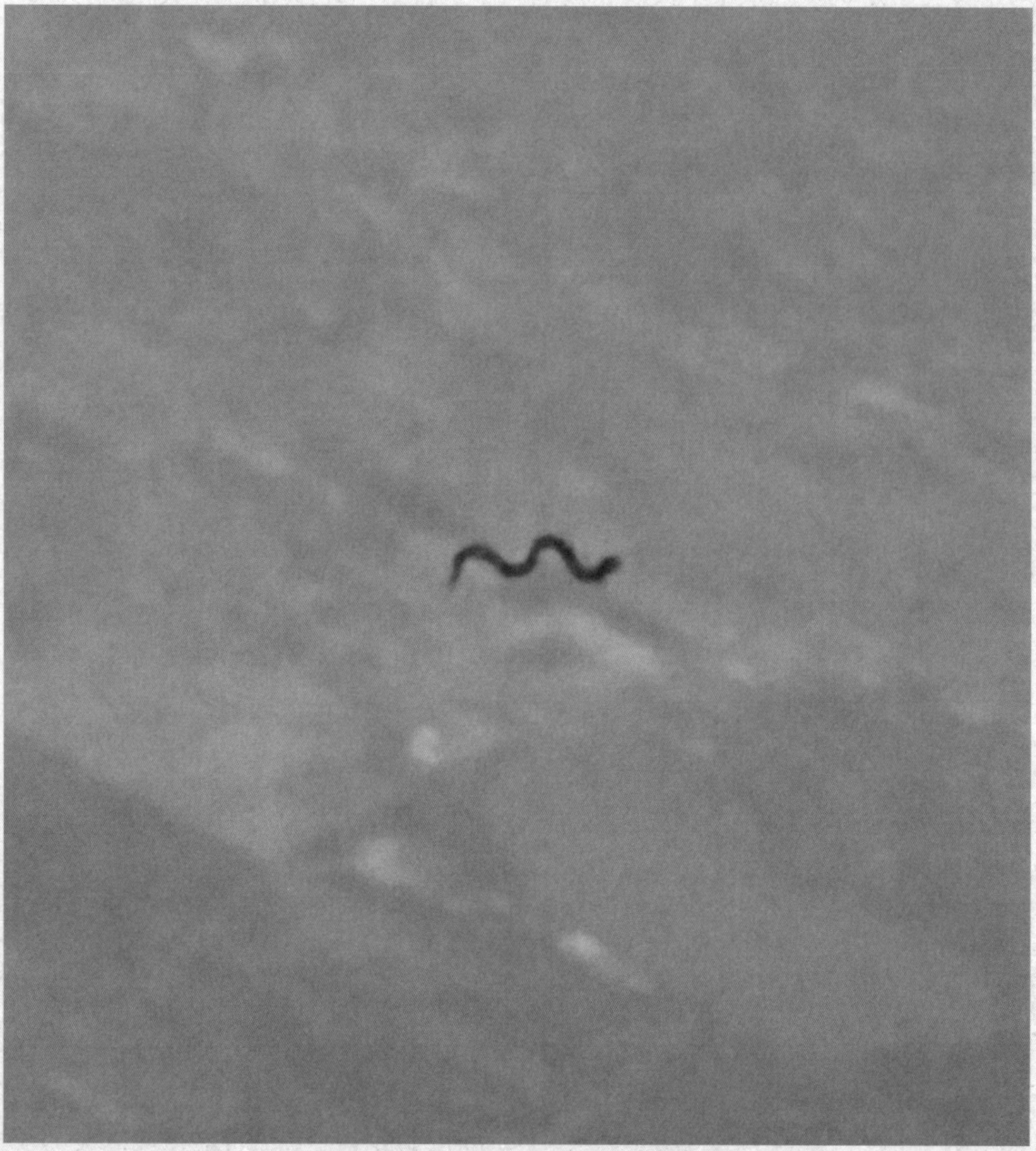

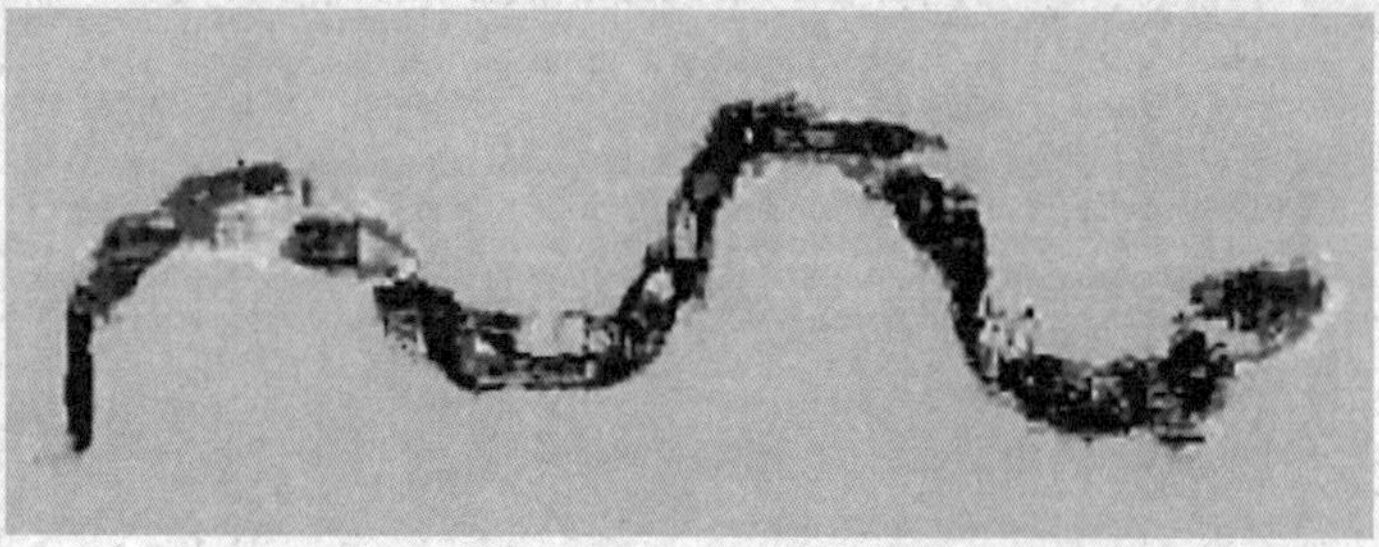

▲2001年8月11日、スペースシャトル、ディスカバリーが地球軌道を周回中、テキサス上空で撮影されたスペースクリッター。
◀スペースクリッターの画像の輪郭を強調したもの。

アメリカのUFO現象研究家トレバー・ジェームズ・コンスタブルは、いかにも生物的なUFOを〝未知の生命体クリッター〟と名づけた。

クリッターの棲息域は、成層圏よりも上、宇宙空間にまでおよび、低空に降りてきたときにだけ目撃される。形は長円もしくは円盤状で、プラズマ状の物質で構成されており、アメーバのように形状が変わる。大きさは硬貨大から30メートル以上までさまざまだという。

1962年2月、アメリカ初の有人宇宙船フレンドシップ7に乗ったジョン・グレンは、宇宙空間を乱舞する〝宇宙ホタル〟に遭遇、驚嘆したという。以後もスペースシャトルで宇宙空間に飛びだし、地球軌道を周回中の宇宙飛行士がしばしばクリッターを目撃、その姿をムービーカメラに捉えている。今では〝スペースクリッター〟という通称で呼ばれている。

2013年3月、NASAの公式ホームページなどで公開される膨大な数の映像に、高空の〝超巨大なクリッター〟が映り込

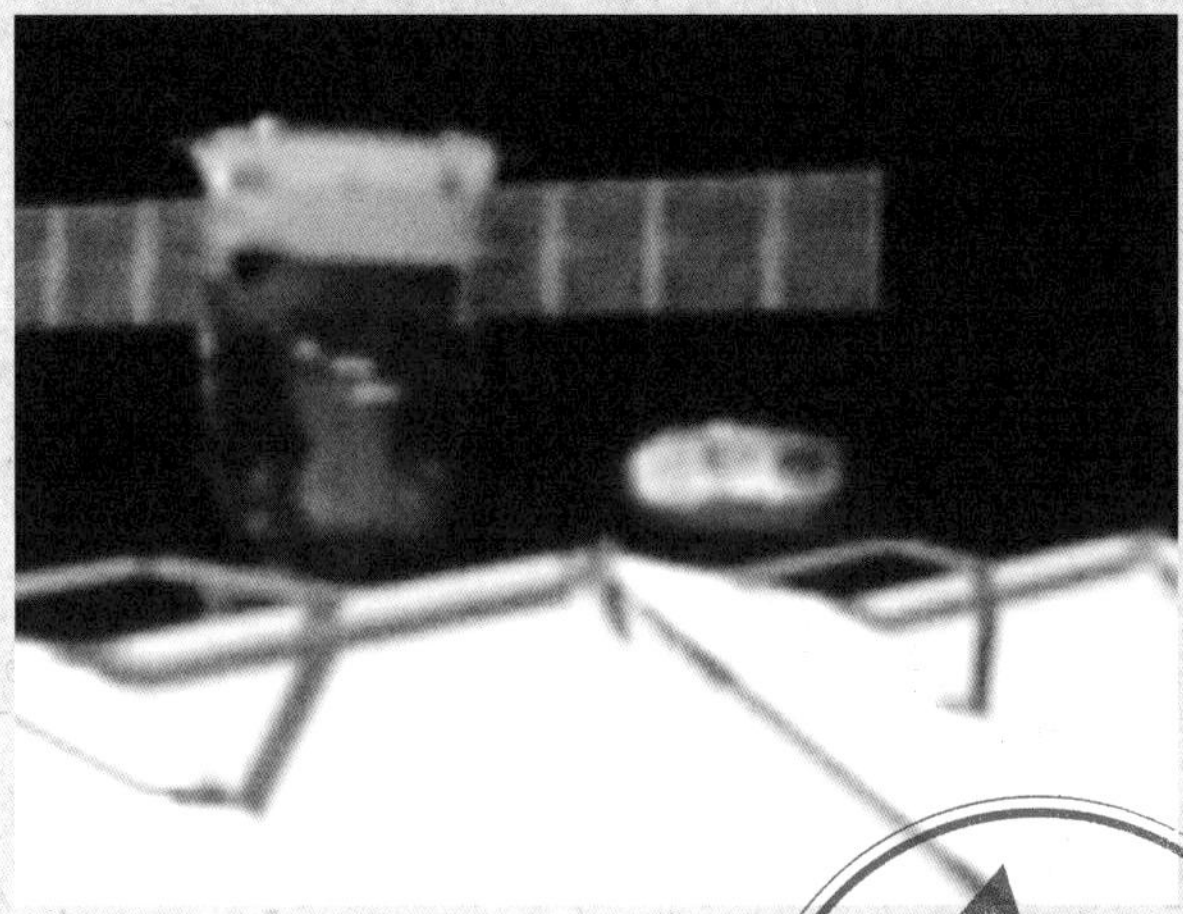

◀国際宇宙ステーションに接近するスペースクリッター。UFOや宇宙生命体がISSに関心を見せるのは、珍しいことではない。
▼上・下：2006年9月9日に打ち上げられたスペースシャトル、アトランティスの周回軌道上から撮られた謎の浮遊物体。半透明で、宇宙版クラゲ、まさにスペースクリッターである。

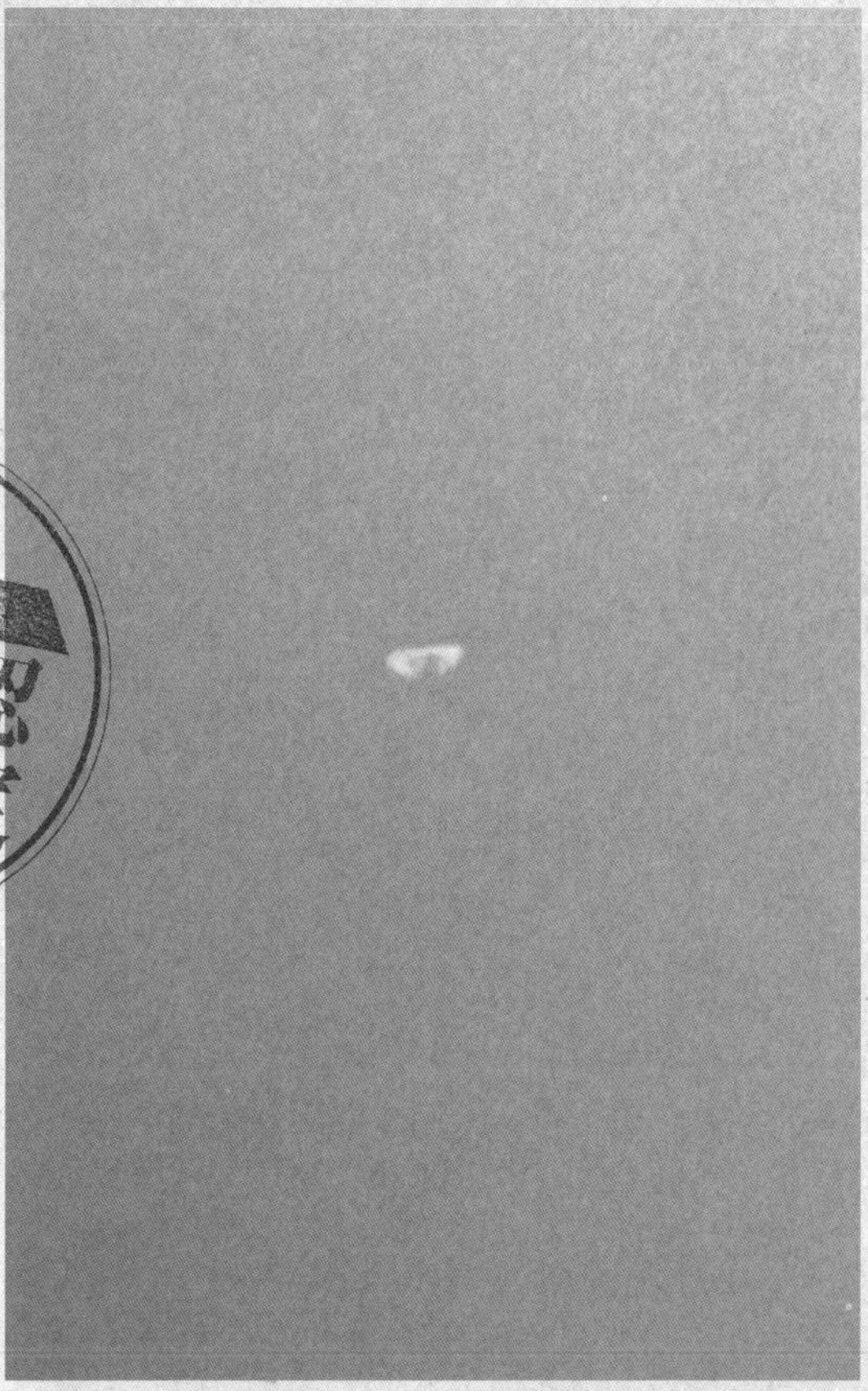

認定
AUTHORIZATION

▼上・下：1996年2月22日、スペースシャトル、コロンビアが地球周回軌道を飛行中に、地球上空を大小無数のスペースクリッターが浮遊している様子が撮影された。

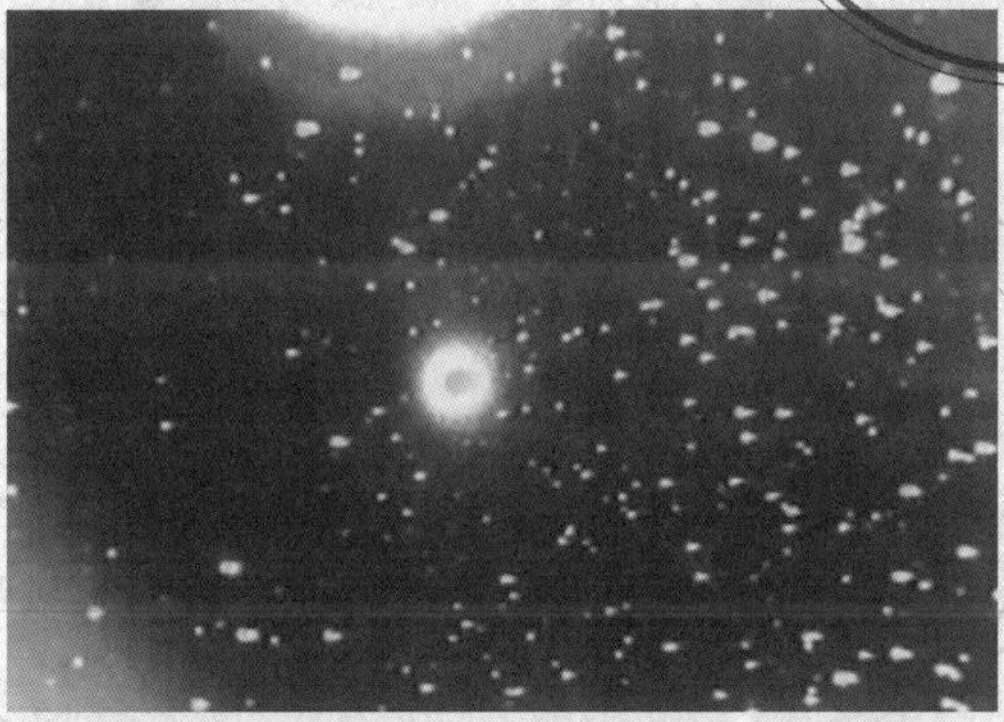

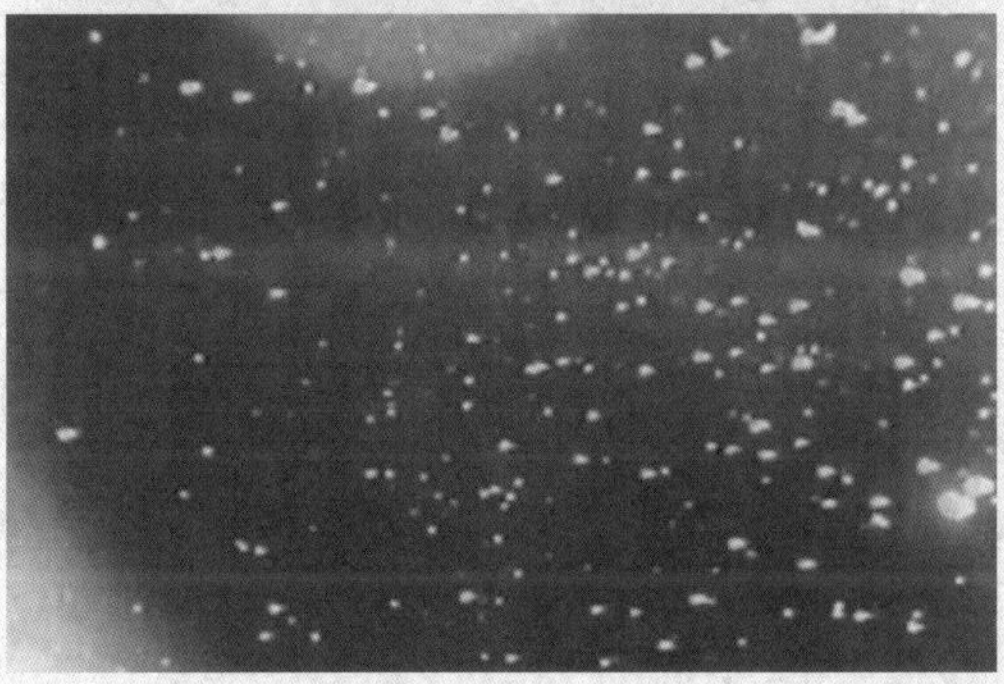

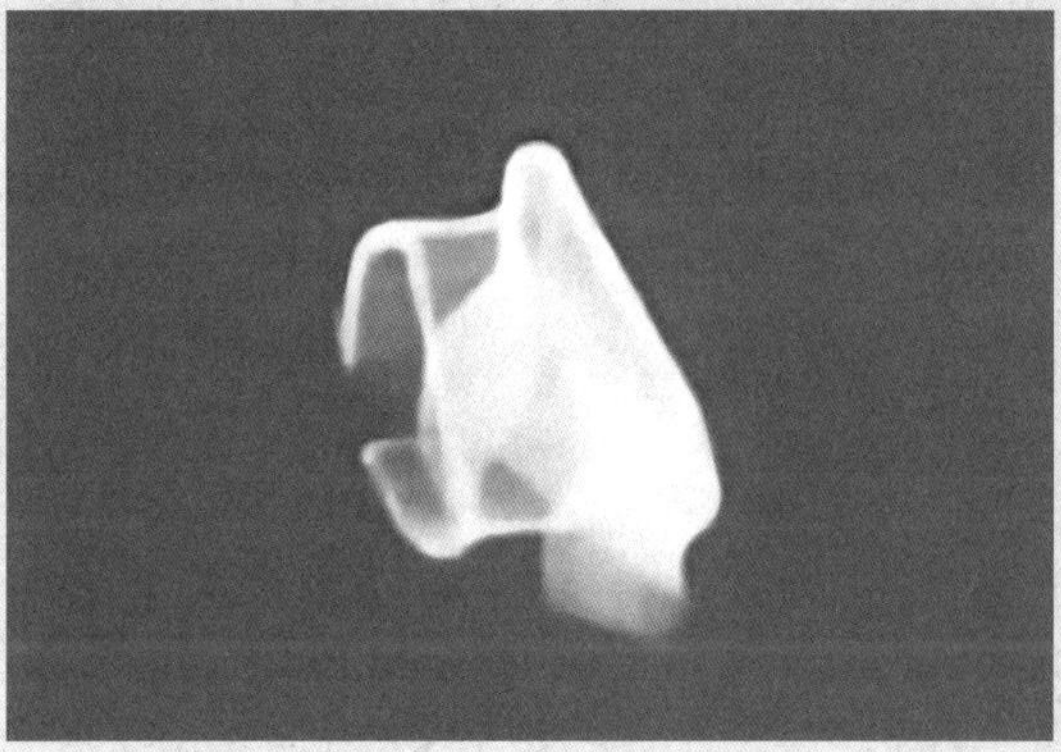

んでいたことが判明。それは2001年8月10日に打ち上げられたスペースシャトル、ディスカバリーが撮った映像だ。

それはディスカバリーが地球軌道を周回中の翌11日、ちょうどアメリカのテキサス上空にさしかかったときに撮られているものだ。その映像がYou Tubeにアップされるや、ネット上で大変な話題となったのだ。問題の映像には、身をくねらせた巨大な龍のような物体が現れる。まさに、成層圏より上にスペースクリッターが棲息する事実を裏づける貴重な映像といえるだろう。

コンスタブルはクリッターをプラズマ生命体だと主張した。宇宙空間はほぼプラズマで構成されている。だとすれば、その体がプラズマで構成された生命体が存在していても、少しも不思議ではないだろう。

これらのプラズマ生命体は、無重力下で壮大な宇宙空間をクラゲのように泳ぐように移動しながら存在している。

宇宙空間は真空ではなく、このような生物で満ちているのだろうか？

No.000069

火星の人面岩とNASAの隠蔽工作

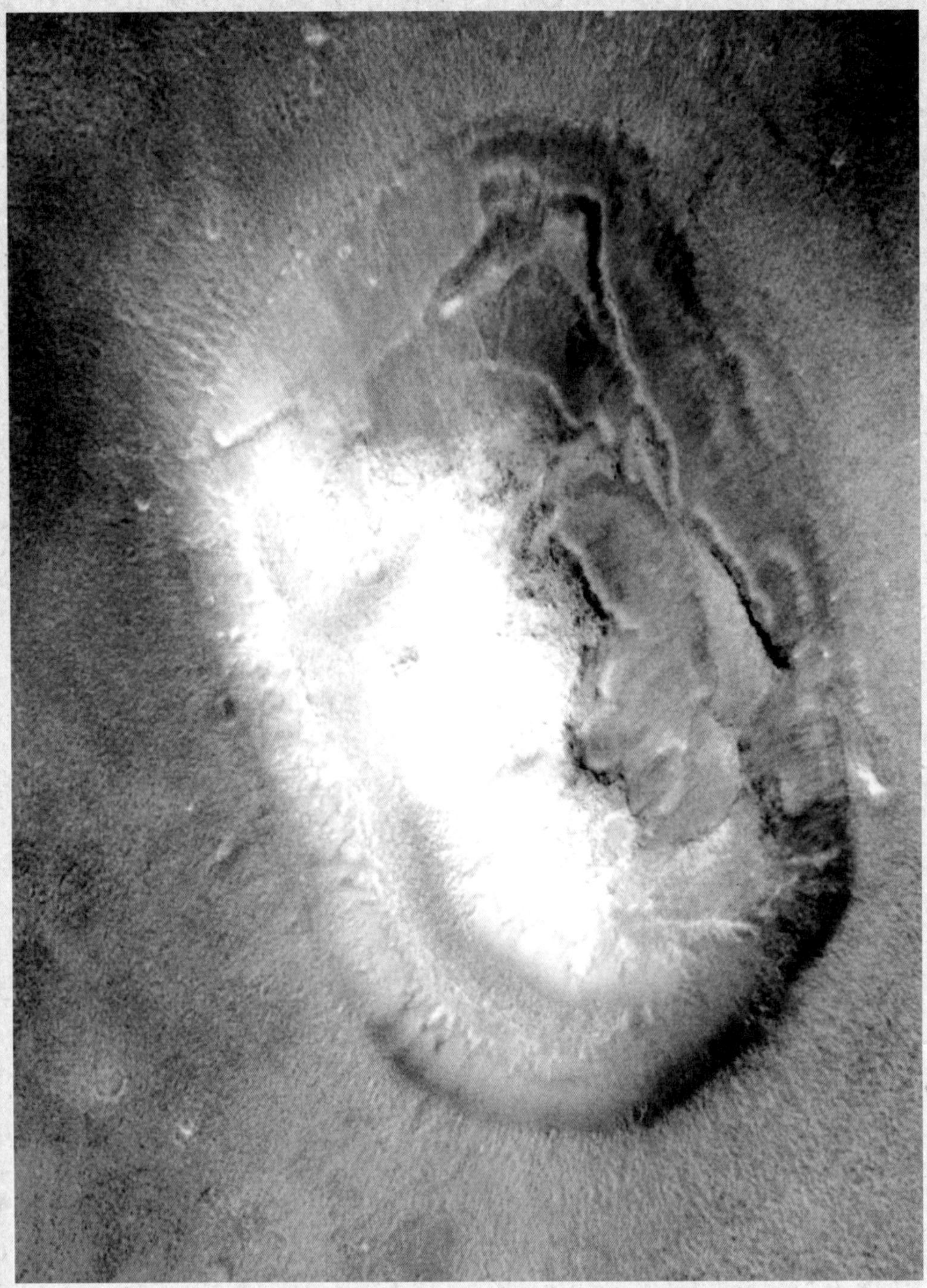

▲火星のシドニア地区にある人面岩。NASAの火星探査は人面岩の周辺に集中して行われている。

1976年7月、NASAの火星探査機ヴァイキング1号がシドニア地区で撮った画像に、巨大な人面岩が確認された。NASAは光と影のトリックと片づけたが、別の画像にも同じ人面岩が写っていた。

1996年4月5日、マーズ・グローバル・サーベイヤーが撮影した画像には人面岩の姿はなく、でこぼこした隆起があるだけだった。

だが、後に画像の修正が発覚。NASAの人面岩隠蔽工作が露呈した。驚かされたのは2001年に撮られた画像だ。人面岩がすでに半壊していたのだ。大きな亀裂が入った右半分は内側に陥没し、そこにはかつての〝顔〟はなかった……。

なぜか？　大気の希薄な火星では、二十数年という短期間での浸食作用は考えられない。隕石落下の痕跡もない。

2002年4月12日、火星探査機マーズ・オデッセイが撮った人面岩の赤外線写真で、新たな事実が発覚した。顔の左下部分と右側の半壊した部分の上部に、熱エネルギーが存在してい

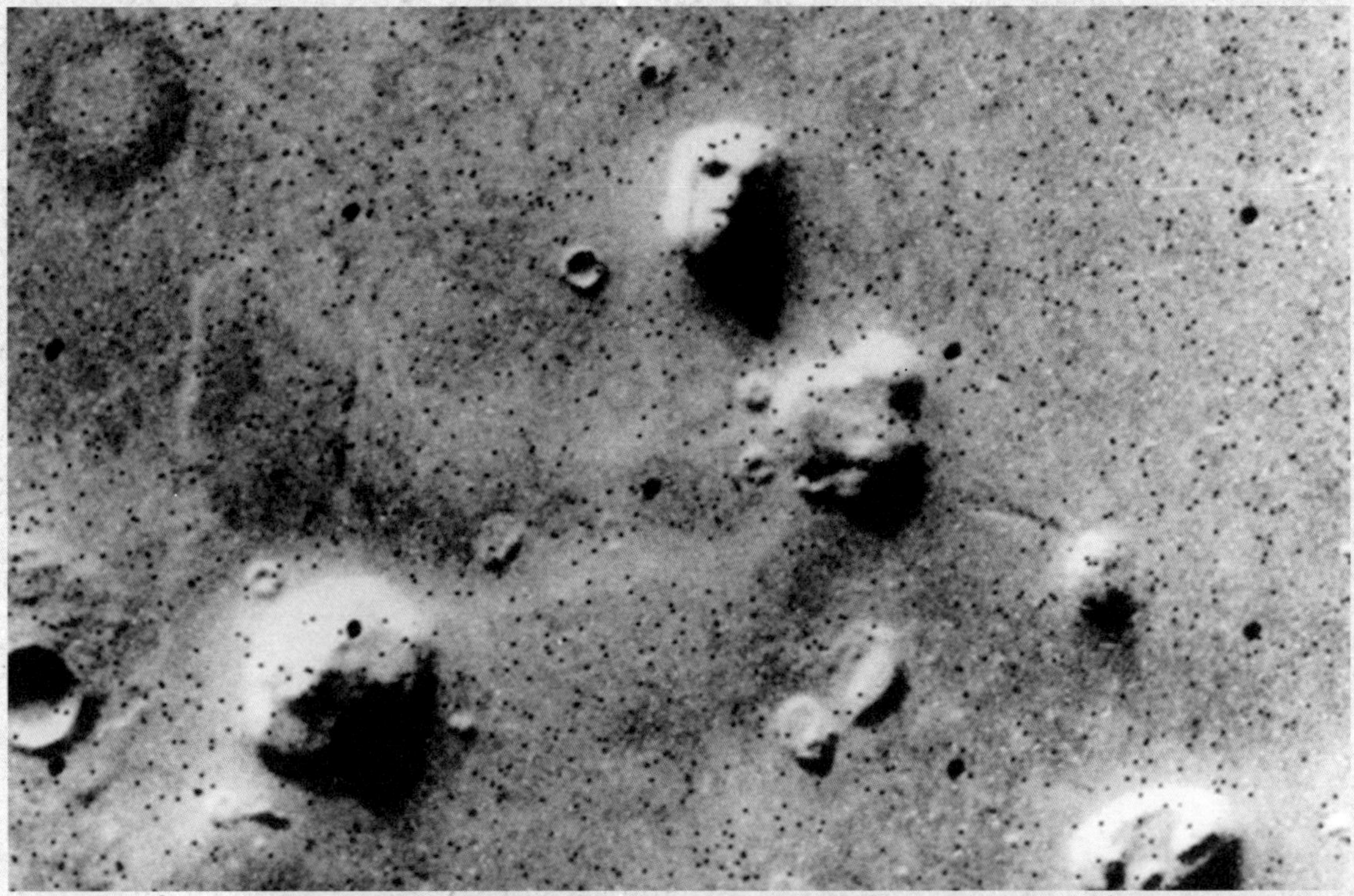

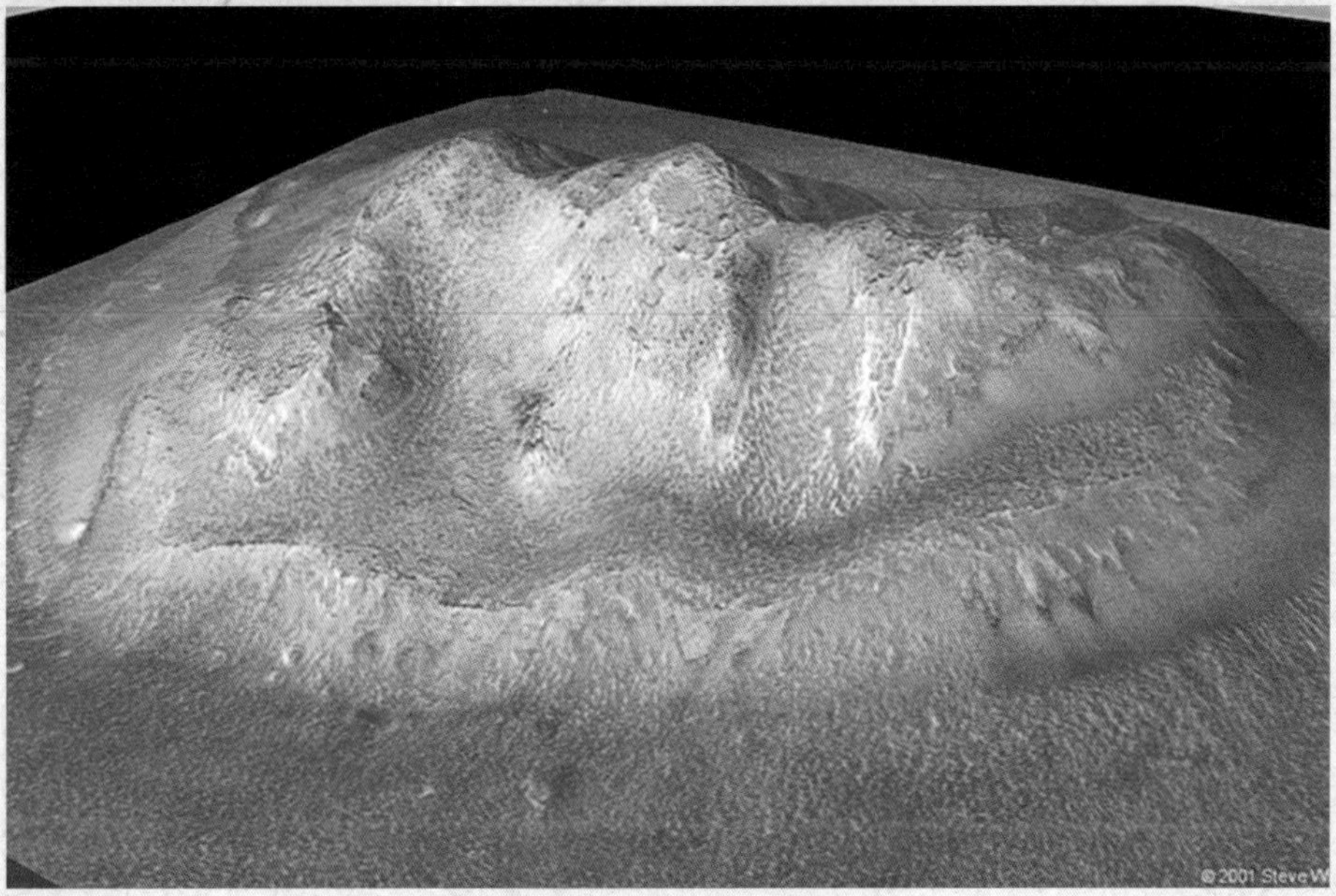

▲火星探査機ヴァイキング1号が1976年に撮影したシドニア地区。人面岩がくっきりと写っている。
▶人面岩の立体再現図。光と影のトリックなどではなく、人形に形成された構造物である。

たことがわかったのだ。

NASAの元技術顧問で科学ジャーナリストのリチャード・ホーグランドは衝撃的な告白をしている。なんと、1992年に打ち上げられ、火星軌道に乗る直前に謎の失踪を遂げたマーズ・オブザーバーが、人面岩を破壊したというのだ。失踪というのは表向きの理由で、最初から破壊工作を行う計画だったという。

遙か昔、火星に存在したとされる古代火星文明の象徴であり、〝叡智〟が秘匿されているという人面岩。NASAはさまざまな隠蔽工作を行いつつ、叡智の奪取を企てているのだという。タイムトンネルを使った火星探査「モントーク・プロジェクト」やテレポーテーションによる「ペガサス・プロジェクト」といった計画は、叡智を求める極秘計画の一環なのだ。

NASA、いやアメリカが半世紀以上の年月と膨大な予算、人員を費やし、国家の総力をあげて奪取を図る叡智とは何か？それは古代火星文明が遺した超科学なのか、あるいは高度なエネルギーなのか？

No.000070

アポロ11号の通信記録

2016年、NASAがアポロ計画の「データ記憶装置＝DSE」に封印されていた会話の記録を開示した。これは、機密扱いされていた地上の管制センターとの交信中断中、月の裏側で交わされた宇宙飛行士たちの私的な会話である。

公開されて驚くべきは、月の裏側を周回中のアポロ11号の船長（CDR）アームストロング、司令船操縦士（CMP）コリンズ、月着陸船操縦士（LMP）オルドリンによる打ち上げ後、80時間20分18秒の会話記録だ。

03：08：20：18：LMP
「あれはすごいクレーターだな」
03：08：20：42：CMP
「あの円錐形の物体の中ほどみじめな場所は、ほかにないだろう」
03：08：20：50：CDR
「あそこにいる人間たち、どうやっても外には出られそうにないな」

つまり〝人間の捕虜を見た〟という信じがたい会話だが、事実である。

▲砂に覆われたクレーターだらけの月面には、人類が知らない宇宙の謎が隠されていた（写真＝NASA）。
◀静かの海に降り立ったアポロ11号と、バズ・オルドリン（写真＝NASA）。

AUTHORIZATION 認定

そのアポロ11号だが、CMPは数回軌道を回ってからモルトケ・クレーター付近を通過した際に、道路を確認したとも話している。

またアポロ14号のシェパード船長らは、打ち上げ後84時間22分39秒には、採掘場を確認している。

03：12：22：39：LMP
「とても興味深い。どんなふうに見えるかって？　そう、右側がゴツゴツして複雑な構造で、中央にはその頂点がある」
03：12：23：37：CMP
「真下のあれは、写真にするとかなり大きく写る。強いていえば、あれは採掘場だ」

月の海には、チタンやジルコニウム、ベリリウムなど、貴重なレアメタルが豊富に含まれているが、すでに〝先住者〟によって採掘されている。2009年6月18日に打ち上げられたルナ・リコネイサンス・オービターが、アリスタルコス台地を掘削稼働中のマシンを撮っている。

アポロ到達以前から月には〝先住者＝異星人〟が存在している。それも〝人間を捕虜にする〟などして、活動しているというのか？

▶右：アポロ11号は月面に観測機器を設置し、石を地球へ持ち帰った（写真＝NASA）。左：着陸船（写真＝NASA）。

▼アポロ計画における、「データ記憶装置＝DSE」、通称ブラック・ボックス。ここに封印されていた会話の記録をNASAは2016年に開示した。

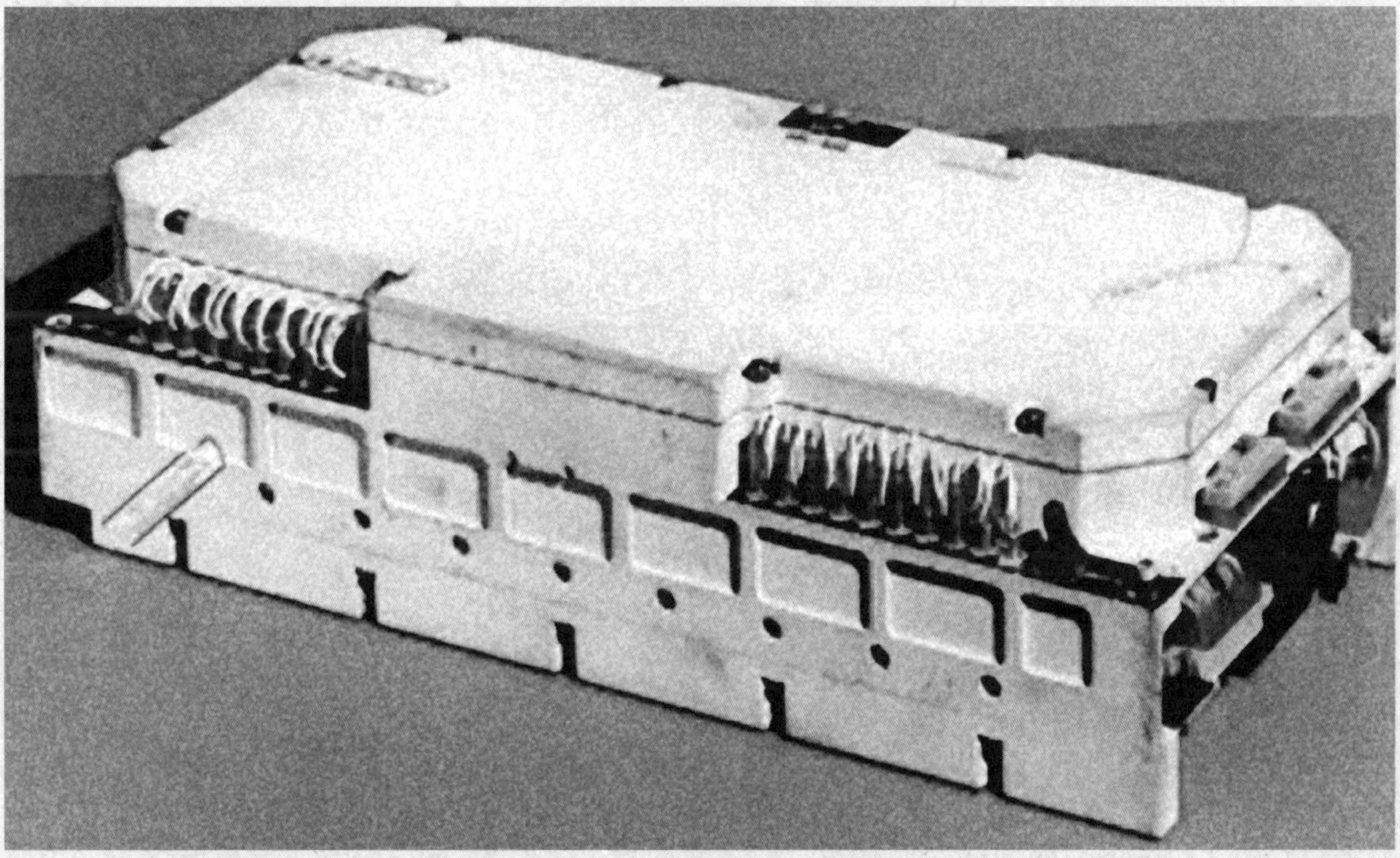

No.000071

アポロ8号とサンタクロース

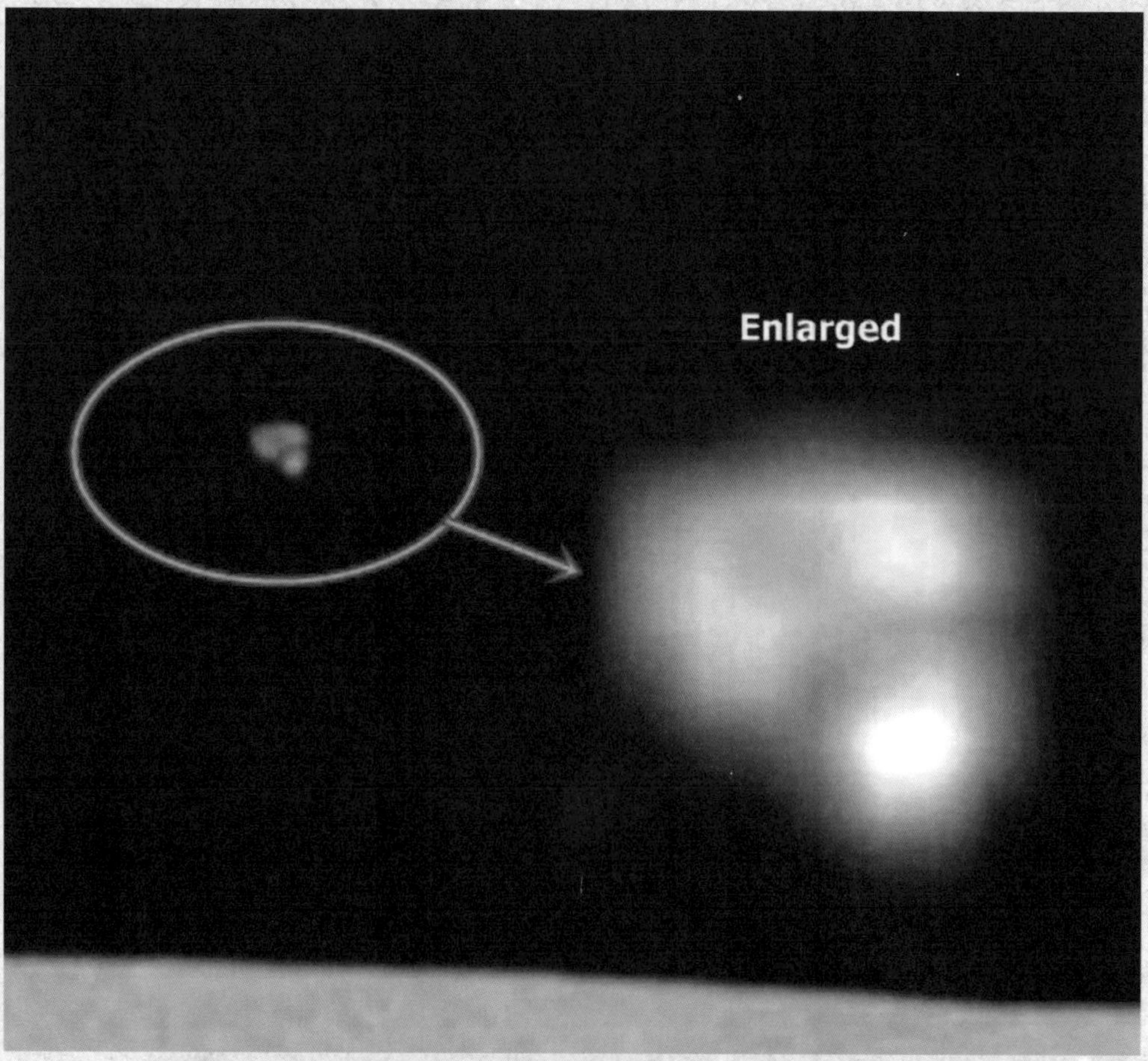

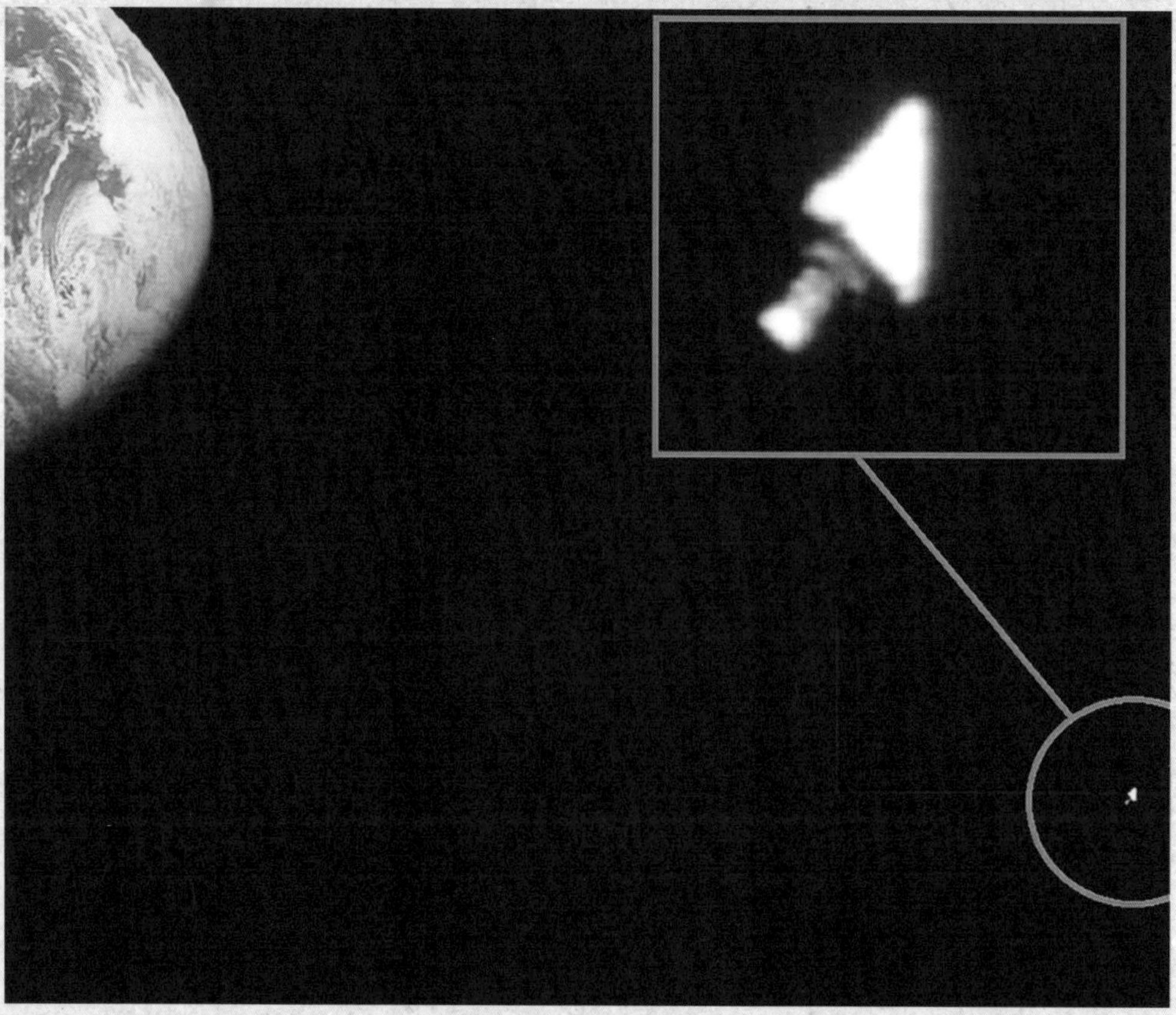

▲上・下：いずれも、アポロ8号が遭遇したUFO。未知との遭遇だけでなく、アポロ8号は月周回軌道において、攻撃も受けている。

1968年12月21日に打ち上げられたアポロ8号は、人類史上初めて地球以外の天体の軌道上を周回する偉業に成功した。

このアポロ8号は、もうひとつ重要な成果をあげている。それまでだれも見たことがなかった〝月の裏側〟を観測したのである。

周知のとおり、地球側から月の裏側を観察することはできない。それゆえ、月の裏側は〝ダークサイド・ムーン〟とも呼ばれ、「異星人の前線基地がある」「月の先住者の都市がある」などと憶測されている。いや、実際に〝何か〟がいたことは間違いない。同機が管制室と交わした通信記録に、その〝証拠〟が残されていたのだ。

月に到達したアポロ8号は、衛星軌道上を9度回り、その後、地球に帰還した。その帰還間際、宇宙飛行士ジム・ラヴェルが管制室との通信で、「月にはサンタクロースがいる」と発言していたのだ。

地球上ではクリスマスを迎えていたため、気の利いたジョークとされているが、実際は違う。この〝サンタクロース〟とはNASAの暗号で、未確認物体を示すものなのだ。

つまりラヴェルは、月にUFOや異星人の基地といった未確認物体があったと、暗号を使って管制室に伝えていたのである。

さらに、同機は未確認物体と10マイル上空で遭遇したと報告しているほか、UFOから〝攻撃〟を受けていたという情報もある。

月の裏側に到達した際、大型UFOと遭遇。2度にわたり強力な光線を浴びせられ、船の機能は停止し、船内温度が異常に上昇。宇宙飛行士たちは極度の頭痛や手の痺れに見舞われたという。不思議なことに、これらの現象はUFOが姿を消すとともに回復したという。

そればかりではない。彼らは、人工的な構造物や巨大な掘削機のようなものが地表にあることを、月の裏側だけでなく表側でも確認したと非常回線で報告したというのだ。

今でも、これらは公式には語られない。だが、こうした事実があったからこそ、ラヴェルはサンタクロースという言葉を使ったのだろう。

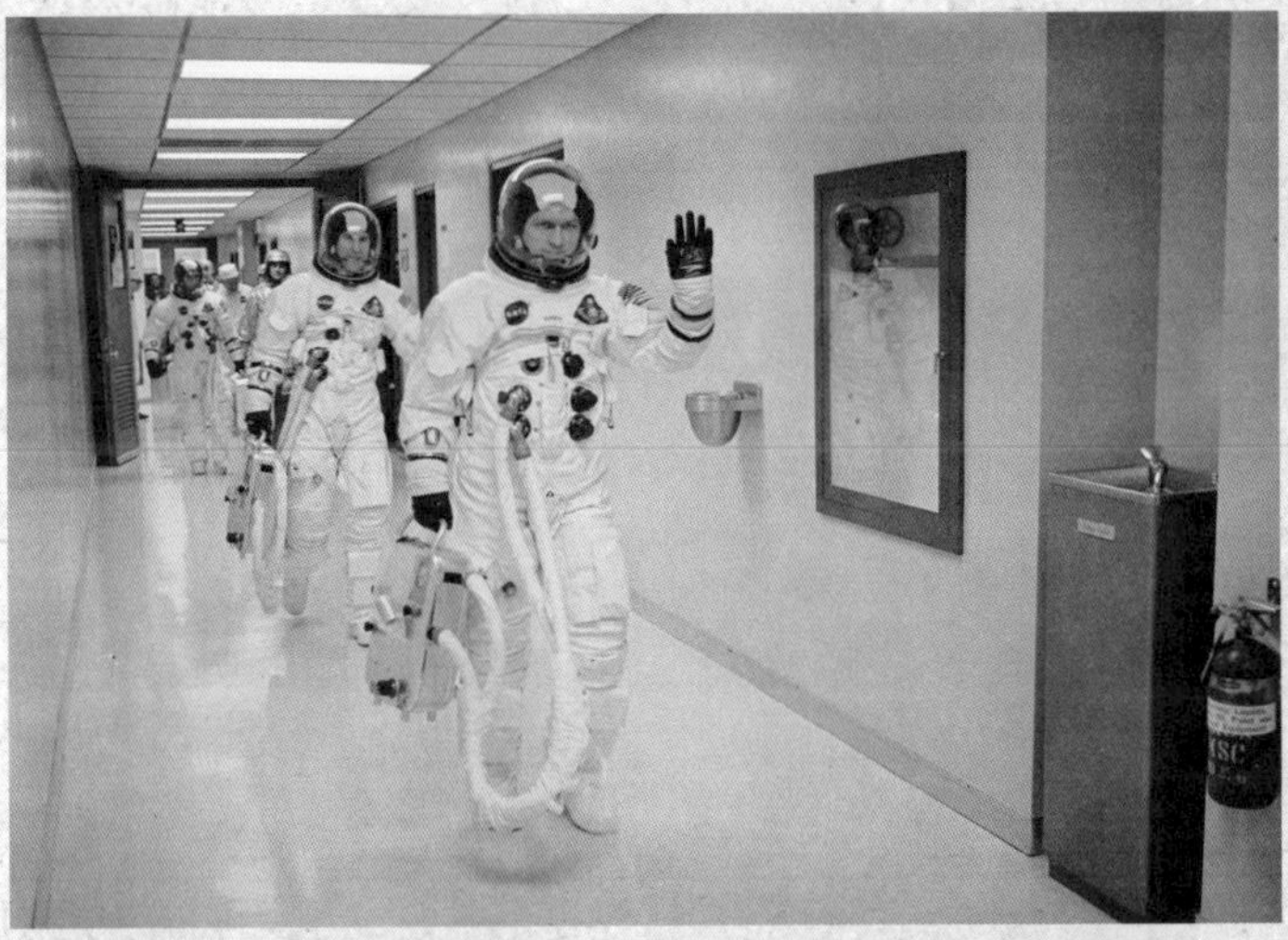

▲1968年、サターンVロケットでアポロ8号は月へと向かった（写真＝NASA）。
◀上・左下：月の周回ミッションに臨むアポロ8号のクルーたち（写真＝NASA）。
右下：アポロ8号クルーが撮影した月周回軌道からの「地球の出」（写真＝NASA）。

No.000072

認定
AUTHORIZATION

アポロ宇宙飛行士が聞いた音楽

04 06 13 02 LMP — That music even sounds outer-spacy, doesn't it? You hear that? That whistling sound?

04 06 13 06 CDR — Yes.

04 06 13 07 LMP — Whoooooo. Say your - -

04 06 13 12 CMP — Did you hear that whistling sound, too?

04 06 13 14 LMP — Yes. Sounds like - you know, outer-space-type music.

04 06 13 18 CMP — I wonder what it is.

04 06 13 20 LMP — Hey, Tom. Is your - is your insulation all burned off here, on the front side of your window over here? Right - -

04 06 13 27 CDR — Yes.

04 06 13 29 LMP — Mine's all burned off. Isn't that weird - eerie, John?

▲“音楽”を聞いたときの、アポロ10号とヒューストン管制室との会話記録。

◀アポロ10号のクルー。左からユージン・サーナン月着陸船操縦士、トーマス・スタッフォード船長、ジョン・ヤング司令船操縦士。彼らは月の裏側を飛行中、外宇宙的な“音楽”を聞いていた。

1969年5月18日、アポロ計画4度目の有人宇宙飛行を行ったアポロ10号の目的は、同11号で予定される月面着陸のための手順と機器を検証することにあった。

月周回飛行は61時間37分23・6秒にも達した10号がすべてのミッションを終え、同月26日に地球への帰還を始めた。だが月の裏側を飛行中のおよそ1時間、管制室との通信が完全に途絶えているのだ。

実は、この〝空白の1時間〟の間に、3人の宇宙飛行士が奇妙な音を聞いていた。しかも、ノイズの類いではない。まるで、外宇宙から聞こえる「音楽」のようだったという。

この驚くべき事実を公表したのはアメリカのケーブルテレビ「ディスカバリー・サイエンス・チャンネル」。40年間も非公開とされ、公式アーカイブの中にひっそり保管されていたこの音声記録を同番組が発掘し、2016年2月に公開したのだ。

音声記録を聞くと、確かに「ヒュー」という謎の音が流れており、これを聞いた宇宙飛行士たちは、「外宇宙的な響きの音楽だと思わないか？　聞こえるか？　あの口笛みたいな音」という会話を交わしている。

その後、アポロ10号とヒューストンとの通信が再開されるまで怪音は鳴りやまず、対応に苦慮する宇宙飛行士たちの音声も残されている。この異常事態を報告するやりとりもあることから、NASAが事態を把握していたことは間違いない。

同番組によると、こうした怪音が発生する原因は磁場や大気の影響などが考えられるという。しかし、地球と比べて月は磁場も弱いうえ、大気もほとんど存在しない。また、専門家は、2機の宇宙船で使用される無線同士が干渉して発生した音であると指摘している。

はたして、本当に外宇宙からの音だったのだろうか？　月の裏側から発信された音だった可能性も捨てきれない。

いずれにしても、この奇妙な音について、NASAは秘匿し、何ひとつ解明されていないのだ。

No.000073

エドガー・ミッチェルが語った異星人

アポロ計画で月に向かった宇宙飛行士たちは、ヒューストンとの交信中の会話や、帰還後のマスコミ取材などで、異星人とUFOに関する重要な体験を告白している。

たとえば、アポロ14号で月に到達した宇宙飛行士エドガー・ミッチェルは、地球に帰還した際、「月面では始終顔の向きを変えなければならなかったので、まだ首が痛い。……月にいるのは自分たちだけではなかったからだ。」と発言、月に〝先住民＝異星人〟が存在している可能性を示唆した。

そして2001年5月9日、ワシントンDCのナショナル・プレスクラブの大ホールで催された「ディスクロージャー・プロジェクト」(UFO暴露計画)の講演会で、ミッチェルは、新聞、雑誌、テレビなど総勢100名を超えるマスコミ報道陣が見守る中、「月を中継基地として、すでに異星人が地球に来ている」と断言。その後もミッチェルは異星人に関しての情報を明かした。

さらに、2008年7月23日、イギリスのラジオ局のインタビューに応じた際、「アメリカ政府は過去60年近くにわたって異星人の存在を隠してきた。彼らは小さな人々と呼ばれており、われわれ宇宙飛行士のうちの何人かは、一部の異星人情報について説明を受けた」と語っている。

ミッチェルによると、異星人は「奇妙な外見をしており、小さな姿をしていて、大きな目と頭をもつ、いわゆるグレイに似ている」という。

また、墜落したUFOをアメリカが回収したというロズウェル事件が真実であり、「政府は異星人の存在を60年間隠しつづけていたが、徐々に事実が明かされていて、私のような真実を知る特権的な人間も何人かいる」とまで語っている。

ミッチェル曰く、異星人の科学技術は地球人を遥かに凌駕しており、「戦えば一瞬にしてやられる」そうだ。

そして、2016年2月6日、NASAは2月4日(現地時間)にアメリカ、フロリダ州の医療施設でミッチェルが亡くなったと発表。享年85歳。死因不明だったことから〝口封じ〟されたのではないか、と噂されている。

◀月面に立つエドガー・ミッチェル。彼は、月面でのミッションの間、「顔の向きを変えていた」と、異星人の存在を匂わせる発言をした。

▼月面探査中に月上空に出現したふたつの謎の発光体。

No.000074

アポロ19号と月面都市遺跡

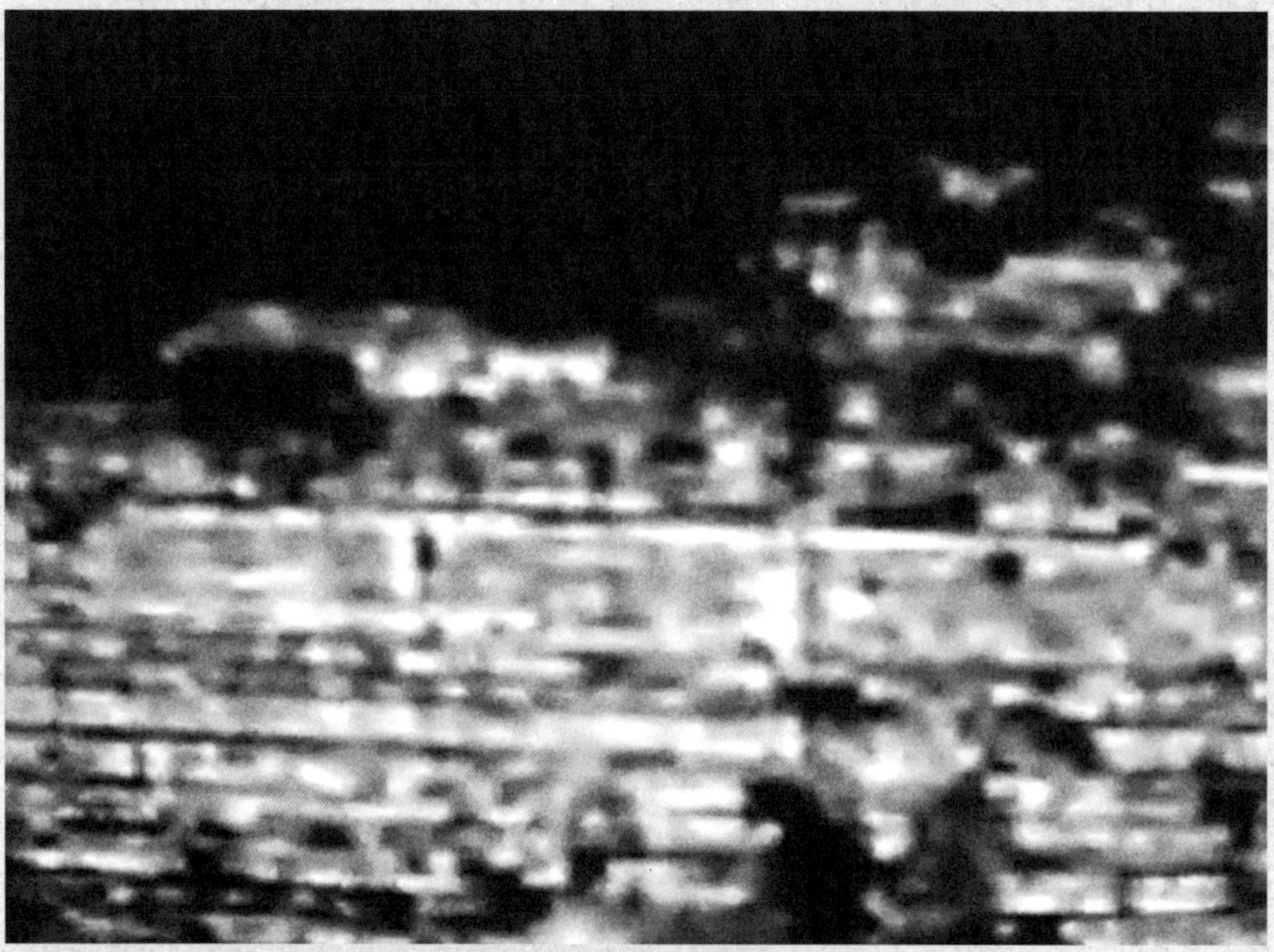

▲アポロ19号が撮影したという月の建造物。寺院のようなものの一部だと考えられている。
◀塔のようなものがそびえ立つ謎の都市遺構。


　当初アポロ計画は20号まで行われる予定だったが、18号以降中止に終わった。アポロ18号の目的は、アメリカのアポロと旧ソ連のソユーズ、2か国の宇宙船のドッキングだった。これはまた、その後に続く両国の共同月探査ミッションへの布石になるものだったという。

　そして1976年、NASAではなくアメリカ空軍の監視下で、アメリカ、カリフォルニア州バンデンバーグ空軍基地から、「アポロ19号&20号」が非公式に打ち上げられた。そう、アポロ計画には続きがあったのだ。

　この19号&20号の極秘ミッションのコードネームは「Noa's Arc＝ノアの箱舟」という。

　その目的は、1971年にアポロ15号が月の裏側のイザーク・クレーター近辺を撮った画像に写り込んでいた「流線形宇宙船と都市構造」を調査することだった。

　アポロ20号に乗船した元宇宙飛行士ウィリアム・ラトリッジの証言によれば、20号の前に19号が、NASAとソ連の宇宙飛行士ふたりを乗せた打ち上げに成功しているという。

　だが、19号は、ミッションを終え、地球への帰還途中で事故に遭い、ふたりの宇宙飛行士とともに失われてしまったというのである。

　ところが、その19号が月面で撮影したという画像が公開されているのだ。それはどのようなものか。

　実は19号は、事故に遭う寸前に、地上の管制センターと交信しており、撮影データが失われる前に、地球への送信を行っていたのである。

　だが、肝心の映像は、ノイズが入っていてかなり不鮮明だった。かろうじて解析すれば、その映像には、いかにも寺院のような建物の一部らしきものが見てとれるのである。

　また別の画像には、塔のようなものがいくつもそびえ立つ〝都市遺構〟とされる構造物群が写っている。

　しかし、残念ながら、19号に関しては、これ以上の情報は伝えられていない。

No.000075

アポロ20号の"プロジェクト・ノア"

アポロ20号に課せられたミッションは、地球外生命体が残した宇宙船の調査だった。

目的地は、月の裏側にあるイザーク・クレーター。そこに、自然地形とは明らかに異なる物体が横たわっているのだ。20号は、そのミッションを完遂。謎の構造物を捉えた記録映像をもたらしている。

バンデンバーグ空軍基地の建物が取り壊されたときに流出したとされるリーク映像には、月上空から捉えた異常構造物の全容が映っている。

流線形のそれは上部に幾何学的な構造物を備えており、まるで潜水艦か、宇宙母艦のようだ。全長はおよそ3・4キロ、全高は500メートルほどと推定される巨体には、隕石の衝突が原因と思われる破損が散見され、それを覆うように分厚い埃が蓄積している。

この映像を公開したウィリアム・ラトリッジによれば、この

▲アポロ20号が月の裏側にあるイザーク・クレーターで撮影したという宇宙船。宇宙版のノアの箱舟なのだろうか。

◀アポロ20号の月面調査はノアの箱舟だけではなく、謎の都市構造物も捉えていたという。

AUTHORIZATION 認定

宇宙船は1億5000万年前のものと推定されるという。太陽系外から来た異星人の乗り物だろうか？

　だが、驚くのはまだ早い。月面に着陸したラトリッジたちは、この宇宙船らしき構造物の中に足を踏み入れている。

　そればかりではない。解読不明の記号のような文字が並ぶ船内で、ふたりのヒト形異星人を発見しているのだ。ひとりは男性のようで、すでに死んでいたが、もう片方の女性と思われる異星人には、生体反応があったという。

　黒髪の女性は東洋人を連想させる顔立ちで、身長は165センチほど。体毛や生殖器をもつが、オレンジ色の肌をしていて、6本の指をもっていたという。

　驚くことに、20号のクルーは彼女を連れ帰っているといい、「モナリザ」と名づけられて、この地球のどこかで生きているはずだという。

　これらの映像を確認した研究者の中には、この宇宙船は超文明を有していた古代人が、宇宙へ脱出したときに乗った〝ノアの箱舟〟だと主張する者もいる。

　だが、太陽系外から来た訪問者の乗り物である可能性も否定できないだろう。

　映像自体の真偽も問われているが、本物であれば、すべての謎の答えはモナリザが知っているはずだ。

▼アポロ15号が発見し、アポロ20号が撮影、調査を行ったとされる「ノアの箱舟」。

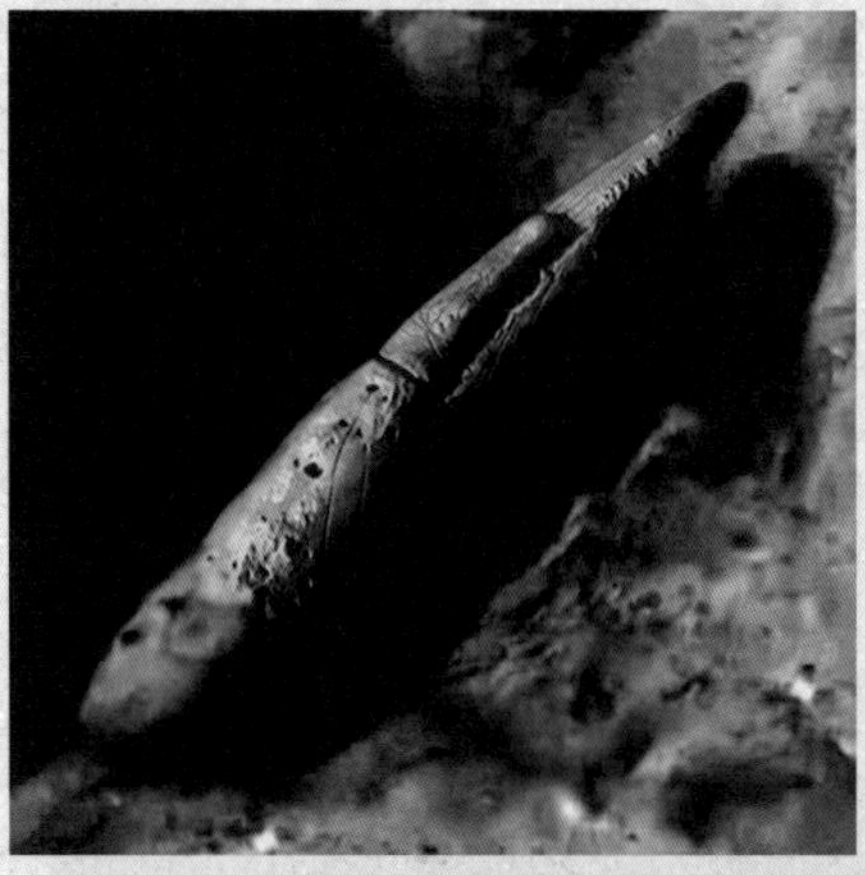

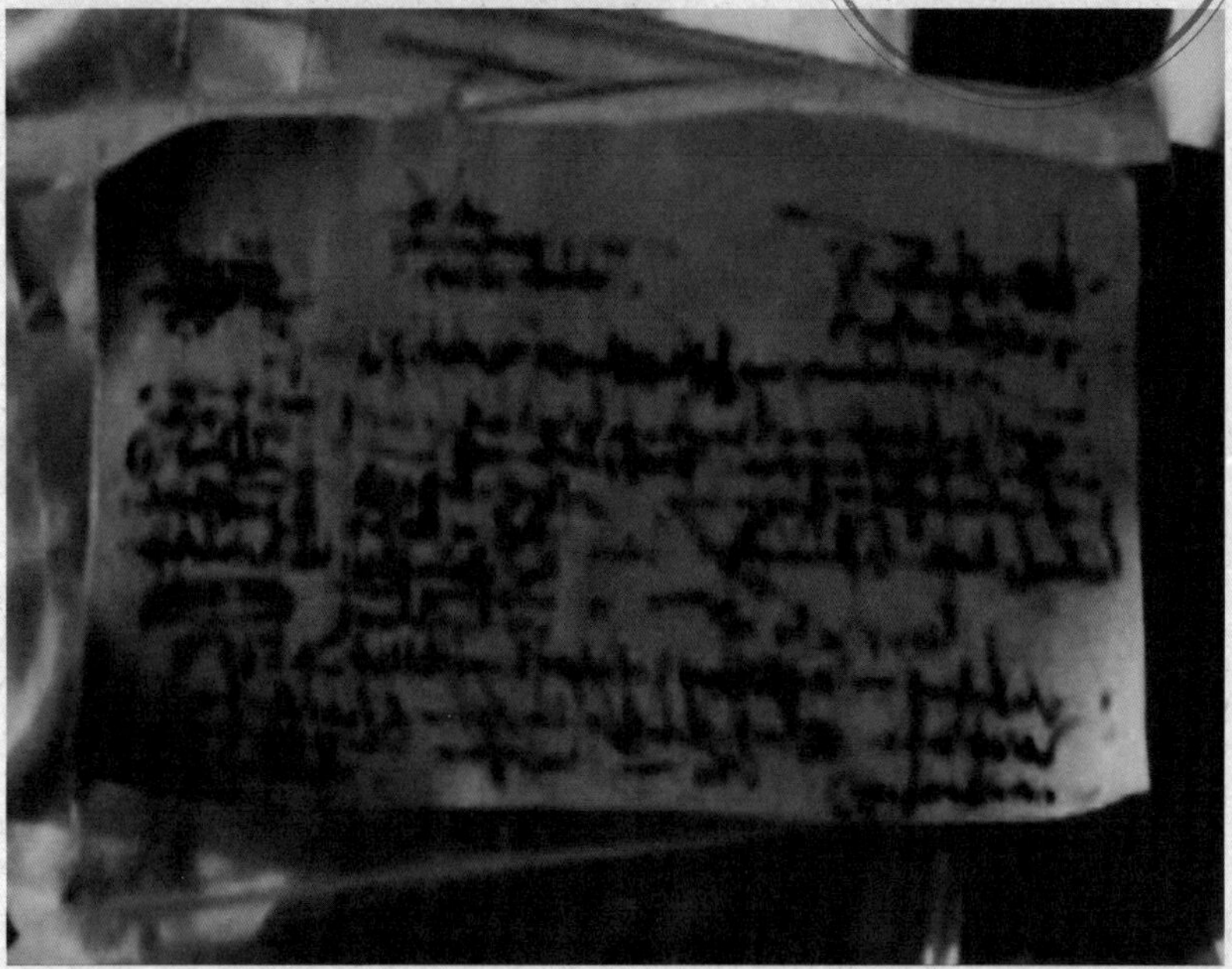

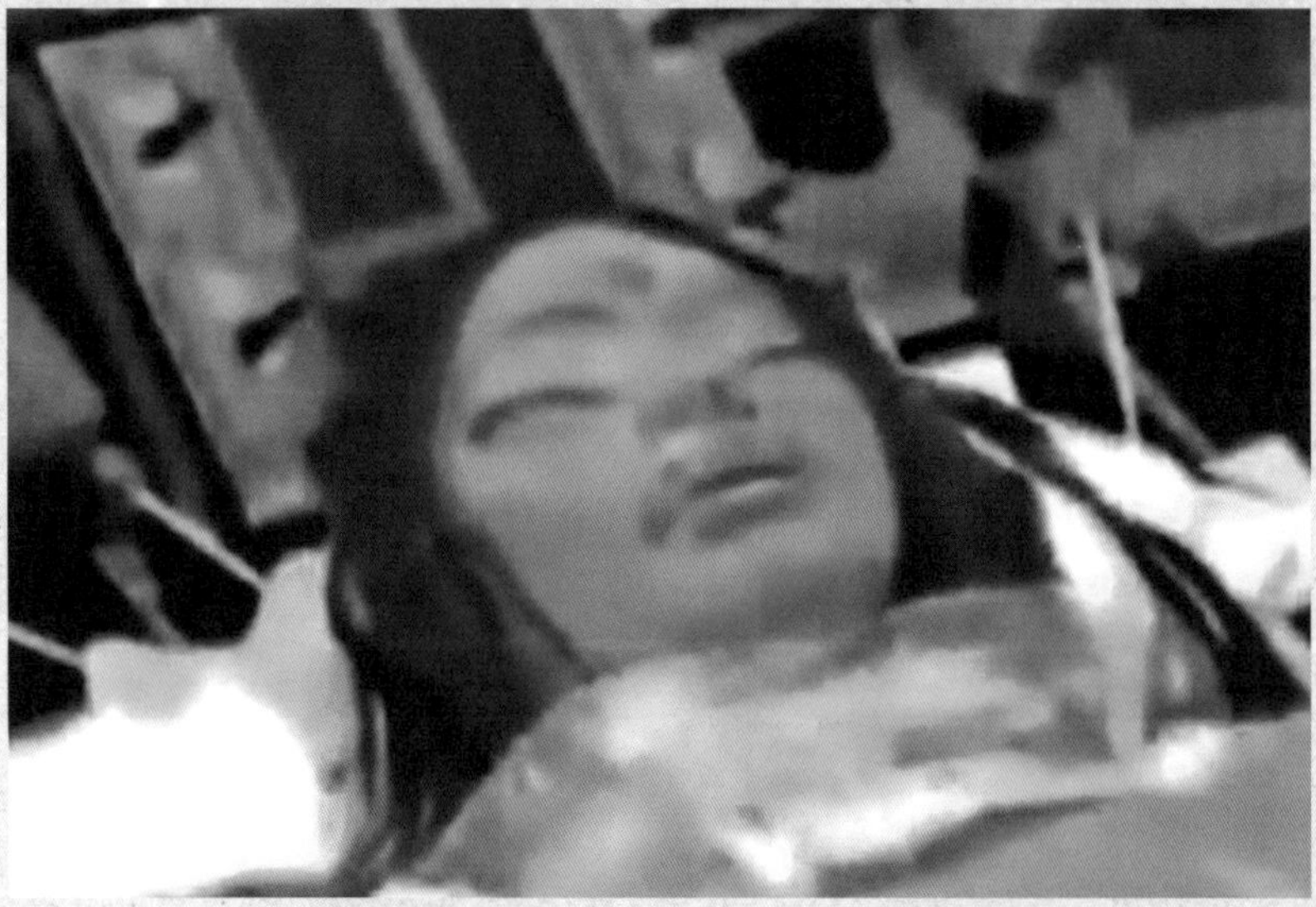

◀上：宇宙船内のあちこちにあった文字とも記号ともつかないものが書かれた板。下：ラトリッジら20号クルーたちが宇宙船の中で発見した異星人女性「モナリザ」。彼女には生命反応があった。

No.000076-000088

5 UFOコンタクティ

No.000076

ジョージ・アダムスキー

UFOや異星人と遭遇したコンタクティといえば、だれもがジョージ・アダムスキーの名を挙げる。

幼いころ、父に連れられてアメリカに移住したアダムスキーは、8歳から12歳までチベット自治区の区都ラサに留学。ダライ・ラマの住むポタラ宮で、修道士に並んでチベットの秘教や東洋哲学を学んだといわれる。長じたアダムスキーは、カリフォルニアに「ロイヤル・オーダー・オブ・チベット」という団体を設立した。

そして1952年11月20日、彼は金星人とのファーストコンタクトを体験する。ジョージ・ハント・ウィリアムソン夫妻を含む7人の友人とともに、円筒形UFOを目撃した彼は、「UFOは自分を捜している」と確信し、単独で金星人オーソンとの対面を果たしたのだ。

金星人オーソンと友好関係を結んだアダムスキーは、宇宙旅行や月面旅行、金星や火星、土

◀アダムスキー撮影の葉巻形UFO。

▼世界的に有名なコンタクティー、ジョージ・アダムスキー。写真は「ジョン・ネベル・ショー」に出演したときのもの。

星などを経て宇宙的な体験を重ねていく。

　生涯を通じ、25度にわたり異星人とのコンタクトを経験した彼は「人類救済の哲学＝宇宙哲学」を説く伝道師となった。この哲学は多くの人々に共感を与え、ローマ教皇ヨハネス23世やオランダ女王らにも支援された。ケネディ大統領との親交も得たアダムスキーは、ホワイトハウスにもよく出入りしていた。

　一介のコンタクティが超国家的な特権を得られたことは不思議である。一説には、金星人オーソンの容姿がいかにも「アーリア人的」であることと、「アダムスキー型円盤」が「ナチス製円盤」に酷似している点が鍵となるというが……。

　チベットとナチス、そしてポーランド人のアダムスキー。UFOを核にした3者の真の関係こそ、アダムスキーが残した最大の謎である。

AUTHORIZATION 認定

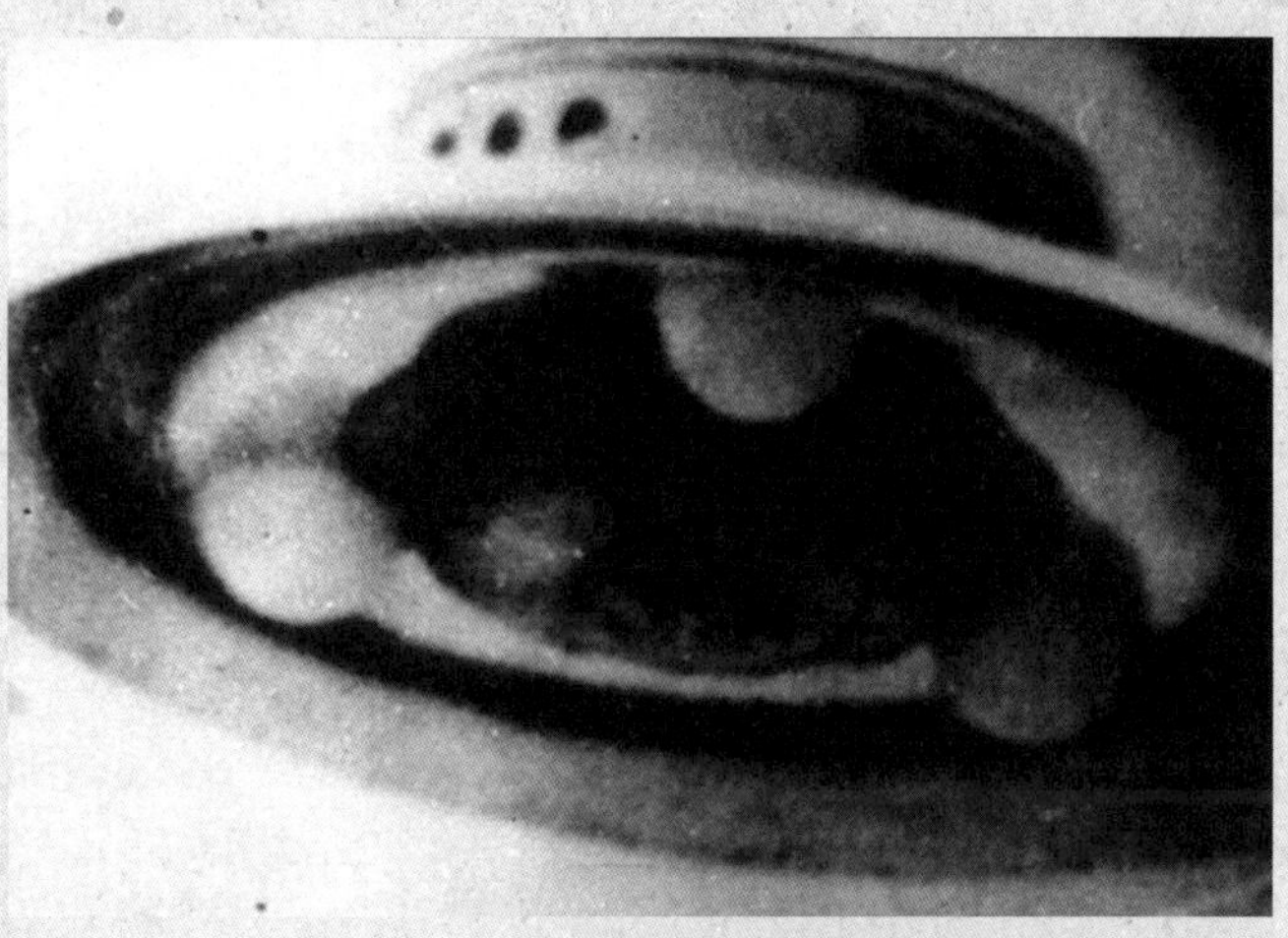

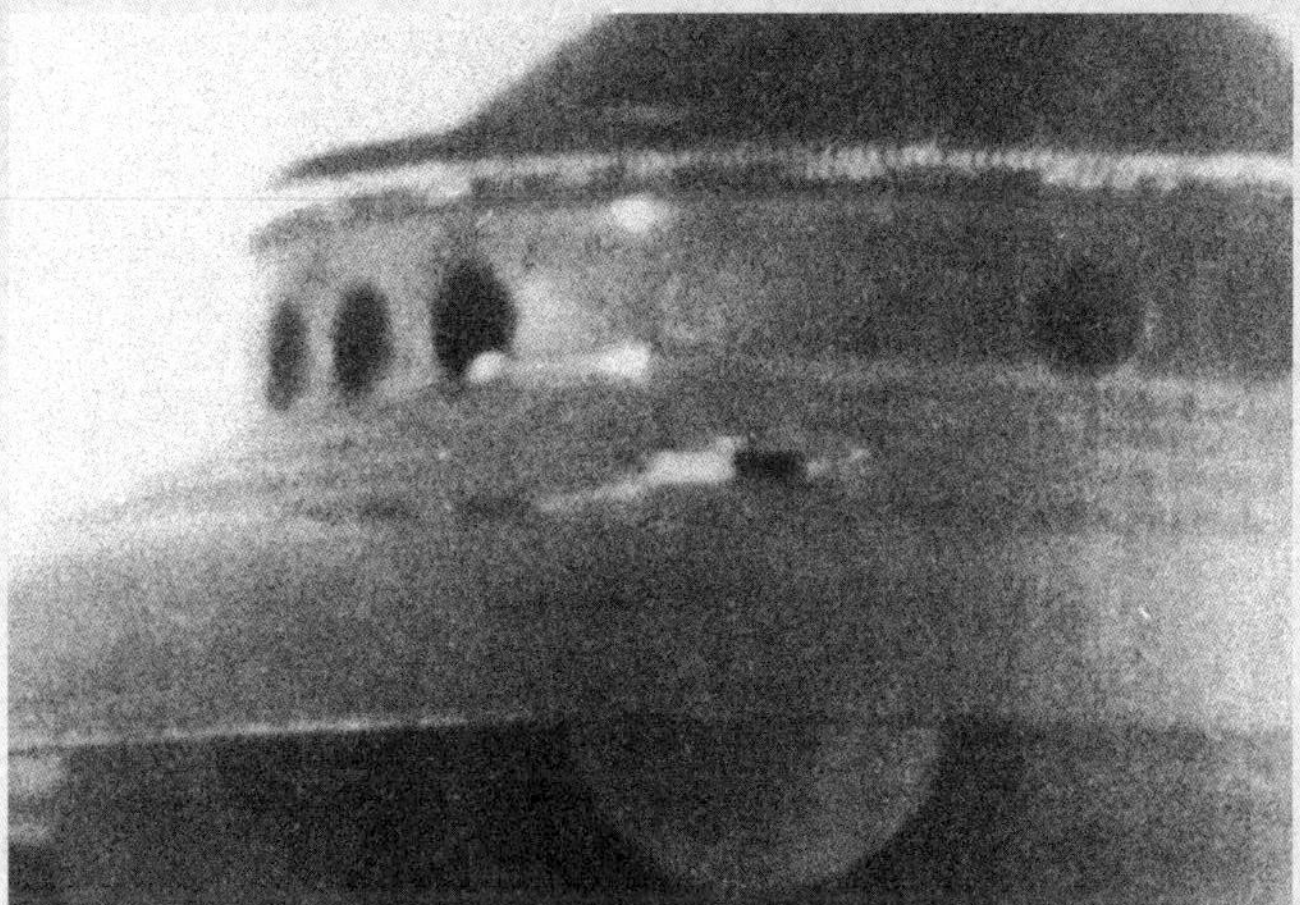

▲左：ジョージ・アダムスキー（1891～1965年）。ポーランド出身。
▶上：アダムスキーが撮影したUFO。いわゆるアダムスキー型として知られ、同型の飛行物体が世界各地で目撃されることになる。下：アダムスキーが1952年12月に撮影したUFO。金星人の偵察機だという。

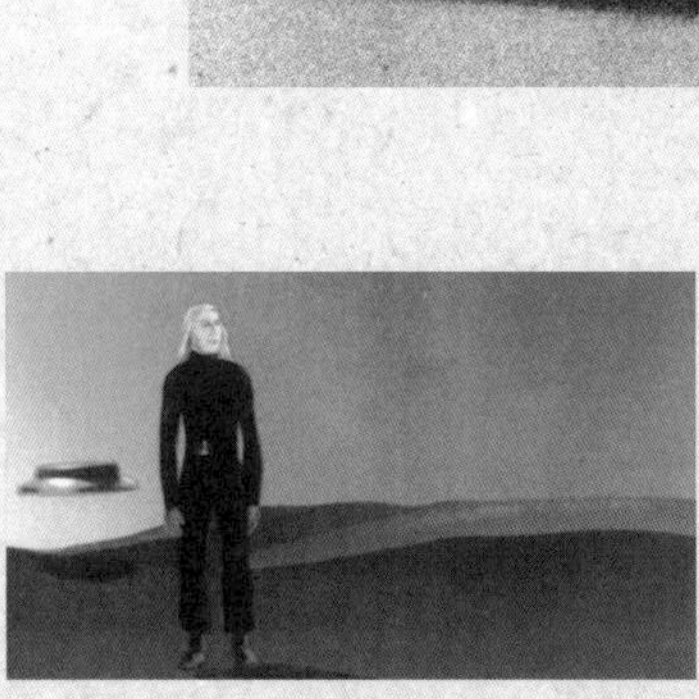

◀左：ジョージ・アダムスキー（右）と、彼がモハーベ砂漠で遭遇したという金星人のイラスト。右：アダムスキーと交流した金星人オーソン。オーソンとの会見をまとめた共著『空飛ぶ円盤実見記』（原題『Flying Saucers Have Landed』）は大ベストセラーになった。

No.000077

ジョージ・ハント・ウィリアムソン

第2次世界大戦中、米空軍のラジオ関係技術者として活躍したジョージ・ハント・ウィリアムソンは、赤外線と紫外線の波長を利用する特殊な無線装置を考案し、惑星間の通信に成功したと主張した。

彼が交信に成功した惑星は、火星、金星、木星、土星におよび、さらにアンドロメダ星雲やシリウス星ともコンタクトしたという。

異星人が操る言語はエノク語（ジョン・ディーが記録した〝天使語〟）に酷似していた、と語っている。著書『宇宙交信機は語る』（原題『The Saucers Speak!』）には、その成果が詳述されている。

ウィリアムソンは、ジョージ・アダムスキーが金星人と初めて会見した現場の目撃者でもある。遠目に会見を見ていた彼は、現場で金星人が残した足跡を真っ先に発見し、写真に残した。

その靴底の文様が、古代のシンボルだと直感した彼は、マヤ、インカの失われた古代都市をはじめ、世界各地の都市遺跡を調査する。専攻の文化人類学の見地から、彼は古代文明のすべて

▶上：マチュピチュ遺跡を探索中のウィリアムソン。金星人の足跡と古代文明に共通点を見出した。
下：アダムスキーが金星人と遭遇した現場で、ウィリアムソンは足跡を発見した。

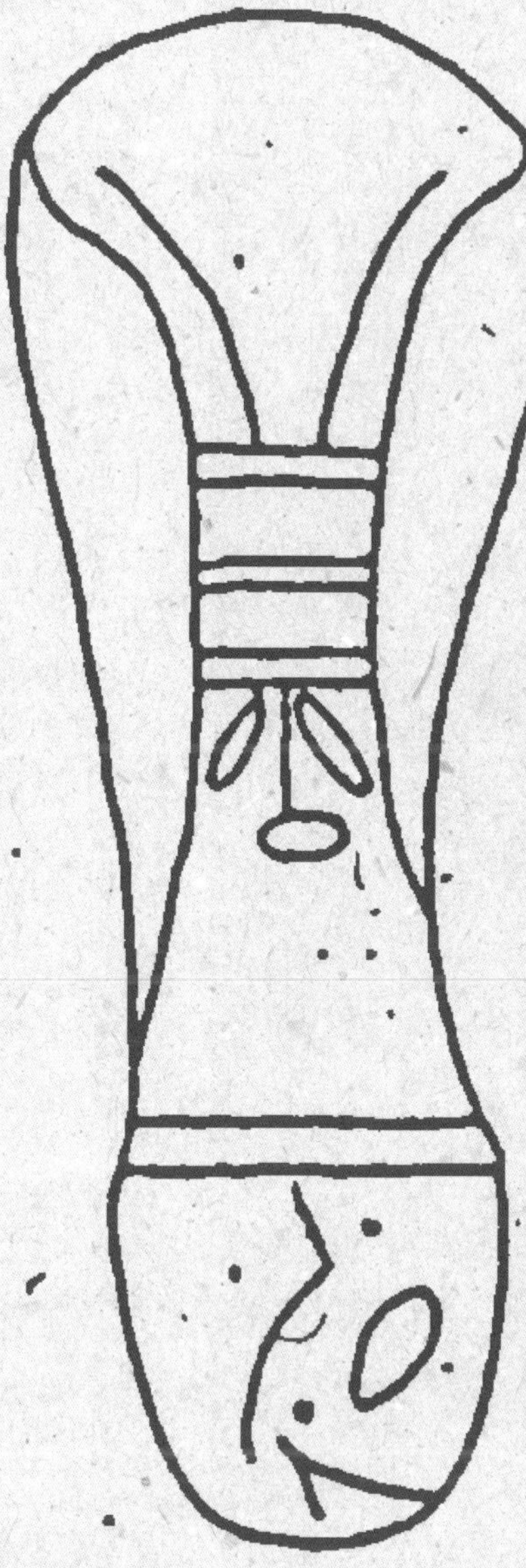

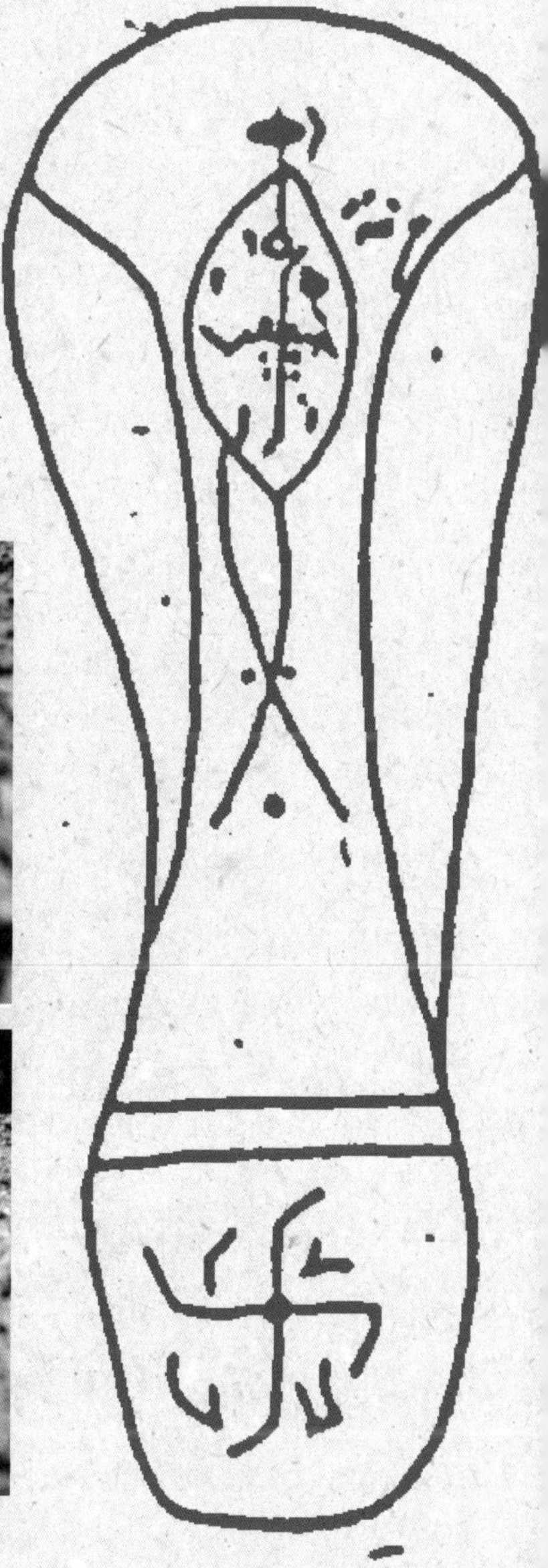

◀▶ウィリアムソンによる金星人の足跡のスケッチ。左右で異なる文様が描かれている。
▼右の足跡（写真上）と、左の足跡（写真下）の採取現場。明らかに自然のものではない跡が残されていた。

が異星人とコンタクトしていたと主張するようになる。

またペルー奥地の遺跡で発見された土器に、古代東洋と同系統の文様があったことから、彼は東洋、とりわけ日本に関心を抱いた。

その念願は1961年に叶った。当時、隆盛をきわめていたUFO研究団体「CBA」の招きでウィリアムソンは来日の機会を得たのだ。

日本古代史の資料を目の当たりにした彼は、「日本は元来、宇宙からもたらされた大いなる遺産をもつ国であり、伝統や神話を研究すれば、それが証明される」と語り、加えて、古代日本神話に登場する「天孫族」を「スカイ・ピープル」であるとし、異星人と古代日本人との間に大きなかかわりがあったと論じている。

今でこそ、太古に異星の宇宙飛行士が来訪したという主義・主張は珍しくない。

だが、30年以上前からこの仮説を提唱していたウィリアムソンこそ、〝宇宙考古学〟における先駆的な研究者だったといえよう。

No.000078

ハワード・メンジャー

▲ハワード・メンジャー（1922〜2009年）。アメリカ、ニューヨーク出身。

ハワード・メンジャーは、ジョージ・アダムスキーにつぐUFOコンタクティとして知られている。

生まれはアメリカ、ニューヨーク州ブルックリンだが、すぐにニュージャージー州に移り住んだ。10歳でUFOを目撃、その後自宅近くの森の中で、異星からやってきた美女と遭遇する。美女は「いずれ私たちの仲間と会うことになる」とメンジャーに告げた。

1946年6月、広告看板業を営むメンジャーの前に〝彼ら〟は姿を見せた。メンジャーの実家近くに着陸したUFOから男ふたりを連れて現れたのは、森で会った美女だった。美女は自身が金星から来たことや500歳であることを明かし、メンジャーに「将来に備えてテレパシーの力を応用することを学べ」と伝え、再び去っていった。

それをきっかけに、メンジャーは異星人のUFOに乗って月世界を探訪し、土星人などほかの惑星の異星人たちとのコンタクトも重ねるようになる。

1959年に体験記『外宇宙

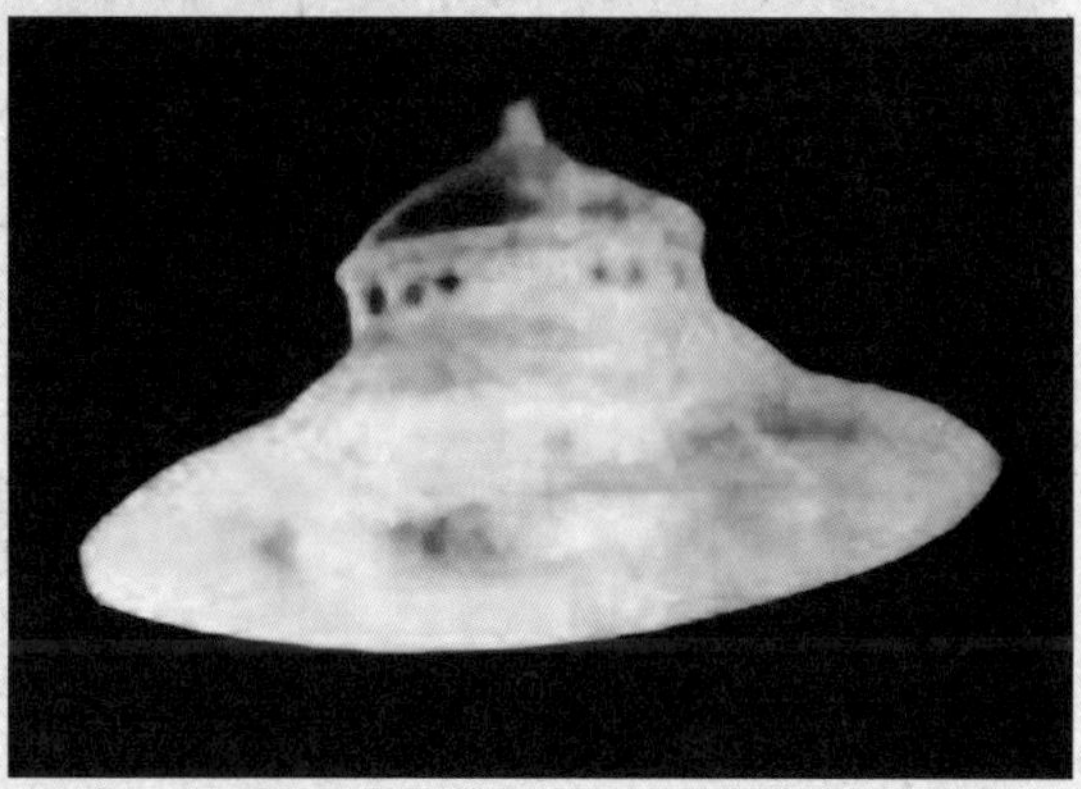

▲上・下：メンジャー撮影のUFO。形状はアダムスキー型に酷似している。
◀上：メンジャーが撮影した異星人。腰に発光するベルト状のものを装着している。この“女性”によってメンジャーはコンタクティに選ばれたといえる。下：妻コニーは自著『金星の恋人』にて、メンジャーも金星人の生まれ変わりだと説いている。

▼異星人からの指示で試作したフリーエネルギーモーター。量産、実用化には至らなかった。

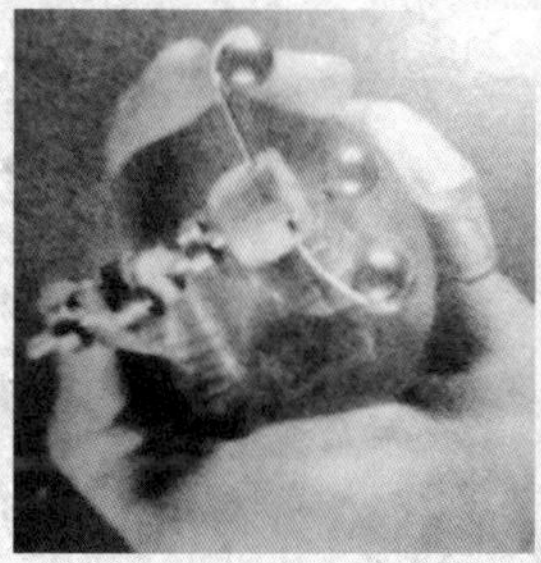

からあなたへ』を著すと、すぐに大反響となり、マスメディアや各地の講演に引っ張りだことなった。

あるとき、ラジオに出演していたメンジャーは、スタジオの外に集まっていた群衆からコニーという女性を見出す。

この出会いをきっかけにメンジャーは妻と別れ、コニーと結婚した。まさに運命的な出会いであった。なにしろ驚くべきことに、妻コニーは転生した金星人だったのだから。

また、メンジャーは異星人からの指示で「フリーエネルギーモーター」の開発にも着手している。完成には至らなかったが、設計図には未知のエネルギーを用いると思われる記述もあり、未解明の部分が残る。

晩年のメンジャーはコニー夫人とフロリダ州で余生を楽しんだ。彼が異星人たちと最後に会ったのは1958年。その際彼らは「2012年に、また戻ってくる」と告げて去っていったという。

だが、メンジャー自身は異星人との再会を果たすことなく、2009年2月、永眠した。

No.000079

ウィリアム・ハーマン

▶ウィリアム・ハーマン。
▼上：1988年4月4日、ウィリアム・ハーマンが撮影した金属質のUFO。下：レティクル座の異星人から贈られた星の配置とMANという文字が刻まれた金属棒。

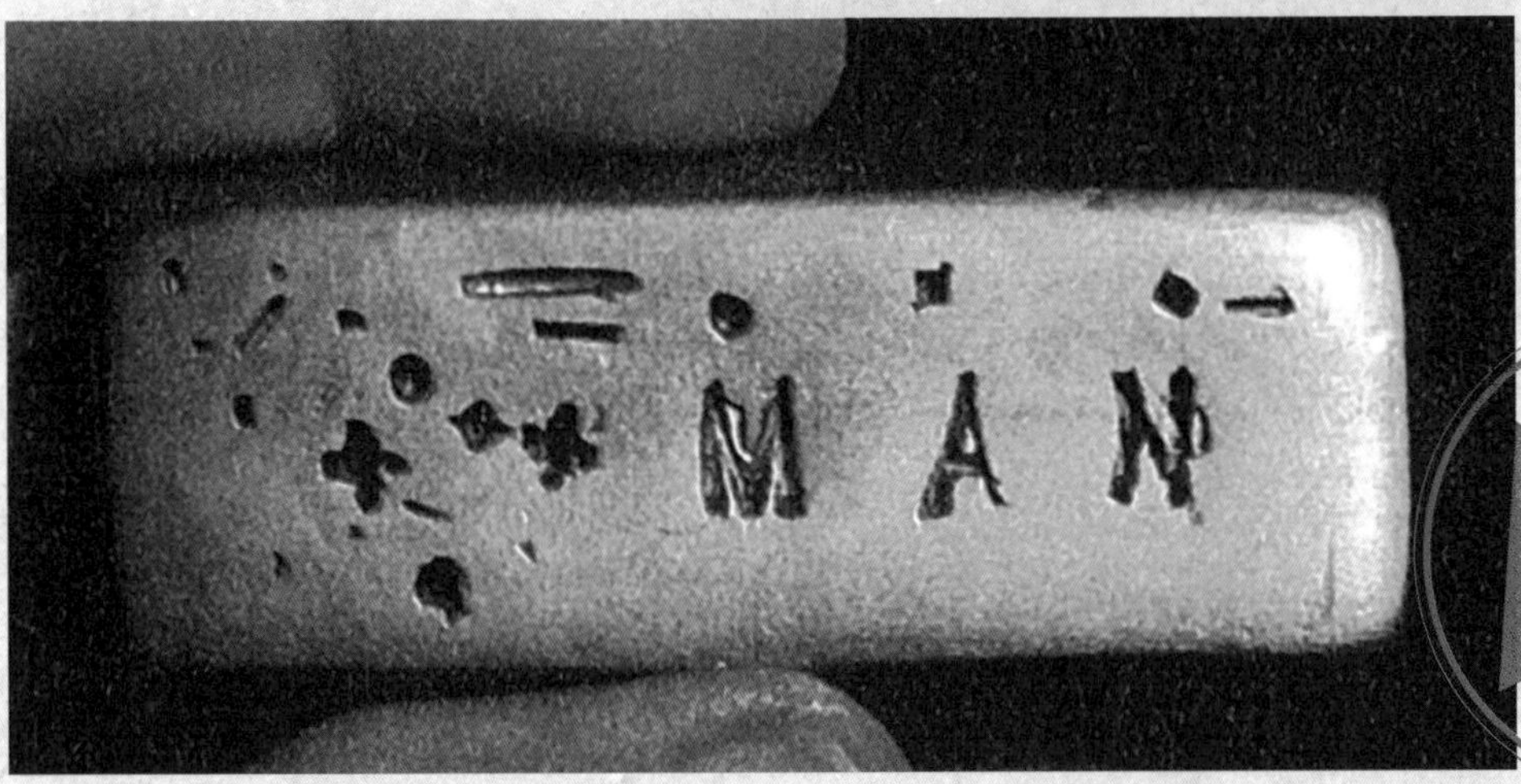

ム認定
AUTHORIZATION

１９７８年３月18日22時。アメリカ、サウスカロライナ州チャールストンに住む、ウィリアム・ハーマンが異星人に拉致されるという事件が起きた。ハーマンはＵＦＯに乗せられ、２時間半にわたり連れ去られていたという。彼は２時間半の間、自身に何が起きたか、まったく記憶がなかったが、逆行催眠により一部始終が判明した。

催眠によってハーマンが発した言葉によると、彼を連れ去った〝生物＝異星人〟は３人いて、身長は約１・５メートル、異常に大きな頭と瞳をもち、口は小さく、体毛はなく、身には制服のような真っ赤なジャンプスーツをまとっていた。

彼は、この異星人らに囲まれるようにして中央に置かれたテーブルの上に横たえられていた。そして異星人の「さあ来なさい、時間がない」という言葉に促され、操縦制御台センター、解析航法室、平行制御装置室などを案内された。異星人らは、きわめて友好的だったという。

その後、再びテーブルの上に横たわるよう促されると、周囲が輝きだし、気づくとハーマンは地上にいた。その場所は、元いた場所から34キロも離れた原野だったという。

もともとハーマンはＵＦＯをよく目撃しており、何枚かの写真にその姿をおさめていたが、この体験以降、頻度は増した。また、意味不明の文字を書くことができるようになり、異星人たちとコンタクトが取れるようにもなった。その中でハーマンは、自分を拉致した異星人は、レティクル座の惑星系「ゼータ１」「ゼータ２」からやってきたことを知る。さらに、星の配置とＭＡＮという文字が刻まれた金属棒も贈られた。

ハーマンによると、彼らレティクル座の異星人らはハーマンに、「文明の進み具合からして地球は遠からず滅びてしまう。そこで自分たちは地球の観察をスタートさせた」と話したという。

そして、ハーマンの経験した人間誘拐は〝直接観察〟の一環なのだとも……。しかし、以後の続報はない。

No.000080

セドリック・アリンガム

▲左：セドリック・アリンガム。右：アリンガムが撮影した火星人の後ろ姿。腰につけている装置は呼吸を補助するものだといわれている。

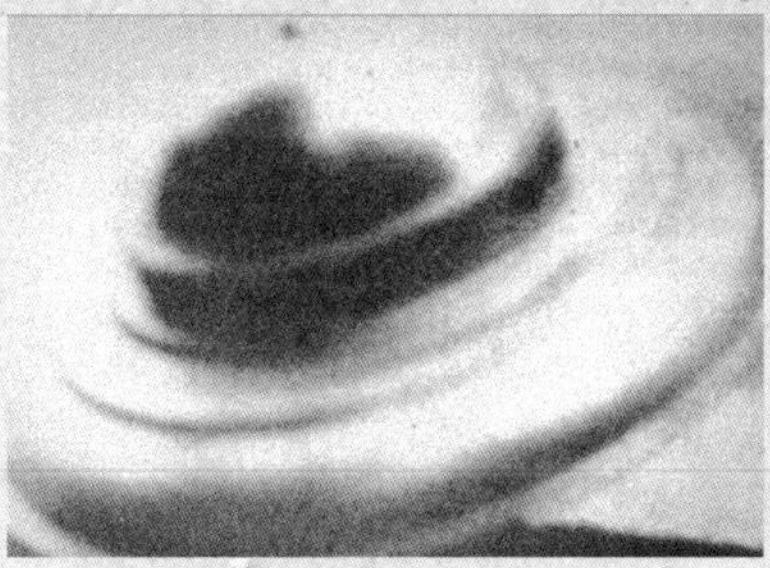

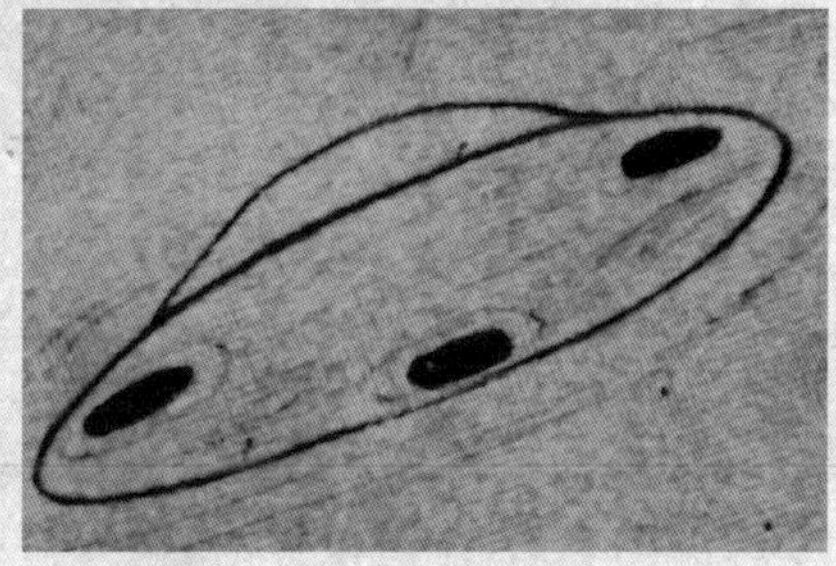

▶左：アリンガムが撮影したUFO。ドーム状の膨らみがある円盤だった。右：アリンガムによる円盤のスケッチ。機体下部には球形の機構があり、これは着陸用のギアだという。

1954年2月14日朝、イギリスのアマチュア天文学者セドリック・アリンガムは、空から飛来した1機の円盤を目撃した。スコットランドのロッシマウスとバッキーの間にある海岸を散歩中のことだった。

さらに4日後の18日午後4時過ぎ。また海岸を散歩していると、今度はシューッという音を発しながら円盤が現れて着陸した。円盤の直径は約15メートル。機体の上部には円形のドームがあり、下部には3個の球形着陸ギアがついていた。

アリンガムが接近すると、円盤のハッチが開いて男が現れた。アリンガムは握手を求めたが、その男は手を出さなかった。男の身長は約1・8メートル。頭髪と肌は褐色で額は広く、呼吸補助装置らしい管を鼻に通していた。

アリンガムが地面に太陽系図を描くと、男は内側から4番目の火星の軌道を指で示した。男は火星人だったのだ。アリンガムは「何の目的で地球に来たのか？」と質問したが、理解してもらえなかった。そこでアリンガムは所持していた万年筆を差し出した。すると火星人は感謝らしき表情を見せて受け取り、胸ポケットに押し込んだ。

その後、アリンガムは身振り手振りで質問を繰り返し、円盤の推進力を聞きだそうとしたが徒労に終わった。火星人は上空を指差して「火星は……」とだけ語った。

アリンガムは次に、火星の図を描き、火星の明るい部分と暗い部分、さらに極冠を描いて、〝火星の運河〟について質問した。これは功を奏した。火星の運河が人工のもので、水不足であること、地球の核実験を憂慮していることなどがわかった。

この会見は15分ほどで終わり、火星人は円盤に戻っていった。その後ろ姿と離陸寸前の円盤を、アリンガムはこっそり撮影していた。円盤は、円形ドームを回転させながら、空の彼方に飛び去っていった。

現場付近に偶然居合わせたという漁師のジェームズ・ダンカンが、目撃宣誓文を残している。

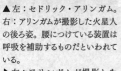

No.000081

トゥルーマン・ベスラム

▲トゥルーマン・ベスラム。

◀上・ベスラムとクラリオン星人の出会いのイメージ。異星人は小柄で、レインズ機長の身長は約1.35メートルだったという。

◀左：円盤の機長のオーラ・レインズ。とてつもない美人で、英語を話したという。右：クラリオン星人が搭乗していた円盤のイメージ図。直径100メートル近い、つるんとした円盤だった。

1952年7月28日午前3時過ぎ。ラスベガスの砂漠の道路工事現場。トラック内で仮眠中の自動車整備工トゥルーマン・ベスラムは、かすかな話し声で目を覚ました。外を見ると、帽子をかぶった作業服姿の小柄な者たちが10人程度、トラックを取り巻いていた。ベスラムが驚いて逃げだそうとしたとき、トラックの近くに着陸している円盤を発見し、絶句する。

立ちすくむベスラムに、小柄な者のひとりが英語で話しかけてきた。少し落ち着きを取り戻したベスラムは、事態の把握に努める。どうやらこの円盤は彼らの乗り物であるらしい。

「機長がいるなら会いたい」と訴えるベスラムを、彼らは円盤内部に案内した。直径約100メートルの円盤の乗員は32名。機長はオーラ・レインズと名乗る女性だった。

レインズは「クラリオンという惑星からやってきた」と語った。そこは太陽を挟んで地球の反対側の軌道にあるため、地球からは見えないという。黒いスカートと赤いブラウスを身につけ、赤と黒がまじったベレー帽をかぶっていた。地球訪問の目的は、休息と空気の補充だという。彼女は、飢えや病気のない理想郷のような惑星クラリオンの生活をベスラムに聞かせた。

その後もベスラムは彼らクラリオン星人と何度となくコンタクトを続け、1954年に『空飛ぶ円盤の秘密』(原題『Aboard a Flying Saucer』)を著す。クラリオン星人が円盤の機体の素材を火星から調達していること、重力をコントロールできること、彼らのエネルギー源が磁力とプルトニウム、そして中性子であることなどの情報を公開した。

1957年の「ライフ」誌に、ベスラムの意味深なメモが掲載された。「関係者各位　もし私が死んでいるのが見つかったら、それは空飛ぶ円盤を見て乗ったために、ひどく興奮して心臓が止まったからです……」

1969年5月21日、ベスラムはカリフォルニア州ジャイアントロック近くで死体となって発見されている。死因は不明だ。

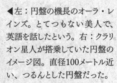

No.000082

レックス・ヘフリン

1965年8月3日の正午過ぎ、アメリカで空中に浮かぶ奇妙な物体がポラロイドカメラで撮影された。写真は計4枚。うち3枚にはUFOとしか表現できないような物体が浮遊する様子が、1枚には煙の輪のようなものが写しだされていた。

撮影者は、カリフォルニア州オレンジ郡のハイウェーパトロールマン、レックス・ヘフリン。いつものように巡回していたところ、サンタアナ自由高速道路の上空に、下の写真にある奇妙な物体が飛行する姿を発見した。

ヘフリンによると物体の底部からは旋回光線が放射されており、急上昇したかと思うと、消え去ったのだという。ヘフリンはカメラのシャッターを切りながらも、この異常事態を本部に報告しようと2度も無線に向かった。しかし肝心の装置が動かない。元に戻ったのは、物体が去った後だった。

このニュースは、ヘフリンを一躍、時の人にした。ヘフリンのもとには連日、多くのUFO研究家や軍の職員らが押し寄せた。

多数の訪問者の中には、怪しい人物もいた。「北アメリカ航空宇宙防衛司令部から来た」という男性もそのひとりだ。ヘフリンはなんとこの人物にオリジナルの写真を渡してしまったという。コピーは手元に残ってはいるものの、オリジナルがヘフリンのもとに返却されることはなさそうだ。というのも、この写真に関して、こんな事件があったからだ。

1967年10月、ヘフリンの家にひとりの男性が訪れた。男は「組織司令部・宇宙組織課C・H・エドモンズ」と書かれた身分証明書を提示し、こんな質問をヘフリンに投げかけた。

「あなたは写真のオリジナルを取り戻す気はありますか」――。

ヘフリンが「ノー」と答えると、男性はほっとしたような顔をし、バミューダ・トライアングルに関する知識について、しつこく質問を投げかけてきたのだそうだ。質問の意図は何なのだろうか……。

一方で、「飛行物体の正体は窓からつり下げられたおもちゃだ」との説も根強いという。

しかし、ヘフリンのもとを訪れた奇妙な人々を思うと、写真には、想像以上に大きな秘密が隠されているような気がする。

▼手に持つポラロイドカメラで件のUFO写真を撮影したレックス・ヘフリン。

▼左・右：1965年、ヘフリンが車の窓から撮影した飛行物体の写真。この撮影後、ヘフリンのもとには奇妙な人物の訪問が多くなった。

No.000083

ポール・ヴィラ

1963年6月16日、アメリカ、ニューメキシコ州アルバカーキの近郊の町ベラルタの上空に円盤形UFOが出現。低空まで降下してきたところに居合わせたポール・ヴィラによって撮影された。

これは偶然ではない。

当時整備工だったヴィラは、仕事に向かう途中で「ベラルタへ向かえ」と異星人からのテレパシーを受け、運転するトラックのハンドルを切った。ベラルタに到着すると、まさしく上空に謎の円盤形UFOが滞空していたのだ。

撮影後、UFOはヴィラの目の前に着陸。間近で見るUFOの直径は約20メートルほどだったという。

機体のハッチが開き、そこから男性4人、女性5人の異星人が現れた。いずれも身長1・8メートル前後で、地球人とほぼ変わらない体形と顔かたち。髪の毛の色は、黒や赤、そして金髪などさまざまだった。

彼らはテレパシーで、自分たちが「髪の毛座の銀河系から来た」とヴィラに伝えた。さらにUFOの動力は人工重力であること、アメリカの火星探査機マリナー4号が火星の運河の撮影に成功したこと、衛星フォボスとダイモスが人工衛星であることなどを告げた。

後日、この写真は、アメリカ空軍のUFO調査機関「プロジェクト・ブルーブック」によって分析されたが、真偽は明らかになっていない。

後にヴィラは、5歳のとき、すでに地球外知的生命体からテレパシーを感知しており、その存在を認識していたと語っている。さらに、1953年には、カリフォルニア州ロングビーチの海岸で、天使のような姿をした異星人とコンタクトしたと主張した。なんと、その異星人もまた「髪の毛座から来た」というのである。

▲1966年にヴィラが撮影した金色の円盤。直径約1メートル。

▶1963年6月16日にヴィラが撮影した円盤。白昼堂々、姿を現した。

▲ポール・ヴィラ。アメリカ出身。

◀1972年9月24日にヴィラが撮影したUFO。トラックの近くを飛んでいる小型円盤がくっきりと写っている。

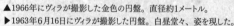

No.000084
バック・ネルソン

◀バック・ネルソンが撮影したUFOの写真。光に包まれていて実像は定かではないが、2機編隊のように見える。
▼上：ネルソンによるスケッチ。円盤は直径15メートルほどだった。下：バック・ネルソン。アメリカ、コロラド州出身。

アメリカ、コロラド州デンバー近くの農場で生まれ、晩年はミズーリ州のオザーク山で農業や製材業を営んでいたバック・ネルソン。彼は1956年から自身が所有する農場で「スペース・クラフト・コンベンション」を毎年6月下旬に開催し、そこで自身の〝驚異的な体験＝金星人とのコンタクトストーリー〟を語ってきた。

最初の遭遇は1954年7月30日午後4時過ぎ。ネルソンは突如2機の空飛ぶ円盤を目撃した。とっさにカメラで撮影し、ついでフラッシュライトで合図を送った。すると円盤からまばゆい光線が放たれ、ネルソンはその場に倒れた。

円盤が飛び去った後、意識を取り戻したネルソンの体には異変が起きていた。15年間患っていた腕や腰の神経痛がウソのように治癒していたのだ。同時に視力も回復し、眼鏡が不要になっていた。

以降も重ねたコンタクトで、円盤が金星人のものであることがわかった。5度目の会見の1955年4月24日真夜中、ついにネルソンは彼らの円盤に愛犬とともに同乗する。

色彩豊かで、運河が流れ、野原には馬や犬に似た動物がいた火星で地球人とそっくりな火星人と交友したと思えば、続いて酸素マスクなしで月面を歩きまわり、異星人基地を訪問し、霧に包まれた月の裏側も探訪した。時間の感覚はまったくなくなっていた。

そして、金星に到着すると、空に3つの月が見えた。建物はすべて石造りで、ほとんどが丸い屋根だった。金星は恒久に平和で、人々も恐ろしく長命で、平均寿命は500～600歳だと聞いたという。

円盤内でネルソンは、地球の大ピラミッドが磁力で積まれたこと、その建設技術者の一部が火星と金星に由来すること、彼ら異星人がアトランティスの記録を保管していることなども教示された。

ネルソンが体験した宇宙旅行とは何だったのか？　その実像は、数葉の写真が物語るのみだ。

No.000085

ビリー・マイヤー

スイス、チューリッヒ在住の通称ビリー・マイヤーは、4歳で初めてUFOを目撃して以来、優に100回を超える異星人とのコンタクトを続けている。さらにはUFOに乗って大気圏外を離れた宇宙飛行を経験し、あるときは時をさかのぼって古代のエジプトを観察し、かのイエス・キリストにも会ったと公言。広く物議を醸した人物だ。

マイヤーが語るもっとも有名なコンタクト事例が、1975年1月、地球から約400光年離れたプレアデス星団からやってきた異星人女性セムジャーゼとの出会いだ。

ふたりの間の長大かつ詳細なコンタクト・ストーリーは3000ページにもおよぶノートに記録されている。

当時、セムジャーゼは「地球は西暦2000年以降、みずがめ座の時代に突入、物質文明が精神文明に転換し、大きな試練があった後、自由と平和と幸福が全人類の上に訪れる。時代遅れの宗教はなくなり、愛でつながった宇宙の法則によって置き換えられる」と説いた。

また、「オゾン層の崩壊が突然変異を誘発する」という警告も発している。

ちなみにセムジャーゼは、本物のコンタクティはマイヤーを含めて20名足らずだと告げ、ジョージ・アダムスキーをペテン師だと指摘している。

マイヤーが撮った美しく印象的なUFOの写真群も有名だ。そのすべてが、あまりにも鮮明すぎるため「ミニチュア模型をつり下げて撮ったトリックだ」と、真偽論争が繰り広げられた。

このように、マイヤーのコンタクト事件は「でっちあげである」という批判が大勢を占める。一方、多くの批判にも反発せず、誠実で素朴に体験を語る彼に事件を捏造する理由もメリットもないという擁護派もいる。

結局、ことの真偽はマイヤーの手を離れて、世の研究者の判断に委ねられている。

▲ビリー・マイヤー撮影のUFO。彼は生涯で1000枚以上のUFOを記録している。

▲上・左：マイヤー撮影のUFO写真。木立ちのそばに浮遊していた帽子形の飛行物体で、全幅は50メートル程度だったという。上・右：4機編隊の飛行円盤。マイヤー撮影のもの。このまま飛行して去っていったという。下：マイヤーがコンタクトしたプレアデス星人セムジャーゼ。だが、この画像は後にフェイクだと判明している。

No.000086

ダニエル・フライ

▲世界のUFOコンタクティが集まる大会にて、ジョージ・アダムスキー（左）とフライは歴史的な対談をした。

▲1968年にオレゴン州で撮影されたUFO。ダニエル・フライ撮影。

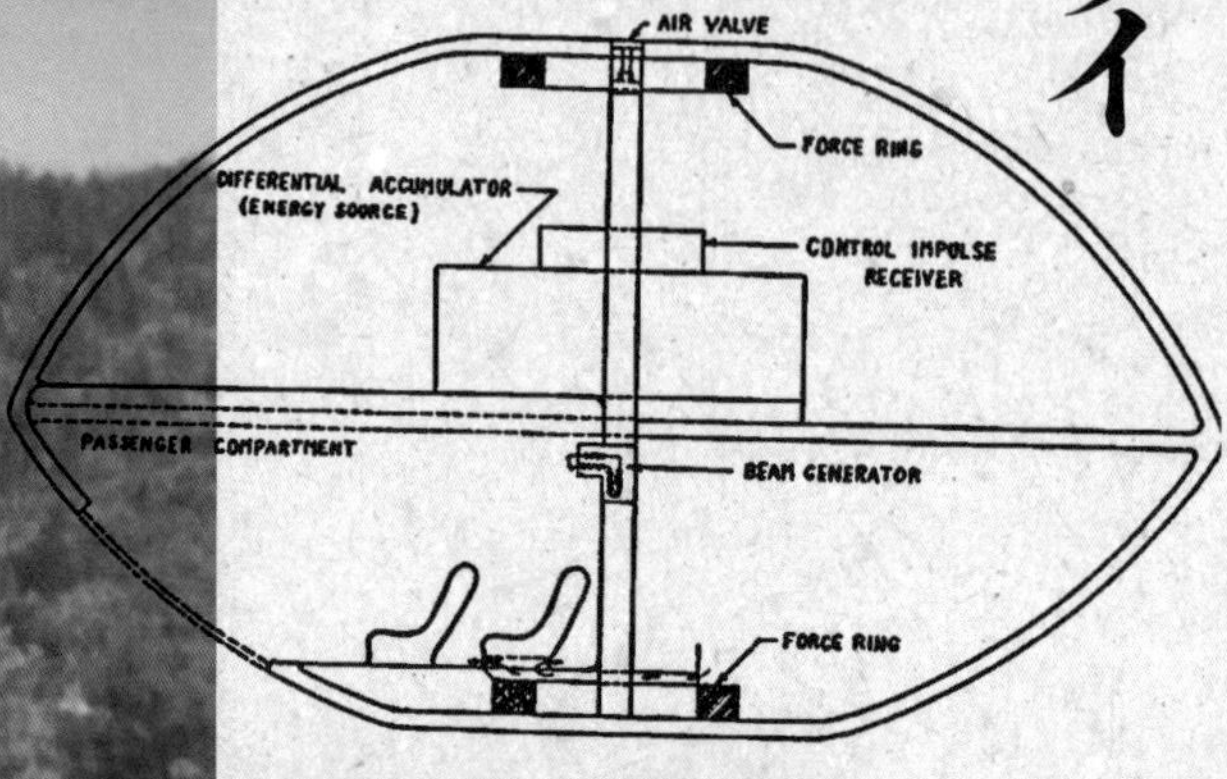

▶上：フライが乗ったUFOの内部図。数人が滞在できるスペースのある、非常にシンプルな構造だ。下：フライが搭乗したUFOの写真。

1950年7月4日午後8時30分過ぎのことだ。アメリカ、ミネソタ州出身のロケット技術者ダニエル・フライが、勤務先であるニューメキシコ州ホワイトサンズの大砲発射場近くの原野を散歩中、目の前に直径約9メートルの卵形の物体が着陸。好奇心から物体に触れると、チリチリとした感触がした。

「おい、まだ熱いから触れないほうがいいぞ」

突然の声に驚いてあとずさりしたが、「怖がるなよ、キミらの仲間だよ」と声は続けた。その後、姿なき声に導かれるまま、フライはその物体の内部に入った。内部には映写機のような箱と椅子が4つだけあった。「これは無人の宇宙船で、約1・4キロ上空の母船から制御されている」と、声が告げた。

フライが椅子に座ると、室内が暗くなり、ドアがスクリーンになって外景を映しだした。機体は急上昇し、ニューヨーク上空を旋回してから出発点に帰還。フライは往復30分間、平均時速1万1200キロという超高速飛行を体験したのだ。加速度はいっさい感じなかった。

声の主は〝アラン〟と称した。彼の祖先はレムリア人で、アトランティスとの最終戦争で、両大国は滅亡、海中に沈んだと打ち明けた。アランは、米ソの核兵器開発を憂慮し、地球の危機を警告した。

フライが地上に降りると、宇宙船は音もなく上昇し、闇に消えた。

アランとの3回目の会見で、フライは地球人に宛てた長文のメッセージをもらった。そこには「無益な戦争や核兵器の製造を、一刻も早く中止すべきだ。そうでないと〝滅亡の道〟をたどることになる。中止するためには、精神科学と社会科学を発達させなくてはならない」という警告が記されていた。

フライはその要請に応えるべく、世界人類の親和融合を目的とする団体「アンダースタンディング」を主宰。会員は世界各国から集まったが、1992年にフライが逝去するとともに、活動は鳴りを潜めた。

No.000087

エリザベス・クラーラ

▲クラーラが撮影したUFO。
◀エリザベス・クラーラ。南アフリカ出身。

南アフリカ、ナタール地方に生まれたエリザベス・クラーラは、7歳のときに空飛ぶ円盤を目撃。以後、円盤との再会を夢見ていた。

再会が叶ったのが1954年12月27日。彼女は円盤の窓越しに、ブロンドの髪をした絶世の美青年の顔をはっきりと見た。円盤は飛び去ったが、以後、クラーラは、この美青年との再会を夢見て、何度となく丘陵地帯に足を運ぶ。焦がれた再会は、1956年4月7日早朝のこと。

彼女が嬉々として歩み寄ると、円盤の外にはあの美青年が立っていて、彼女を円盤内に招待してくれた。美青年は流暢な英語で「金星から来た」といった。彼は暗褐色の体にぴったりしたスーツを着ていた。

クラーラを乗せた円盤はすぐに宇宙空間へと飛びだした。飛行中、クラーラは、新鮮な水を飲み、真っ赤なリンゴとバナナのような果物を食べた。金星人は菜食主義なのだという。ふと気づくと、となりに座っていた別の背の高い金星人が「今、金星の上空ですよ」と告げた。

金星人たちは、金星の下層には酸素を含む成層圏があり、美しい山々がそびえていること、家屋は円形のパターンになっていること、地球の月にも聡明な異星人が居住していることなどを説明してくれた。

クラーラのコンタクト体験は、その後、驚異の展開をみせる。

1957年7月17日、クラーラはカスキン山の高原で、アルファケンタウリの惑星メルトンから飛来した宇宙船に同乗し、異星人エーコンと出会って恋に落ち、息子アイリンを授かる。

その後、クラーラは著書『光の壁を超えて』を著し、惑星メルトンの詳細について公開している。

No.000088

アルベルト・K・ベンダー

▲MIBから「人類は月に立つこと」「月のクレーター内には氷が存在すること」を知らされたアルベルト・K・ベンダー。
◀ベンダーの前に現れたMIBの姿をベンダー自らが描いたもの。

UFO目撃者や研究家を〝脅迫＝警告〟する、謎の怪人メン・イン・ブラック＝MIB。その存在を広く知らしめたのは、アメリカ、コネチカット州のUFO研究家アルベルト・K・ベンダーだ。

1953年、ベンダーの前に、帽子をかぶった3人の男が現れ、テレパシーで「地球で目的を達するため、地球人の姿をしている。これを握ってラジオのスイッチを入れて〝ケイジク〟と3度唱えればコンタクトができる」と告げ、コイン大の通信機を渡して消えていった。彼の前に現れたMIBは、なんと異星人だった。

同年9月、ベンダーが「ケイジク」と唱えるとUFO内の円形の部屋にテレポートされ、立体スクリーンで月面のクレーター内に凝結した多量の氷があるのを見せられた。

翌10月、南極の地下基地に連行され、宇宙司令官と会見。彼らが1945年以来、地球に来ており、15年間滞在すると告げられた。数日後、ベンダーが地下基地で浴びた放射線に、秘密を漏らしたとき体を木端微塵にする作用があると脅され、彼は身の危険を感じ、UFO研究活動を停止したのだった。

1960年、コイン状の通信機が忽然と消えたことで、彼らが目的を達して帰還したと察知したベンダーは、『空飛ぶ円盤と3人の男』を著し、彼らから入手した情報のすべてを暴露したのである。

ベンダーは異星人から得た情報として「将来、人類が月に立つこと」、「月のクレーター内に凝結した氷が存在すること」を公言していた。その言葉どおり、1969年、人類は月への到達に成功し、さらに1996年、月探査機クレメンタインが月の南極付近に氷の反応を示すデータを捉えた。ついで2008年、NASAのルナ・プロスペクターが氷の存在を確認したのだ。

すなわち、探査機の発見よりも43年前に、ベンダーはすでに月に氷が存在するのを見ていた。ベンダーの体験を単に〝偶然の一致〟と無視することはできないのである。

No.000089-000107

6 奇現象

No.000089

ミステリー・サークル

イギリス南西部を中心とした田園地帯に広がる作物畑の小麦などが謎の力によって整然となぎ倒され、美しい円形パターンが形成される。これがミステリー・サークルだ。

このサークル現象自体が世界的に認知されたのは、1980年代のことだが、当初その形は一見すると、〝ゾーサー・ネスト〟(空飛ぶ円盤の巣)を連想させた。これは、UFOが飛び去ったのち、草木がまるで鳥の巣のように円形の渦を巻いて倒伏しているという状態を指す造語だ。UFOに起因するこの物理的な痕跡は、オーストラリアをはじめとしてアメリカ、カナダなど世界各地で報告されている。

だが、サークル現象は、いわゆるUFOの着陸痕とは異なる。その証拠に、1990年代になると、図柄は単純な円の組み合わせから、より複雑精緻なパターンを呈するようになった。

1990年8月4日、ハンプシャーのウィンチェスターに出現した全長200メートルの巨大サークルは、象形文字をつなぎ合わせたかのような、複雑な図柄が注目された。以降、円ばかりでなく、三角形や四角形、星形などを複雑に組み合わせた図形が増加。2000年代に入ると、ユダヤ神秘思想カバラのシンボル「生命の樹」や「ダビデの星」といった、メッセージ性の強い図形も報告されている。

近年では3D図形や日食など天体現象をかたどったパターンが現出するなど、年を追うごとに多様化するサークルの図形について、「人類に対するなんらかの警告やメッセージが込められているに違いない」と指摘する声もある。

不可解なことに、サークル内に入るだけで、人体に影響を及ぼすという不思議な現象が報告されている。たとえば、2014年7月27日、グロースターシャーのシャーリントンに現れた五芒星をかたどったサークルの中心に立つと体に力が入らなくなり、立つことが困難になると話題になった。さらにサークル出現前夜に、謎の発光体や麦畑の上空を飛ぶUFOの目撃報告も多数寄せられている。人体にまで影響を及ぼす原因は、謎の発光体やUFOにあるのか? そもそもサークルの出現にもそれらがリンクしているのか? それはまだわかっていない。

▼現代のミステリーサークルは単なる円形ではない模様に進化している。また、複数のサークルが組み合わさって巨大なシンボルを描く例も多い。

認定
AUTHORIZATION

▼2014年7月27日、グロースターシャー州シャーリントンに出現したサークル。五芒星を暦のような円が囲んでいる。

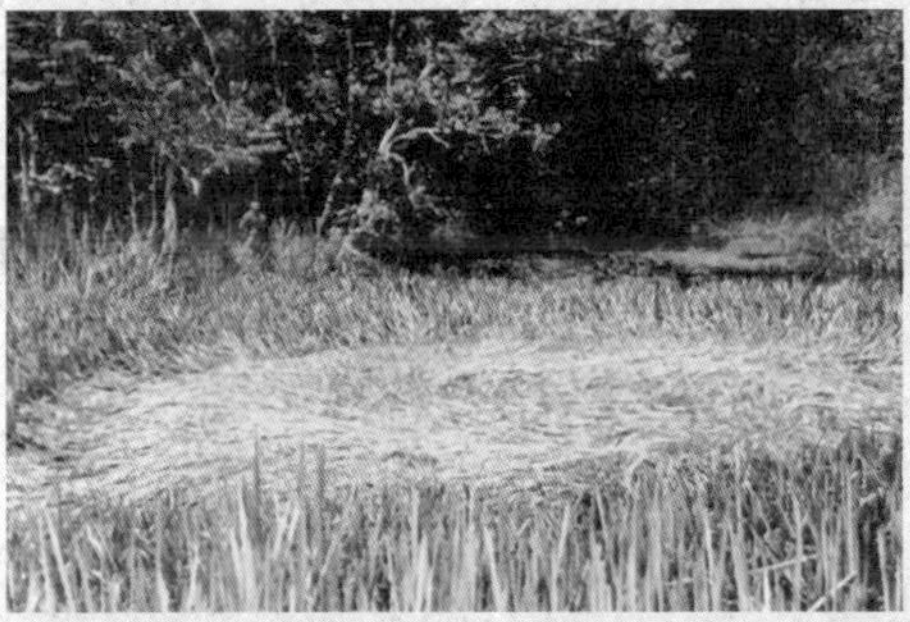

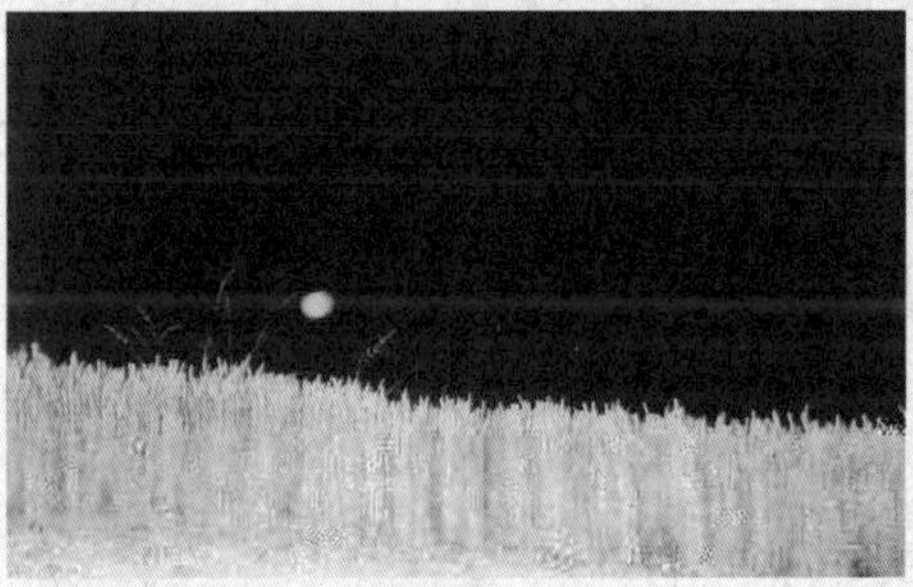

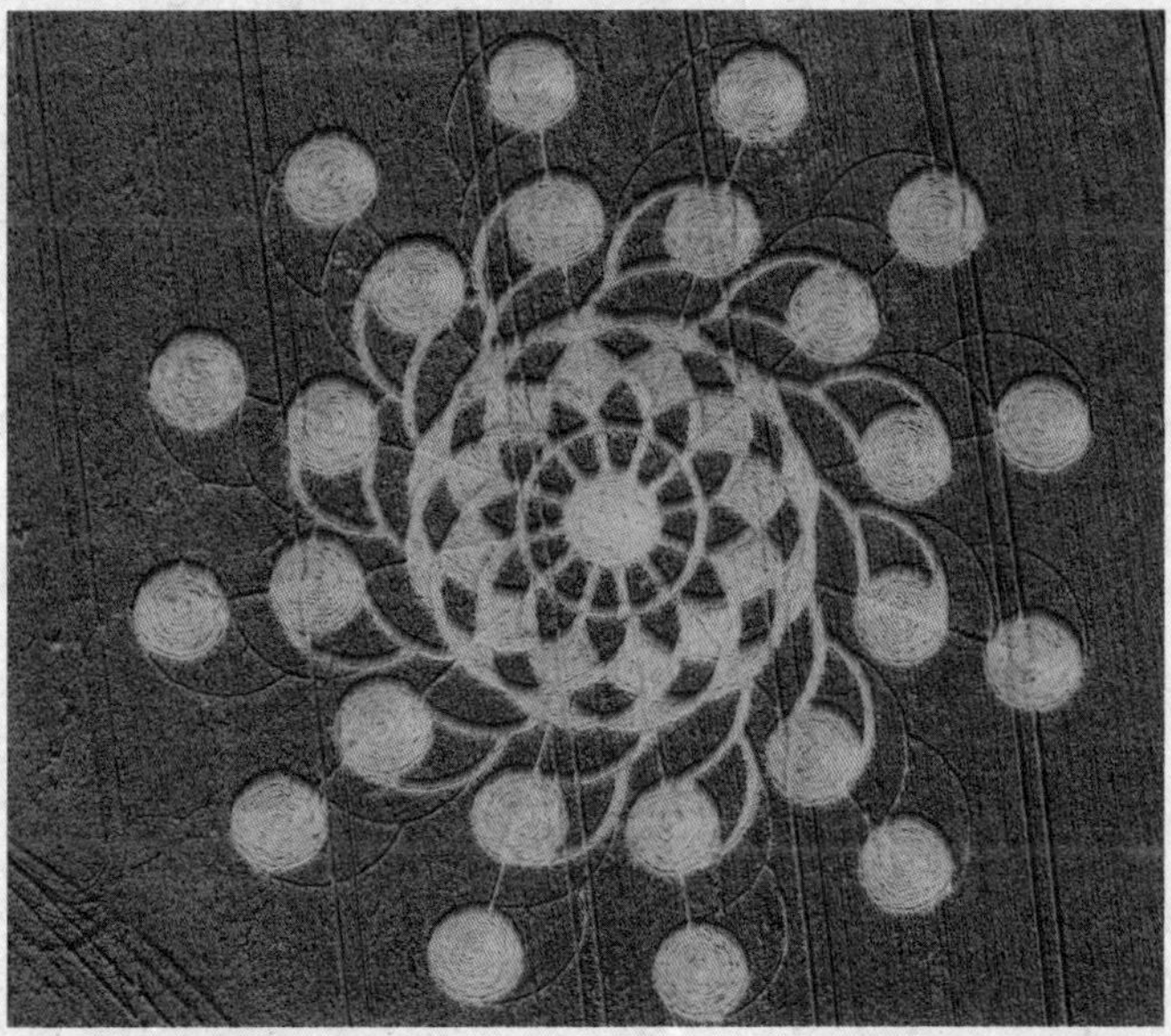

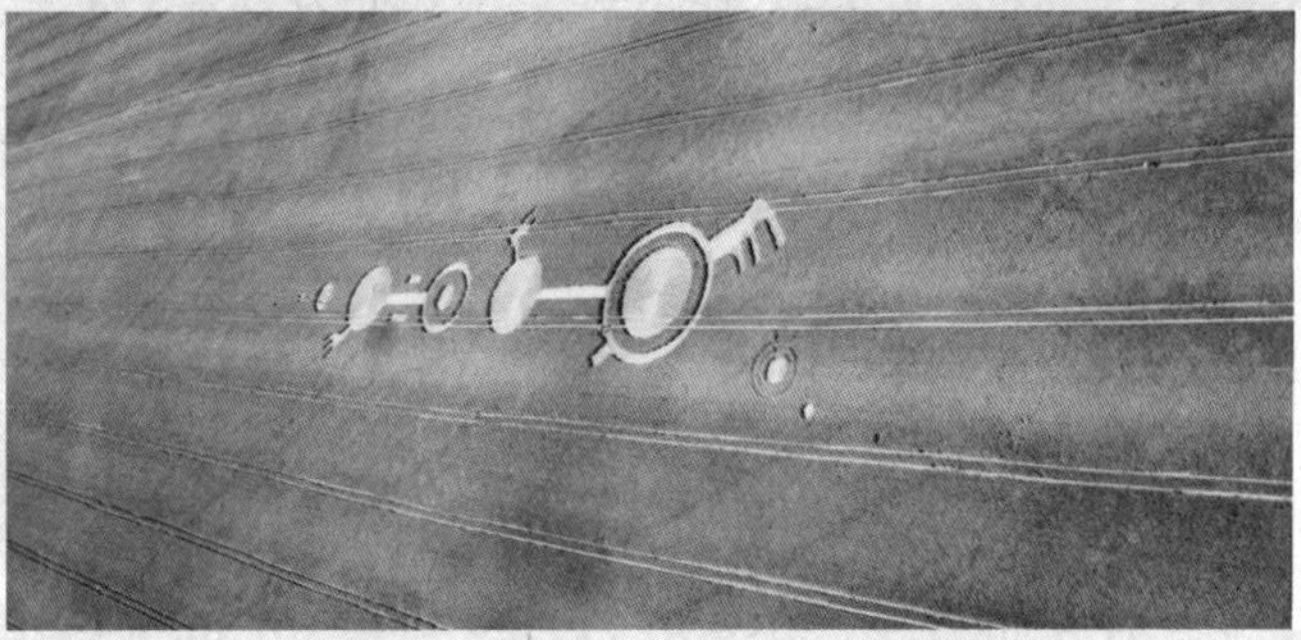

▲上：1966年、オーストラリアのタリーでUFOが飛び去った事件の後に発見されたソーサー・ネスト。下：2000年7月6日、シルベリーヒルに出現した発光体。サークル現象との関わりはあるのか？

▶上：2018年に出現した円形の複合サークル。下：1990年8月4日、ハンプシャー州ウィンチェスターに出現したサークル。直列する惑星を示した図だといわれている。

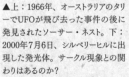

AUTHORIZATION 認定

2018年の夏に出現したミステリーサークル群。年を追うごとに複雑になり、巨大化も進んでいる（写真＝スティーブ・アレクサンダー）。

No.000090

プラズマエネルギーで形成されたサークル

1991年以降、「ミステリー・サークルは自分たちが作った」と主張する自称〝サークルメーカー〟が登場し、その作成告白をメディアが取り上げて、あたかもすべてのサークルが人為的なものだ、という扱いになっている。

しかし、サークルは進化しつづけ、近年はより精密さを増し、巨大化し、すべてが人為的だとするなら、ひと晩どころか、どれだけ日数がかかるかわからないものまで出現している。

2007年7月7日、驚愕の事件が起きた。この日、3人のリサーチャーが、ウィルトシャー、オルトンバーンズのイーストフィールドを見下ろす丘にカメラをセット。午前3時8分過ぎ、突然、前方上空に無数の白色の閃光が現れた。午前3時20分過ぎ、麦畑に影のようなものがではじめ、午前3時45分、総延長約300メートルの巨大なサークルが形成されたのだ。赤外線付きビデオカメラには、無数の光がキャッチされている。

特筆すべきサークルが2012年7月12日、ウィルトシャー

▼左：2007年7月7日、ウィルトシャー、オルトンバーンズの例。閃光の後、300メートルにおよぶ巨大なサークルが出現したという。右：オルトンバーンズで赤外線カメラが捉えた光の群。ここにサークルが出現しつつあったのだ。

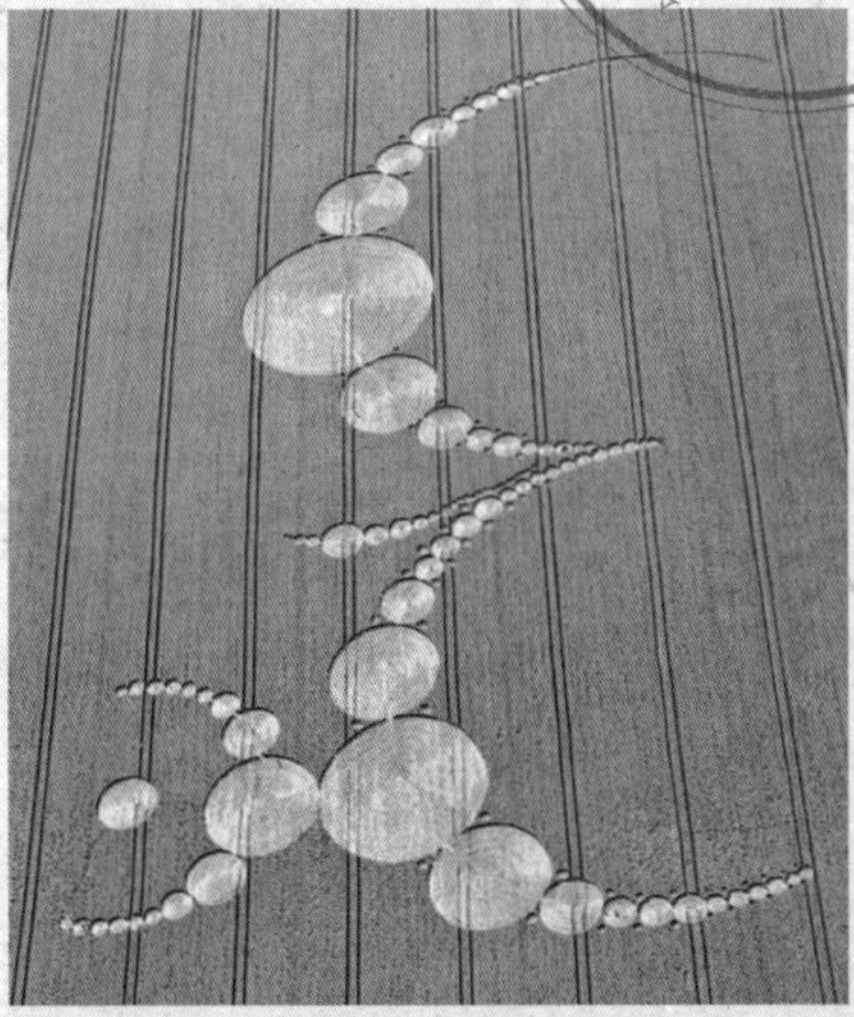

▲▶イチルハンプトンのサークルでは、麦がねじれたように折れ、異様な膨張、変形もしていた。人間のイタズラではこのような不自然な折れ方にはならない。

▼2012年にイチルハンプトンに出現したサークル。

のイチルハンプトンに出現している。サークルの渦巻き状に束ねられた茎が成長節の部分で、直角に曲がり、大きく膨張し、屈曲していたのだ。驚くべきは、ねじれた状態の葉があったこと。これは明らかに渦巻くエネルギーが関与したことを示唆せずにはおかないのだ。

1994年以来、この種の茎のサンプルを収集し、科学的調査を続けているアメリカ、ミシガン州のパインランディア生物物理学研究所のW・C・レベングッド博士は、〝プラズマ渦〟あるいはマイクロ波をはじめとするエネルギーがサークルを形成すると指摘。高速回転しながらマイクロ波その他のエネルギーを放射するプラズマによって茎が生化学的・生物物理学的変化を起こして成長節が折れ曲がる、という趣旨の学術論文を発表している。

そう、ミステリー・サークルには、すべてが人為説と決めつけるには、奇妙で説明のつかない現象が起こっていることも事実であり、ミステリー・サークルは今なお未解明の謎を数多く、その中に封印しているのだ。

No.000091

山形のUFOサークル事件

▲1986年8月9日の朝、沼のアシが奇妙に倒れていたという報告を受け、8月31日に撮影した現場。UFOの着陸痕と思われる。

1986年8月8日夜、山形県山形市西川町の山間部にある鶴部で、沼地に降下していく火の玉状のUFOが目撃された。

翌9日朝、近くの小屋に寝泊まりしていた菅野さん夫妻が現場で異変を発見。沼に群生するアシが円形のすり鉢状に倒れていた。その直径は約6メートルだった。おまけに沼の水位が約10センチも下がり、広さから換算して約30トン近い水が消失していたのだ。

当時UFO目撃事件が多発していたエリアでもあり、気になった筆者は8月31日、現地に赴き、この異変を目のあたりにした。

そこでは群生するアシが底から泥とともに根こそぎ浮き上がり島を形成し、そのアシが中心部から外側に向け放射状に倒伏していた。

しかもアシは根元から倒れ、そのまま地を這い、先の部分だけが上向きにカーブしていたのだ。折れた形跡もなければ、焼け焦げた跡もない。不自然な円形、まさしくミステリー・サークルが形成されていた。

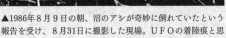

▲上：痕跡の中心部に乗り調査する筆者。下：発見者の菅野さん夫妻。発見時、腰をぬかすほど驚いたという。

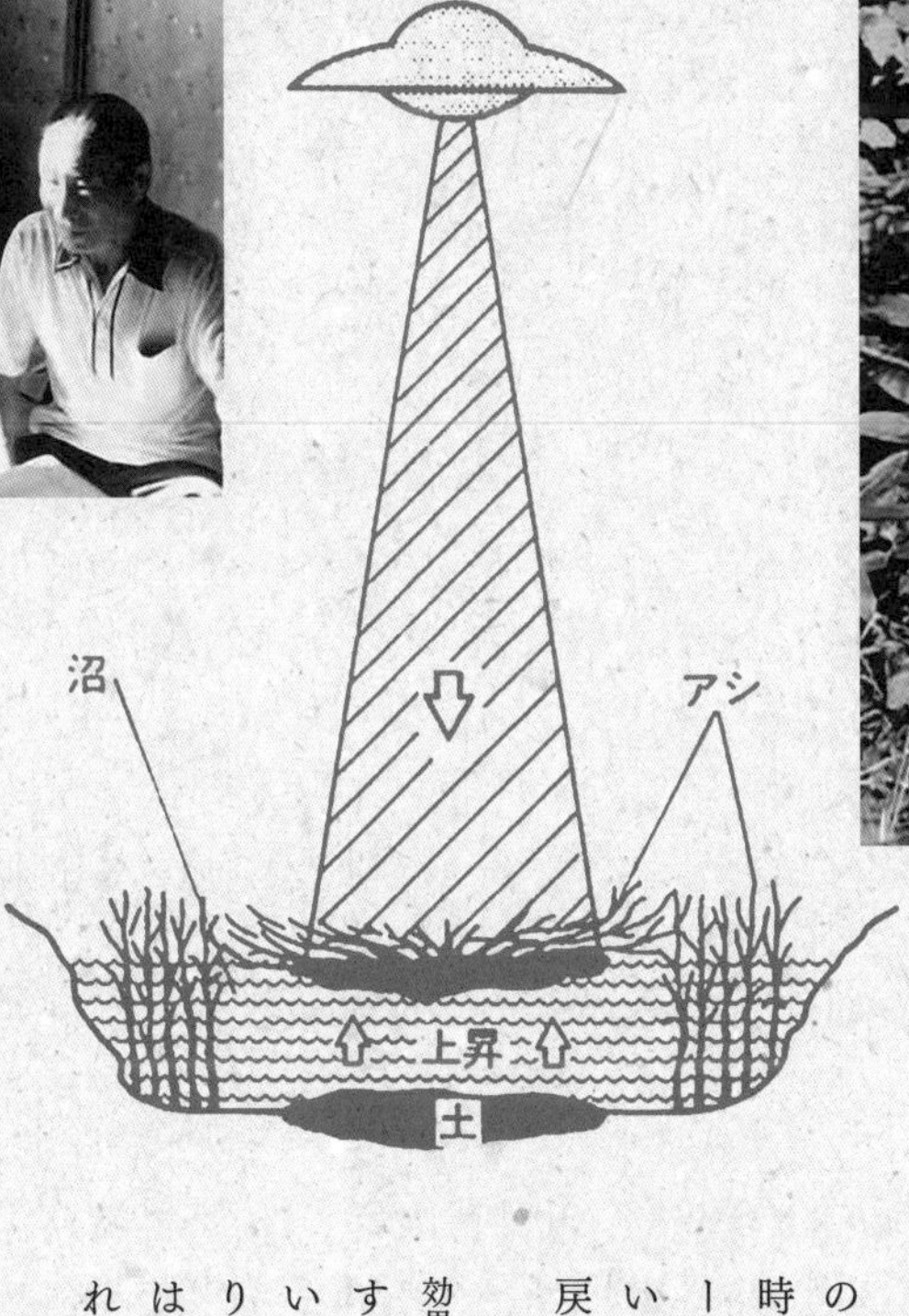

◀再現図。現地の痕跡から、UFOは沼のごく低空に飛来し、水を吸い上げたと思われる。

欧米ではUFOが水を採取する事件がしばしば報告されており、UFO目撃多発地帯は水辺に多い。その理由にはさまざまな説があるが、西川町に出現したUFOも、この沼地をターゲットに飛来し、〝何か〟を行っていったのだろう。

現地で情報を収集すると、町のあちこちで、前日8日の夜8時から1時間、テレビがガーガー鳴って、映像が乱れていたという。それが、翌朝には正常に戻っていたということだ。

これは広範囲にEM効果（電磁効果）が発生していたことを意味する。UFO接近遭遇事件において、ラジオが急に鳴りだしたり、電灯が点滅したりする異常は数多く報告されているが、それこそがEM効果だ。

UFOが人間や家畜、車などをビームで吸い上げる事件の報告は世界各地にあるが、西川町に強烈な電磁効果と発光を伴って〝堂々と〟飛来したUFOがなぜ、沼の水を吸い取っていったのか？

現場に残された浮島現象だけでは、その意図を読み取ることは難しい。

No.000092

ケム・トレイル

▶実行犯の整備士からリークされたという写真。散布する化学物質のタンクのようなものが並ぶ。

　ここ数年、アメリカやカナダの上空に奇妙な飛行機雲が現れ、話題を呼んでいる。ケミカル・トレイル（化学的な／化学物質の航跡）、略してケム・トレイルと呼ばれる現象だ。

　ケム・トレイルは多くの模様を描く。平行する2本の直線、X字形、W字形、格子や円形。これらはいずれも、複数の航空機が空を行き来しながら作りだしていたという目撃談がある。ケム・トレイルは通常の飛行機雲よりも長く空中にとどまり、徐々に広がっていく。そしてレース編みのような淡い状態になった後、ごく普通の雲へと姿を変える。

　ケム・トレイルについて、見過ごせない事実がある。目撃者の多くがその後、体調を崩しているのだ。悪寒や鼻水、目の充血などが多いが、鼻血や血痰、関節が腫れるなど、より重い症状に悩まされる人々もいるという。こうした健康被害まで引き起こすケム・トレイルの正体は何か？

　気象操作実験、生物・化学兵器のテスト、余剰燃料の不法投

▲2003年にウィスコンシン州で発生したケム・トレイル。まき散らしたかのような航跡は、ただの飛行機雲ではありえない。
◀上・下：2000年代に世界各地で報告されたケム・トレイルだが、現在は目立った事例がない。気象操作実験は完了し、計画は次の段階へ移ったと思われる。

棄などの説が唱えられてきたが、一部の研究家たちは、ケム・トレイルがアメリカ政府や情報組織の謀略に基づいて作られたと確信している。それは、地球の電離層を探る目的で推進中のHAARP（高周波活性オーロラ調査プログラム）が引き起こしたものだというのだ。

HAARPは本来の目的以外にも、地中プラズマに干渉することで人工地震発生装置にもなりうると指摘されている。ケム・トレイルがそのHAARP稼働の手助けをしているのかもしれない。

HAARPの制御には電離層内のプラズマが欠かせないのだが、気象条件などでそれが望めないときは人工的にプラズマを作りだす。そのために使われる帯電したエアロ・ゾルがケム・トレイルになったというわけである。

人体に有害な物質が含まれているとおぼしきエアロ・ゾル＝ケム・トレイルが、巨大地震を引き起こすHAARPによって使用されていた。これほど非人道的な計画の目的とは、いったい何だというのか？

No.000093

シベリアの巨大な穴

▲2014年7月に3つの大穴が発見された。

2014年7月、ロシア、西シベリア平原の中央部にあるヤマロ・ネネツ自治管区の永久凍土に覆われたヤマル半島に、長径100メートル、短径50メートル、深さ50〜70メートルと推測される、巨大な穴が突如、出現した。

これほどの巨大な穴がどのようにしてできたのか？ 土を掘りだしたとしたら、その土はどこにあるのか？ 穴の周囲は多少土砂で盛り上がっているとはいえ、あまりにも少ないのだ。陥没か、蒸発でもしたのだろうか。有力なのは、隕石落下説だが、同地区の代表ははっきり否定している。

気になるのは、穴の壁の表面がまるで磨かれたように滑らかで、しかも穴自体がきれいな円筒形をしていることだ。クレーター内部は一段と濃い色になっており、縁は強烈な火によって焦がされたように見える。とても自然に形成されたとは思えないのだ。これはもしかすると、人工的な穴なのか？

北極圏研究センターおよび氷雪圏アカデミー財団の専門家を

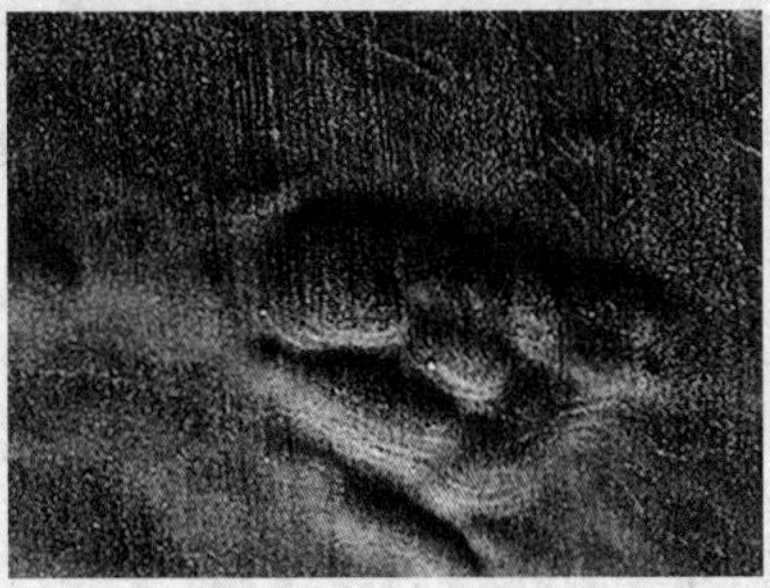

▲上：シベリア平原に突如として出現した大穴。大きいもので直径100メートルにもなる。同時に出現したのか、ほかにもあるのか、広大なシベリアで調査が続いている。下：穴はきれいな円形で、内側は滑らか。内壁は鋭利に切り取られて、磨かれたようだ。

◀上・下：穴の周りには噴出物がなく、まるで「土がごっそり消えた」ように空いている。

含む権威者たちは、現地の土、水、空気のサンプルを採取・分析した結果、「地下から〝何か〟が噴出したことで、自然に形成されたものだ」と主張するのみ。何かとは何か？　この疑問に加え、サンプルから「未知の大気が検出された」という情報が流出し、政府ぐるみで隠蔽工作が行われた可能性も出ている。

ついで7月28日付の「シベリアン・タイムズ」は、この地で、第2、第3の穴が発見されたと報じた。最初のものと比べるとかなり小さく、直径15メートルと直径4メートルほどの穴だ。ただ、第3の穴は深さが60〜100メートルあるとされ、専門家たちは、「人工的なものではない」「自然に形成されたようにも見えない」とコメントしている。

さらに2015年3月、ロシア科学アカデミー石油ガス研究所のバシリ・ボゴヤフレンスキー副所長は、「シベリア東部ヤクチア地方で、直径1キロの巨大な穴が出現した」と語った。これで報告されている穴の数は計7個になった。しかし、穴の数も成因も、いっさいが謎のままである。

No.000094

太古の殺人ウイルス復活

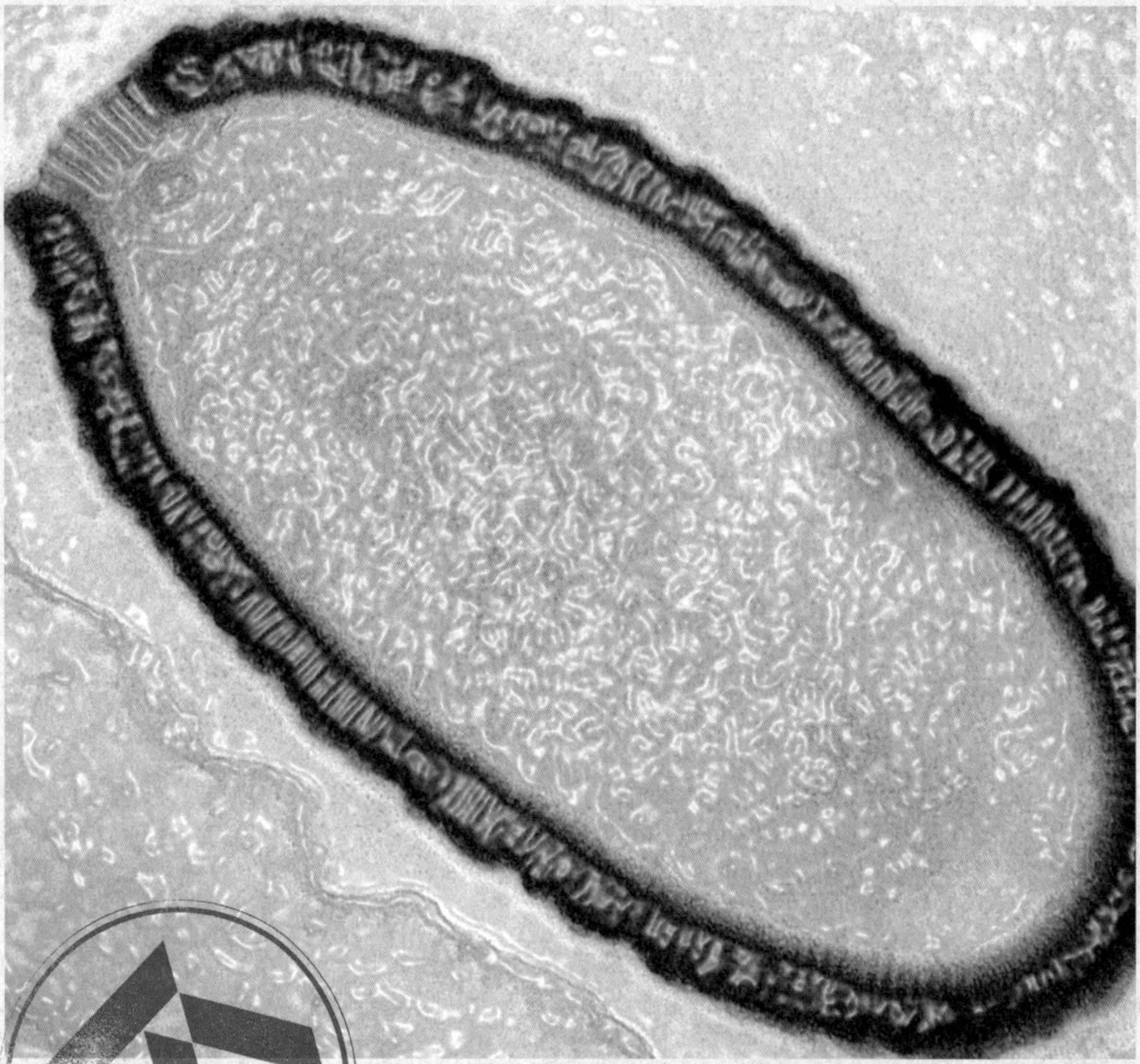

▲シベリアの地底から復活した天然痘の古代種、ピソウイルス（写真＝Julia Bartoli Chantal Abergel IGS CNRS AMU.)。

２０１４年3月、ある科学専門誌に驚くべき論文が掲載された。そこにはシベリアの永久凍土の地下30メートルから3万2０００年前のウイルスが掘りだされ、さらに再活性化＝復活したというのである。このウイルスは古代種の天然痘ウイルスだという。

ここである予言者の存在が思いだされる。ブルガリアの予言者で、１９９６年に85歳で亡くなったババ・ヴァンガという女性だ。彼女の予言の的中率は高く、ブルガリア政府が公式に国家機密指定したものがある。２０１５年にブルガリア政府は、ババ・ヴァンガの予言の一部を公開したのだが、そこには、恐るべき事態が警告されていたのだ。

――ウイルスの蔓延が起き、それがおさまることはないだろう。ワクチンがつくりだされて最悪の状況から脱したという旨の公式声明が発せられるだろうが、それで終わりではない。ウイルスはさらなる進化を遂げて突然変異し、まったく新しい形となって生きつづける。最終的にはウイルスが勝つ。シベリアとオーストラリア以外のすべての地域がウイルスで汚染されるだろう――。

２０１５年、アフリカのナイジェリアでは感染すると24時間で死亡する奇病が蔓延し、まさに予言は的中したといえる。だが「ワクチンがつくりだされても終わりではない」という記述は、永久凍土で発見された太古の天然痘ウイルスを指しているのではないか？

天然痘はかつて世界中で死の病といわれたが、１９８０年には地球上から根絶されている。現在は予防接種を受ける習慣もなく、免疫をもっているものが皆無である。もし永久凍土から復活した天然痘ウイルスが蔓延したり、テロに使われたりしたら……。さらにアフリカの未知の細菌がどんどんアウトブレイクしたとしたら……。

人類滅亡のキーワードはやはり殺人ウイルスの猛威なのか？　パンドラの箱はすでに、開かれてしまったのかもしれない。

No.000095

深海の怪音ブループ

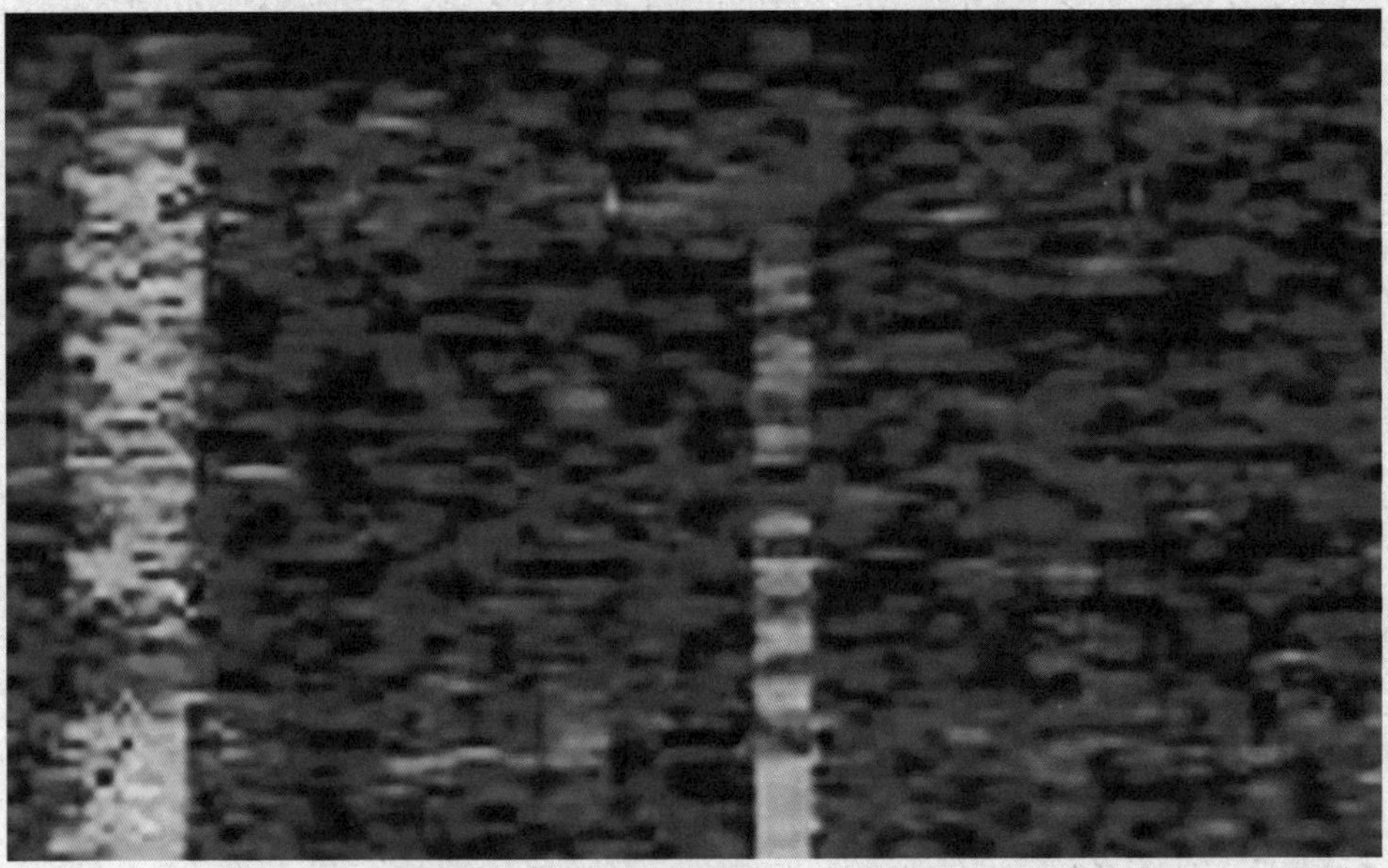

▲NOAAはブループの正体を氷山が砕けるときの音だと結論づけたが、音の特徴のごく一部が似ていたにすぎない。

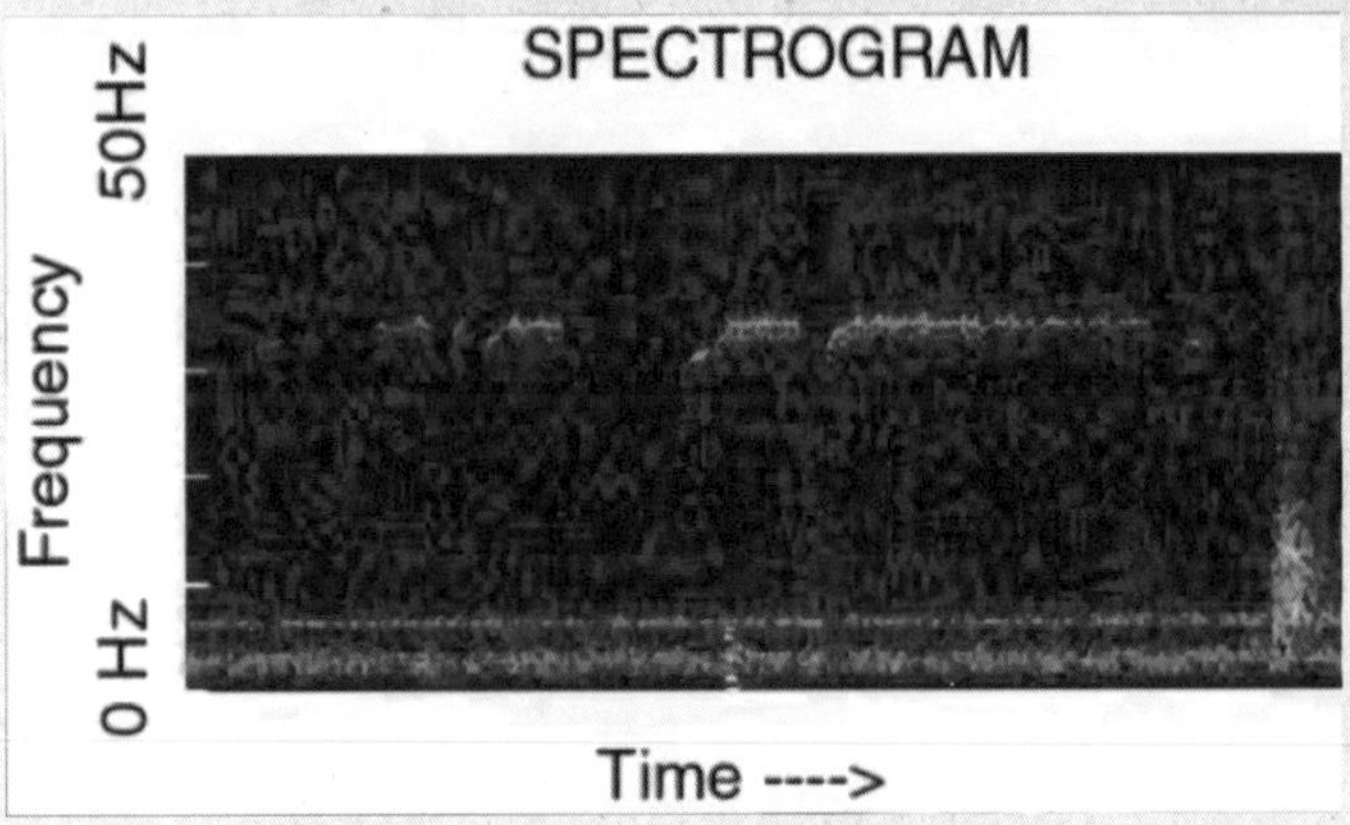

◀NOAAが録音した海底の超低周波音ブループの波形。自然由来のものとも、既知の生物の鳴き声とも一致しなかった。

地球上最大の生き物といえば、体長30メートルを超えるというシロナガスクジラだが、それよりも遥かに超巨大な生物が深海に生息している可能性がある。

1997年のこと。米軍海洋気象台（NOAA）が音響監視システム「SOSUS」を利用して、東太平洋海嶺付近の地震活動をモニタリングしていた。これは1960年代、米海軍がソ連などの潜水艦を探知するために配備したものだ。

その調査中のことだ。SOSUSは唐突に「ブルルー」という奇妙な、鳴き声らしき音を数回にわたってキャッチした。音の発生地点は南米チリの西方約1750キロメートルの沖合、水深4000メートル前後の深海と推定された。

受信機から出る雑音（bloop）に似ていることから、怪音はブループと呼ばれることになった。シロナガスクジラの鳴き声より遥かに大きな音で、なんと500キロ離れた場所でも観測されたのである。潜水艦や爆弾の音、海底火山や地震の音ともまったく一致しなかったこの音は、NOAAによって氷山が崩れる音だと説明されたが、海棲生物特有の鳴き声が含まれていることが解析で明らかになった。現在は、既存の生き物の鳴き声とは異なるものの、何者かの鳴き声である可能性が高い、とだけ結論づけられている。

深海の巨大生物といえばダイオウイカが思い浮かぶが、米ボストン大学の海洋生物学者フィル・ロベル氏は、イカ、タコなどの頭足類には肺に当たる器官がなく、このような鳴き声を発しないという。

ブループの発生源が生物だとすると、声の大きさから推定して、その体長は100メートルを超えると推定されるという。ブループをたどれば、太平洋の海底深くに身を潜めている世界最大級の水棲UMAに行きつくかもしれない。それはまさしく伝説の超巨大UMAクラーケンを思わせる。もしや、NOAAもこの可能性を知って、密かに深海を探っているのではないだろうか。

No.000096

落下現象ファフロッキーズ

▲1835年に描かれた「不快な天気」（ジョージ・クルークシャンク・画）というタイトルの絵。空から生き物が降ってくる珍事は古今東西、多様に語り継がれてきた。
▼2000年1月、スペインで起きた氷塊の落下事件。

▲2008年3月、ブラジルで巨大な金属片が落下する事件が起きた。航空機やロケットなどのものではなく、原因は不明とされた。
▶2005年6月、ロシアで大量のカエルが降った。ファフロツキーズには、同じ動物が大量に降るパターンも多い。

２０００年代以降、欧米各国で氷塊落下事件が相次いで起きている。

スペインでは２０００年１月８日から数日の間に、18個もの氷塊が落下。同月25日にイタリアでも同様の事件が発生し、約７５０グラムの氷塊が男性の頭を直撃するなど、ミラノをはじめ４か所で報告されている。

２００７年３月22日には、アメリカ、フロリダ州で車のフロントガラスを直径約60センチの氷塊が直撃。２００８年12月、マドリードの工場の屋根を直撃したのは、約９キロの巨大な代物であった。

恐ろしいことに、金属球の落下事例もある。２００５年７月、アメリカ、テキサス州では直径約２センチの金属球が落下してきた。２００８年３月、ブラジル、ミナスジェライス州の農場に落ちた金属球は、直径が約１メートルあったという。

落下物が生物であるケースも少なくない。２０００年９月６日、イギリス、ノーフォーク州では体長約５センチのニシンの稚魚の雨が降り、２００３年１月14日、アメリカ、メイン州ではスクールバスのフロントガラスを魚の群れが直撃した。2005年6月26日にはロシア、シベリア北東部のオザシ村に大量のカエルが降り注いでいる。

直近でも2015年6月にアラスカでヤツメウナギが、インドでナマズの雨が降ったという。

地上生物が落下してくることもあり、2007年4月6日には、アルゼンチンのサン・ベルト山で無数のクモが、2007年7月11日、アメリカのルイジアナ州では数百匹のミミズが、おぞましい姿で空を埋め尽くした。

こういった不可解な落下現象は「ファフロツキーズ（空からの落下物）」と呼ばれ、ほかにも野菜の種、小石、コインや紙幣などが古今東西の空から降り注いできた。1890年のイタリアでは、文字通り〝血の雨〟が降ったという記録もある。

原因については航空機の落下物説、竜巻の上昇気流に巻きあげられたとする説もあるが、航空機の発明以前から続いてきた現象であり、竜巻だとしても一種類の動物だけが落下してくる説明にはならない。

〝落とし主不明〟の事件の背後にはいったいどんな謎が潜んでいるのだろうか？

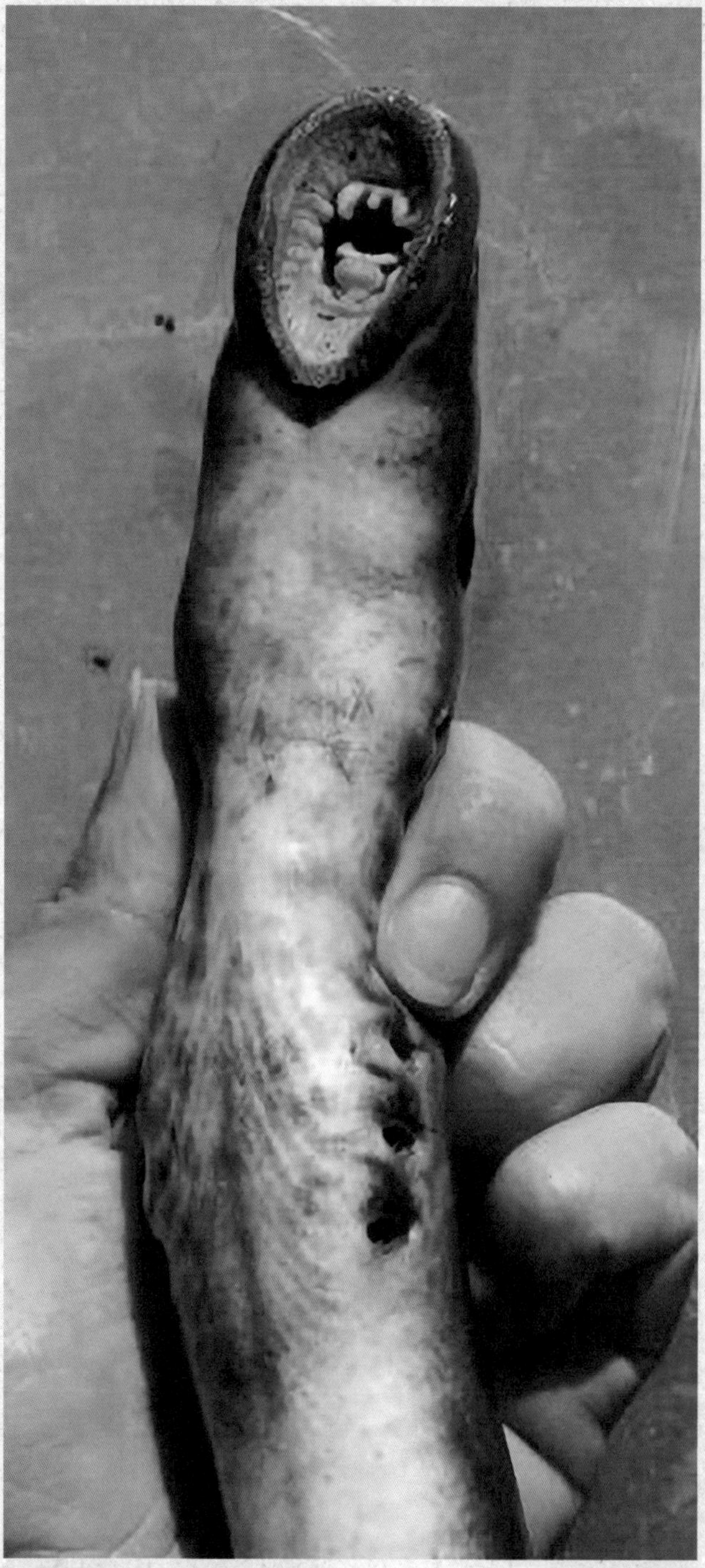

◀2015年6月、アラスカではヤツメウナギが降ってくる珍事も発生。

◀▲2018年6月に中国の青島ではタコやヒトデ、エビなど魚介類が大量に降ってくる事件が起きた。

No.000097

インドに降った「赤い雨」の怪

▶インド南西部のケララ州に局地的に降った赤い雨。

▼赤い雨の分析調査を行ったマハトマ・ガンジー大学教授で大気物理学者のゴッドフリー・ルイス博士。博士はこの赤い雨の成分が、隕石によって地球にもたらされた“地球外生命体”と主張する。

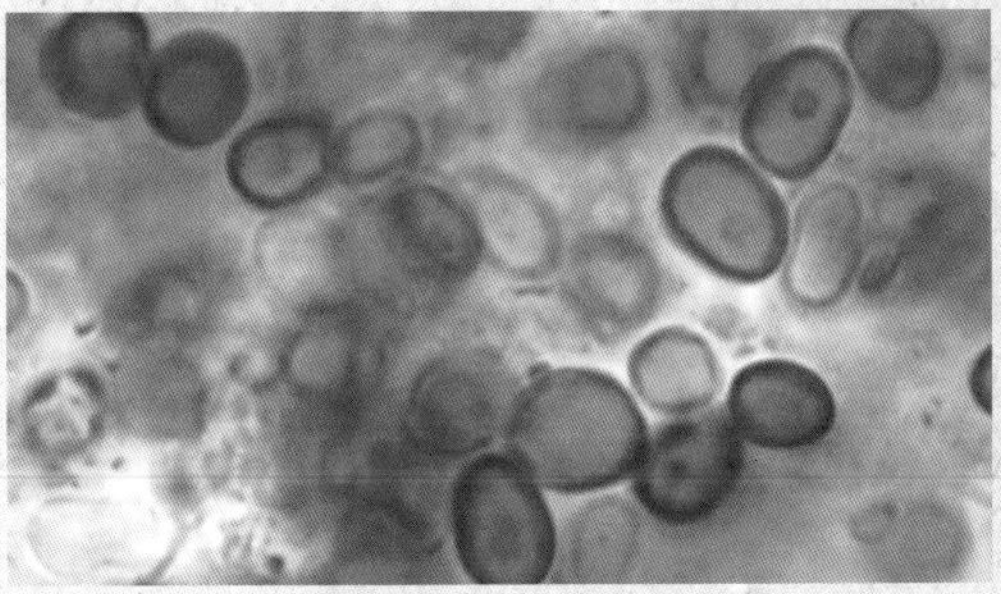

▼右：雨の降ったあとの水たまりを見ると、雨が赤かったことがよくわかる。左：赤い雨のサンプルを1000倍に拡大したもの。異なった地域のサンプルすべてが同一の粒子からなっていた。

2001年7月、インド南西部のケララ州で、奇妙な現象が起こった。同州沿岸の数百キロにわたる地域で、約2か月の間、〝赤い雨〟が降ったのである。

初めて降ったのは7月25日。同州コタヤムに降り注ぎ、その後、沿岸部地域に集中的に降った。ある地域では、黄色、黒、緑の雨、さらに赤い雹《ひょう》まで降ったという。

特筆すべきは、赤い雨が狭い範囲で局地的に降ったということだ。赤い雨が降る場所から数メートル先では普通の雨が降っていたという。時間は数分から20分と短時間だった。

この異常な赤色降雨現象は、同年9月まで続いた。気象庁は、アラビア地方からの砂塵に雨がまじって降った、という見解を示した。

だが、これに異論を唱えたのがマハトマ・ガンジー大学教授で大気物理学者のゴッドフリー・ルイス博士だ。博士は、赤い雨を拡大して調査した結果、異なった地域のサンプルすべてが同一の粒子からなること、赤くて分厚い膜に包まれた「単細胞有機体」だったことをつきとめた。さらにこの粒子が生体物質だったことが判明。炭素、酸素が主成分で、窒素、ケイ素、塩素、金属原子も含まれていた。

ルイス博士は、粒子の細胞壁にはウランが濃集され、細胞内にはリンが少なくヒ素があったことを指摘。事実なら地球上で未確認の未知の細胞の発見ということになる。

それを踏まえてルイス博士は、赤い雨が降る数時間前に、激しい爆発音と衝撃波がケララ州で発生していた事実から、これが隕石の爆発に起因すると主張し、「赤い粒子は隕石が地球に運んだ〝地球外生命体〟だ」と結論している。

ルイス博士の研究は、生命の起源は彗星や隕石が地球に持ち込んだ微生物にあるという「パンスペルミア説」を補強するものであり、今後の研究成果に期待が寄せられている。なお赤い雨は、2012年7月5日にも降っている。なぜ、同一地域に降るのかミステリアスである。

No.000098

デスバレーのムービングロック

重量300キロにおよぶ岩が、勝手に動く。だが、動く姿を見た者はいないという。

認定

アメリカ、カリフォルニア州の内陸部に広がるデスバレーは、海抜下86メートルの灼熱砂漠から標高3358メートルの高山まで擁する、アメリカ最大の国立公園だ。総面積1万3158平方メートル。日本の長野県ほどの広さをもつ。

ところで、デスバレー（死の谷）というおどろおどろしい名前は19世紀半ば、アメリカがゴールドラッシュに沸き返っていたころに起きた事故に由来する。

あるとき、金鉱地へ向かう一団が近道をしようとこの土地を横切ろうとした際、巨大な谷に迷い込み、抜けだせなくなってしまった。谷間に広がる砂漠は最高気温セ氏57度の記録が残るくらい暑く、雨がめったに降らない。中でも西半球でもっとも海抜が低い位置にあるバッドウォーターエリアは、泉を見つけたとしてもすべて塩水。順応した生物しか生存できない過酷な環境下にあった。

それでも数週間後、奇跡的に一行は谷から抜けだせた。その際、団員のひとりが砂漠に向けて叫んだ。

▶上・下：デスバレーのレーストラック・エリアのムービングロック。動いた後の軌跡がわかる。足跡なども残されていない点を考えても、謎は深まるばかりだ。
▼デスバレーのムービングロックは磁気を帯びているわけでもない。また、この地には地球上に大陸ができる以前に形成された岩もあるという。

「グッドバイ、デスバレー！」

　そう、まさしくここは〝死の谷〟なのである。

　そんなデスバレーに「レーストラック」と呼ばれる一年中風が吹き荒れるエリアがある。一番近い入り口からでも車を3時間走らせないとたどり着くことのできない、砂地が一面に広がる乾いた場所だが、ここにムービングロックと呼ばれる〝動く岩〟が存在する。

　岩の重量は大きなもので300キロ。もちろん風で動くような重さではない。それにもかかわらず、岩の後ろには引きずった跡がある。見た目にも岩が移動しているとしか思えないのだ。だが岩が動くところを見た人はひとりもいない。かといって足跡など人の手が加わった形跡もない。岩が磁気を帯びているわけでもなく、なぜ岩が勝手に動くのか、まさにミステリアスなのである。

　デスバレーには地球上に大陸が誕生する以前、17億年前に形成された変成岩も残るという。われわれの常識では考えられない未知の力が、この地には存在するのかもしれない。

No.000099

バミューダ・トライアングル

「バミューダ・トライアングル」、別名〝魔の三角海域〟と呼ばれるそこは、マイアミとプエルトリコとバミューダを結ぶ海域を指す。これまでに数多の飛行機や船舶が謎めいた消失事件に見舞われ、不可解な状況下で乗員が失踪する事件も多数発生している海域で、当代随一の有名な〝消滅ゾーン〟である。

なかでも、アメリカ海軍TBMアヴェンジャー雷撃機5機が同海域上で訓練飛行中に突然消息を絶ち、救出に向かった軍用機も乗員もろとも消え失せた事件は、「フライト19事件」として語り継がれている。

多数の船舶もまた原因不明の消滅を遂げているが、ハリケーンや霧の多発地帯であることから、それに遭遇して遭難したというケースもあれば、事実を誇張・歪曲した報告も、もちろんあったりする。

最近有力視されているのは「メタンハイドレート説」。海底に埋もれた物質が急激な圧力や

◀航海日誌には出航から2日後までの記録しか残されていなかった。
▼謎の消失から90年の時を超えて帰還したコトパクシ号。帆をなくし、全体は錆だらけとなっている。

温度変化で大量のメタンを放出、その泡で船が浮力を奪われて沈没するとか、上空に広がったメタンガスでエンジンの酸素が失われて停止、墜落するという。だが、それで事件のすべてを説明できるわけではない。

　一方、2015年5月16日早朝、約90年前に消滅した蒸気貨物船コトパクシ号が、突然、ハバナの近海に現れる、という不思議な事件が起きている。残っていた航海日誌から、1925年、キューバのハバナ島に向かったまま乗員32人とも消息を絶っていた同号と確認された。老朽化した船体は、明らかにその年月が経過した様を示していた。出航後、船は〝予期せぬ異変＝異空間との遭遇〟に見舞われ、消息を絶ったとしか考えられない。

　なお、発見当時、キューバの内閣府副大臣アベラード・コロメ将軍ら閣僚たちは、コトパクシ号再出現の謎について、徹底的な調査を宣言していたが、なぜか続報は聞かれずじまいに終わっている。バミューダ・トライアングルでは、説明不能な〝未知の力〟が働いているのだ。

ム認定
AUTHORIZATION

▶1945年12月5日、フロリダの海軍基地から飛び立ったフライト19編隊はバミューダ・トライアングル上空で消息を絶った。写真は同型機。
▼90年前のコトパクシ号。

No.000100

認定 AUTHORIZATION

メアリー・セレスト号事件

◀メアリー・セレスト号。結局、乗組員と船長の家族の消息は、不明のままだった。

1872年11月7日、メアリー・セレスト号はアメリカ、ニューヨークのメッシナ・アッカーマン&コインから出荷された工業用アルコールを積み、ニューヨーク港からイタリアのジェノヴァ港に向けて出航した。ベンジャミン・ブリッグス船長と妻のサラ、2歳になる娘ソフィア・マチルダほか、乗組員は7名だった。その10日後、イギリス船ディ・グラシア号が、デービッド・ムアハウス船長の指揮のもとジブラルタルに向けてニューヨーク港を発った。

同年12月5日の午後、ディ・グラシア号は北大西洋アゾレス諸島とポルトガル海岸の中間でメアリー・セレスト号を発見した。遭難信号は掲げていなかったが、明らかに漂流しているようだった。一等航海士オリヴァー・デヴォーらがメアリー・セレスト号に乗り移ってみたが、船には人がいる気配がまったくなかった。デッキはびしょ濡れで、船倉は若干浸水していたが、ポンプが作動したので排水することができた。

乗組員の寝室は、大急ぎで離船したことを示すように乱雑だった。船倉のアルコールは数樽が開けられており、1個は空っぽになっていた。また、ハッチが外れて甲板の上にあった。食料と水はそのまま残されていた。救命ボートが失われており、乗員は何らかの理由で船を棄てたようだった。だが船には大きな損傷もなく、3つの手すりに謎の血痕があり、そのひとつには奇妙な引っかき傷があった。

グラシア号の船員はメアリー・セレスト号をなんとか帆走させ、12月13日に両船はジブラルタルに着いた。イギリス当局によって船が捜索されたが、船長の航海日誌以外、手がかりとなりそうなものは見つからなかった。日誌も最後の記入が11月24日で、そこにはアゾレス諸島の西方100マイルの海上にいたと書かれているだけだった。

航行が十分に可能な状態だったにもかかわらず、なぜ船を放棄することになったのか、その理由こそ、この事件の最大の謎となっている。

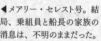

No.000101

五大湖トライアングル

▲グレートレイクス・トライアングルでは現代でも怪奇現象が発生している。写真は2016年10月、スペリオル湖に幽霊船が出現したときのものだ。
◀1975年11月にスペリオル湖で突如沈んだエドムンド・フィッツジェラルド号。船体はまるでナイフでスパッと切られたように分離し、沈没したという。

北米の五大湖に面した都市、カナダのシルバーベイ、アメリカのシカゴ、ローチェスターを結ぶ三角域は、「グレートレイクス（五大湖）・トライアングル」と呼ばれ、バミューダ海域に負けず劣らず怪奇現象が多発するゾーンである。

オンタリオ湖にある「マリスバーグ・ボルテクス」と呼ばれる最大のミステリー・スポットでは、なんと14か所もの磁気異常ポイントが確認されている。1950年にアメリカ海軍とカナダ国立調査協会が磁気異常の調査をした際、カナダ運輸省の電子工学者ウィルバート・スミスの科学調査チームは、オンタリオ湖の東端で、大気中に「核力が低下する」空域を発見した。

核力とは陽子と中性子を引きつけ、原子核を構成している力のことだが、この結合力を低下させる力をもった空域が、オンタリオ湖に存在することが科学的に実証されたのだ。原子核の結合がなくなれば物体はバラバラになり、大爆発する。

そんな恐怖の空域が、ここでは柱のような形で上空へ伸び、直径300メートル、高さ数千メートルにも達し、湖から湖へと移動していると、スミスは報告している。

にわかには信じがたい話だが、1975年11月にスペリオル湖で発生した、巨大タンカー、エドムンド・フィッツジェラルド号の事件を考えると、それも納得できる。全長200メートルというこの巨大船が、なんと一瞬で沈没したのだ。核力の低下によって機器が異常をきたし、沈没したとすると、筋が通る。

さらに古くは1804年11月、オンタリオ湖を航行中のカナダ政府の帆船スピーディー号が、湖底からそびえ立つ謎のモノリス状の物体にグイグイ引き寄せられ、船体が一瞬ブレながら消滅した事件もある。このときはモノリス状の物体も同時に消滅したというから、「魔空間」が一瞬の間、目に見える形をとったとも考えられるだろう。この不可思議なモノリスこそ、五大湖の〝魔力の元凶〟なのかもしれない。

No.000102

ブリッジウォーター・トライアングル

▲怪奇現象が多発する三角地帯ブリッジウォーター・トライアングルの中でも、とりわけ不思議なことが頻発するホロモック沼。

アメリカ、マサチューセッツ州ボストンの南にある、アビントン、フリータウン、リホーバスを結ぶ三角地帯は「ブリッジウォーター・トライアングル」と呼ばれる、同州最大の超不思議ゾーンだ。とりわけトライアングル内にある町、ブロックトン近くのホロモック沼を中心とする約500キロ平方メートルの広大な地域は、奇怪な現象が多発し、かつて原住民すら恐れて近づかなかった場所である。

この三角ゾーンではUFOの目撃事件も多い。たとえば1989年9月夜、カップルが乗った車に、オレンジ色に輝くUFOが接近。その後、UFOは高圧線の上に滞空し、猛スピードで飛び去っていった。

また、ここには巨鳥UMAビッグバードも出現する。1971年7月のある晩、ホロモック沼を抜けてバードヒルという丘陵地帯を車で走行中の警官が、目の前を横ぎっていく体長1・8メートル、翼長3〜4メートルの巨鳥を目撃。翼を羽ばたかせると、垂直に上昇して林を越え、暗い沼の方向に飛んでいったという。巨鳥は、1983年、1989年にも目撃されており、バードヒルのどこかに棲息地があるのではないかといわれている。

未知の動物といえば、ビッグフットのような獣人も、このゾーン内をうろついているという。たとえば1988年4月には、ホロモック沼の近くにある農家で、家畜が虐殺されるという事件が起きた。パトカーが現場に急行したところ、家畜小屋の周囲に直径40センチはあろうかという巨大な足跡がいくつも残っていた。さらに、調査の最中、「ギャーッ」という獣の吠える声を聞いた警官が声のした場所に行ってみると、月明かりの中、なんと直立二足歩行する毛むくじゃらの怪物がいたのだ。警官がライトで照らすと、怪物は森の中に飛び込んで、そのまま姿をくらましてしまったという。

UFOから未知の動物まで、ブリッジウォーター・トライアングルには、実にさまざまな不思議があるのだ……。

ムー認定 AUTHORIZATION

No.000103

メキシコのサイレント・ゾーン

▲サイレント・ゾーンでは、サボテンが紫色になるなど、動植物に異様な変化が起きている。
▶右：ホワイトサンズ実験場の電波誘導ミサイル。なぜかゾーンに誘引されて降下してしまうという。
左：サイレント・ゾーンは隕石落下がほかのエリアよりもずば抜けて多いという。

メキシコ北部からアメリカにかけて広がる広大な砂漠上の、なんとも不思議な三角地域「サイレント・ゾーン」。それはメキシコ北部のチワワ、コアウィラ、ドゥランゴという3州が形づくっている地域だ。

ここで不思議な現象が発見されたのは、１９６４年のこと。石油鉱床の探査を行っていたメキシコの技術者ハリー・デラベナが、通信機を積んだトラックで調査中、砂漠で無線が不通になる、という体験をしたのがきっかけだ。不思議なことに、ベースキャンプに帰還すると無線は正常に作動したのだ。

その後、何度か現場で試したが、やはり電波は消滅してしまった。そのうえ、この区域だけに見られる特異な現象も、明らかになった。まずサボテン。これがなんと紫色を帯びているのだ。またここではまったくバッタが跳ぼうとしない。だが、サイレント・ゾーンの一歩外に出ると、元気に跳ねまわっているのだ。

その後、デラベナは、電波が消滅する帯状の地域がいくつか存在することを突き止めた。幅はわずか3〜4メートルだが、驚いたことに、その地域は移動するのだ。

怪奇現象はそれだけではない。ここサイレント・ゾーンはなぜか、大型の隕石が落ちる確率がほかの場所よりずば抜けて多い。そして、ここは磁気が物理法則を無視して働くためか、突然変異を起こした動植物などが異様に多いという。

不思議な事実はまだある。１９７０年7月、アメリカ北部のユタ州グリーンリバーから南部のニューメキシコ州ホワイトサンズ・ミサイル試射場に向けて打ち上げられた電波誘導ミサイルが、発射後に行方をくらませた。

ところがそれは、サイレント・ゾーンに引き寄せられるようにして落下していた。ミサイルを回収したＮＡＳＡは沈黙したままだが、コースを大幅にそらせてしまう「未知の力」が、この地域に秘められているということだ。

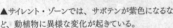

No.000104

マレーシア・トライアングル

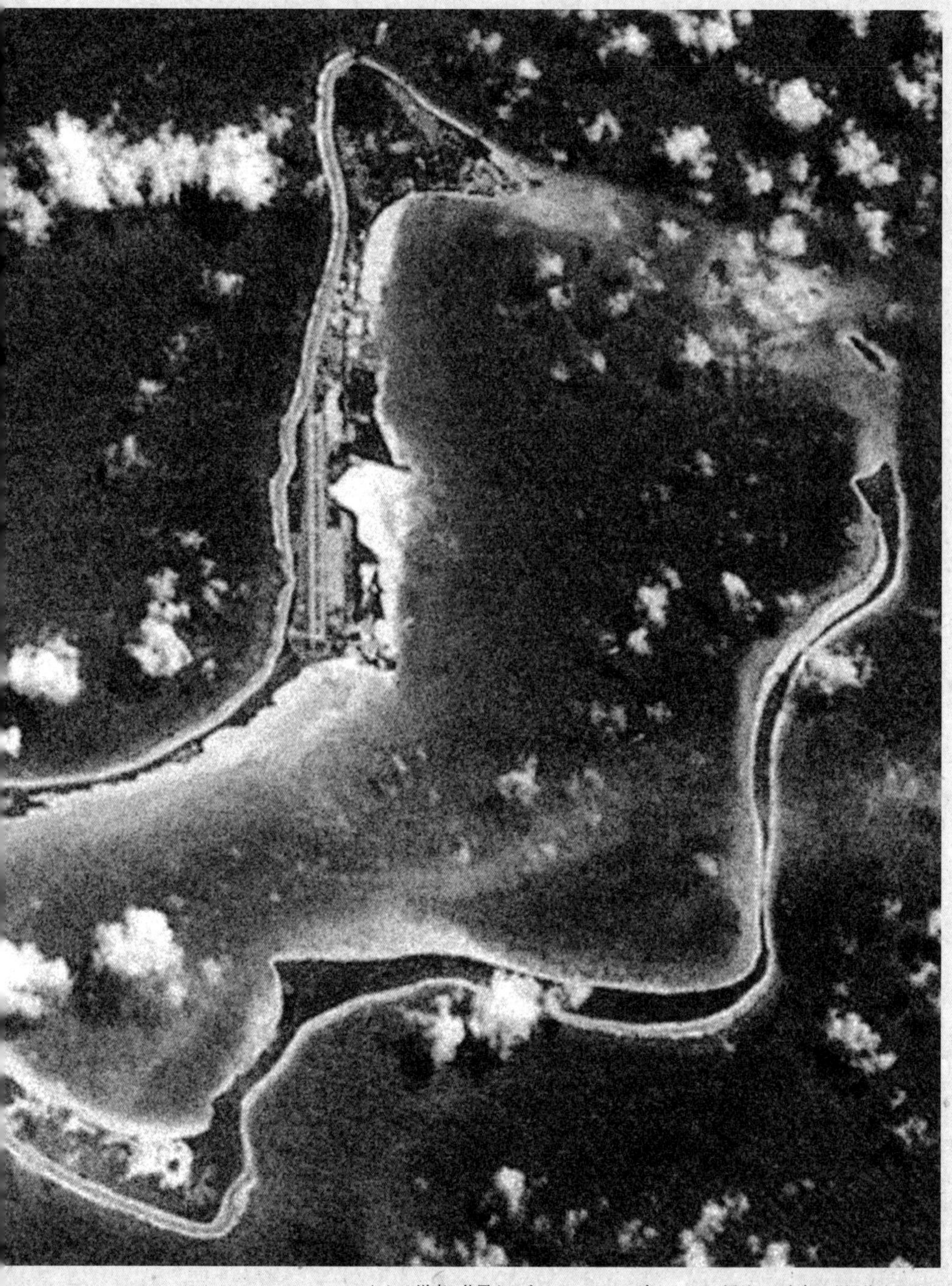

▲インド洋南に位置するディエゴ・ガルシア島。イギリス領だが、全島が米軍基地である。

マレーシア、スマトラ、そして南シナ海を結ぶ三角海域もまた、多数の船舶や飛行機が行方不明となる消滅海域である。

ここでも突然の計器や無線機の故障、突発的な気象の激変、異常な濃霧の出現という、いわば「消滅」事件の主要要素ともいうべき異常現象が報告されている。

近年の消滅事件は２０１４年3月8日に起きている。マレーシアから中国の北京に向けて出発したマレーシア航空３７０便が、南シナ海上空で管制塔の交信を絶って行方不明になった事件だ。世界26か国が参加して必死の捜索を続けたが、搭乗者はもちろん、機体の破片すら発見できなかった。

結果、２０１５年1月29日になってマレーシア政府は、同便の墜落および搭乗員全員死亡との推定を、正式に発表した。

その後、同便の失踪原因について、超常的解釈が飛びだした。場所が場所だけに、「マレーシア行方不明機は、異次元空間に呑み込まれたのではないのか？」というのだ……。

▲上：消えたマレーシア航空機はディエゴ・ガルシア島に向かったという説もある。下：2015年7月29日にアフリカ東方のフランス領レユニオン島で発見された、マレーシア航空機370便の一部。1年4か月ではここまで成長しない大きさのエボシガイが多数、付着していた。

そして2015年7月29日、事件が新展開を見せた。アフリカ東方マダガスカルからやや東の洋上にあるフランス領レユニオン島に、マレーシア航空機370便の一部と見られる部品が漂着したのだ。

部品には実に不可解なものが付着――海の生物「エボシガイ」が無数に付着していたのだ。問題は、その大きさだ。

同機は、この部品が発見された時点で、行方不明となってから1年と4か月しか経っていない。だが、エボシガイは数年を経たかのような巨大なサイズだったのだ。

だとすれば、部品は、〝どこか〟で数年の時を過ごし、再びこの世に戻ってきたとしか思えないのである。

〝どこか〟とは、むろんこの世界ではない。異次元空間だ。マレーシア機は、〝そこ〟に呑み込まれて、われわれの世界と異なる時間を過ごした。

そして、1年ほど経過した後に異次元ゲートが再び開き、機体の一部がわれわれの世界に戻ってきた――そう、推察されるのである。

No.000105

バス海峡トライアングル

▲フレデリック・バレンティッチがセスナもろとも消失する20分前に事件現場で撮影されたというUFOの写真。

▶フレデリック・バレンティッチ（左）と消えたセスナ（右）。

◀1979年12月、ヨットレース中にバス海峡トライアングルで消えたチャールストン号。

ム認定
AUTHORIZATION

オーストラリアとタスマニア島間のバス海峡も、船舶や飛行機が乗員もろとも消滅する「魔の海峡」だ。研究家たちは、ここを「バス海峡トライアングル」と呼ぶ。

一連の消滅事件では、奇怪な発光体や、青緑色の霧、白い靄の出現を伴うが、同トライアングル内で起きたもっとも有名な事件が1978年10月21日のフレデリック・バレンティッチ消失事件だ。午後6時過ぎ、パイロットのバレンティッチは、セスナ機でキング島に向かう途中、謎の物体と遭遇。「緑色のライトをつけた巨大な物体が旋回している」という無線連絡後、突然、金属音とともに無線は不通になり、彼は機体もろとも消えてしまったのだ。

実は、この事件が起こる6週間前からオーストラリアではUFOが多発し、当日はそのピークに達していた。バレンティッチの消失時刻に、緑色に光るUFOを見たという目撃者が複数いる。そしてまさに事件当夜、彼が消失する20分前に現場付近で無気味なUFOの写真が撮られていた。

さらに「ビクトリアUFO研究会」は、UFOの側面に張りついたセスナ機を見たという農家の存在を明らかにしている。やはり、セスナ機が消えた事実には常識を超えた力が関与したことは間違いないのだ。

船舶では、1979年12月、シドニーとホーバートを結ぶ海域でのヨットレースで、チャールストン号がバス海峡を通過後「白い靄に包まれた」と無線通信を残し、そのまま消失するという事件があった。1990年1月には、レースに参加した帆船のグレート・エクスペンション号が、レース終了後にタスマニアへ帰還途中、海中を走る奇怪な発光体と接触したと無線で告げた後、消失している。

このように、魔の海域で発生する船舶や飛行機の遭難事件は、とても「事故」とは考えにくい様相を呈している。なにしろ、科学の粋を結集した機器や計器を備え、救難設備をもっている巨艦でさえ消滅してしまうのだから。

No.000106 ベルウィッチ・ケイブ

呪いのスポットとして知られるベルウィッチ・ケイブ。その周辺の洞窟で、現在の所有者が撮影した写真には奇妙な靄が写り込んでいた。
右下：ベルウィッチ・ケイブの洞窟の入り口の様子。

Queen of the Haunted Dell.

▲ジョン・ベルを呪い殺したとされる魔女、ケイト・バッツ。生前、彼女は魔女として近隣住民に忌み嫌われつづけたという。

アメリカ、テネシー州北部のロバートソン郡にある「ジョン・ベル・ファーム」は、アメリカでも有数の呪われたスポットとして有名だ。

発端は、1817年にさかのぼる。この地で農業を営んでいたベル家が、突然、ポルターガイスト現象に見舞われた。当時12歳だった娘のベッツィーは、いきなり平手打ちされ、ピンで突き刺されるなど、さんざんな目に遭ったのだ。

家長のジョンが霊媒師を仲介し、憑いた霊との交信を試みた。すると、霊は自らをケイト・バッツと名乗った。彼女は近隣住人から魔女と呼ばれ、忌み嫌われた人物だった。

その後、ジョンが原因不明の高熱を発し寝込むと、ケイトの霊がその眠りを妨げ、衰弱して息を引き取った。ジョンの遺体が埋葬される際、周辺の洞窟内に女の勝ち誇ったような笑い声が響いたという。

伝承では、この洞窟は魔女たちが集まり怪しげな儀式を行ったり、迫害を受けたときの避難所だったという。ベル家の悲劇以降、噂が広がり、洞窟周辺はベルウィッチ・ケイブと呼ばれ、呪いのスポットとして知られるようになっていった。

その後、ベル家の次に、この洞窟一帯の土地の所有者となったビル・エデンスは、洞窟のすぐそばに建てた狩猟小屋でポルターガイスト現象に見舞われ、洞窟を出入りする不思議な光を目撃している。現在の所有者クリス・カービーもまた、洞窟内でラップ音を聞き、青白い顔の老人の幽霊を目撃して、二度と入るまいと誓っているという。

現在、洞窟およびその近辺は立ち入り禁止だが、最近、好奇心から洞窟内に踏み込んだふたりの若者が洞窟の奥深くで、突然、息苦しさと激しい頭痛に襲われる事件もあった。直後、奈落の底から響いてくるような無気味な声を聞き、恐怖から外に飛びだしたという。

ジョン・ベルの怪死から2世紀近く経過した現在でも、魔女たちの霊はベル家への恨みを抱きながら漂っているようだ。

No.000107 田代峠

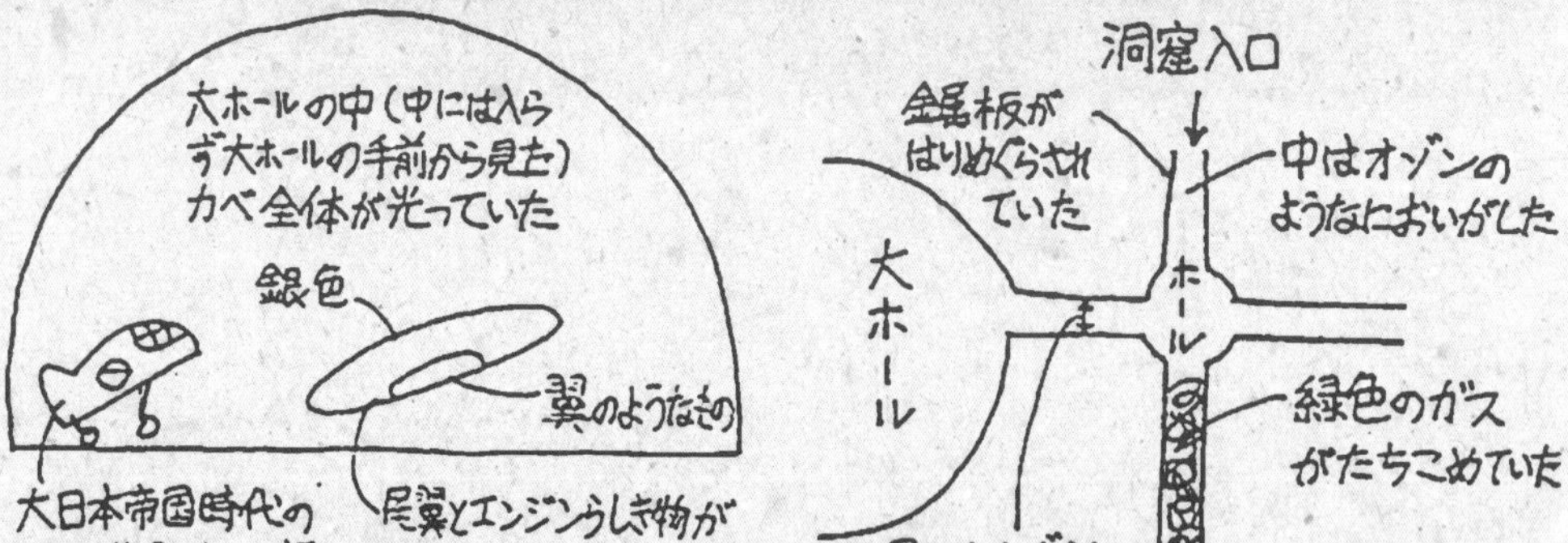

◀ルポライターの塩野智康氏による洞窟内のスケッチ。

山形県北東部、宮城県との県境にある「田代峠」は、さまざまな不思議事件が多発する東北最大の超不思議ゾーンである。地元の古老によれば、一度足を踏み入れたら二度とは戻れない「禁断の地」があり、さらには磁石の針がグルグル回るほどの磁気異常地帯も存在するという。そのせいか、山中で車のエンジンが突然停止したとか、腕時計が故障したという報告がいくつもある。

　田代峠を象徴する奇怪な事件は、1978年5月に起こった高橋邦安氏の体験だ。山菜採りで峠深く入った高橋氏は、突然緑色のガスに包まれ、空中に浮かび、謎の洞窟へと吸い込まれた。岩肌には、雑多な金属片が貼られており、そのひとつには「金星発動機五十二型昭和十九年製三菱航空機株式会社」と刻まれていた。恐怖で洞窟を飛びだすと、強烈な緑色の光線を浴びた。急いで山を下りると、4日間が経っていた——。彼はこの体験を手記に残したが、その後、突然、他界している。

　その後、1985年9月25日、

▲日本を代表する超不思議ゾーンのひとつ、田代峠。写真のような、自然にできたのか人工的に掘削されたのか不明の謎の洞窟が見られる。
◀上・下：洞窟のひとつを調査したところ、人が持ち込んだような物も見つかった。

AUTHORIZATION 認定

この洞窟へ迷い込んだのが、フリーのルポライター、塩野智康氏だ。彼が峠深く分け入ったとき、霧が発生し、低空に円形の発光体が出現。追跡され逃げるうち洞窟の前にいた。奥に侵入すると銀色の円盤形物体や、戦闘機に似た機体があった。脱出の際、緑色のガスに包まれて感覚がマヒしたまま帰還した。この体験は月刊「ムー」に掲載されたが、以後、彼は消息を絶っている。

田代峠近辺には、かつて旧日本軍による大本営設置計画があった。それに関連して秘密の洞窟がいくつか存在しているという。高橋・塩野両名が迷い込んだ洞窟はその一部だったようだ。

かつて山形にあった「日本飛行機株式会社」で三菱製の戦闘機「秋水」が開発され、テストフライトに失敗して以後、歴史の闇に葬りさられている。洞窟の中の謎の機体は秋水であり、さらにその改良・開発された機体だったのではないのか。旧日本軍がその頭脳を結集したこの戦闘機は使用されることなく、今も秘匿されたままになっている可能性が高い……。

▲上：旧日本軍がその頭脳を結集したロケット戦闘機、「秋水」。塩野氏が見た謎の機体か？　下：謎の洞窟に侵入したフリーのルポライター、塩野智康氏(左)。現在は消息を絶っている。
▶田代峠に点在する謎の洞窟を調査する筆者。

No.000108-000137

7 怪奇事件

No.000108

ディアトロフ峠事件

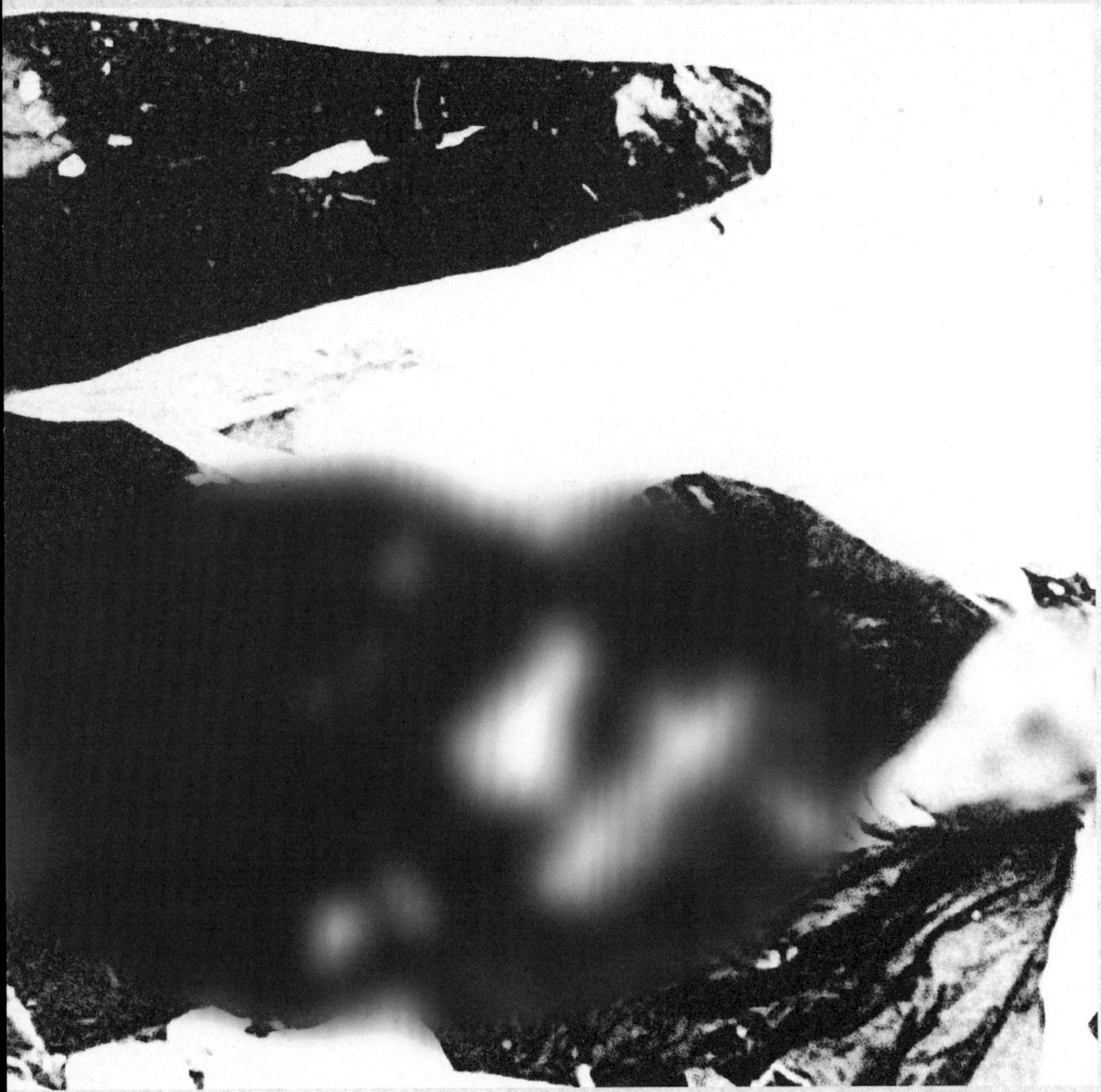

▲9人が死んだ大事件にもかかわらず、捜査は途中で打ち切られた。現場となった峠は一行のリーダーの名にちなんでディアトロフ峠と呼ばれている。

◀左・右：遺体の損傷はいずれも激しく、眼球が消失した者や、骨が飛びだすほど痛めつけられた者もあった。また衣服からは高濃度の放射能が検出された。

1959年2月、当時のソ連領ウラル山脈北部の山中で、男女9人のスキーヤーが不審な死を遂げた。

同年1月27日、イーゴリ・ディアトロフ（23歳）が率いるウラル科学技術学校（現在のウラル工科大学）の学生らは、スキーを楽しむためスベルドロフスク州北部のオトルテン山へ向け出発したのだが、そのまま消息を絶っていたのだ。

2月になって軍と警察による大捜索で5人の遺体が発見され、5月になって残った4人の遺体が発見されたが、その後捜査は突然、中止され、国家機密として封印されてしまった。

ソ連が崩壊した1990年代に入り、一部を残してロシアが公開した資料によれば、一行のテントは内側から切り裂かれて半壊していたことと、学生たちが着の身着のままで脱出していたことがわかった。

問題は、のちに発見された4人だった。とりわけ3人の遺体は、なんとも痛ましかった。頭部を押しつぶされた者、肋骨が粉々に折れた者、無気味にも眼

▼上：ユーリー・クリボニシチェンコが撮った写真。手ブレしているが、発光体を捉えたようだ。中：クリボニシチェンコのカメラのフイルムの33コマ目。下：ゾロタレフが撮った写真の拡大。上空に強い閃光が確認できる。

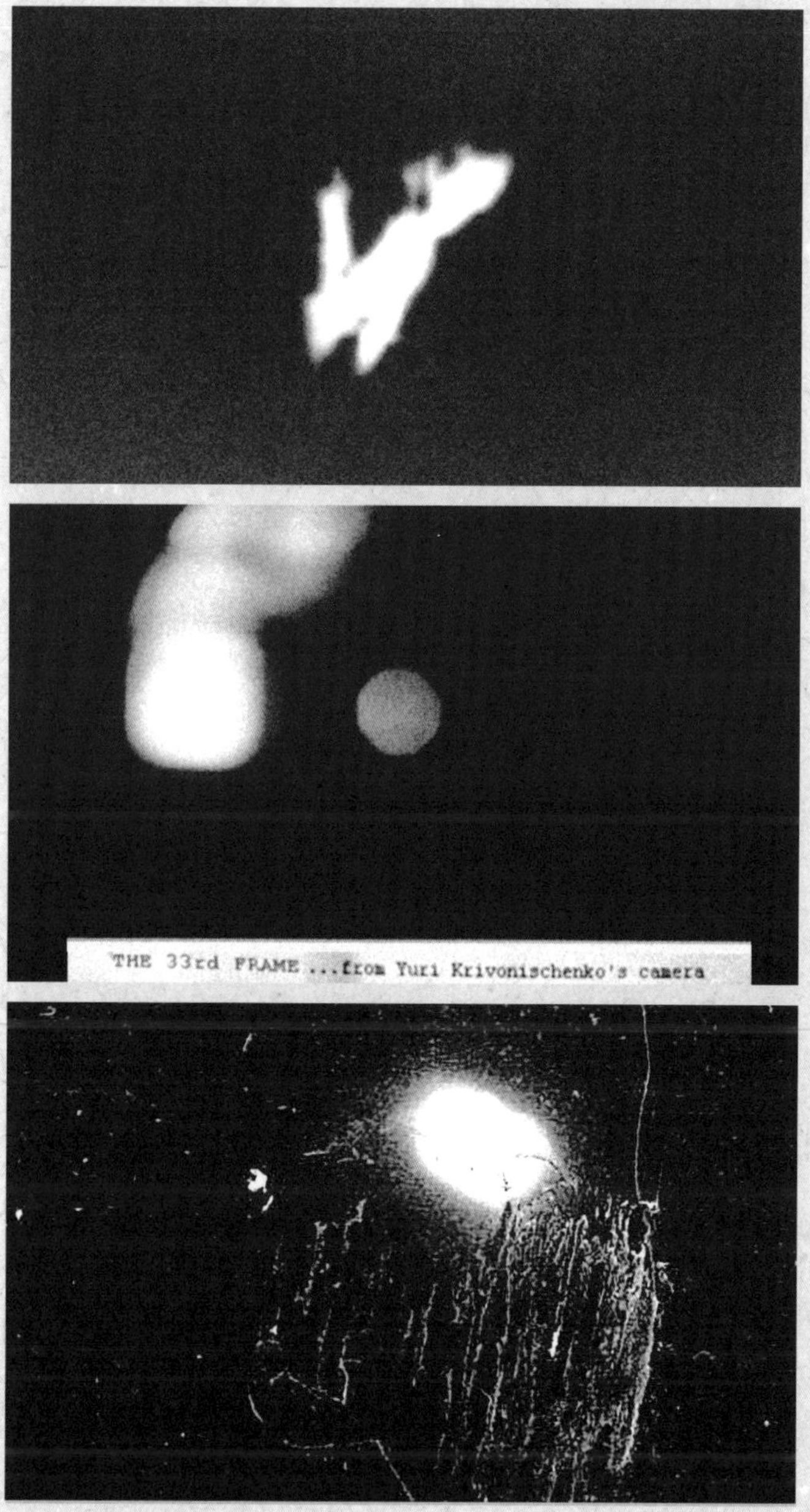

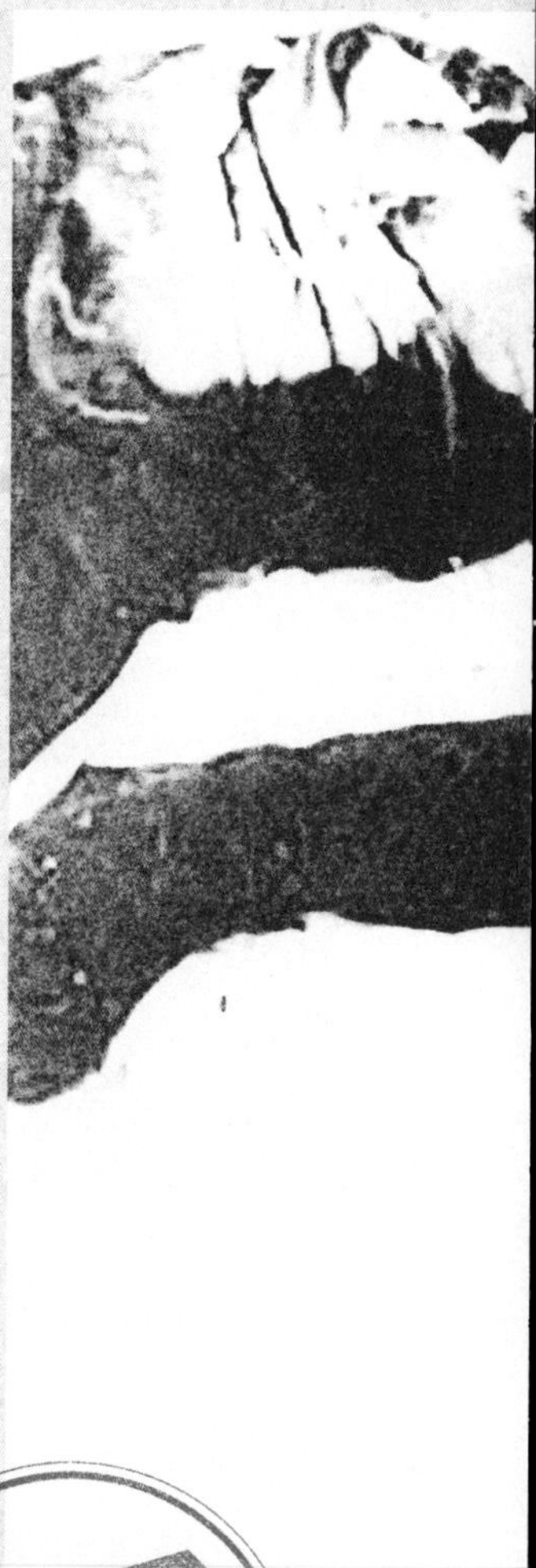

球を失い、舌を切り取られていた者……。現場写真には、明らかに何者かに殺害されたとしか考えようがない、無残な遺体が写っている。

残された日記から2月2日、彼らがテントから森の方向を監視していたことがわかった。そして遺品のカメラに残されていたフイルムに謎の発光体が写っていたのだ。別のフイルムにも発光体が写っていることから、同じ発光体を違うカメラで、そして違う時間に撮影していたのであろう。

事件現場のホラート・シャフイル山は、現地のマンシ人の言葉で「死の山」を意味する聖地であり、古くから頻繁にUFOが目撃されている。

事件当夜、事件現場から南に50キロ離れた場所にいたトレッキング客の一行が、ホラート・シャフイル山の方角の夜空に奇妙なオレンジ色に脈動する光球を目撃していた。それは学生たちが遭遇し、撮影したUFOに違いない。

学生たちはUFOに急接近され、襲われてしまったのだろうか？

No. 000109

キャトル・ミューティレーション事件

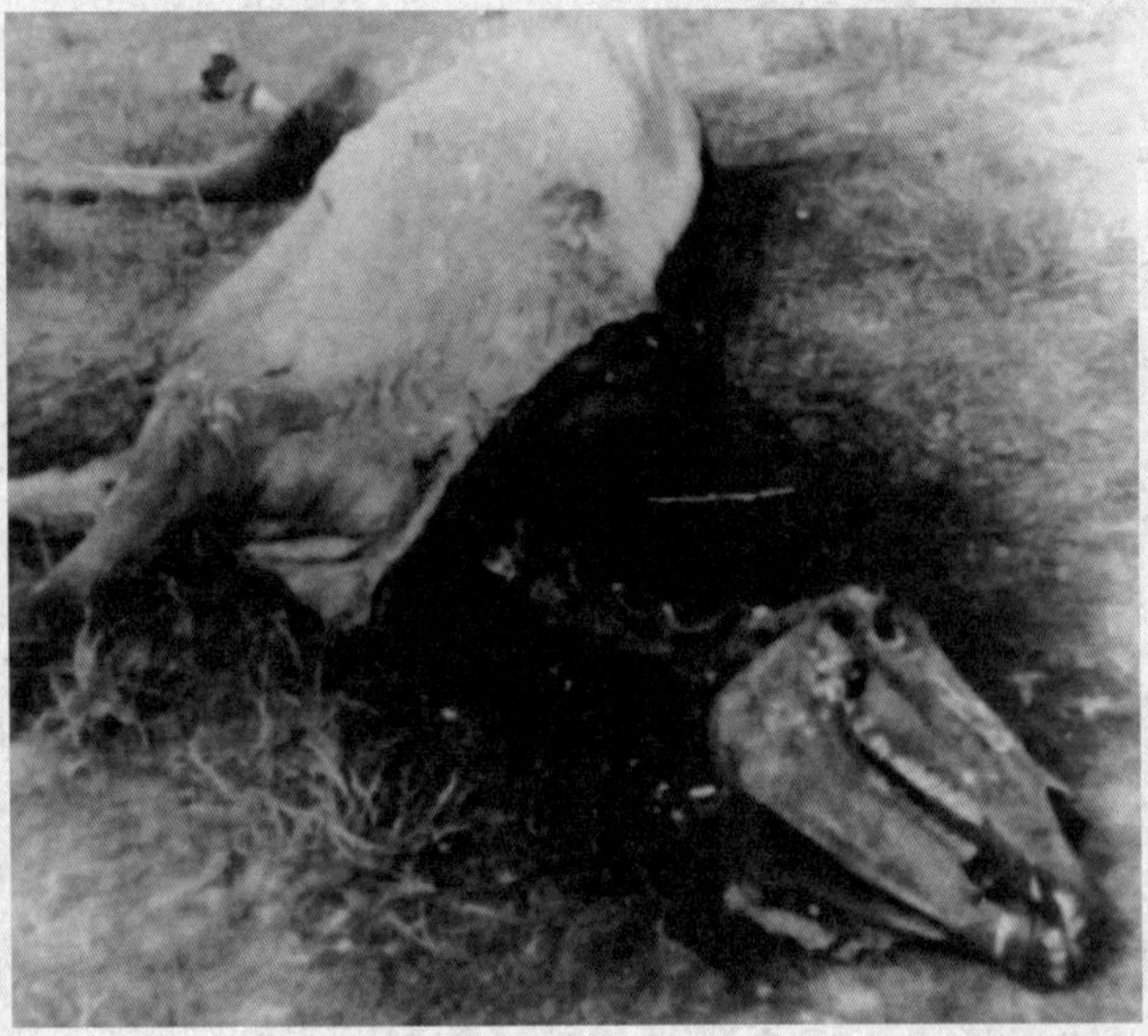

▲◀1967年、記録にある最初のミューティレーション事件の写真。馬のスニピィが惨殺されていた。

ム認定 AUTHORIZATION

鋭利な切り口はメスやレーザーでカットされたようで、体内には一滴たりとも血液が残されていない――。

不可解な家畜の大量惨殺、キャトル・ミューティレーションは、1967年9月、アメリカ、コロラド州アラモサの牧場で始まった。3歳馬スニピィが肩から上の肉をそぎ落とされ、惨殺されていたのだ。

その後、1973年後半から1979年冬にかけてカンザス、ネブラスカ、コロラド、テキサスなど各州で集中的に雌牛が惨殺された。

いずれも乳房や生殖器や直腸をえぐり取られ、目、舌、顎、心臓などが切り取られ、さらには体全体の血液が抜き取られていた。奇しくも、UFOフラップ（UFO目撃の集中発生）と重なった時期で、関連を指摘する声も高まった。

なかでもニューメキシコ州は被害甚大だった。同州のタオス、ダルシィの牧場の牛が次々と犠牲になったのだ。その数は500頭を超え、同州での損害額は4万5000ドルにも達した。

▶1990年、オレゴン州で被害にあった家畜。切り口が高熱にさらされ、素早く切断されていた。
▼上：2009年、アルゼンチンで撮影された写真。上空のUFOと、それに吸い上げられていく牛が捉えられている。下：2006年モンタナ州の事件。惨殺された雌牛には空中から落とされたような痕跡があった。

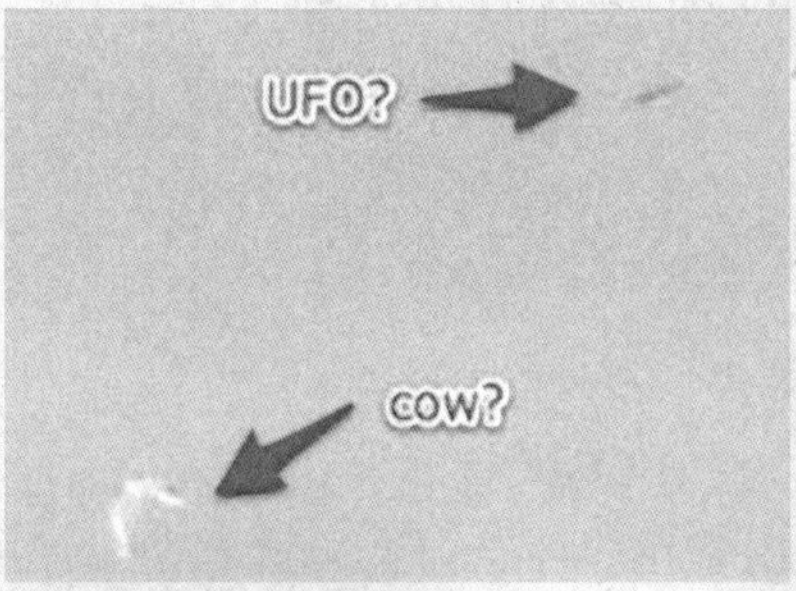

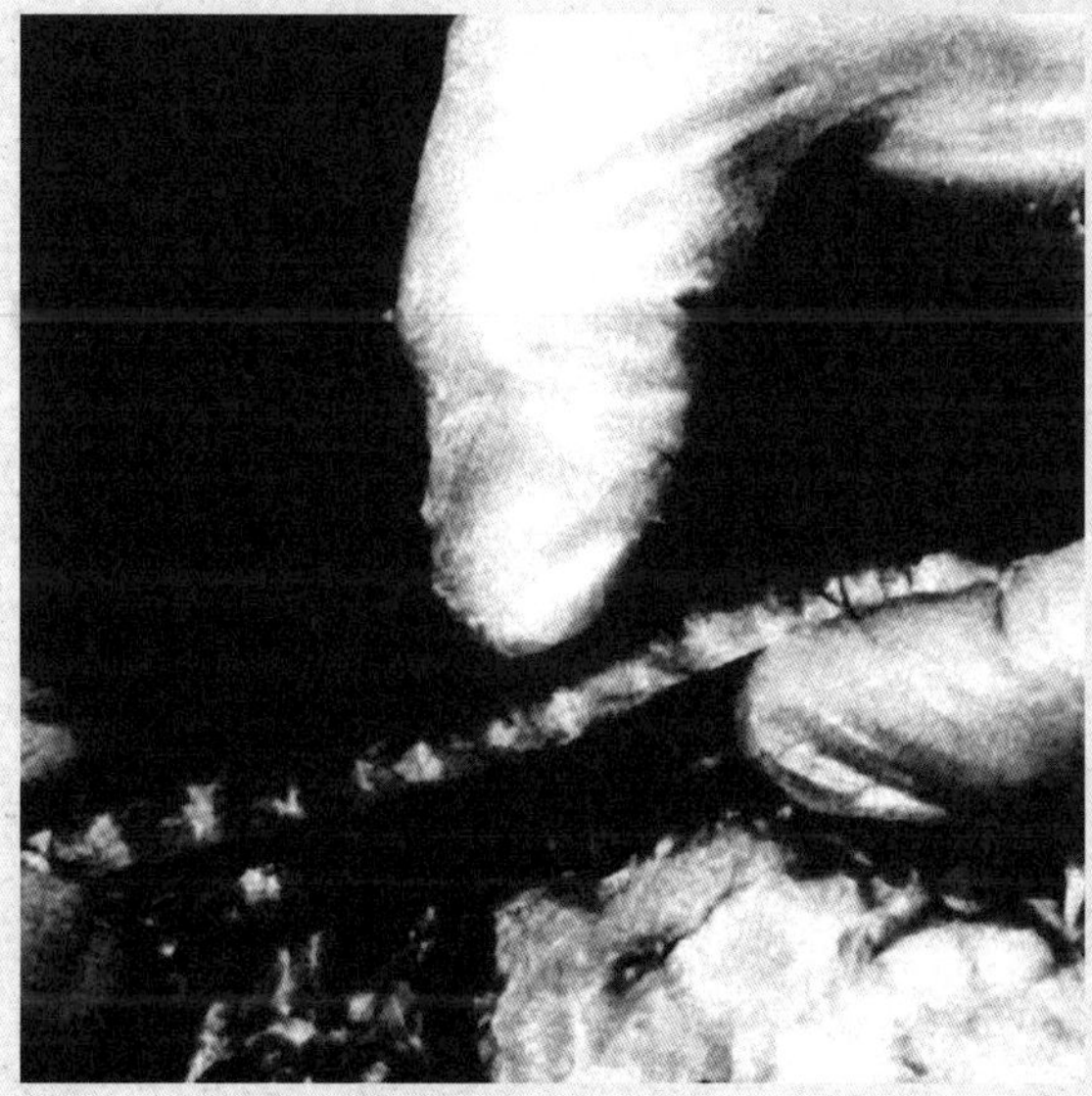

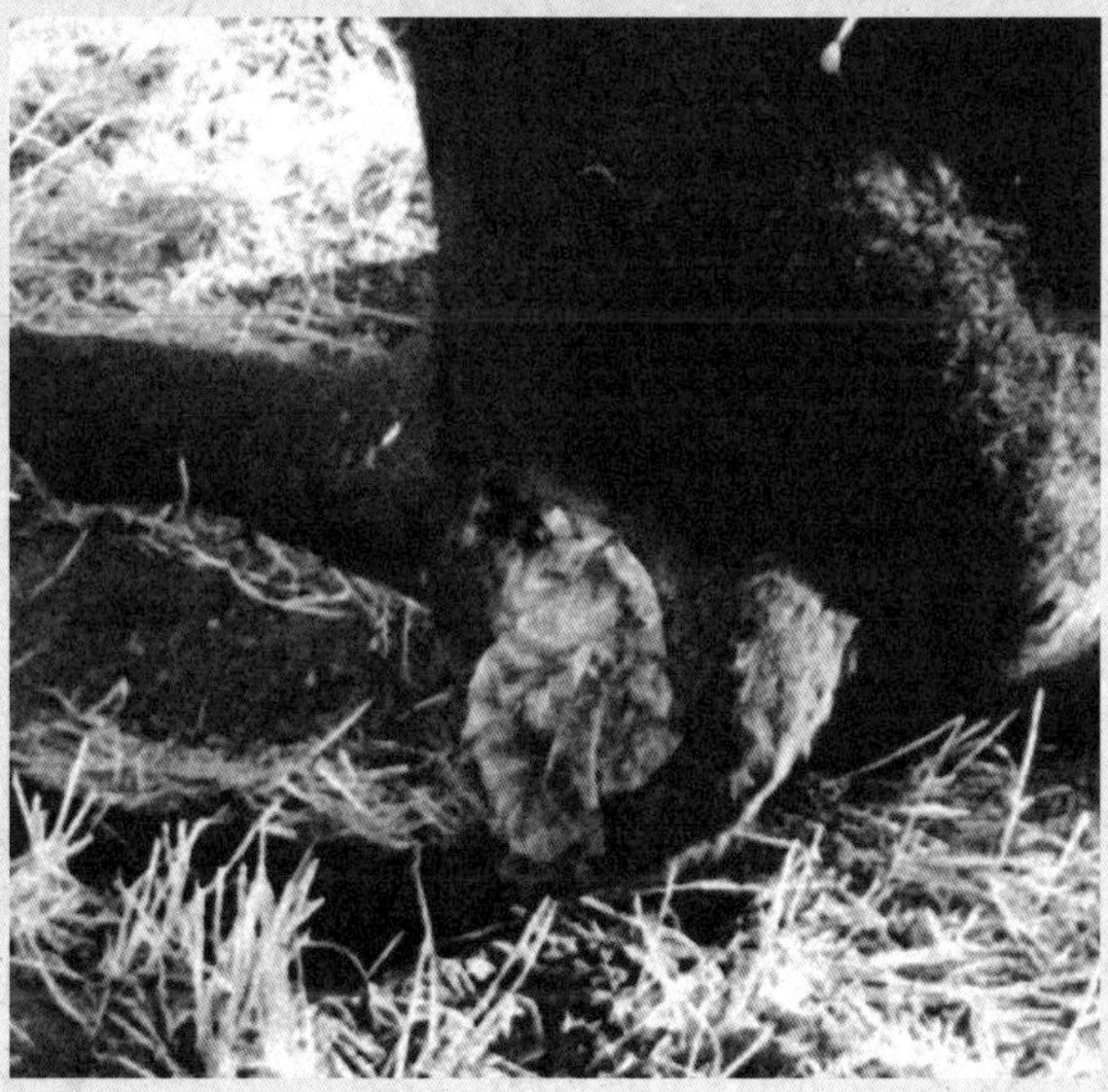

州では2万ドル近い懸賞金をかけて犯人逮捕に躍起となった。同州司法省からの要請でＦＢＩも調査にあたったが、現場には人や車が侵入した形跡すらなかった。

２０００年以降、同種の事件は南米やイギリスでも起きている。ターゲットも牛ばかりではなく、豚や羊、馬、さらにはニワトリ、アヒルなど多岐にわたった。

２００６年10月、新たな展開があった。モンタナ州ベントラ郡ヴァリアーのピーターソン牧場の雌牛が舌、顎、乳房、生殖器、肛門を鋭い切り口でえぐり取られ、体内の血を抜かれていたのだが、現場に「空から落とされた」痕があったのだ。さらに２００９年10月、アルゼンチンのロザリア・プエルト・ガポドでは「牛が上空のＵＦＯに吸い上げられていく」光景が撮影された。

アルゼンチンのケースを踏まえれば、やはり一連の事件の真犯人はＵＦＯだということになる。だとしたら、エイリアンは何の目的で家畜を惨殺し、血液を採取しているのだろうか？

No.000110

ヒューマン・ミューティレーション事件

▲鋭利に切り取られ、一部を持ち去られた遺体。とても、人間の仕業とは思えない。

1994年、ブラジルのUFO研究家A・J・ゲバードが全裸の男性の惨殺死体が写った写真を公開し、全世界に警鐘を鳴らした。

その写真が撮影されたのは1988年9月。事件発生後、しばらくはブラジル警察の殺人事件ファイルにファイリングされていたのだが、ルーベンス・セルジオなる警官が持ちだし、医師やブラジルの著名なUFO研究家の手を経て、ゲバードの手元にやってきたという。

死体の眼球と唇は、鋭利な刃物で切り取られたように取り去られていた。右上腕部を見ると、直径1〜1・5センチぐらいの円形の傷跡が確認できるのだが、これと似た傷跡が体のあちこちに点在していたそうで、さながら被害者の肉片を採取したかのようだった。さらに下半身の写真に目をやると、なんと肛門が直径10センチの大きさで円形にえぐり取られており、性器がそっくり切り落とされていた。

しかし死体からは、暴行を受けて苦悶した形跡が見られなかった。警察が到着したときには、すでに死後48〜72時間経過していると推察されたが、腐敗の徴候が見られず、死臭もまったくなく、これだけの傷跡にもかかわらず、出血もごくわずかしか見られなかったという。

死体に複数残っていた円形の傷口はどれも鋭利で、レーザーメスのようなもので精密に切断されたとしか思えないようなものだった。

当初、警察当局は被害者が怨恨により、残忍な殺され方をしたのではないかと踏んで捜査を進めたが、検視の結果、その線はすぐに消えた。それどころか、左耳がそっくり切断されていたことから、なんらかの医学的検査の実験台にされたのではないかという見解も提示されたというが、真相には至っていない。

奇妙な傷痕や抜き取られた血液などの特徴が、家畜が残忍な死に方をするキャトル・ミューティレーションとそっくりであることから、ゲバードは、これは異星人による人類惨殺事件だと主張している。

No.000111

サリッシュ海岸の漂着足首事件

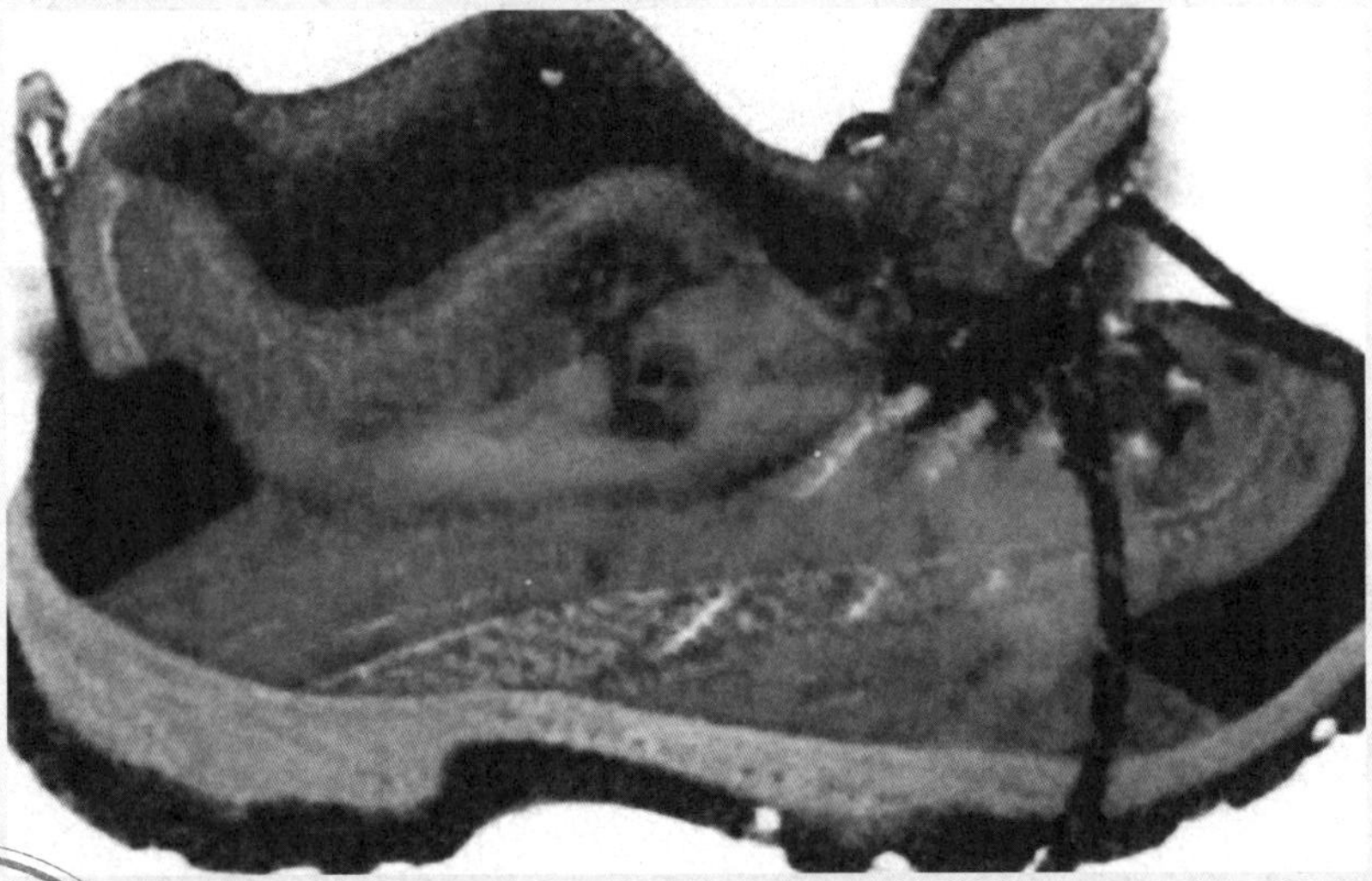

▶漂着した靴（上）と、その中から出てきた足（下）。足はミイラ化していた。

2007年以降、カナダのバンクーバーからアメリカのシアトルに至るサリッシュ海沿岸で無気味な事件が頻発した。

事の始まりは同年8月20日、ジョージア海峡に浮かぶ小島を訪れていたアメリカ人家族が、海岸で右足だけのスニーカーを見つけたことだった。12歳になる娘が何気なくそのスニーカーを手に取って、靴ひもを解いていたところ、靴の中から何かがぽとりと落ちた。それは、人間の足首だった。スニーカーは2003年のインド製で、白地にブルーのメッシュが入ったものだった。

以後、2008年の11月13日までに、同様にスニーカーまたはジョギングシューズを履いた片足だけの漂着物が6本も発見されたのだ。

バンクーバー警察は殺人事件を視野に入れて捜査にあたったが、解決にはほど遠かった。DNA鑑定により行方不明になっていた男性のものと判明した1件を除けば、〝足の身元〟はまったくわからなかったのだ。ある専門家は、海難事故による被害者の遺体の一部が流れ着いた可能性を指摘したが、その後も足は流れ着いた。

2010年8月には、ワシントン州ピュージェットサウンドの海岸に、9件目となる女性か子供の靴が打ち上げられた。中にはミイラ化した足が入っていた。

ワシントン州保安官事務所のエド・ウォレス刑事は、「一連の事件になんらかの犯罪行為が行われたことを示唆するものは何もない。足は腐敗によって、自然に体から離れたものと判断される」と語ったが、なぜ同じ一帯に集中して流れ着くのか、なぜほとんどが右足なのかという謎については説明できなかった。

足は2014年にもひとつ漂着し、合計15本となっている。足の主は男性もあれば女性もあり、靴はほとんどがスニーカーでナイキ、ニューバランス、アディダスなどの製品だが、サイズはみな異なる。この15本の足はなんらかの事故や事件に巻き込まれたものなのだろうか？

No.000112 人体発火現象

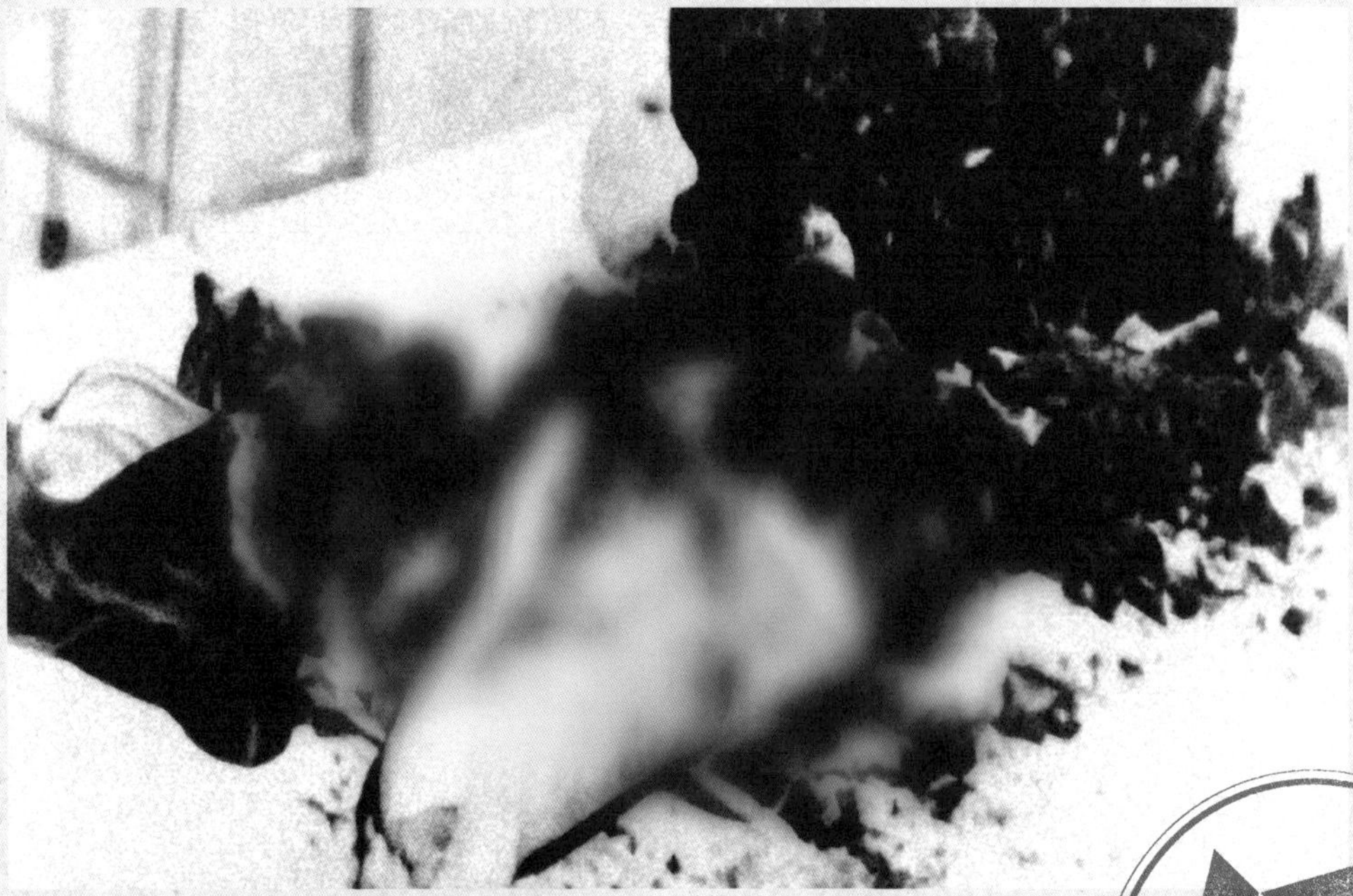

▲1951年７月に発火したメアリー・リーサー夫人の、残された右足。
◀1951年メアリー・リーサー事件現場。
▼左：1958年ロンドンで謎の焼死を遂げたエディス・ミドルトン夫人。右：1964年、足だけを残し、完全に焼失していたコンウェイ夫人。

原因不明の業火に包まれ、人体の大半が燃え尽くされる怪異――「人体自然発火現象」。いつ、どこで、だれが襲われるか予測不可能なこの現象は、これまでに数多く報告されてきた。

詳細が残る最初の事例が起きたのは１９５１年７月１日のこと。アメリカ、フロリダ州セントピーターズバーグの集合住宅で、メアリー・リーサー夫人が椅子に座ったまま焼死しているのを息子のリチャードが発見する。頭蓋骨は野球ボールほどの大きさに縮み、スリッパを履いたままの右足がかろうじて残っていた。

１９５８年１月には、イギリスの首都ロンドン西部で、エディス・ミドルトン夫人が膝から上が消失した状態で発見されている。炎がV字状に広がった形跡は、夫人の〝内側〟から発火したことを示唆していた。

２０１０年12月12日には、アイルランド西部の都市ゴールウエイで、当時76歳のマイケル・ファハーティが焼死体で発見された。遺体は火の入った暖炉近くにあったが、直接の出火原因

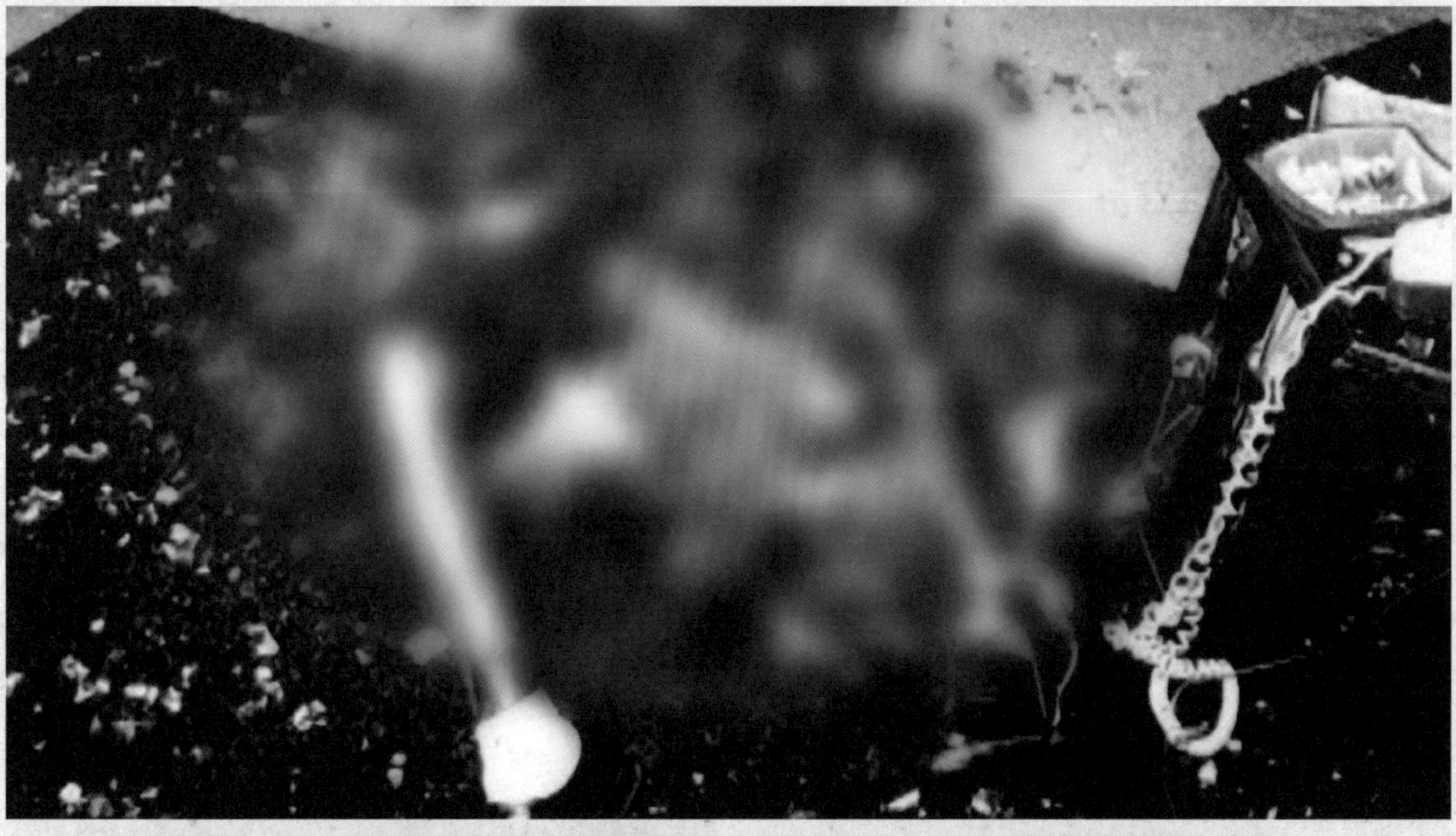

▲上：1979年11月、イリノイ州で椅子に座ったままの状態で焼死体となって発見されたベアトリス・オクズキー夫人。下：2007年、髪の毛が燃えた少女。
▶限定的な業火によって人間ひとりだけが焼失する人体発火は件数の多さに比して、原因の特定が進んでいない。

はどう考えてもファハーティ自身だった。なぜなら、燃えていたのは本人とその下の床面、炎がおよんだ天井だけだったのだ。

事件を徹底調査した検死官のシアラン・マクローリン博士も「人体自然発火以外に死因の説明はつかない」と結論づけている。これらに共通しているのは、熱量に対して燃焼範囲が狭いこと。リーサーの場合は、すぐそばにあった新聞紙さえ燃えていなかった。2007年1月11日、ベトナムでは、少女の髪だけが燃えるという局部的発火現象も起きているのだ。

怪異の原因については人体蝋燭化やプラズマ発火など諸説あるが、いずれも推測の域を出ない。だが、手がかりはある。2013年8月にインドで起きた事例だ。生後3か月で5回の発火を体験した乳児ラフールが大学病院で検査された結果、毛穴から可燃性のガスや液体が検出された。汗をかくと引火しやすくなる体質だったことが判明したのだ。可燃性の物質を体内で生成するという症例は類を見ないが、この事例が謎を解く鍵となるかもしれない。

No.000113

ブラック・ダリア殺人事件

▲遺体の上半身は腕が頭より高く掲げられ、下半身の股は大きく開かれていた。女優志願の美女の死を、マスコミは過剰に報道した。

1947年1月15日、アメリカ、ロサンゼルスの空き地の一画で、世にも美しく恐ろしい死体が発見された。被害者はエリザベス・ショート。映画スターを夢見てハリウッドにやってきた22歳の美女だった。

遺体の発見者は、現場を見たときに「草むらに女性のマネキンが落ちている」と思ったそうだ。というのも、美しい女性らしき姿の周辺には血の跡がまったく見られず、一見して殺人事件現場だとは理解できなかったのだという。

しかし、よくよく見れば、そのマネキン――エリザベスの亡骸――は、震え上がるほど恐ろしい状態で放置されていた。

顔や体には痛々しいアザや大小のやけどのあと、裂傷も確認された。手足にはロープの跡もあり、彼女がなにものかに拘束された状態で殺害されたことが捜査によって判明した。

多数の容疑者と、いくつもの証拠となる情報があり、メディアを通じて広く耳目を集めた事件でありながら、真犯人の行方はつかめていない。女優志望の22歳を葬るのに、なぜこのような見せしめ行為が必要だったのだろうか？

彼女の愛称から「ブラック・ダリア殺人事件」と呼ばれたこの事件は、エリザベスがナイトクラブを渡り歩いて、売春めいた行為をしていたこともあり、事件には好奇の目がいっせいに注がれた。自らを〝犯人だ〟と名乗る輩が続々と出現し、偽のタレ込みが数百件も警察に寄せられるなど、捜査は完全に混乱した。

そんなとき、地元新聞社にエリザベスの所有物が入った小包が届く。そこには75人の男性との交際記録が綴られたアドレス帳も入っていたが、手がかりにはならなかった。

エリザベスとの恋に破れたナイトクラブの経営者や、交流のあった流れ者、エリザベスの妹の友人の父親の外科医、彼女とかかわりのあった映画監督など容疑者がいないわけではなかったが、いずれも真犯人として立証するには至らなかった。

No.000114

ヒンターカイフェック事件

▲惨劇の舞台となった納屋。一家はひとりずつここに誘い込まれ、殺された。

1922年3月31日、ドイツ、ミュンヘン近郊の小さな村ヒンターカイフェックで一家6人が惨殺された。残酷さに加えて、捜査を続けていくとあらゆる部分に不可思議な点が確認される事件だった。

2歳のヨーゼフとメイドのマリアはそれぞれの寝室で、それ以外は納屋で殺害されていた。ひとりずつ納屋におびきよせられた形跡が見られ、いずれもつるはしで脳天をぶち抜かれ、顔や体のあちこちが粉砕されていた。絞殺の跡のある死体もあったが、おそらくほとんどが即死で、現場は血の海だった。

自宅から多額の現金が見つかったことから強盗ではなく、怨恨などが原因の、顔見知りによる犯行ではないかと推察された。それというのも、なんと犯人が数日間、この自宅に滞在していた形跡がいくつも残されていたのだ。

多数の痕跡が確認されたにもかかわらず、犯人を特定できる物的証拠は見つからなかった。のちに何百人もの村人が取り調べられたが、容疑者は絞り込めず、結局、迷宮入りが決まってしまった。

調査の最中、実は、この一家は、村の鼻つまみ者だったことがわかっている。一家は裕福だったが、家長のアンドレアスはケチな性格で有名で、村人との交流を好まなかった。そして、娘のヴィクトリアは夫を戦争で亡くしているにもかかわらず、ヨーゼフを出産した。村人たちは、「ヨーゼフは、ヴィクトリアとアンドレアス、つまり父娘の近親相姦の子だ」と噂しあった。また、アンドレアスには家庭内虐待の噂もあった。村のだれもが、この一家とかかわりあいになりたくなかったのである。

捜査に行き詰まったため、その6人の死体の頭が切り落とされ、ニュルンベルクの霊媒師の元に送られた。6つの頭を媒体に心霊捜査が行われたが、これもまた、成果を得ることはできなかった。

6人の死体は首なしのまま、今なお、このヒンターカイフェックの地に眠りつづけている。

No.000115

死を運ぶ未確認飛行生物モスマン

TOWN THAT HAD A VISIT FROM HELL
AR OF THE
BIRD
THE MONSTER
ROGER Scarberry's eyewitness sketch of Mothman, verified by others.
THE NATIONAL STAR
'All our lives changed in some way'
Lonnie McDaniel told of his own experience.
"I was in a friend's house, both of us watching TV. Suddenly the set went black and a voice said, "We're not finished with you yet." Then the film came back on again."
On December 15, 1967, a year after the first arrival of Mothman, tragedy and horror struck Point Pleasant. The 700-foot long Silver Bridge spanning the Ohio River collapsed without warning, taking 31 vehicles and carrying 46 people to death in the icy waters.
Author Keel is of the opinion that the tragedy was somehow connected to the UFO presence, and so are many of the townspeople.
It was when Mrs. McDaniel tried to contact a woman who had seen Mothman that I experienced for myself the eerie phenomenon of the telephone interference.
Clicking
The dialing tone had gone for several rings. Then there was silence, then a loud clicking began. Mrs. McDaniel, from the other end of the room, held up the phone.
I could distinctly hear the sounds — loud pings and clicks. They continued for five minutes, then the phone went dead.

◀事件当時の新聞。まだモスマンではなく、UFO-BIRDと称されている。

UFOの活動が世界的に活発化した1966年は、アメリカでもUFO目撃が急増した。その最中、ウエストバージニア州ポイントプレザントを中心とするオハイオ渓谷一帯のTNTエリア周辺で、全身が長い毛で覆われた空飛ぶ怪生物の目撃事件が多発する。

最初の事件が起きたのは、1966年11月15日午後9時過ぎのこと。友人宅を訪問するため車を走らせていたマルセラ・ベネット夫人ら4人がTNTエリアに差しかかったとき、上空に不思議な赤い光が出現。彼らの車に追従しはじめたのだ。必死の思いで友人宅にたどり着いた彼らを待ち受けていたもの――それは頭も首もない寸詰まりの体に、燃えるような赤い目と大きな黒い翼をもった怪物だった。

怪物は室内に逃げ込んだ彼らを窓から覗き込んできたが、通報を受けた警官が到着するころには姿を消してしまった。

ついで同日深夜、やはりTNTエリアを車で走っていたロジャー・スカーベリー夫妻とスティーブ・マレット夫妻の4人は、道路脇に立つ怪物と遭遇。ネズミのような鳴き声を聞いている。

現地の記者メアリー・ハイアによって新聞で報じられると、その外見から「モスマン＝蛾人間」と呼ばれるようになったこの怪物は、翌年にかけて集中的に出現するようになる。事件現場では無線がレコード盤を早回ししたように聞こえた、方位磁石や時計の針が異常な動きをする、などの怪異現象も頻発している。

そして、1967年12月15日、人々の心に大きな傷を残す大事件が発生した。

午後5時5分ごろ、ポイントプレザントとオハイオを結ぶシルバーブリッジが突如崩落し、46台の車がオハイオ川のどす黒い水中に沈むという大参事が起きたのだ。

この橋はモスマンの目撃多発地点であり、事故が発生したとき、モスマンも出現。さらに12機のUFOも目撃された。

この事件を最後にモスマンの出現は途絶えてしまうが、怪異はそれだけでは終わらない。事件にかかわった人物が怪死、ある

▲もっとも有名なモスマンのスケッチ。

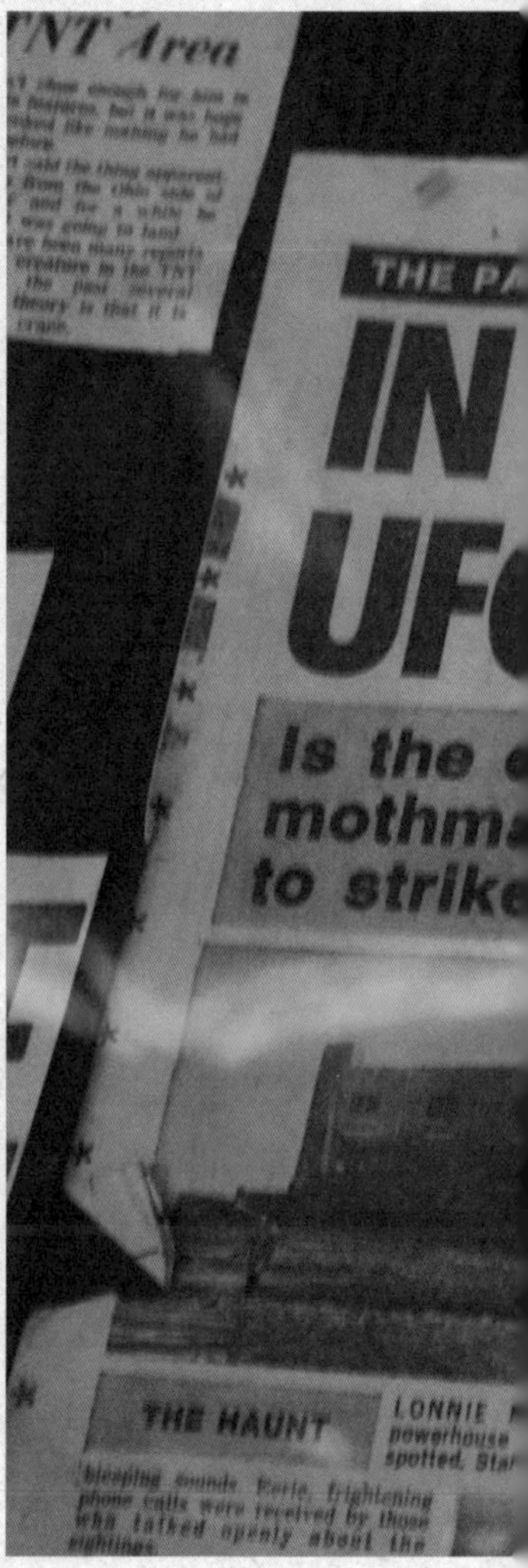

▼崩落したシルバーブリッジ。モスマンの出現とのかかわりが噂された。

いは神経を病むという事態が頻発し、〝モスマンの呪い〟であると人々を恐怖させたのだ。かくしてモスマンは、災いを招く怪物として人々に記憶されることになる。

No.000116

21世紀も続くモスマンの呪い

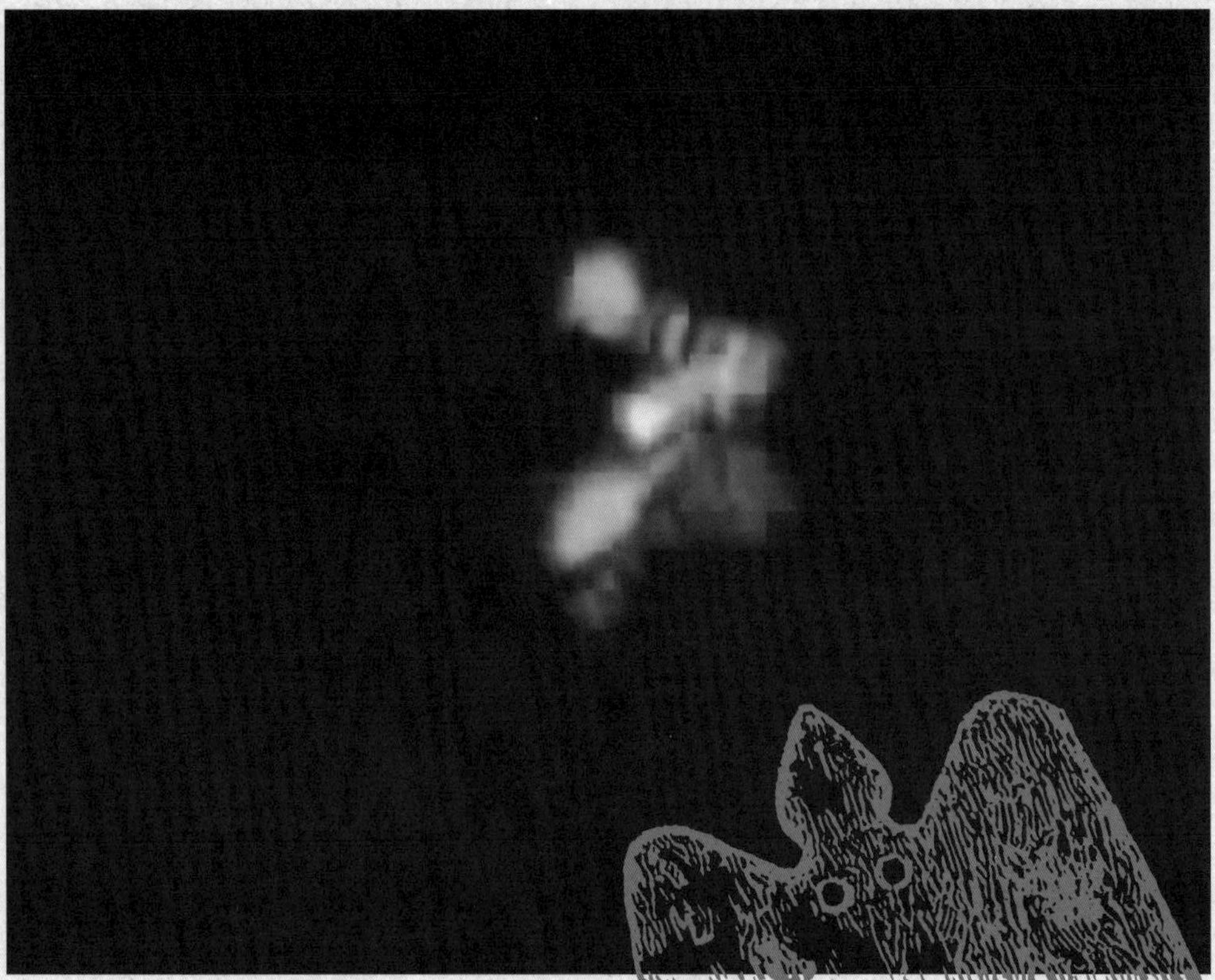

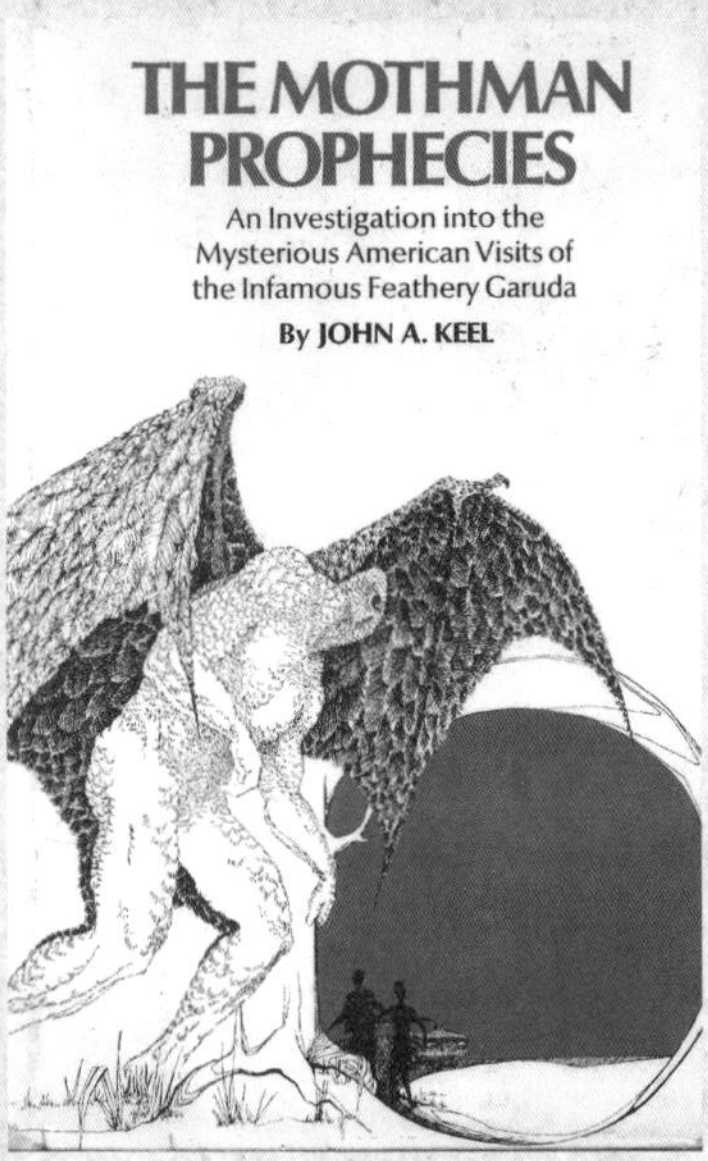

▲2008年1月に北京で撮影された写真。モスマンが飛来したと騒ぎになったが……。
▶北米先住民に伝わる霊鳥サンダーバードのスケッチ。モスマンと似ているが、関連はあるのか？
◀ジョン・キールが著した、モスマンの凶兆についての研究書。

モスマンの呪いは21世紀になっても途切れることはなかった。2002年に公開されたハリウッド映画『プロフェシー』によって、呪いは再び取り沙汰されるようになる。メアリー・ハイアとともに事件を追いつづけた超常現象研究家ジョン・キールが調査報告と実体験をまとめた著書『モスマン・プロフェシー』を原作とするこの映画では、音楽監督や美術効果担当者をはじめとする関係者の連続怪死事件が発生。その数は8人にも上る。〝その姿を見ると死ぬ〟という無気味な噂が再び発動したのだ。

モスマンの出現も続いており、2001年9月11日にはあのワールドトレードセンターに無気味な姿を現し、2011年7月、ペンシルベニア州エリーで走行中の車から携帯電話で撮影されている。2015年11月、イリノイ州マクレーンでもその姿が撮られている。そればかりではない。異様な姿は世界各国でも目撃されているのだ。

2008年1月22日には中国、北京に出没。どこかの家屋の上空を、確かに羽の生えた虫のよ

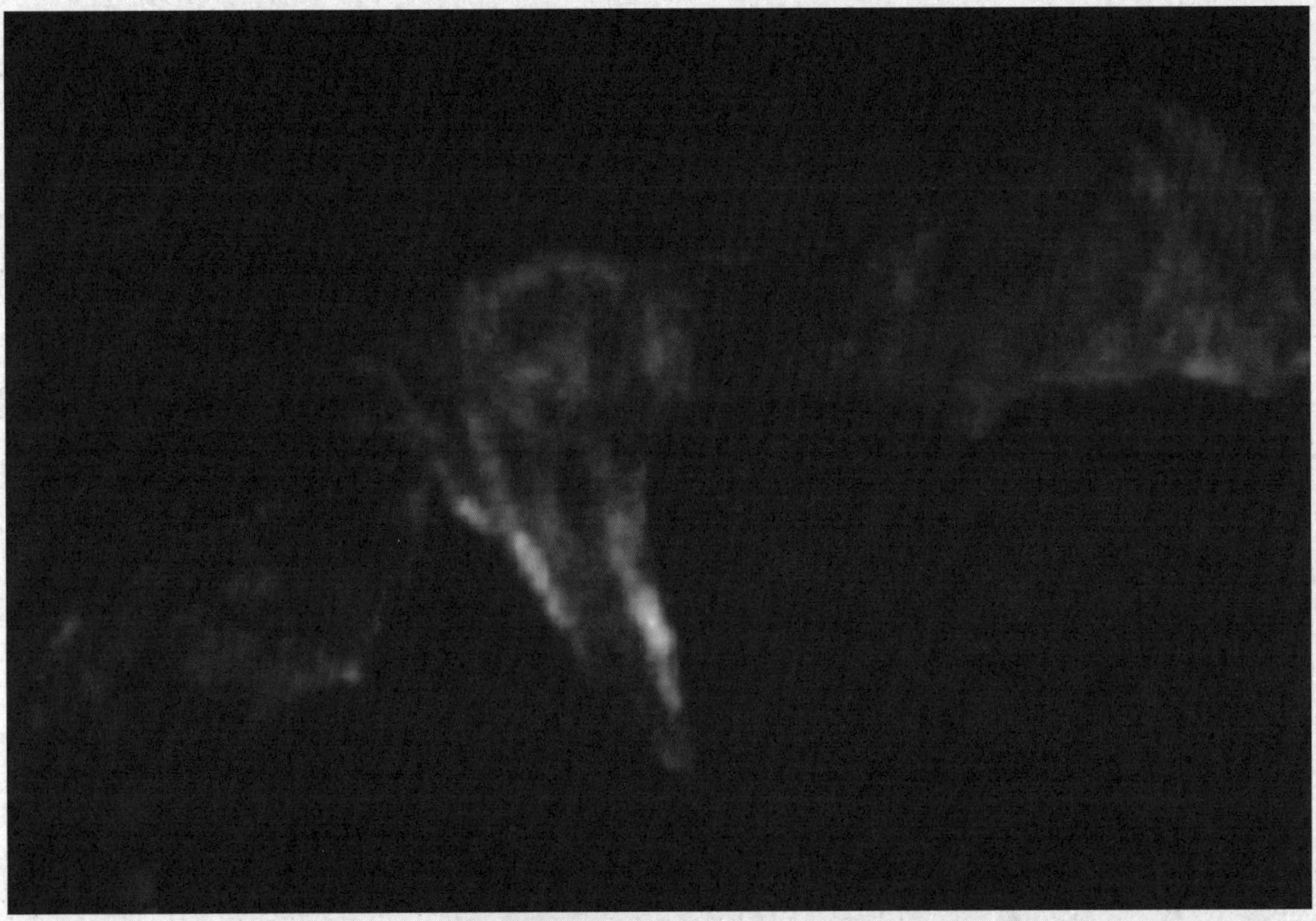

▲上：2011年7月、ペンシルベニア州のエリーで撮影されたモスマン。飛行中の写真は珍しい。
右下：2015年11月にイリノイ州に飛来したモスマン。はっきりと写っているが、関連情報が少ない。
左下：ウェストバージニア州ポイントプレザントには、文字通り「蛾人間」の姿のモスマン像が建てられている。

うな何かが、体を光らせながら飛行している姿が動画サイトにアップされた。同時に映る家屋との比較で、それは虫の誤認ではなく、大きな飛行物体であるということがうかがえる。クローズアップされた画像を確認すると、体と同等の大きな羽などモスマンの身体的特徴を有しているのが確認できる。

2010年9月には、ドイツのニュルンベルクで撮影された写真に、偶然に写り込んでいた。夕闇の中でひと際輝く赤い光の部分を拡大してみると、3～5メートルほどあると推定される黒い翼と怪物の姿が確認された。今のところ、新たな怪死事件の情報は入ってきていないが、予断を許さない状況であることに変わりはない。

人々に災いをもたらすモスマン。その正体は、出現にUFOが絡んでいることから、エイリアン・アニマルの一種という説が有力視されているが定かではない。仮にそうだとしても、呪いに対する明確な解答はいまだ得られていない。そう、モスマン事件は発生から50年以上過ぎた今も解明されていないのだ。

No.000117

高速生物スカイフィッシュ

▲上：2008年、2009年と連続で中国に出現したスカイフィッシュ（現地では「飛行棒」）。写真は2009年に出現したもの。筆者いわく“本物のスカイフィッシュ”の登場といえるものだ。下：2010年11月、イギリスで撮影された巨大なスカイフィッシュ。

認定 AUTHORIZATION

スカイフィッシュは、ビデオカメラの普及後に発見された生物だ。というのも、空を飛ぶスピードが速すぎて、肉眼で捉えることが難しく、ビデオをスロー再生して初めて発見することができるからだ。

その形状は1本の棒に、半透明のリボン状のヒレを巻きつけたかのような姿が特徴だ。ヒレの形はさまざまだが、スカイフィッシュはこれを高速で羽ばたかせ、空を飛ぶ。

スカイフィッシュの巣があると目される、メキシコのゴロンドリナス洞窟。2001年8月、そこで撮影されたスカイフィッシュの飛行スピードは時速80～272キロという数値がはじきだされている。

大きさは平均的なもので50センチといわれているが、数センチ大の小さなものから、30メートルを超える大きなものまで確認されている。

たとえば2004年4月3日、イラク戦争の最中に出現したスカイフィッシュは、ニュース画像に映り込んでおり、多くの人々がリアルタイムで〝目撃〟

▲上：2010年1月、ロシアのクレムリン上空に出現したスカイフィッシュはとても巨大なものだった。右下：2002年アメリカ、メイン州で撮影されたスカイフィッシュ。飛膜の美しさからレインボーロッドとも呼ばれる。左下：2004年、イラク戦争中のバグダッドに現れたスカイフィッシュはニュース映像に映り込んでいた。

した。一緒に映る建造物と比較すると、そのサイズは数十メートルにおよぶと推測されている。また、２０１０年１月、ロシアの首都モスクワのクレムリンに出現したスカイフィッシュも、その巨大さが取り沙汰されている。

　正体については、近年、ビデオカメラで生じる「モーションブラー現象」で説明する主張が主流を占めている。しかし、それでは説明できないのが、スプリング状のヒレを幾重にも巻きつかせた個体だ。

　２００８年、２００９年と連続して中国（当地では「飛行棒」と呼ばれる）で目撃されたもので、この事例はその存在を決定づけた、〝本物のスカイフィッシュ〟の登場といっていいのではないだろうか。

　そう、ハエや虫の類いではなく、まぎれもない「飛行生命体スカイフィッシュ」が、世界に存在するのだ。

　スカイフィッシュは世界中で確認されている。だが、研究を進めるにあたってはデータが少なく、正体の解明は、まだ先のことだろう。

No.000118

スカイフィッシュのルーツ

▲1988年にメキシコ中部ゴロンドリナス洞窟で撮られた動画に映っていた典型的なスカイフィッシュ。

◀アルゼンチンの遺跡に描かれた、スカイフィッシュと思われる岩絵。当時の人々は、その姿を肉眼で捉えることができたのだろうか。

肉眼では見えないほど猛烈な速さで飛行する、謎の物体スカイフィッシュ――。1994年、アメリカ、ロサンゼルス在住の映像コーディネーター、ホセ・エスカミッラが、ある洞窟のビデオテープをスローモーションやコマ送りにしたとき、棒状の胴体にリボンのような被膜をはためかせて高速で飛ぶ物体＝スカイフィッシュが映っていることを発見した。

　彼は、スカイフィッシュはかなり高度な知能を備えている可能性もあると指摘している。そのため、精霊のような存在か、あるいは異次元からやってきた未知の生命体だと考えることもできると主張した。

「空中ばかりか水中まで自由に行き来し、さらには空間移動までやすやすと行ってみせることは、確かだ」

　エスカミッラはまた、スカイフィッシュは太古から地球に存在していたのだという。古代の岩絵やペトログラフに、スカイフィッシュを描いた絵があるというのだ。

アルゼンチンのサン・ジョルダンの遺跡でエスカミッラ自身が発見したものだが、1万年以上も昔に刻まれたと思われる岩絵には、確かに棒状の胴体にヒレのついた物体が複数描かれている。

「われわれが気づかなかっただけで、スカイフィッシュは人類とずっと共存していたのかもしれない」と、エスカミッラは語る。

　正体についてだが、アメリカ、コロラド州デンバー校の生物学者ケネス・スワーツ教授は、古生代カンブリア紀（約5億5000万〜5億年前）に棲息していた、学名「アノマロカリス」という魚類がルーツではないか、と主張している。想像イラストを見ると、確かに体の側面に沿った羽のような部分を揺らして泳ぐ独特の姿が、スカイフィッシュを彷彿とさせる。

　全体の形状はかなり異なっているが、スカイフィッシュは海で生まれた生物が進化し、空を飛べるようになったものなのかもしれない。

No.000119

ケサランパサラン

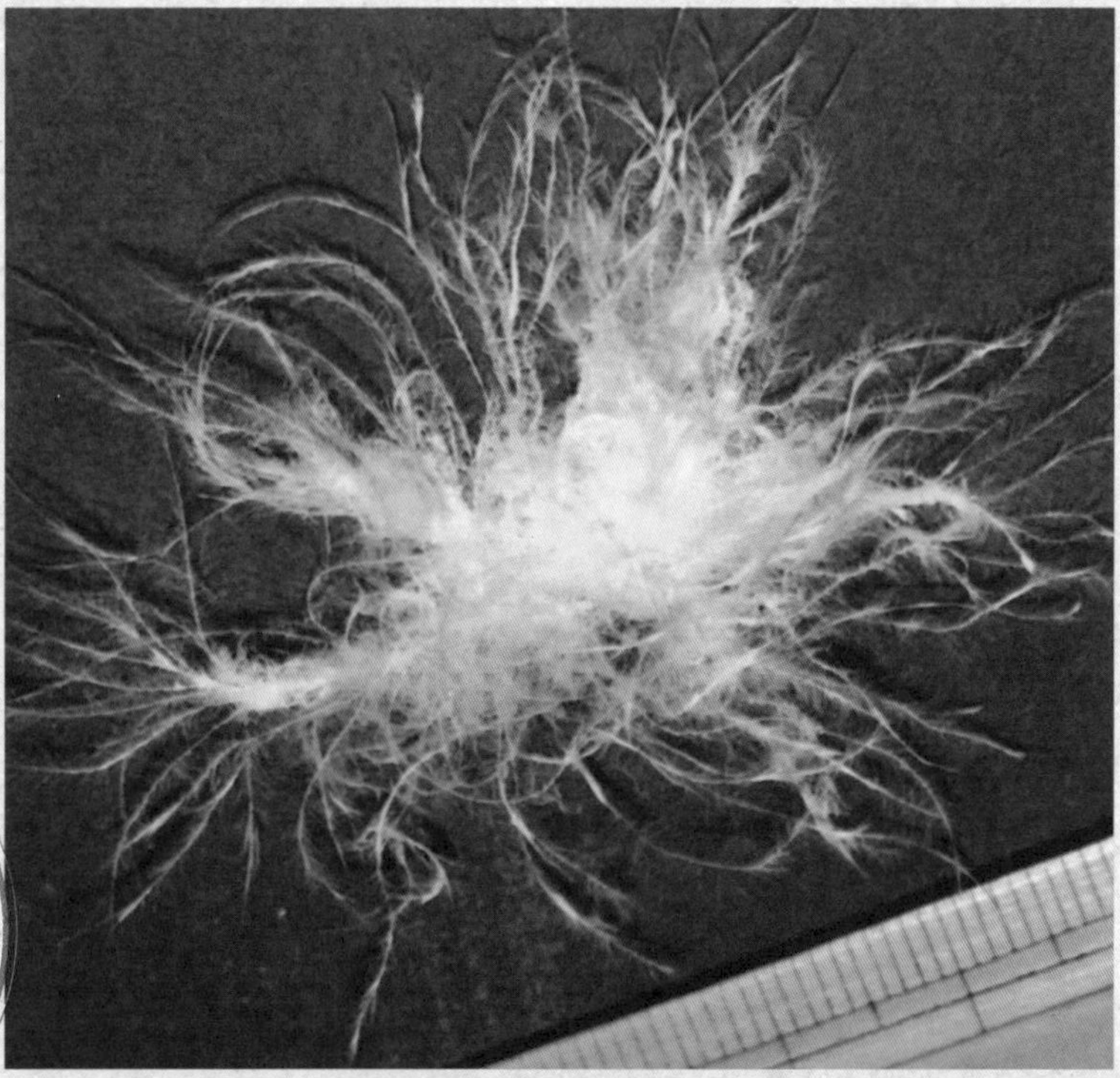

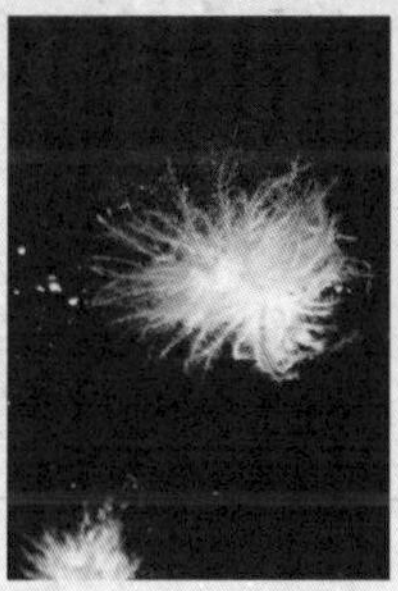

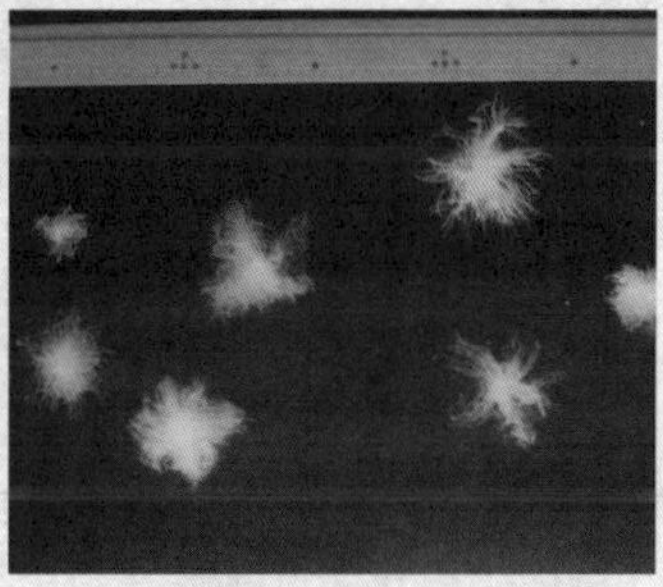

▶最勝寺さんの目の前に降りてきたケサランパサラン。体長5～6センチもある（写真＝ふじたいら）。
▼右2枚：最勝寺さんのケサランパサラン。大きさや形は多様で、どんな植物にも似ていない。桐の箱におしろいと一緒に入れておいたところ、写真のように「子供」が生まれたという（写真＝ふじたいら）。左2枚：海外でも、広がった綿毛のような物体が発見されることがある。UFOとの関係性も指摘され、「エンゼルヘア」と呼ばれている。

空中からフワフワと舞い降り、おしろいの粉を食べて増殖する、白いマリモのような未確認物体。それが、東北地方を中心に江戸時代以降、現代に至るまで語り継がれている「ケサランパサラン」である。

フサフサした毛の塊のようなこの物体の正体は謎に包まれている。動物、植物、そして鉱物のいずれとも特定できていないのだ。

ケサランパサラン発祥の地は、岩手県九戸郡山形村（現・久慈市）といわれる。捕まえたら、餌とともに穴の開いた桐箱に入れ、タンスの奥などにしまっておくと、その家に幸運をもたらすという。一種の幸運のお守りのように扱われているのだ。そのためか、東北地方の旧家の一部には娘を嫁に出すとき、これを母から娘へと小分けする風習がある。

ケサランパサランは首都圏にも棲息している。1994年秋、千葉県富津市に住む最勝寺恵子さんは、タンスの奥にしまっておいた桐箱を久しぶりに開けた。箱の中には、17年前に最勝寺さんが自宅の近所で採取した5つのケサランパサランが入っているのだ。ところが、箱を開けると、それぞれの毛の塊が大きくなっているばかりか、6つに増えていたのだ。このとき最勝寺さんは「ケサランパサランがおしろいの粉を食べて成長し、子供を作るという伝承は本当だった」と思ったという。

4年後、東京都板橋区に引っ越した彼女は、孫娘の通う保育園の女性職員が捕獲したというケサランパサランの飼育法を相談された。職員の飼っている物体は自分のものと明らかに形態が異なっていたが、最勝寺さんはとりあえず女性職員に桐の箱とおしろいの粉を渡し、根気よく飼育することをすすめた。

そして3年後。最勝寺さんが女性職員のものを見せてもらったところ、なんとここでも毛の塊は成長し、数も増えていたのである。

このケサランパサランの現物は、現在もその保育園で保管されているという。

No.000120

2次元生物ライト・ビーイング

▲2008年8月、アルゼンチンのオンガラミ谷で撮影された写真に写っていた白く輝くライト・ビーイング。その存在は撮影時にはわからず、写真で見て初めてわかったという。

カメラはときに、肉眼では見えない摩訶不思議な現象・事象物をしばしばキャッチする。〝ライト・ビーイング現象〟もそのひとつだ。その字面どおり、〝ヒト形をした光る生き物〟の3次元空間への現出である。

アメリカでは2007年ごろからインターネット上を中心に注目を集めている。日本の〝心霊写真〟とは異なる現象で、肉眼では感知できない生命体が撮影されているのが特徴的だ。このライト・ビーイングが、アメリカ本土や南米を中心に発見されている。

最新のケースでは、2013年3月、アメリカ、テキサス州サン・アントニオの繁華街にある1909年に建てられた由緒ある「聖アンソニーホテル」で撮られた画像がある。

写真には長い触角らしきものと羽根を広げた妖精のようなライト・ビーイングが、室内の天井付近を浮遊している姿が写っている。

また、南米アルゼンチンのカピラ・デル・モンテから約25キロに位置するオンガラミ谷での

▲2013年3月、テキサス州の聖アンソニーホテルで撮られたライト・ビーイング。
▼右：2011年、メキシコ、ハリスコ州の教会近くで撮影されたライト・ビーイング。左：2007年夏、アメリカで強い光を放つライト・ビーイングが撮影され、インターネットで公開された。

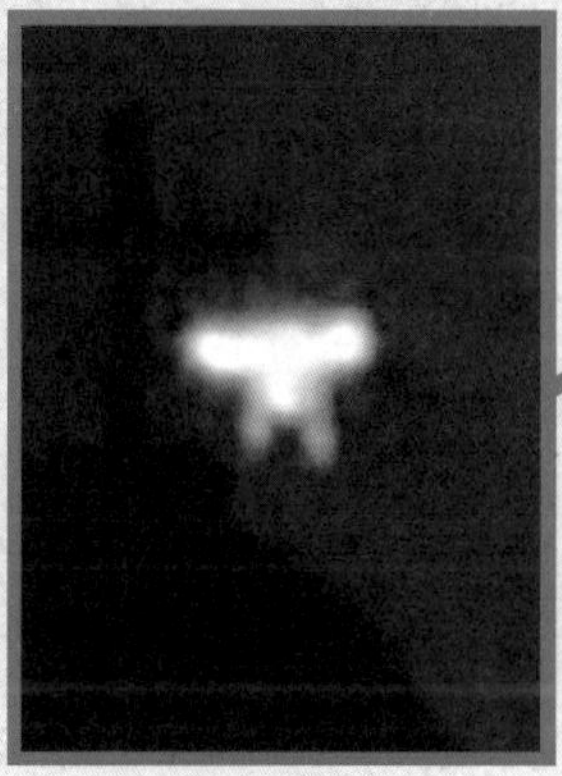

例もある。ここはUFO多発地帯として知られるが、数年前から、谷の洞窟付近に白く光る怪人が出現するようになったという。

最近になって公表された写真は、２００８年８月に洞窟を撮影したスナップの１枚だが、そこにはまさしく白く輝く怪人が２体写り込んでいる。

撮影時、肉眼では感知されず、そこに写っている本人たちも何も感じなかったという。写真を見て、初めてそこに、〝それがいた〟ことに気づいたのだ。この怪人の出現は今なお続いているそうだ。

一説では山道の洞窟付近に異次元に通じる〝窓〟があり、そこから出入りしている異世界人ではないか、という。異界の窓が開き、向こう側の異世界人の姿がこの世界に投影されていたのかもしれない。

その特徴が平面的なことから〝２次元生物〟とでも表現すべきライト・ビーイングの正体。それが判明すると、われわれの住む３次元の世界で起きている怪奇現象の謎が次々に解明されるかもしれない。

No.000121

影次元よりの使者 シャドーピープル

▲マーサ夫人の寝室に現れたシャドーピープル。靄のようなものがヒトの形になったという。

体長1・2～1・8メートルほどで、2次元的なヒト形をしたミステリアスな影怪人、シャドーピープル。

アメリカ、カンザス州オラセ近郊に住む地理学者ドイル氏宅に、それはしばしば出現しているという。

最初の異変は、2010年9月のある日の午前1時過ぎのこと。

ドイルの妻マーサが寝室に向かう途中、突然、黒い靄が廊下に湧きだしてきたという。恐怖で身を硬くしていると、なんとその靄が、ヒトの形になった。彼女は、慌てて寝室に逃げ込みドアの鍵をかけた。しかし、あろうことか、そのヒトの形をしたものは、ドアをすり抜け、部屋の中に侵入してきたのだ。

マーサ夫人はベッドに座り込み、体を震わせながら目を見張った。「ヒュー、ヒューッ」という、気味の悪い息づかいが聞こえ、恐怖が頂点に達した彼女は悲鳴を上げた。その途端、シャドーピープルは空間に溶けるようにして消えたという。

その後もシャドーピープルは、

▲定点撮影中のカメラが捉えた、実体化する瞬間のシャドーピープル。空中から染みだしてきたようだ。
▶アメリカの教会で撮影された写真に写り込んだシャドーピープル。子供くらいの身長に見える。現実世界での実体は定まっていないようだ。

ム認定
AUTHORIZATION

彼女の寝室に現れて顔を覗き込んだり、自宅近くをうろついたりするなど、無気味な姿を現した。その姿をマーサは写真に収めている。

　ドイル家だけでなく、この黒い怪人はアメリカのあちこちに出現している。顔も体も判然とせず、判別できるのはシルエットだけ。夜になるとまるで幽霊のように現れ、そして一瞬にして姿を消してしまう。壁や肉体的な障害物など物理的なものに左右されず、すり抜けてしまう。ときには男女のペアだったり、帽子をかぶっていたり、黒い蒸気（エクトプラズム）であることさえある。

　往々にして、彼らは寝室やベッドの脇で目撃されることが多いが、これは生前彼らが愛した者にメッセージを残そうとしたり、助けを求めたりしているともいわれている。

　その姿は、しばしばカメラやビデオに撮られており、関連書籍も発刊されてその無気味な存在は全米各地に広まっている。しかし、その正体についてはわかっておらず、謎が増えるばかりだ。

No.000122

未確認潜水生物　ニンゲン

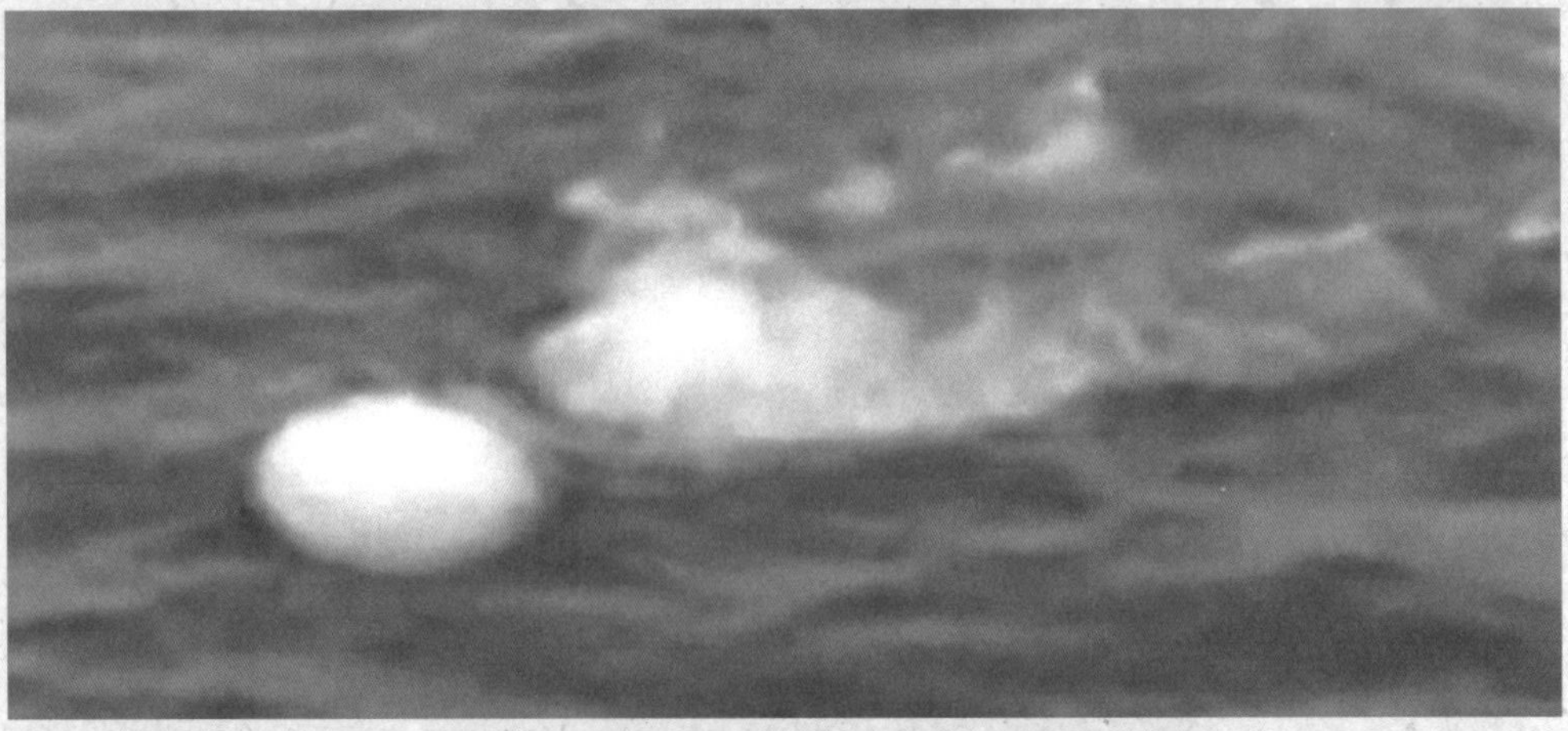

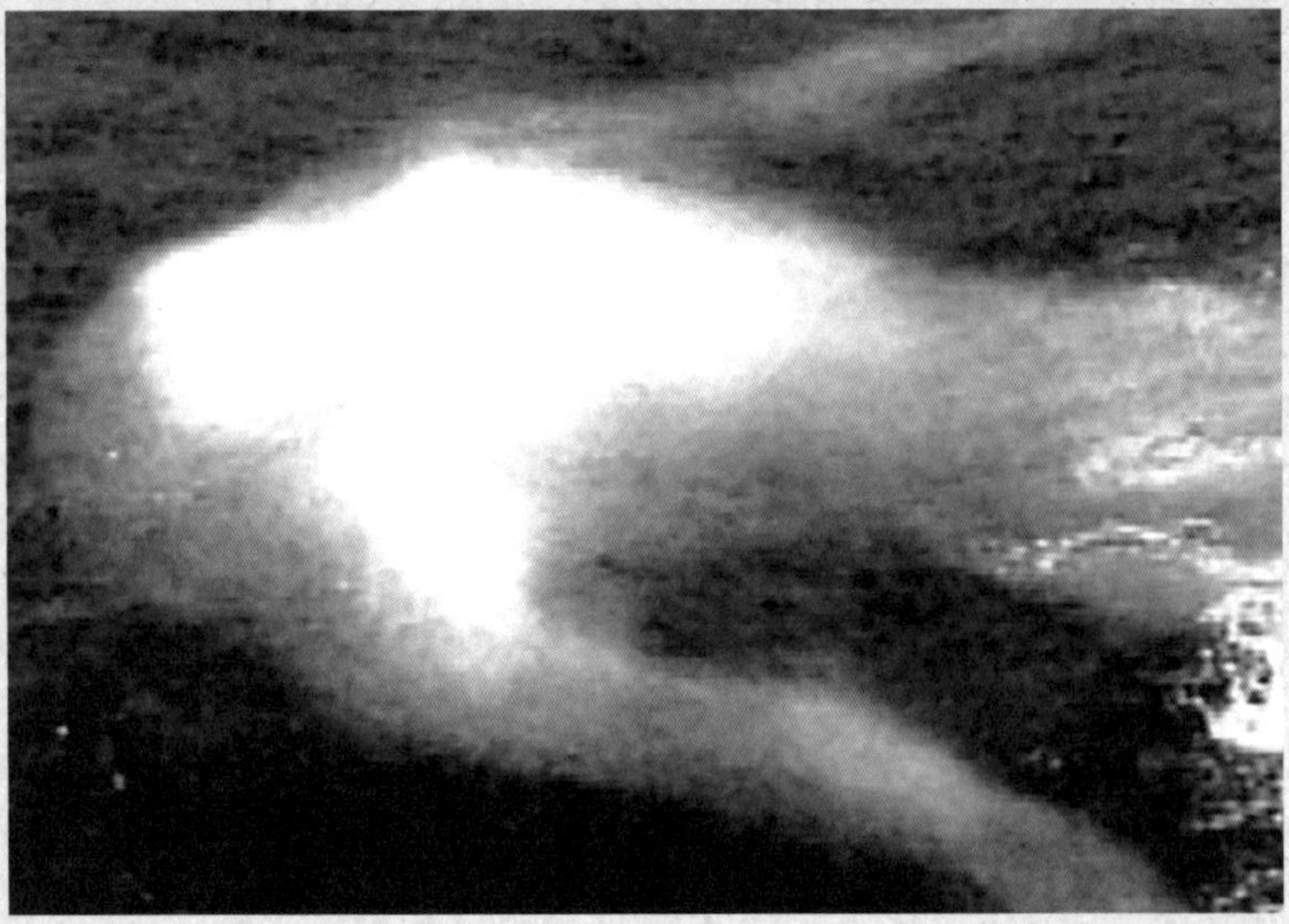

▲上・下：2011年9月、スウェーデン沖で海上遊覧していたボートに接近してきた謎の白色物体。ボートに衝突する前に身をひるがえし、去っていった。

◀海面に背を見せたニンゲンの姿。やはりインターネット上に詳細情報不明として公開されている。

全身白色の人間に似た姿をした巨大な海棲UMAが、都市伝説的に語られている。北極と南極の近海に出現し、「ニンゲン」あるいは「ヒトガタ」と呼ばれるものたちだ。

もっとも、この名前で呼ばれるようになったのは最近のことで、それ以前から「ニンゲン」らしき海棲UMAは目撃されてきた。

1958年2月13日、日本の南極観測船「宗谷」が、白夜のリュッツホルム湾上で、頭頂部が丸くて耳が突きでた牛のような海獣を発見している。

また1971年4月28日には、同じく日本の漁船「第二十八金毘羅丸」のクルー26人全員が、ニュージーランドのサウスアイランド沖で巨大な目をした海獣（当時から「カバゴン」と呼ばれている）に遭遇している。

いずれの事例も、目撃談や目撃イラストしか存在しなかったため、その信憑性について疑問視されることも多かった。しかし、2011年9月17日、ついにその姿がビデオカメラに捉えられた。

▲氷河の上にたたずむニンゲン。二足歩行をするのだろうか。

▶上：海中を泳ぐニンゲンと思われる怪生物。下：インターネット上で公開されている、海面上に半身を出したニンゲン。ただし、どちらの写真も状況などはいっさい不明だ。

スウェーデン沖で海上遊覧を楽しんでいたグランベドン・エリックと4人の仲間たちは、自分たちのボートの進行方向の左手海上を猛スピードで進む異様な白い物体を発見。その白色物体は海面上を激しくバウンドしながら、ボートめがけて猛進してきた。全員が衝突を覚悟したとき、怪物体は左側に身をひるがえし、視界から消えた。あまりの恐怖に戦慄しながらも、エリックはビデオカメラで撮影。ニンゲンの動く姿が捉えられたのだ。

最近でも、アフリカ・ナトビア海岸域で、推定全長15メートルのニンゲンをグーグル・アースが捉えるなど、その噂は広がりつづけている。だが、その正体に関しては謎だ。

実際、南北ふたつの極海には、今も人間の手のおよばないところが数多くある。

事実、2008年に行われた日仏豪3国の合同調査では、巨大ウミグモなど、多数の未知の動植物が発見されている。ニンゲンのように、想像を超えた〝未確認生物〟が潜んでいても不思議ではないのだ。

No.000123 フライング・ヒューマノイド

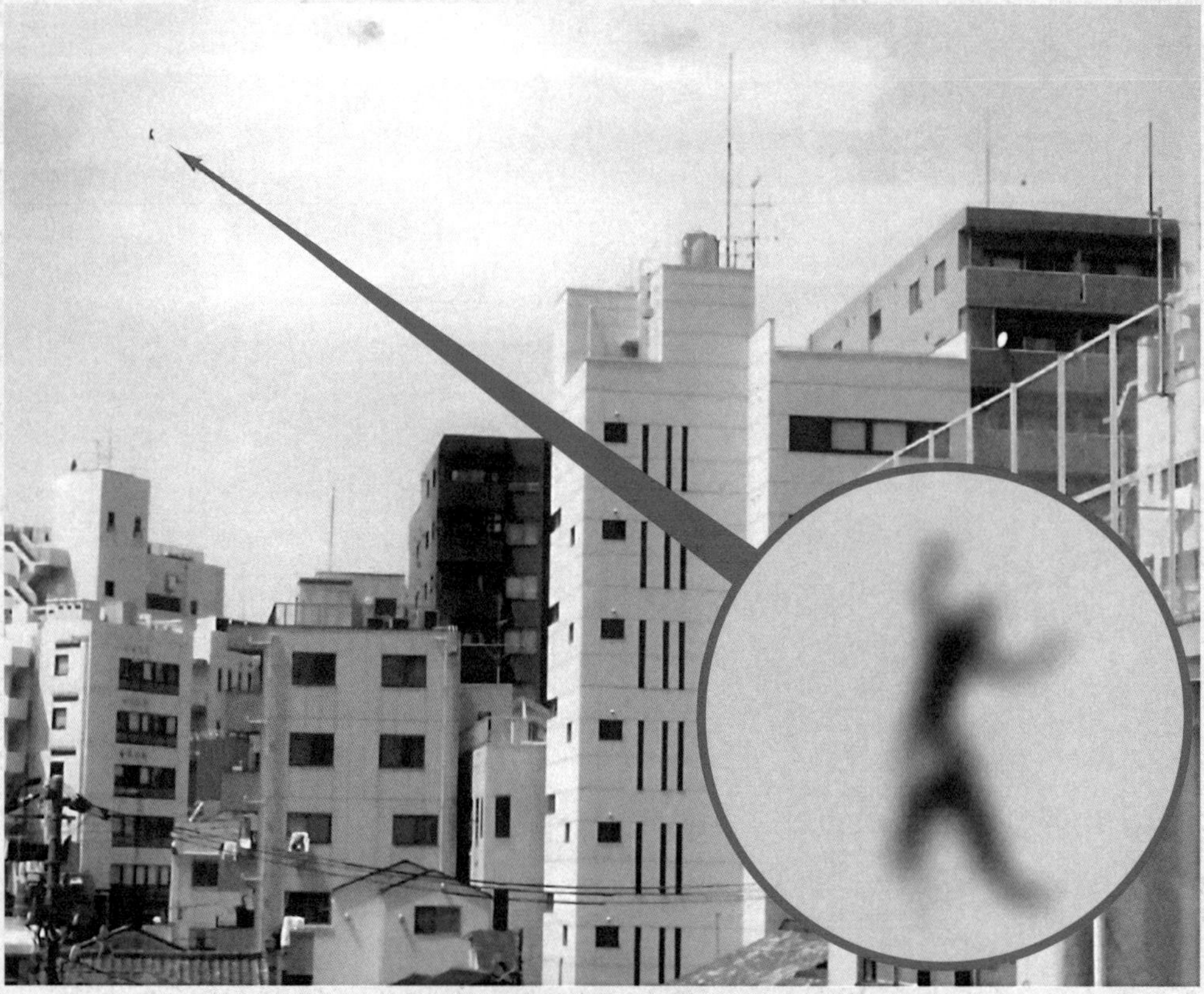

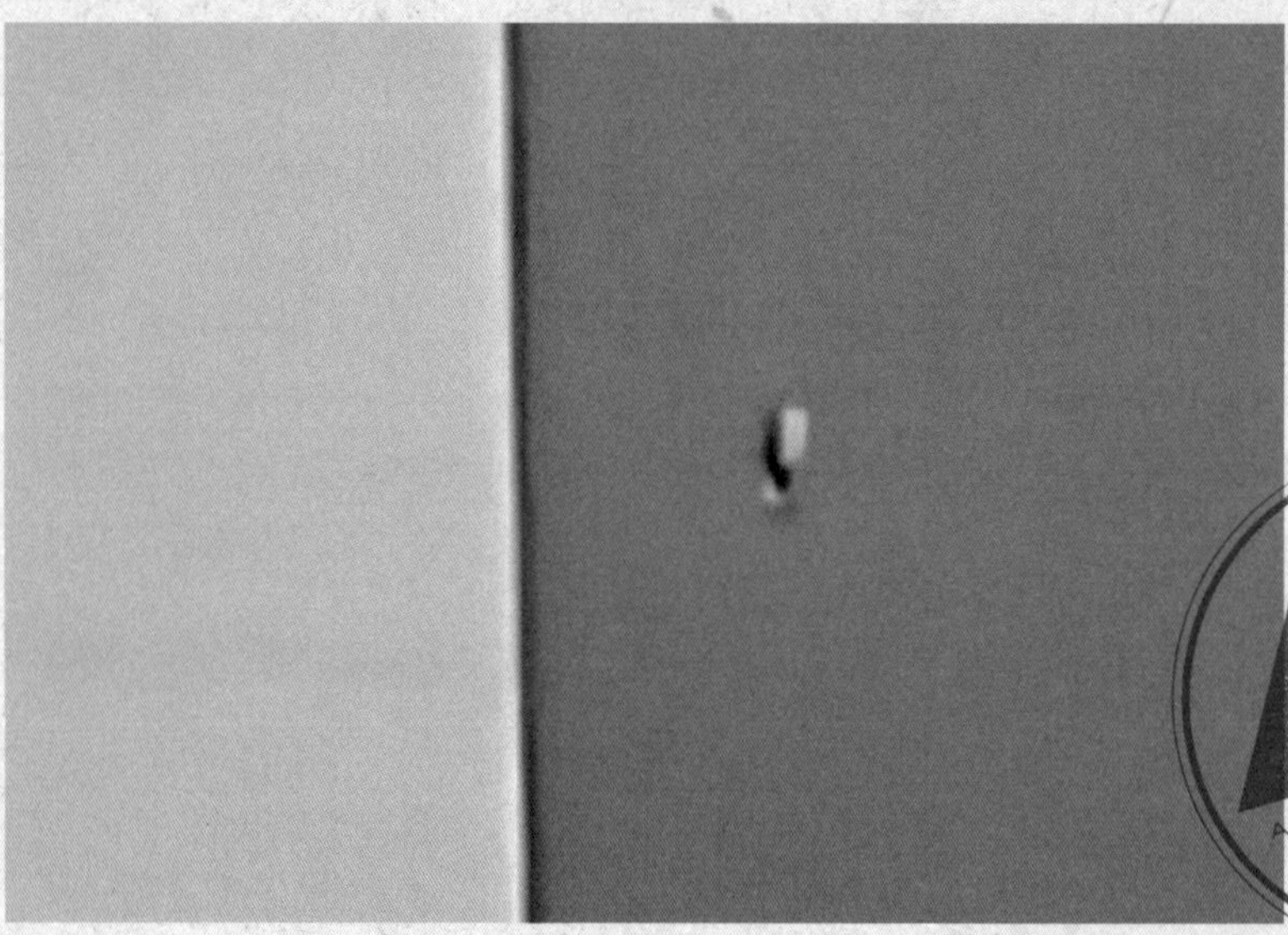

▲2010年4月、東京都台東区で某大学院に通う学生が偶然、撮影したフライング・ヒューマノイド。この写真は同年7月のスポーツ紙にも掲載され、話題となった。
◀2012年1月、中国、北京のホテルから、高層ビルの合間を飛ぶ姿が撮影された。

翼もなく飛行用装置も装着せずに空中を浮遊し、自在に移動する謎のヒト形飛行生物――それが〝フライング・ヒューマノイド〟だ。

1990年3月、メキシコの「太陽のピラミッド」で実施された春分の儀式中、ヒトの形をした黒い物体が出現。それは揺れながら地上に向けて滑空し、次の瞬間、上空に移動して彼方に飛び去っていった。

この事件をきっかけに、メキシコシティの各地で同様の物体が目撃された。

2004年1月には、グアダルーペで巡回中のパトカーが襲われる事件が発生し、メキシコ中を震撼させた。さらにアメリカのアリゾナやカリフォルニアといった各州、スペインやチリでも目撃され、写真やビデオにその姿が撮られている。

そして日本の東京にも彼らは飛来している。

2010年4月14日の昼過ぎ。東京都台東区の某大学院に通う太田祐司さん（当時30歳）が、学院内のアトリエから窓の外を撮った1枚に、それが黒いシルエ

▲メキシコに出現したフライング・ヒューマノイド。
▶2009年9月、スペイン、ナルマデナのホテルの窓からビデオ撮影されたフライング・ヒューマノイド。

ットとして写っていたのだ。周囲の建物と比較して、かなり高いところに浮かぶその物体を拡大すると、それは人間の形をしていたことがわかった。

尖ったような頭部で、長めの胴体、両手を上に大きく広げており、その下には2本の足が伸びている。見た目には、右足が膝あたりを前に突きだして曲がっているようだ。肉眼での目撃がないとはいえ、これは空中に出現した謎の物体を撮ったリアルな画像であることがわかる。

また、2012年1月1日、中国、北京市内の高層ホテルの一室から高層ビルの合間を移動するヒト型飛行物体が目撃され撮影されている。活動範囲は世界的に広がっているようだ。

フライング・ヒューマノイドの正体に関して、ある噂がある。メキシコの山中にアメリカ軍の秘密地下基地があり、そこではさまざまな遺伝子実験が行われている。そして、そこでヒト形飛行生物が創造されているというのだ。だとすれば、それこそが世界中に飛来するフライング・ヒューマノイドの故郷なのかもしれない。

No.000124

まばたきする少女ミイラ

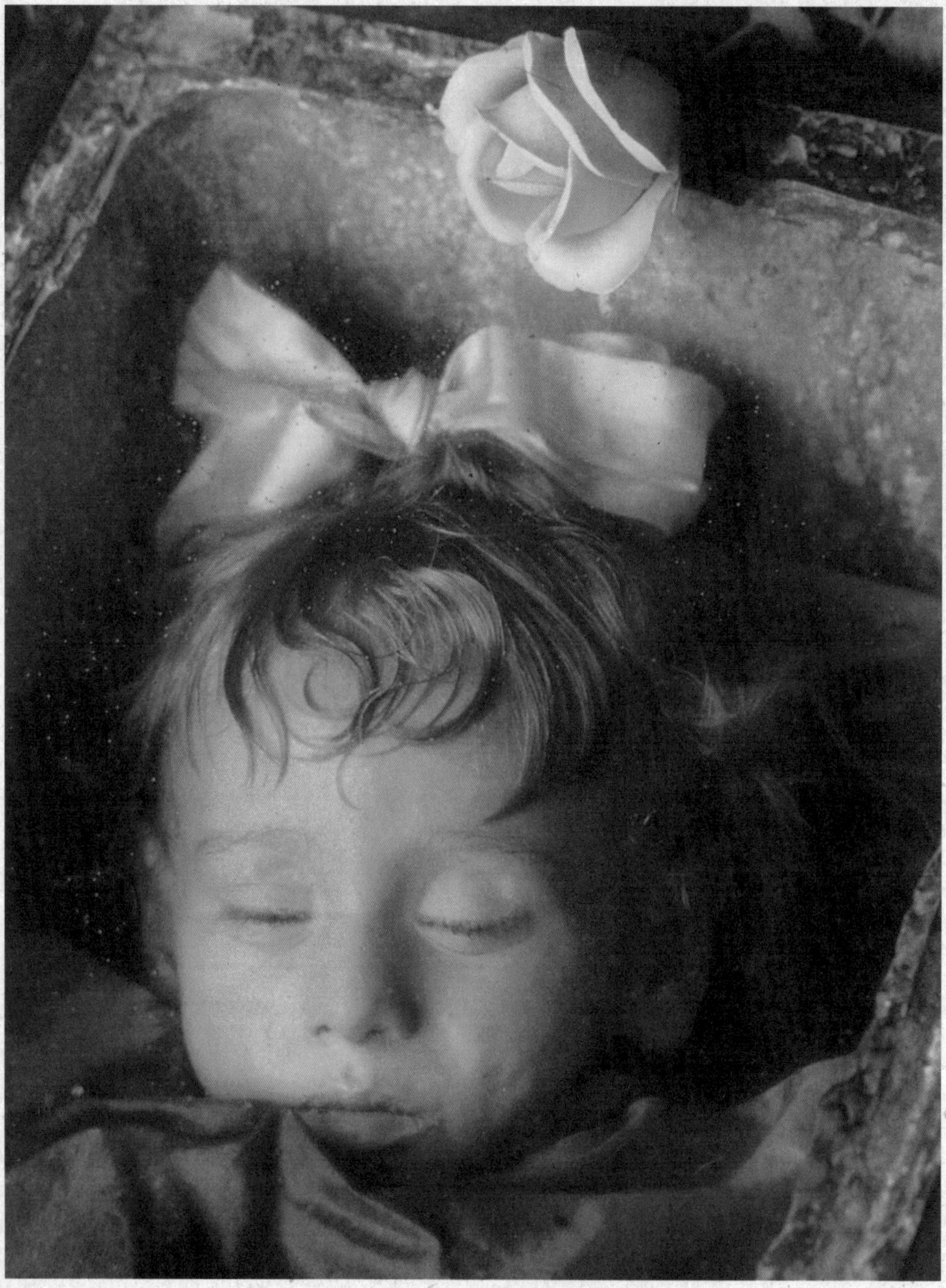

▲美しい少女ミイラ、ロザリア。死後100年近くを経ても、ふっくらとした肌に生命感がうかがえる。

イタリア、シチリア島。同島最大の都市パレルモのカプチン・フランシスコ教会に「世界一美しいミイラ」が安置されている。生前の名は、ロザリア・ランバルト。1920年12月6日、急性肺炎でこの世を去ったわずか2歳の少女の遺体である。

少女が亡くなったとき、両親は医師に遺体の保存を依頼した。そこで、特殊な材料を用いて防腐処理を施されたロザリアは、生前のままの姿で眠りつづけることになったのだ。

ロザリアの遺体はそのあまりの美しさから、実はロウ人形なのではないかと疑われたこともある。だが、2009年に「ナショナルジオグラフィック」誌がMRI検査を行って全身の3D画像を撮影した結果、遺体はまさしく本物であることが立証されている。

2014年6月、ロザリアのミイラが奇跡を起こした。なんと再び命を宿したかのように、まばたきをしたのである。ロザリアの遺体を調査しているイタリアの研究者らが映像をチェッ

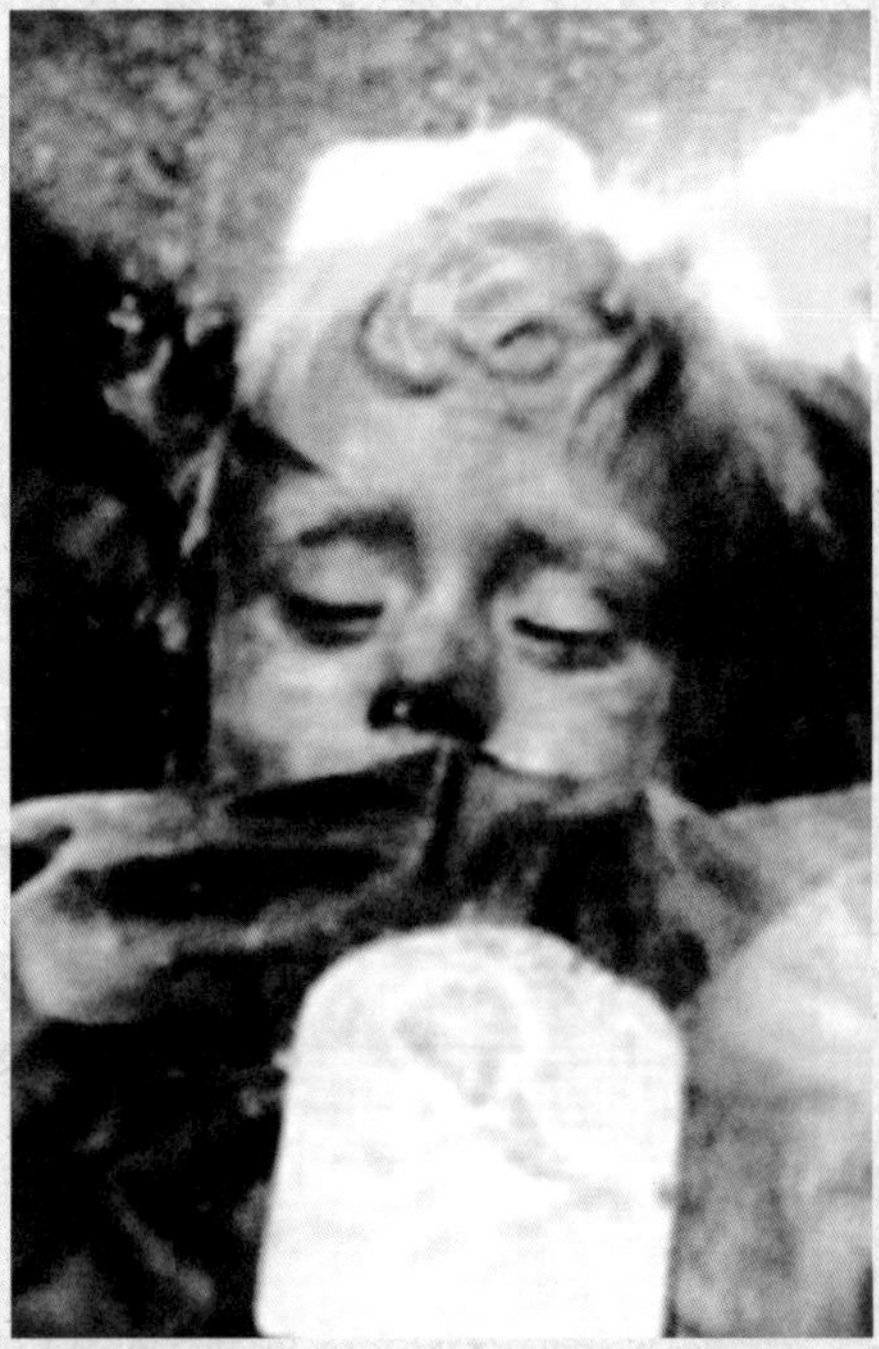

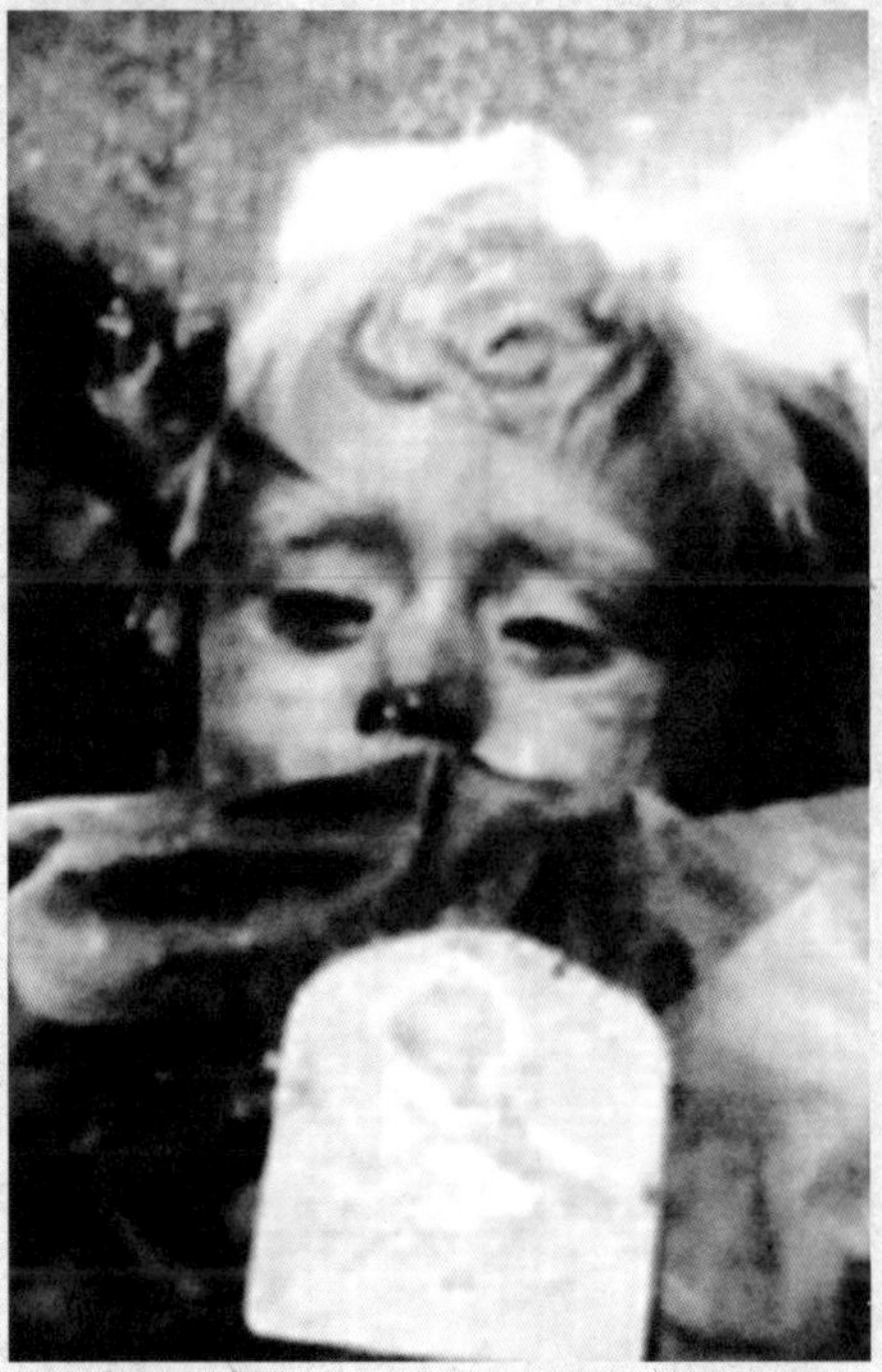

▲ロザリアのミイラのCTスキャン写真。作り物ではないことが証明された。
◀上・下：常設のカメラが捉えた、まばたきする瞬間。ロザリア自身の、または別の何者かの意志が遺体を動かしたのだろうか？

クしているとき、一日に数回、確かにゆっくりとまぶたが開き、そして閉じていたことを発見したのだ。

　この奇跡について、地下墓地の管理人ダリオ・ピオビノーマスカリは「側面の窓から射し込む光が生みだした光学上の錯覚にすぎない」と語るが、映像から少女の青い瞳が確認できるため、研究者たちはこの説を退けている。

　また、棺が安置されている場所の気温変化が関係しているとする説もあるが、死後硬直した遺体に防腐処理を施したミイラが、室温変化でまばたきするとは思えない。

　では、この不可思議な現象の原因は何か？

　考えられるのは、地下墓地でロザリアとともに眠っている死者の霊が、彼女の体に宿ったという説だ。この地下墓地には、約8000もの人々が葬られている。いまだ天に帰っていない人物の霊が彼女の体に宿っても不思議ではない。ロザリアの美しき肉体は、さまよえる死者たちの魂の依り代となっているのかもしれない。

No.000125

都市伝説怪人 スレンダーマン

▲同じく都市伝説で語られる黒い目の子供たち“BEK”と同時に目撃されることもある。スレンダーマンにさらわれた子供がBEKになるのか？

数年前から、アメリカ、ウィスコンシン州を中心に、スレンダーマンと呼ばれる無気味な怪人の存在が噂されている。

発端は、2009年6月10日、ヴィクター・サージなる人物が「ある図書館から発見された」としてネットに公開した2枚の写真だ。写真には公園で遊ぶ子供たちと、その様子を見つめる無気味な「長身の男」が写っていた。実はここに写っている子供たち〝全員〟が行方不明になり、さらに1週間後、その〝ある図書館〟は火事で焼け落ちたという。

子供たちの行方は？ 図書館はなぜ、火事になったのか？

すべては長身の怪人、スレンダーマンが関係している——。

タネを明かせば、この写真は「超常的な存在を作り上げよう」という企画で創造された物語にすぎない。

しかし、次第に、現実に起きた大規模な誘拐事件や行方不明事件の直前に、スレンダーマンらしき存在が目撃されるようになっていくのである。

誘拐事件の関係者は「スレン

▲右と左上が最初に公開された2枚の写真。この写真に写っている子供たちの全員が行方不明になったという。ほかにも写真らしきものは多いが、そもそも想像上の怪人にもかかわらず、現実にスレンダーマン遭遇譚が相次ぐのはなぜか？　思念が実体化した、発案者自身がスレンダーマンに操られていたなどの説まで出ている。

ダーマンは、霧に包まれた街路や木々の茂る森の中を、黙って子供たちをつけ回すことを好む。その姿は子供たちにはよく見えない。運よく戻ってきた子供たちは行方不明になる前に、『スレンダーマンの夢を見た』と語っている」と話す。

それを証明するかのように、噂が広まるにつれ、インターネット上にはスレンダーマンの目撃譚と写真が続々と投稿されるようになった。

そのスレンダーマンは、イギリスにも出現するようになった。

2015年1月、超常現象調査官リー・ブリックリーの公表では、事件現場はスタッフォードシャー州のカノックチェース。そこではスレンダーマンは、「フィア・ダブ（影の男）」と呼ばれており、ビクトリア時代の紳士風で、黒いスーツを着て空中をぷかぷか漂っている。身長は約2・4メートルで、四肢と胴体は伸縮自在。血のように赤い目をしていて、口にはカミソリのように鋭い歯が並んでいるという姿だそうだ。怪人は土地に合わせた姿で実体化するとでもいうのだろうか？

No.000126

毒ガス怪人 マッド・ガッサー

▲マッド・ガッサー事件に触発され、姿を真似する者まで現れた。一種のイコンとして知られるまでになっている。

１９３３年12月22日。アメリカ、バージニア州のボテトート郡ヘイマーカータウンに住む一家が、窓の隙間から漂ってくる甘い香りのガスに3度も襲われるという事件が起きた。19歳の娘がガスを吸い込んで意識不明になり、数週間、激しいマヒに悩まされた。夫婦や別の子供たちも、ガスにより吐き気、頭痛、のどの筋肉の奇妙な圧迫感に悩まされた。

このとき、筋肉質の人影が闇をぬって走り去っていく姿が目撃されており、通報で駆けつけた警官が窓の下で女性用の靴の跡を発見したことなどから、人為的な可能性が高いとの見方が強まった。

続いて、12月24日に近くの町クオーバーデールで起きた同様の毒ガス事件でも、女性用の靴の跡が発見された。

犯人は〝マッド・ガッサー〟と名づけられ、近隣住民を恐怖に陥れた。

翌１９３４年２月９日の晩には最初にガス攻撃を受けた家の窓の外に積もった雪からヒ素と硫黄が検出され、急いで逃げだ

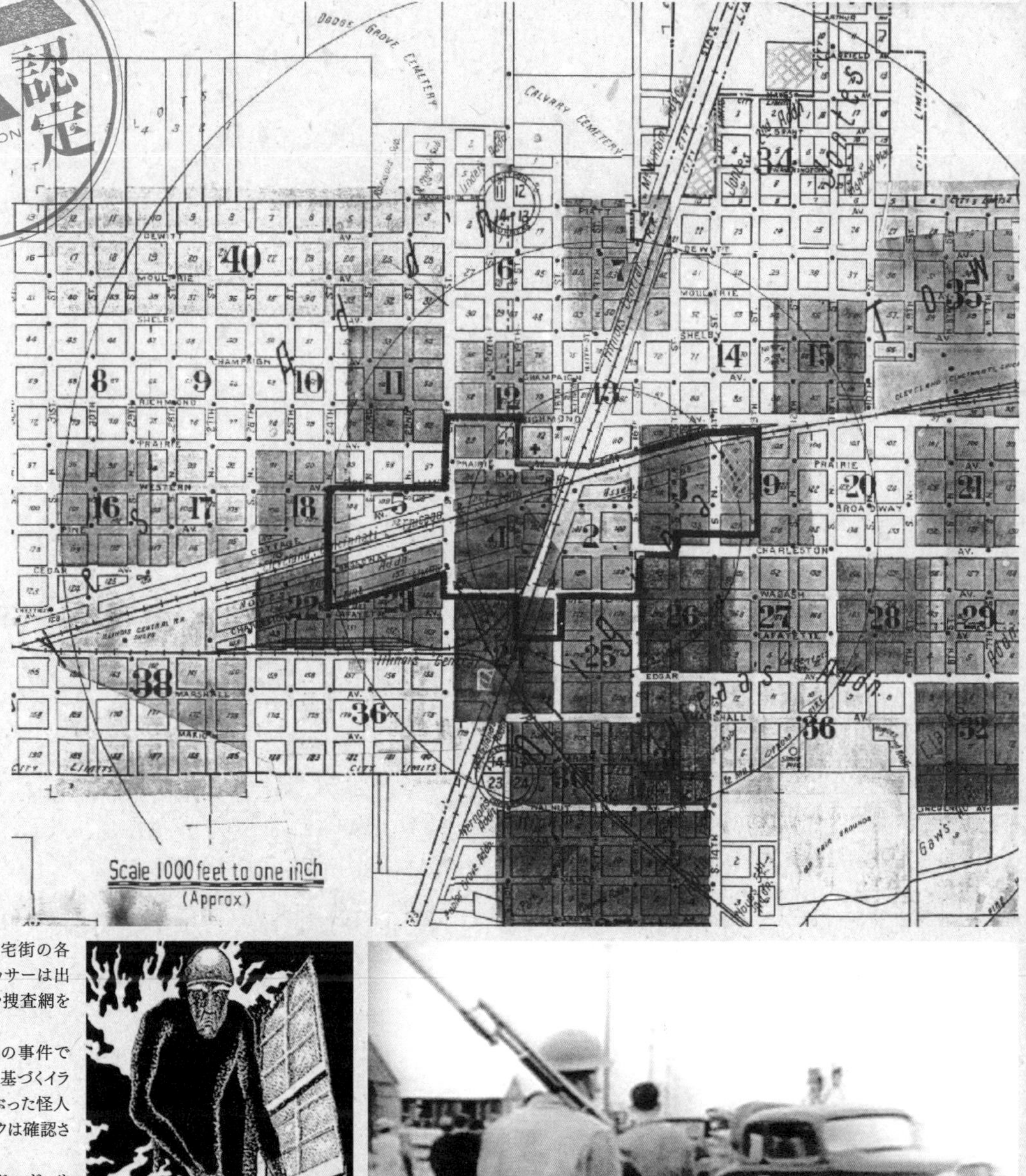

▲マツーンの住宅街の各地にマッド・ガッサーは出現し、被害者や捜査網を混乱させた。

▶左：マツーンの事件で目撃者の証言に基づくイラスト。帽子をかぶった怪人だが、防毒マスクは確認されていない。
右：最初のマッド・ガッサー事件である1933年のバージニア州の現場。

したような女性用の靴の跡が発見された。

そして、1944年9月1日午後11時過ぎ、イリノイ州のマツーンの民家にマッド・ガッサーらしき人物が突如、出現した。長身で黒ずくめ、ピッタリした帽子をかぶった怪人が寝室の窓の近くから走り去る姿が目撃されたのだ。

さらに9月5日、玄関前で白い布を拾った夫人の体が突然痺れ、夫人はその場で嘔吐。数分後、顔全体が火傷を負ったように腫れ上がったが、約2時間で症状は消えてしまった。

警察は24時間のパトロール態勢を敷いて、犯人検挙に全力をあげたが、9月8日、別の家にやはり長身で黒ずくめの怪人が出現。被害者は、部屋中が青い霧のようなガスで充満するのを見ると同時に、外で、〝ブンブン〟という音がするのを聞いたという。

ついで9月13日にも同様の毒ガス事件が発生した。このとき、男物の服を着た女性が目撃されている。また寝室の窓の下には、やはり女性用の靴の跡が残っていたという。

No.000127

BEK 黒い目の子供たち

▲穴のように真っ暗な瞳の子供たち、BEK。10〜14歳くらいというほか、多様な遭遇体験が報告されている。
◀2016年、19世紀に撮影された「黒い目の子供」の写真が発見された。BEKは古くから存在していたのだろうか。

ム認定 AUTHORIZATION

１９９８年11月16日午後9時30分過ぎのこと。アメリカ、テキサス州オースチンに住むジャーナリスト、ブライアン・ベセル氏は、駐車場でプルオーバーのフードを深めにかぶった10〜14歳くらいの少年ふたりに、いきなり車の窓をノックされた。

「家まで送ってほしい」と懇願する少年たちの目を見て、ベセル氏は背筋を寒くした。なんと白目がなく、真っ黒だったからだ。

「ドアを開けて入れろ！　入れろ！　……入れろ！」

彼が恐怖に駆られてそのままじっとしていると、怒りに満ちた表情で少年たちが叫びだした。これを見たベセル氏は、車をバックのまま走らせて駐車場から逃げだした。後日、この体験をコラムに書くと、多大な反響があった。実は同様の体験をしたのは、彼だけではなかったのだ。

それらは「黒目の少年に車のドアを叩かれた」「ひとり暮らしのアパートを訪問された」といったものだった。真っ黒な目の少年少女たち（Black Eyed Kids＝BEK）の話は、テキサス中に広まり、その後も、BEKとの遭遇事件はさまざまに報告されるようになった。

彼らは悪魔の化身だとも噂されている。キリスト教において〝真っ黒な目〟は、邪悪な意志に操られた悪魔の目を想起させるからだ。つまり、「中に入れろ」という要求を受け入れると悪魔の化身に身を委ねてしまうことになり、洗脳されてしまうのだ……。

そして２０１２年ごろから、イギリスはスコットランドの景勝地、スタッフォードシャー州のカノックチェースでも、BEKが現れはじめている。当地出身の超常現象研究家リー・ブリックリーが詳しく調査し、報告しているが、特徴からしてアメリカのBEKと同類と思われる。

大人の警戒心を試すかのような、子供の姿であるという点が実に無気味だ。一部には黒のカラーコンタクトレンズを使ったイタズラ説もあるが、広範囲に同時多発する現象は謎としかいえない。

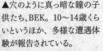

No.000128

緑色の子供

▲洞窟から現れた緑色の子供たち。彼らがいた「地底の世界」は実在するのだろうか？

認定

1887年8月のある日、スペインのバンホスという村の近くにある洞穴から、男の子と女の子、ふたりの子供が出てきた。突然現れた子供たちを見て、村人たちは仰天した。というのも、ふたりの皮膚は植物のような緑色をしていたからだ。

ふたりの目はアジア系人種のようなアーモンドアイをしており、当時のスペインには存在しない材質の服を着ていた。スペイン語は話せず、村人のだれも彼らの言葉を理解することはできなかった。

村人たちは子供たちに食べ物を与えたが、ふたりはどれひとつ、口に入れようとしなかった。緑色の豆だけは食べたものの、男の子は発見から5日後に衰弱死。女の子は村の食べ物に慣れるうち、皮膚の緑色が徐々に薄くなったという。だが、5年後に死亡してしまった。

5年の間に女の子はスペイン語を少し覚え、自分の境遇を語っている。その内容は、村人たちの理解を超えていた。曰く、彼女が生まれた国には陽がまったく差さず、日当たりのいい区域はあったものの、大きな川で隔てられていた。穏やかな毎日を送っていたが、ある日、ふたりは突風に吹き飛ばされ、洞穴から出てきたというものだった。

驚くべきことに、似たような話が11世紀のイギリスにもある。サフォーク州のウルピットにある洞穴から、ふたりの子供が出てきた。記録によると、ふたりは男女で、「手足は普通の人間と同じようについているが、皮膚の色が全身緑色だった」というのだ。

このときも、男の子は病気でほどなく亡くなるも、女の子は生き延びて英語を覚え、自分が住んでいた場所について話している。女の子によると、「私たちは日光の差さない国から来た。ある日、羊の世話をしているうちにほら穴に入り込み、迷ってしまった」という。やっと出た場所が、このイギリスの片田舎だったというのだ。このときも子供たちは最初に緑色の豆以外の食べ物を口にしなかったという。

No.000129

幽霊道化師

▲16世紀に描かれた水彩画にも笛吹き男が描かれている。
◀集団失踪は実際に起きた事件として記憶されている。

ム認定 AUTHORIZATION

　１２８４年のドイツ、ハーメルン。折しも町ではネズミがはびこり、悩みの種になっていた。これを知った〝ブンティング（多色の意味）〟と名乗る背の高い男が、「ネズミ退治は俺にまかせろ」と議会に申し出る。

　ブンティングは奇妙な戦慄を奏でる笛の音でネズミたちを町中からおびきだし、見事にヴェザー川で溺死させてしまった。が、町の人々が約束の報酬を支払わなかったことから悪夢が始まる。

　再びハーメルンを訪れたブンティングがあの曲を吹きはじめると、町中の子供たち１３０人が彼の後についていき、コペンバーグ山の洞窟の中に永久に封じ込められてしまったのだ。

　あまりにも有名なドイツ民話『ハーメルンの笛吹男』だが、なんと現代のアメリカに、ブンティングそっくりの笛吹き男が現れている。

　１９８１年5月の第1週、突然、どこからともなく正体不明の道化師がワゴン車で乗りつけ、登校中の小学生の誘拐未遂事件を起こしたのだ。事件はボストンからカンザス、デンバー、オマハ、さらにはアーリントン・ハイツと、各地で連続発生。「殺人道化師がバス停で、子供たちをつけ狙っている！」と、カンザス州の地方紙が警告記事を報道するなど、子を持つ親たちに恐怖を与えた。

　パトカーに追跡されても車ごと大気に溶けるように消えたともいう〝ファントム・クラウン〟の存在は、全米に知れ渡った。

　そして２００８年10月、今度はイリノイ州シカゴのハリソン地区に幽霊道化師が現れ、子供の誘拐未遂事件を起こしたのだ。厳重な捜査網が敷かれたものの、例によって犯人の足取りはまったくつかめなかったという。

　道化師に扮した殺人鬼が子供を誘拐するという話は、スティーブン・キングの小説『ＩＴ』（１９８６年）と相似している。『ＩＴ』では、27年ごとに道化師が現れるのだが、１９８１年と、その27年後の２００８年の事件の関係を予知したものかは、不明である。

No.000130

伝奇怪人　ゴートマン

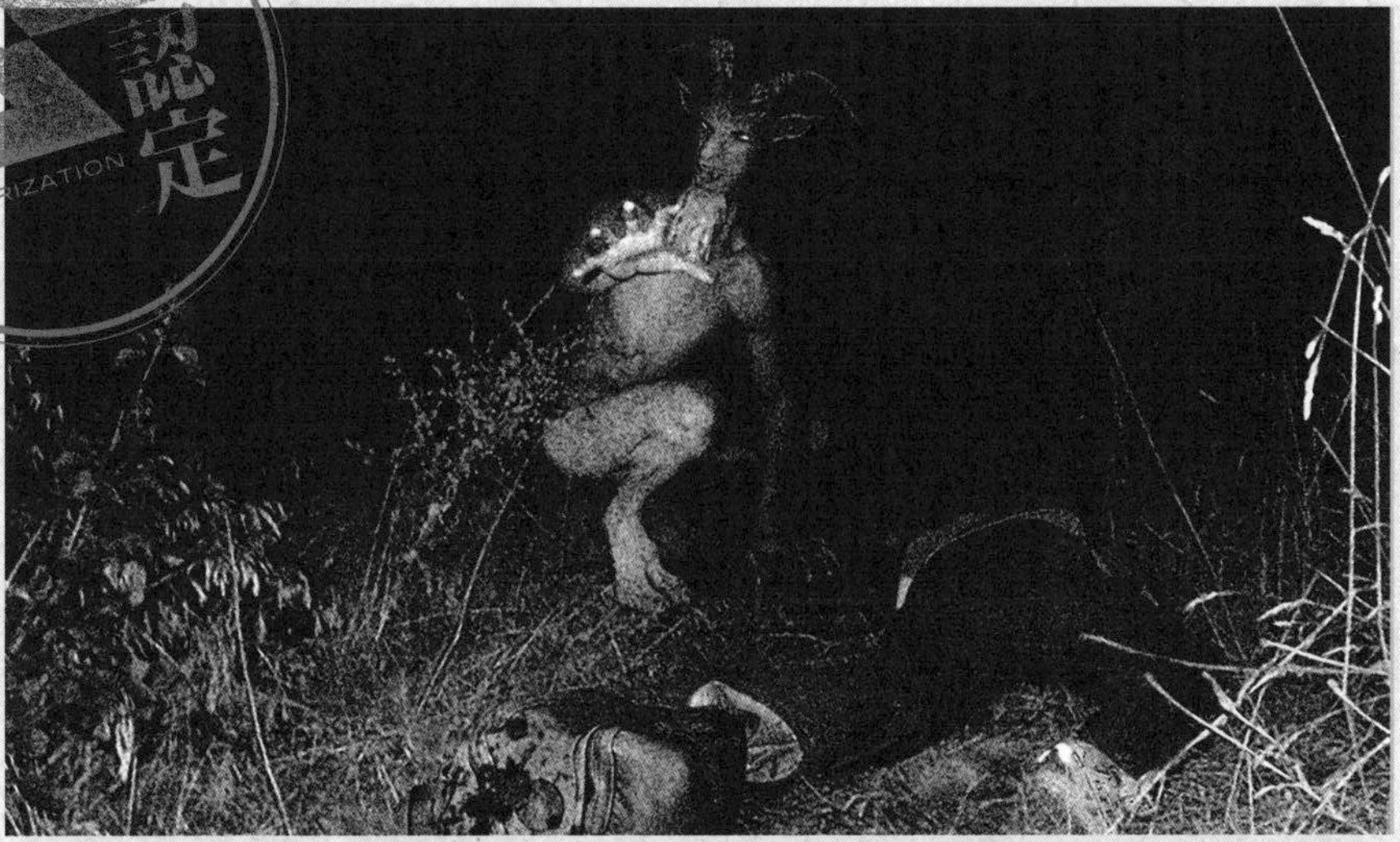

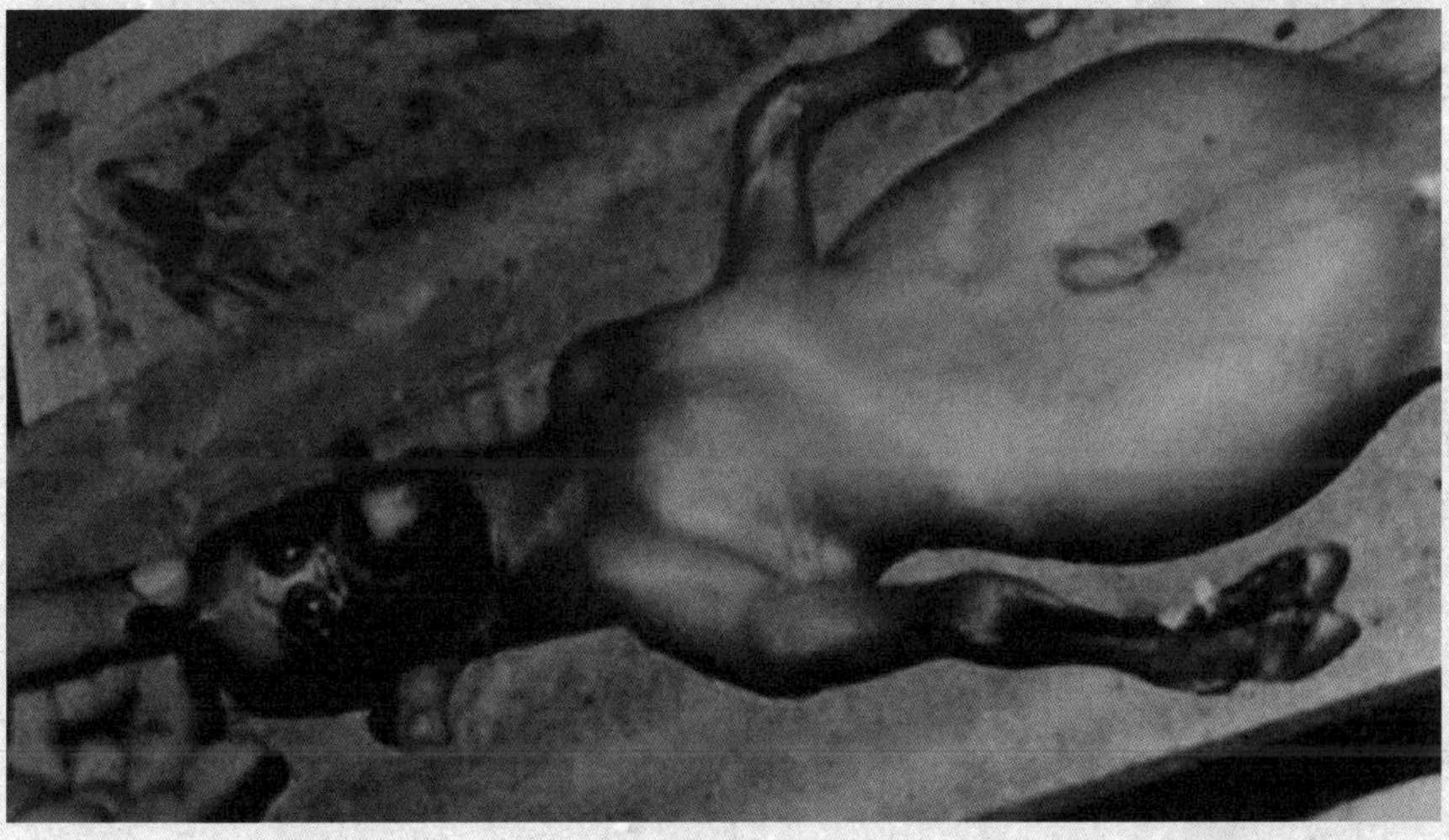

◀上：アメリカ、メリーランド州で1950年代から目撃が始まった怪人ゴートマンのイメージ写真。下：1984年、インドネシアのボルネオの密林で発見されたゴートマンらしき怪人の死体。こちらは小さい。

アメリカ、メリーランド州には、凶暴なヤギ男「ゴートマン」が潜むという。1950年代に始まった目撃は、今も絶えることがない。実際の目撃は、報告数よりも遥かに多いといわれ、多くの人たちがその存在を信じているという。

同州プリンスジョージ郡にあるガバナーズ橋は、別名「ラバーズレーン」とも呼ばれていて、若い男女のカップルたちの逢瀬を重ねる〝名所〟となっている。だが、ここ数年、彼らはほとんどここには寄りつかなくなっているらしい。その理由は、車を停めて愛を確かめ合うカップルを、ゴートマンが襲うと噂されているからだ。

このほかにも、フロントガラスを壊され、車内にいたペットが首を切断されて殺された、ドライバーが巻き添えをくらって殺された、というように、現場から逃げ帰ったという恋人たちが語る話が、まことしやかに伝えられている。

1970年に起きた事件は、特に有名だ。森の中で若者グループがゴートマンに襲われたのだ。襲撃を受けた若者のひとりが逃げるのに成功し、警察に通報したため、知れ渡った。しかし、残りの仲間は斧で切り刻まれて食べられてしまったという。

ゴートマンが出没する場所は、ほかにもある。ロッツフォード街道、そしてフレッチャータウン街道だ。このあたりでは、全高が約2・1メートル、ときに3メートルは超えるという巨体のゴートマンが徘徊しているという話が伝えられている。

目撃される姿は、古代より伝わる悪魔の姿にきわめて近いケースが多い。ヤギに似た頭に人間の胴体、ヤギにそっくりな脚には先が割れたヒヅメを備える。

その正体は、実験が失敗した結果生まれた〝ミュータント〟とする説が根強い。はたしてその説が正しいのか？　それとも、超自然的な存在なのか？

最近ではわざわざ現場まで行って、〝肝試し〟をする若者が増えているという。ゴートマン伝説に新たなページが加わる可能性は高い。

No.000131

コティングリー妖精事件

▲無垢な少女の周りに妖精が出現した事件として話題になった写真のひとつ。
◀この一枚には本物が写っている、といい残してフランシスは世を去った。

1917年7月、イギリス、ウエスト・ヨークシャー州ブラッドフォードにある小さな村コティングリーに住むふたりの少女エルシー・ライト（16歳）と従姉妹のフランシス・グリフィス（11歳）が、父親から借りたカメラで驚くべき写真を撮影した。それはなんと、彼女たちと妖精たちが遊ぶ写真だった。

1920年、著名な神智学者で妖精研究家のエドワード・ガードナーの手に渡った写真は、専門家の鑑定によって〝二重露光ではなくて本物〟とのお墨付きを得る。さらには、「シャーロック・ホームズ」の著者であるアーサー・コナン・ドイルによって同年11月末発行のイギリスの人気月刊誌「スコットランド・マガジン」に写真が掲載されるや、イギリス全土、そして世界中にセンセーションを巻き起こした。

同時に、写真の真贋論争が巻き起こったが、メディアの取材をしばしば受けたふたりは、「妖精を目撃して、写真を撮った」と、自説を曲げなかった。だが、実際には1920年8月に撮影

▲後に原板で合成写真と判明するが、当時は驚きをもって受け止められた。

した5枚目の写真を最後に以後、妖精を目撃しても写真を撮ることはできなくなっていた。

1983年4月、フランシスとエルシーは長年の沈黙を破り、真相を「タイム」誌に語った。「写真は本の妖精の絵を模写して切り抜き、ピンで葉に留めて固定して撮影した」と告白したのだ。一方で、フランシスは「最後に撮った1枚だけは絶対に本物」だ、と死ぬまで主張しつづけてもいる。「妖精が日光浴をしているところだ」というその1枚には、鮮明な妖精と、それとは別に中央に渦巻いた奇妙で不鮮明なものが写っている。

本当に妖精が現れたのかどうか、今となっては定かではない。しかし、この事件とは別に妖精の実在を示す目撃談は、ここでは紹介しきれないほど無数にあるのも事実だ。ちなみに1990年代初頭、アイスランドの首都レイキャビクの都市開発局が変わった地図を作製した。それにはなんと、妖精の棲み処と思われる場所が、事細かに記されていたのである。アイスランドの人々は、国を挙げて妖精の実在を信じているのだ。

No.000132 ルールドの泉

▲フランス南西部にある田舎町ルールドの奇跡の泉には、現在も病気治療などを願って、年間500万人もの人々が世界中から訪れている。

◀ルールドの泉がある聖母の大聖堂。世界各地から多くの巡礼者が訪れる聖地だ。

キリスト教の聖地は世界中に点在するが、もっとも有名なのはフランスにある「ルールドの泉」だろう。

泉が湧くのはフランスの南西部、スペインとの国境に横たわるピレネー山の麓にある田舎町のルールド。人口1万5000人ほどの小さな町だが、なんと、その泉から湧く奇跡の水を求めて年間500万もの人が世界中から訪れるという。

ルールドが奇跡の地として知られるようになった事件は1858年に起きている。この地に住む14歳の貧しい少女、ベルナデッタ・スビルーが妹と山で薪を拾っていたところ、ある洞窟で聖母マリアを見たのだ。

もっともベルナデッタは当時聖母を知らず、白いドレスに青いベルト、白いベールをかぶった不思議な女性という認識しかなかったようだ。

それでもマリアはその後、18回もベルナデッタの前に現れ、9回目の出現の際はベルナデッタを誘導して、泉を湧かせた。その泉が飲む人に奇跡を起こし、「病を治癒させる湧き水」とし

▲少女ベルナデッタの前に現れ、奇跡の泉を湧かせた女性の像。白いドレスに青いベルト、白いベールをかぶった不思議な女性で、聖母マリアとされている。
▶ルールドの町の中心部を流れるポー川。大聖堂はこの川のほとりに建つ。

ム認定
AUTHORIZATION

て、世界中へ伝播していくことになる。

さて、ベルナデッタの話を聞いて慌てふためいた司祭らは、1864年にマリアが現れた場所に小さな聖母堂を建てた。それが評判を呼び、今では大聖堂となり、多くの人々が祈りを捧げる場所となっている。

現在では、鉄道も通り、泉の周囲も美しく整備され、車椅子やストレッチャーに乗せられた人も近くまで行くことができるようになった。

湧き水はパイプで大理石の沐浴場まで引き、ボトルなどに汲んで自由に持ち帰れるようにした。

泉には連日、〝神の加護〟を求める行列ができている。

ところで奇跡の目撃者となったベルナデッタだが、後にブルゴーニュのヌーヴェル愛徳修道院に入り、1879年に35年の短い生涯を終えた。

彼女の遺体は不思議なことに特別な防腐処理がされていないにもかかわらず腐敗せず、今もヌーヴェルの修道院でガラスの棺に入れられ、安置されているという。

No.000133

秋田の涙を流すマリア像

▲秋田市湯沢台のカトリック教女子修道院・聖体奉仕会にある聖母マリア像。1975年以降、1981年までに101回、涙を流したことで知られる。

〝聖母マリアの奇跡〟は日本でも起きている。1970年代に秋田のカトリック教会で起きた一連の出来事が、それだ。

「聖母マリア像が涙を流した」との報道が全国を巡ったのは1975年1月。確認されたのは、秋田市の郊外、湯沢台にある女子修道院「聖体奉仕会」の聖母マリア像だ。以後、1981年9月15日までに101回にわたりマリア像は涙を流す。

予兆は以前からあったようだ。1973年、教会に仕える修道女の手に突然、十字架形の傷跡・聖痕が浮かび上がった。驚いて見ると、礼拝堂の木造のマリア像の手にも同様の傷が見てとれる。

この聖痕は出血と激痛を伴い、さらに修道女を原因不明の難聴が襲った。そして彼女は完全に聴力を失ってしまう。そんなとき、なんと彼女のもとに守護天使が出現し「すべての人の償いのために祈りを」と励ましたという。

またある日、彼女がマリア像に祈りを捧げていると、突然マリア像が神々しい輝きに包まれ、

▶涙を流すマリア像の奇跡は、多くの人に目撃されている。専門家による涙の鑑定の結果は、人間の体液であるということだ。
▼聖体奉仕会の聖堂には涙を流すマリア像のほか、聖ヨゼフ像が対になって置かれている。

認定 AUTHORIZATION

聴こえないはずの修道女の耳に、優美な女性の声が響き、恐ろしいお告げを残した。

——もし人類が悔い改めないなら、御父は全人類の上に大いなる罰を下そうとしておられます。そのとき、御父は大洪水よりも重い、今までにない罰を下されるに違いありません。火が天から下り、その災いによって人類の多くの人々が死ぬでしょう——と。

さらに、ある祈禱文を修道女に告げた。「ああイエズスよ、われらの罪を赦《ゆる》し給え、われらを地獄の火より護り給え」というもので、これはポルトガルのファティマに現れた聖母マリアが残した「ファティマの祈り」とされる言葉と一言一句変わらないものだった。

この祈りの言葉は当時日本では知られていなかったという。このような不可思議な出来事が、本当に起こりえるのだろうか？

しかし、一連の奇跡は多くの人間に目撃されたものだ。

マリア像の流した涙は専門家による鑑定の結果、人間の体液であることが証明されているのだ。

No.000134

謎の聖痕現象

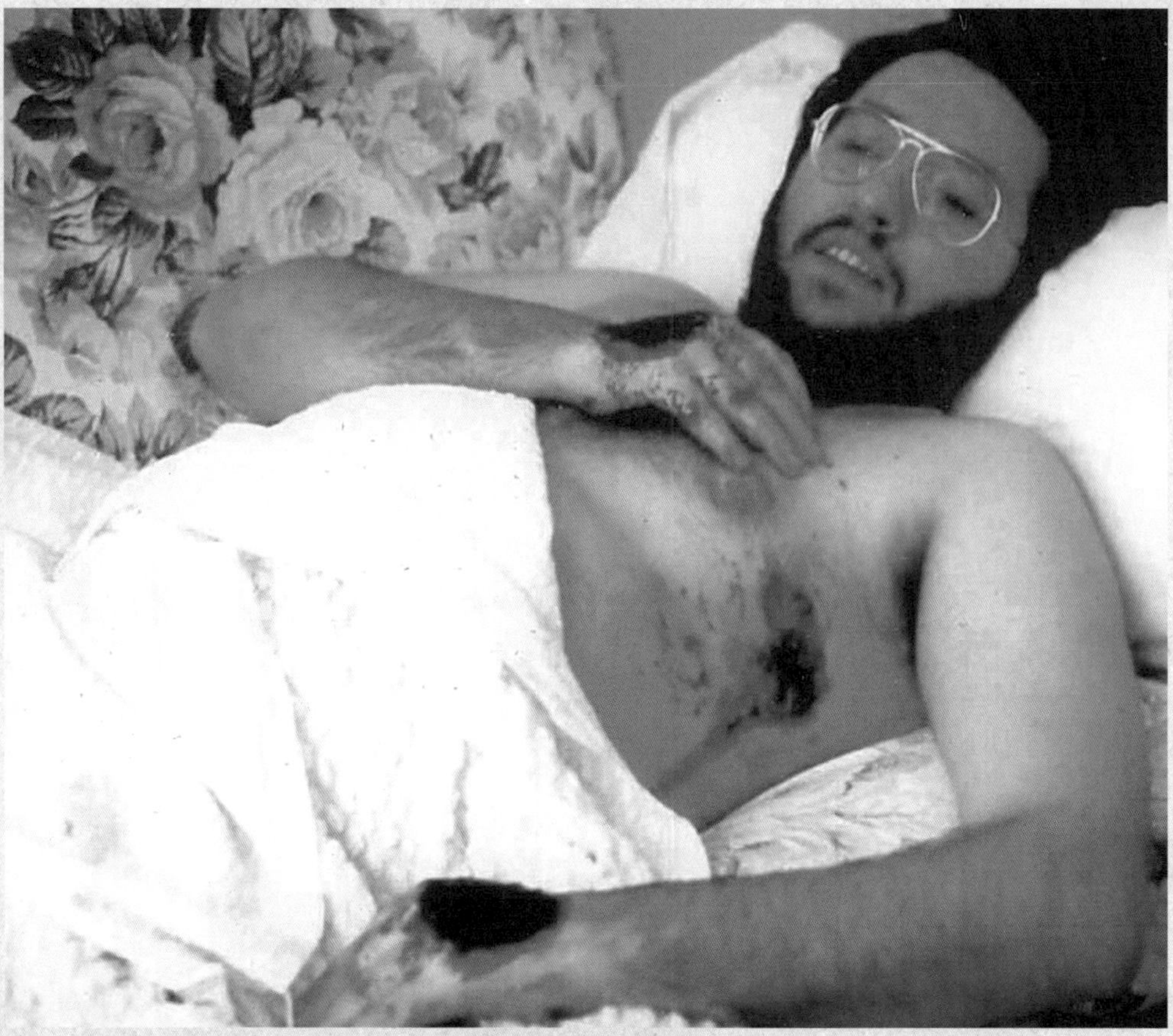

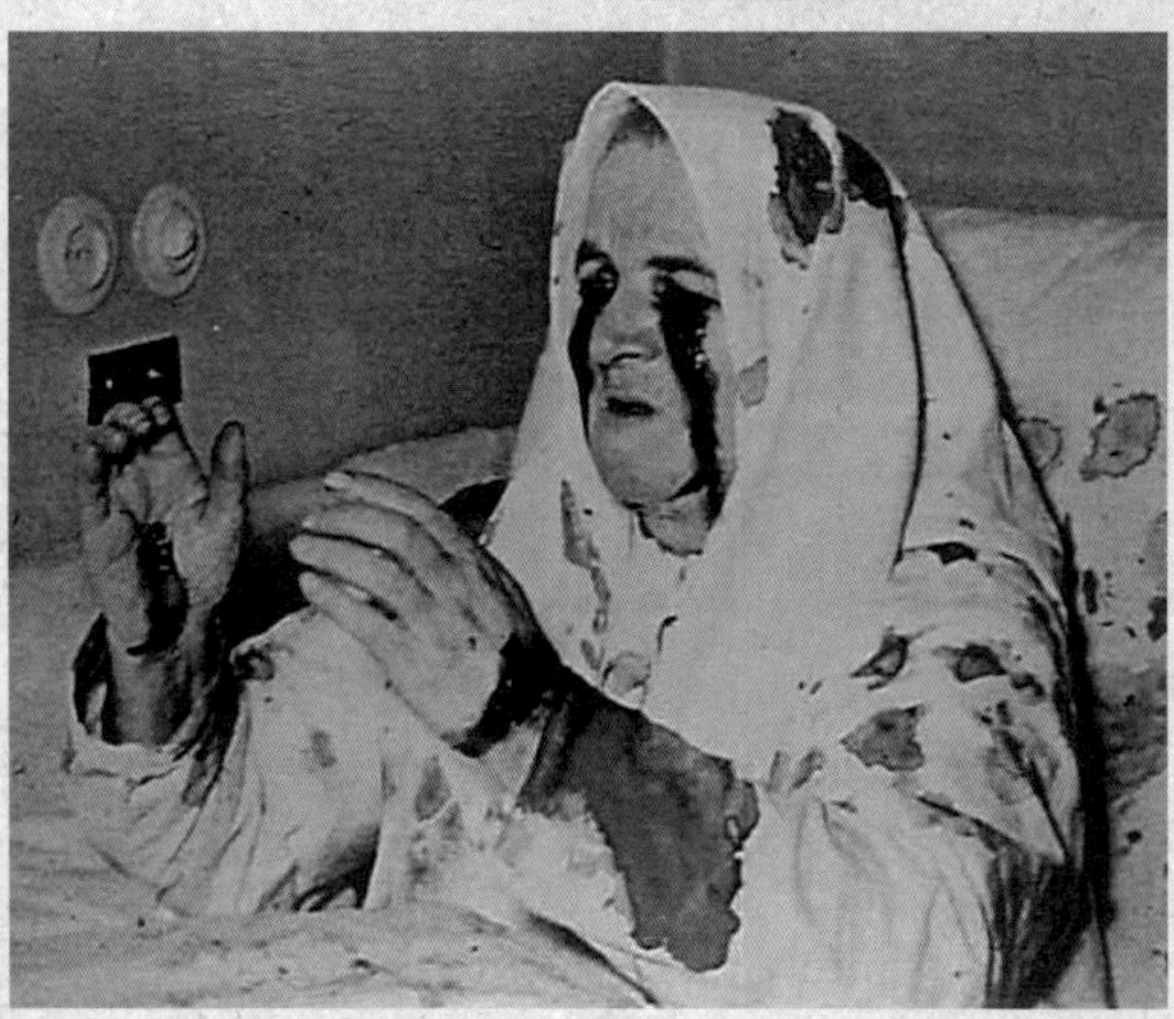

▲イタリアの聖痕体現者ジョルジョ・ボンジョバンニ。彼は聖母マリアに出会い、その指示で世界中を旅してメッセージを伝えている。
◀ドイツの聖女テレーゼ・ノイマン。至福と苦難の日々を生きつづけた。

ムー認定 AUTHORIZATION

ゴルゴタの丘で十字架にかけられたイエス・キリストが釘を打たれ、槍を受けたのと同じ箇所……手や足、胸などに突然、傷が現れ、出血する現象を「聖痕」現象という。この不可解な現象が、〝その身に起こった人〟＝聖痕体現者〟の数は、決して少なくない。

よく知られているところではイタリアのジョルジョ・ボンジョバンニがいる。彼の場合、両手、両足、胸などに聖痕が現れた。1993年に彼を診察したロビゴ大学の精神医学部長スタニス・プレビアート博士は「初めは自分で傷つけたのかと思ったが、傷の角度から見ても、それには無理がある」と語った。また彼を診察したほかの医師たちも、「現代医学では説明がつかない」と驚嘆した。

ボンジョバンニは「1989年に初めて聖母マリアの姿を見た瞬間、傷口ができた」と語る。その後、彼はマリアの指示で世界中を旅し、メッセージを伝えている。さらに各地でトランス状態になってマリアと話し、なんと、人々の不治の病を治す奇

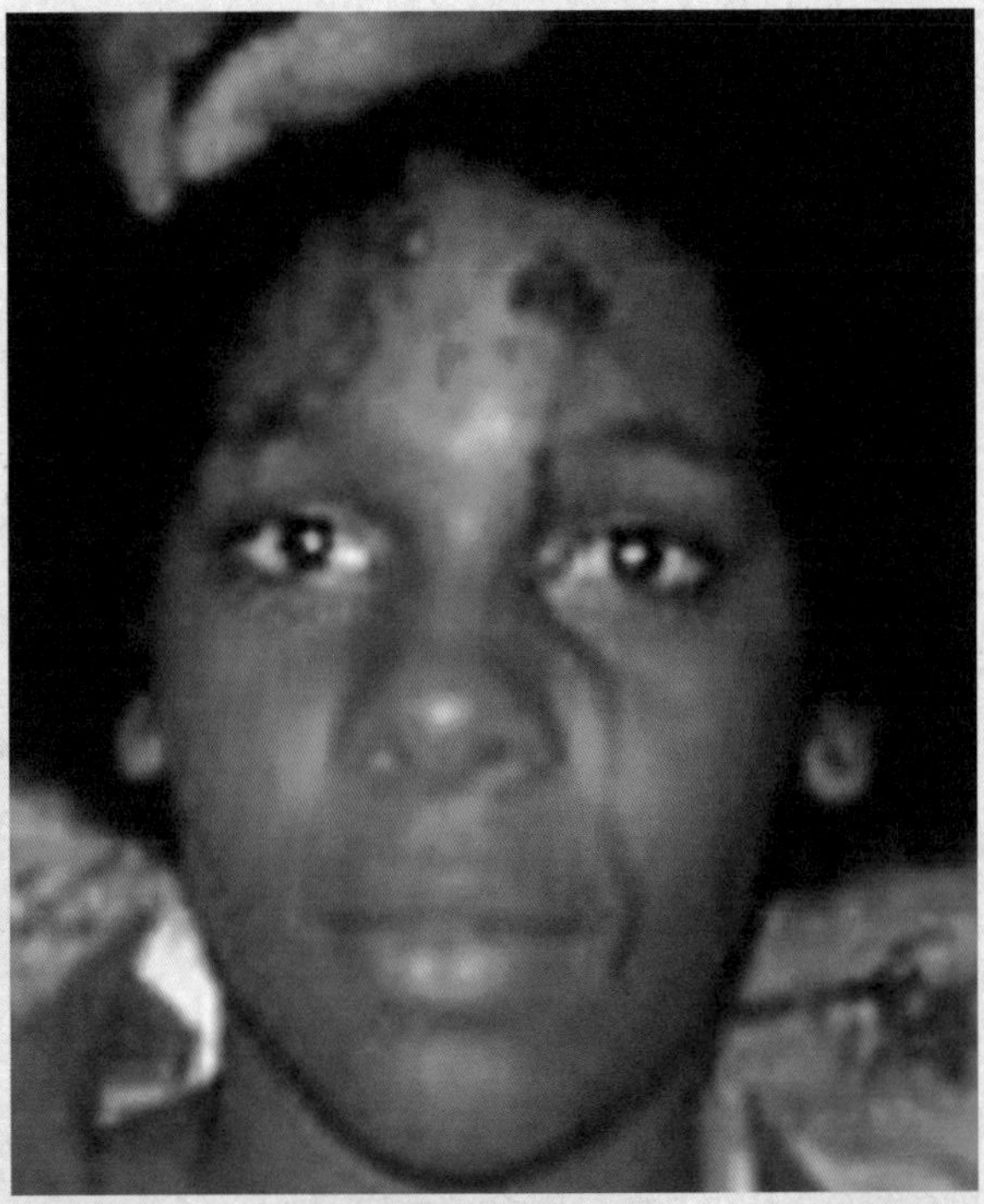

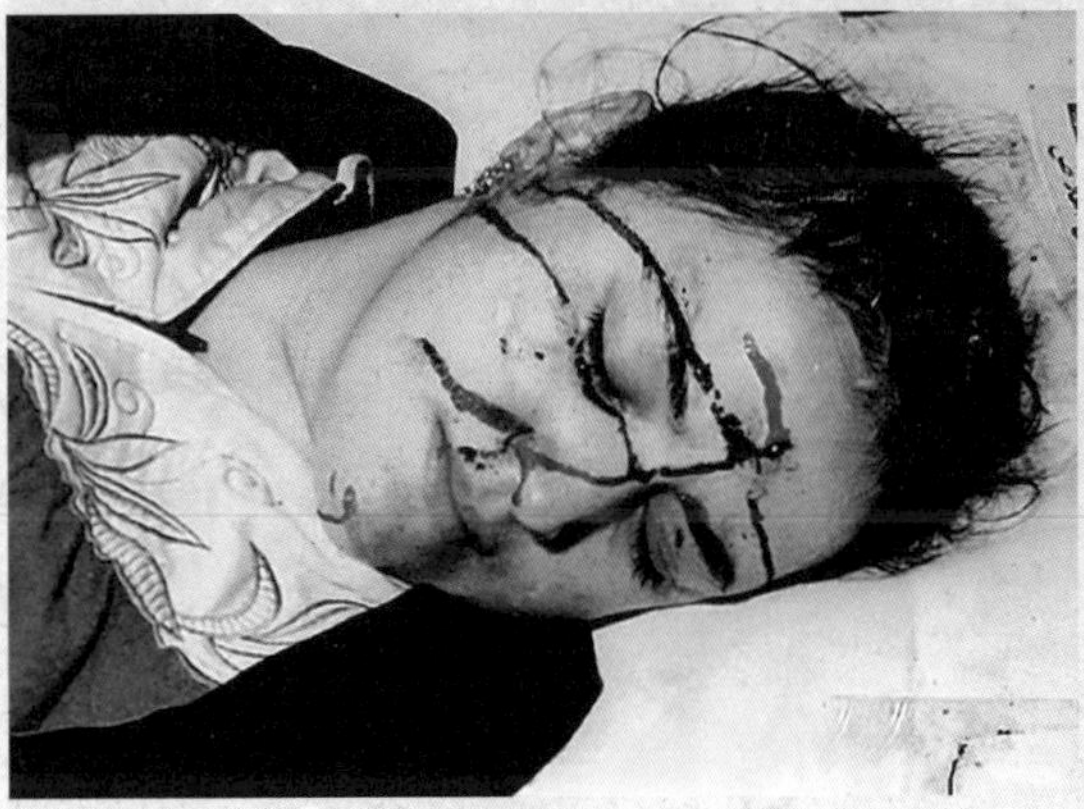

▲世界で有名な聖痕体現者たち。左上：イタリアのアントニオ・ルフィーニ。右上：アメリカのクロレッタ・ロビンソン。右下：イタリアのピオ神父。左下：シリアのミルナ・ナザール。

跡を起こしているのだ。

ドイツの聖女テレーゼ・ノイマンの場合、その聖痕現象は激烈だった。

1926年11月から始まった彼女の出血は、脇腹に始まり、両目、両手の甲、両足、額におよんだ。出血はキリストが受難した金曜日になると、より激しくなった。

さらに1928年3月8日、聖痕が肩に生じて以来、テレーゼはキリストの啓示があったとして、何も飲まず、何も食べない生活に入る。そして、1962年に死亡した。彼女は聖痕を背負い、至福と苦難の日々を生きつづけたのである。

また、アメリカのクロレッタ・ロビンソン、イタリアのピオ神父、アントニオ・ルフィーニも体に聖痕が現れた人物として有名だ。

最近では2004年4月、シリア、ダマスカスの敬虔なクリスチャン、ミルナ・ナザールの額に聖痕が現れている。

それにしても、いったいなぜこんなことが起こるのか？　そのメカニズムは解明されていない……。

No.000135

モンスの天使事件

▲2000年に発見された「天使」の写真。モンスには、本当に神の使いが降臨していたのだ。
◀天使の写真を発見したダニー・サリバン。この物語はハリウッド映画化も企画されたが、不自然に頓挫した。

第1次世界大戦中、超自然的な奇跡現象が起きた。

1914年8月23日、ベルギーのモンスでイギリス軍がドイツ軍（プロシア軍）と遭遇したときのことだ。ベルギーに侵攻したドイツ軍は破竹の進撃を続け、英仏連合軍が守備するモンスを完全に包囲。そのまま総攻撃を開始した。

その瞬間、天空に奇妙な光が出現する。次第にそれは3人の人影となり、上空を舞いはじめた。〝彼ら〟は長く垂れた黄金の衣を身にまとい、そのうちひとりは大きな翼を広げていた。その間、およそ30分。

「天使だ。神のご加護だ！」

神の援軍に奮い立った英仏連合軍の兵士たちはドイツ軍の包囲網を打ち破り、奇跡的に生還を遂げた。

この不思議な現象を幾人もの従軍兵が証言している。

「聖ジョージと幻の弓兵たちがドイツ軍を押しとどめた」「天使たちがカーテンのようなバリアでイギリス軍を守った」「兵士の手当てをする、〝聖母マリア〟のような看護師を見た」……

▲上：モンスに現れた天使は光のカーテンで英仏連合軍を守ったという。下：何人もの天使が兵士を癒やし、敵を撃退した。敵味方の双方が集団で同じ現象を目撃している。

などだ。

そして敵軍であるドイツ軍の兵士も、天使の姿を目撃している。このときドイツ兵たちは、白い光に包まれ、その場に硬直してしまったという。そして、実際には存在しないはずの数千人の部隊に包囲されたと証言しているのだ。

近代戦の最中に起きた奇跡として語り伝えられてきたが、2000年秋、新事実が明らかになる。

イギリスの超常現象研究家ダニー・サリバンが、イギリス、ウェールズ州モンマスにあるボニータ骨董品店で、第1次世界大戦に関する大量の資料を見つけた。その中に「墓石の前に浮かぶ天使の姿」を写した白黒写真があったのだ。それはノルマンディー上陸作戦中にウィリアム・デイジーという軍人が撮ったものだった。また、なんと天使の姿を捉えた白黒の実写フィルムまであったのだ。

公開されたこのフイルムは話題になり、ハリウッド映画の制作も開始されたが、そのフイルムも、映画の続報も、ひっそりと消えてしまった。

No.000136

ファティマのマリア降臨事件

PICTURE OF THE WEEK

VATICAN PAPER PUBLISHES PHOTO IN PROOF OF FATIMA MIRACLE

At the anniversary of the miracle of Fatima this year (LIFE, Nov. 5), Cardinal Tedeschini told crowds of Catholics at the Portuguese shrine that last year Pope Pius XII had a vision similar to that seen by three children of Fatima 34 years ago. The children saw visions of the Virgin Mary, and at the final vision the sun danced in the sky. Thousands of spectators at Fatima reported that they too had seen the strange antics of the sun.

The Pope declined to comment on the Cardinal's announcement, but two weeks ago the Vatican newspaper, *L'Osservatore Romano*, published new information in picture form (above). This picture, showing the sun near the horizon, was dated 12:30 p.m., Oct. 13, 1917, the day of the final vision. There was no eclipse recorded on that date; the sun's blackness, said *L'Osservatore*, was caused "by its very rapid rotation." Such a mid-day position cannot be explained scientifically; no astronomical observations in other parts of the world verify that it happened. The picture, said *L'Osservatore*, was of "rigorously authentic origin" and had been taken by a witness with a camera who "succeeded in fixing the exceptional scene."

45

◀ファティマで起きた太陽の異常＝マリアの奇跡は広く報じられた。
▼ファティマの群衆の前に現れた太陽は、奇妙な動きを見せつけて大地に迫った。

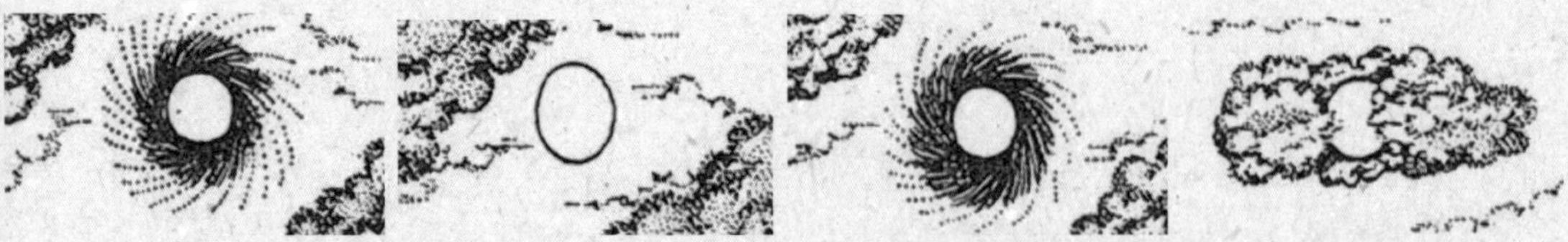

ポルトガルの首都リスボンから北東へ約130キロの場所にある小村、ファティマ。ここはローマ・カトリックの巡礼地として全世界に知られている村である。

今から100年ほど前の、世界中が第1次世界大戦に震えていた1917年、3人の子供の目の前に、聖母マリアが現れた。これは実際に起きた奇跡としてバチカンに認定された出来事である。

10歳の少女ルチア、ルチアの従兄妹である9歳のフランシスコと7歳のヤシンタは、いつものように牧草地で羊の世話をしていた。そこに突如、白い衣服を着て、右手首に銀色の十字架をかけた聖母マリアが現れ、世界大戦の終焉と再発を含む「3つの預言」を伝えた。そして3人に毎月13日に現れることを約束し、姿を消した——。

この信じがたい出来事は、たちまち村の噂となり、約束の13日になると野次馬が次々に訪ねてきた。しかし、マリアの姿を見られるのはルチアたち3人だけで、人々は何かただならぬ雰

▲左：聖母マリアが出現したことで知られるポルトガルの小さな村、ファティマにある大聖堂。カトリックの聖地にも認定されている。右：マリアと邂逅を重ねた3人の牧童。ルチア、フランシスコ、ヤシンタ。授かった世界を揺るがす3つの預言のうち、ふたつは公開されている。
▶マリアをひと目見ようと集まった群衆は10万人にもなった。

認定
AUTHORIZATION

囲気を感じるだけだった。それでも噂が噂を呼び、6回目のマリア降臨の日には10万人もの人々が集まったのである。

その日、10月13日は朝から雨が降っていた。正午ごろ、予告どおり現れたマリアは相変わらず3人にしか姿を見せなかったが、去りゆくときに、その奇跡は起こった。

「見て！　太陽を見て！」

そうルチアが叫ぶと、黒い雨雲が大きく割れ、青空と太陽が現れた。そして太陽は震え、回転し、ジグザグに動き回って、地上へ向けて落下しようとしたのだ。

群衆はパニック状態に陥りかけたが、ふと気がつくと、太陽は元の位置におさまっていたという。

のちに、この現象はファティマから遠く離れた場所からも観測されていたことが明らかになった。

10万人が体験したこの奇怪な出来事は、奇跡というほかなく、だれも説明できない事件として大々的に報じられた。現在に至っても、この現象の真実は解明されていない。

No.000137
夢の中の男

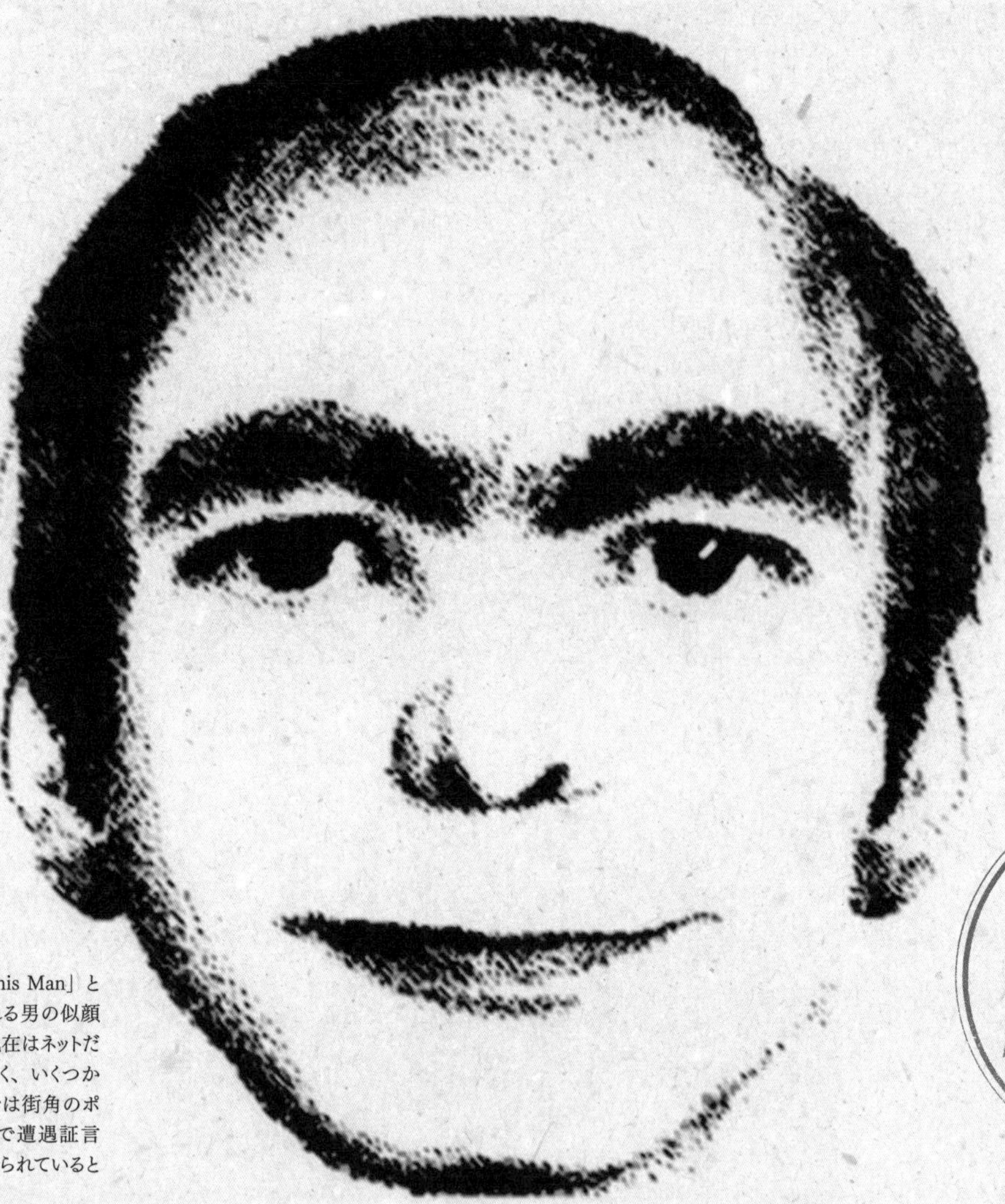

▶「This Man」と呼ばれる男の似顔絵。現在はネットだけでなく、いくつかの国では街角のポスターで遭遇証言が集められているという。

まずは、ここに掲げた写真を見てほしい。なんともいえない表情だが、この男に見覚えはないだろうか？　実はここ数年、世界各地の人々が見る夢の中に、この男＝通称「This Man」が現れているのだ。

それは2006年、アメリカ、ニューヨークの精神科医のもとにふたりの男女が訪れたことから始まった。

ふたりは別々に医師のもとに赴き、互いに面識はない。だが、彼らが医師に訴えた悩みの内容は同じだった。それは、夢の中に見たこともない男が繰り返し現れ、ときにはアドバイスをするというものであった。

医師はふたりの話の共通性に興味をもち、証言をもとにしてその男の似顔絵を作成した。すると、ふたつの似顔絵は驚くほどよく似ていたのである。この事実にますます興味をかきたてられた医師が仲間に似顔絵を見せたところ、さらに4人の患者が同じような夢に悩まされていたことが判明した。彼らの証言をもとに作成した似顔絵もまた、最初の似顔絵の男のものとそっくりだった。

驚いた医師たちはこの現象を本格的に調査するため、「This Man」に関するサイト『EVER DREAM THIS MAN？』を立ち上げ、世界中に情報提供を求めた。すると、3年間で2000件にも上る、同様の夢を見た人々からの証言が集まったのである。それはアメリカからヨーロッパ、ロシア、中国、インド、南アメリカなど、ほぼ世界中に分布していた。

「This Man」の正体について、いくつかの仮説が提唱されている。ただの錯覚という説から、神の顔、他人の夢を渡り歩くドリーム・サーファーと呼ばれる超能力者といった神秘的な方向に寄った仮説もある。さらには「This Man」の存在そのものが、ネットにおけるデマの拡散について調査するために、捏造されたとする説もあるようだ。

はたして、どの仮説がより真実に迫っているのか？　夢の中の男は、何も語らない。

No.000138-000140

8
虚舟

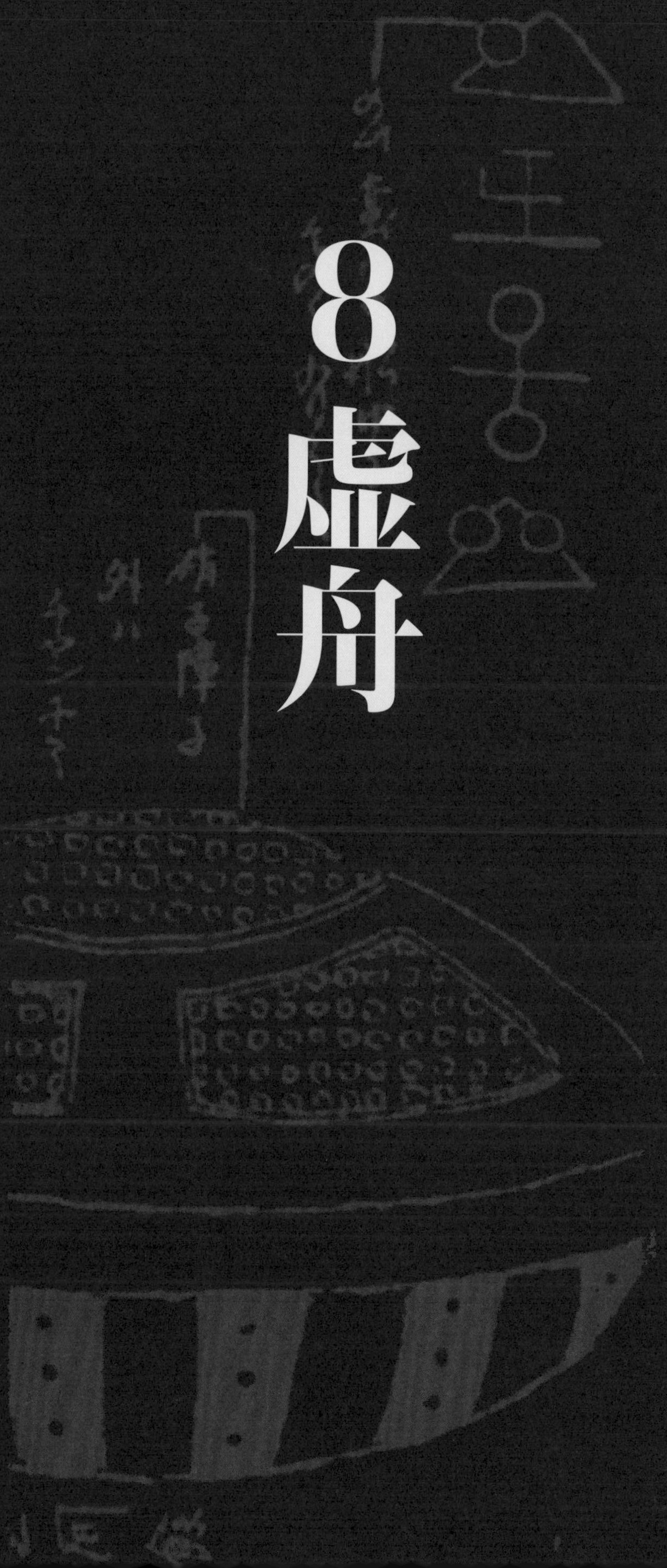

No.000138

江戸時代の虚舟事件

江戸時代後期、茨城県鹿島の浜に、当時、だれも見たことのない奇怪な形の鋼鉄船が漂着した。船内には、木箱を大事そうに抱えた異国的風貌の謎めいた女人が乗っていた。

——これが俗にいう、〝虚舟事件〟である。

享和3年（1803年）2月中旬。沖合に異形の船が現れていたが、8月に起きた嵐のせいで、船が旗本の小笠原越中守の知行所、常陸国（茨城県）かしま郡京舎ケ浜に吹き寄せられた。その船は、地元の人々が見たこともない形をしていた。この船を発見した地元の漁民たちは小舟を漕ぎだして、その船を浜辺まで引いてきた。

間近で見る船は、香の器のような円形で、高さ約3・3メートル、横5・5メートル。上部は硝子障子（ガラス張り）、継ぎ目はチャン（松ヤニ）で塗り固めてあり、底は鉄板を筋のように張り合わせてあった。岩に激突しても壊れそうにない頑丈な造りである。

その船内には、見かけが19〜20歳、身長180センチあまりの異国風女性が乗っていた。眉と髪が赤く、顔は桃色、白いつけ髪を長く背中に垂らしている。その女は約60センチ四方の箱をさも大事そうに抱えており、言葉はまったく通じず、人を近づけなかった。

船の中には、水が約4リットル入った瓶、敷き物2枚、菓子らしきもの、それに肉を練ったとおぼしき食べ物があった。そして、まな板のようなものに載せた生々しい人の首も……。また、奇妙な蛮字（絵文字）がそこかしこに書かれていた。

地元の古老たちはこの事件をお上に届け出たが、詳しく調査されることはなかったという。

ム認定 AUTHORIZATION

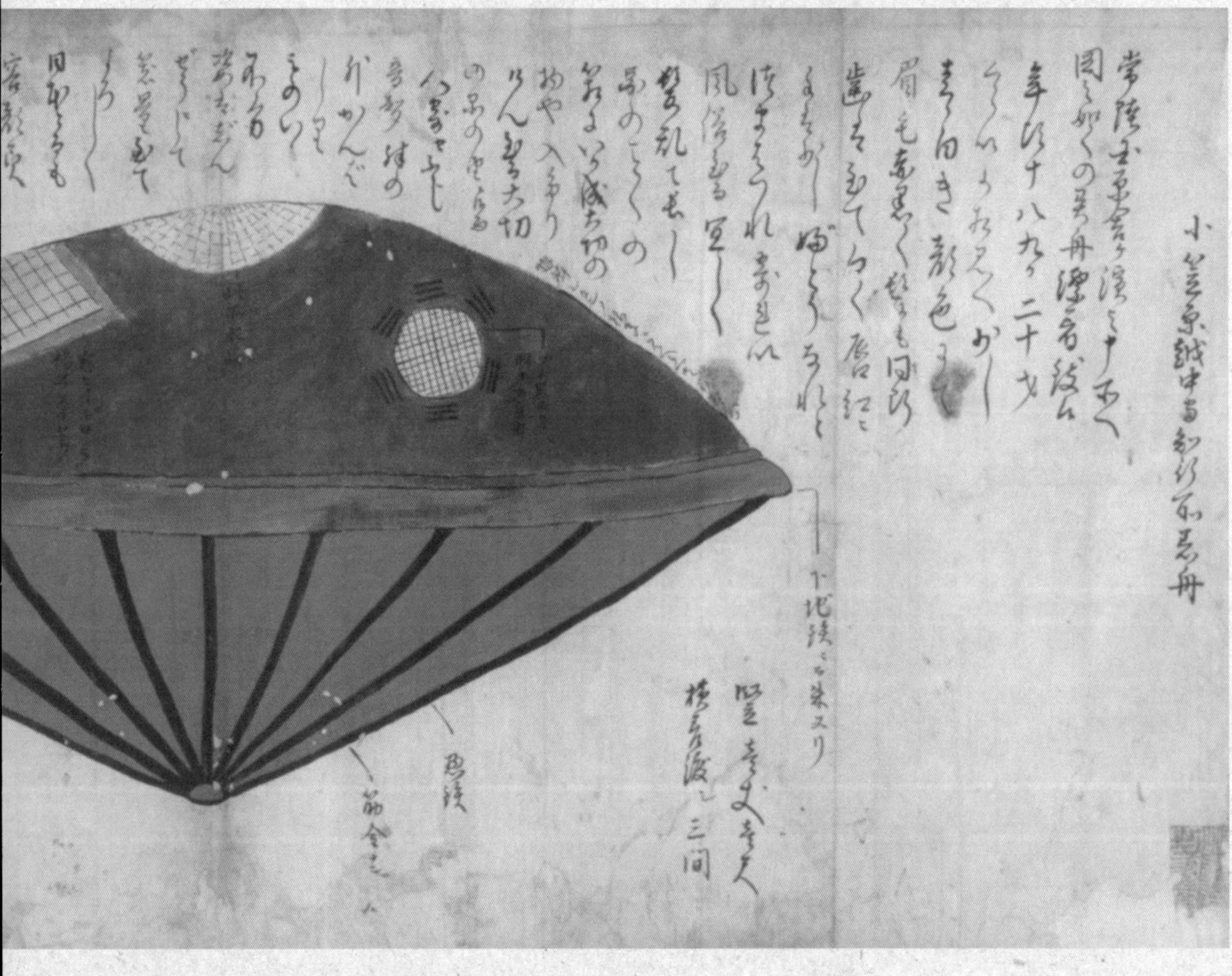

結局、女を船に乗せ、沖に引きだして押し流してしまった、というのである。

以上が、事件があった翌年（1804年）に書かれた瓦版などの概要だ。同時代の戯作者・曲亭馬琴も、文政8年（1825年）に発表した『兎園《とえん》小説』の中で「虚舟の蛮女」と題して、この事件を紹介しているほか、同年、屋《や》代弘賢《しろひろかた》の書『弘賢随筆』にも『兎園小説』の原稿の一部と絵図が紹介されている。

さらに天保15年（1844年）に刊行された長橋亦次郎による随筆集『梅の塵』にも掲載されているが、事件が起こったのが3月24日となっていて、地名も原舎浜となっている。ちなみに原舎という浜は、小笠原和泉公の領地である。記述のブレは伝聞によるものだろうか。いずれにしても、当時いかに話題となった出来事かがうかがい知れる。実は同様の事件を記した古文書が、まだほかにも見つかっている。

たとえば江戸時代の書物『漂流記集』（年代不詳）にある「小笠原越中守知行所着舟」では、異舟が漂着したのは常陸国原舎ケ浜という記述がある。中に乗っていた眉目秀麗な18～20歳くらいの女人が発した声は甲高く鋭く響き、意味不明だったというから、機械的な音声でも発していたのかと想像してしまう記録だ。描かれた異舟は、いかにも〝空飛ぶ円盤〟と呼ぶにふさわしい形状をしている。

また、駒井乗邨《こまいのりむら》によって書かれた『鶯宿《おうしゅく》雑記』（1815年ごろ）には、享和3年8月2日、調査に向かった、とある。光太夫（大黒屋光太夫のこと＝ロシアに漂着し、帰国した人物）やオランダ語の通訳の助けを借りたが、言葉がまったく通じなかったというから、女人はロシア人でもオランダ人でもなかったということになる。

近年でも新資料の発見は続いており、2010年に茨城県水戸市内の書画収集家が、京都で入手したという「うつろ舟伝説」の資料「水戸文書」では、船内の〝宇宙文字〟が『鶯宿雑記』のものと酷似していると指摘された。さらに2012年4月23日付の「茨城新聞」が、「うつろ舟奇談」を伝える史料が新たに日立市内の旧家で発見された、

▼『漂流記集』の「小笠原越中守知行所着舟」にも、「虚舟」と奇声を発する女性について記載がある（西尾市岩瀬文庫所蔵）。

と報じている。天保年間（1830～44年）の「異国舩（船）渡来御届書」とともに発見されたのだという。

内容は『兎園小説』とほぼ一致しているが、特徴は、文末に「享和三癸亥三月廿四日」（享和3年3月24日）と文書作成日が記載。事件が起きた年月日は「當亥二月廿二日」（当年亥の歳2月22日）とあり、これは事件の約1か月後に書かれた文書ということになる。

一連の情報から、当時、浜に異様な舟が現れたことは間違いないだろう。

その異船が地球外から飛来したUFOなら、中にいた女は異星人だったことになる。現代の超常現象研究の視野をまじえて、今後も検証されるべきUFO事件といえるだろう。

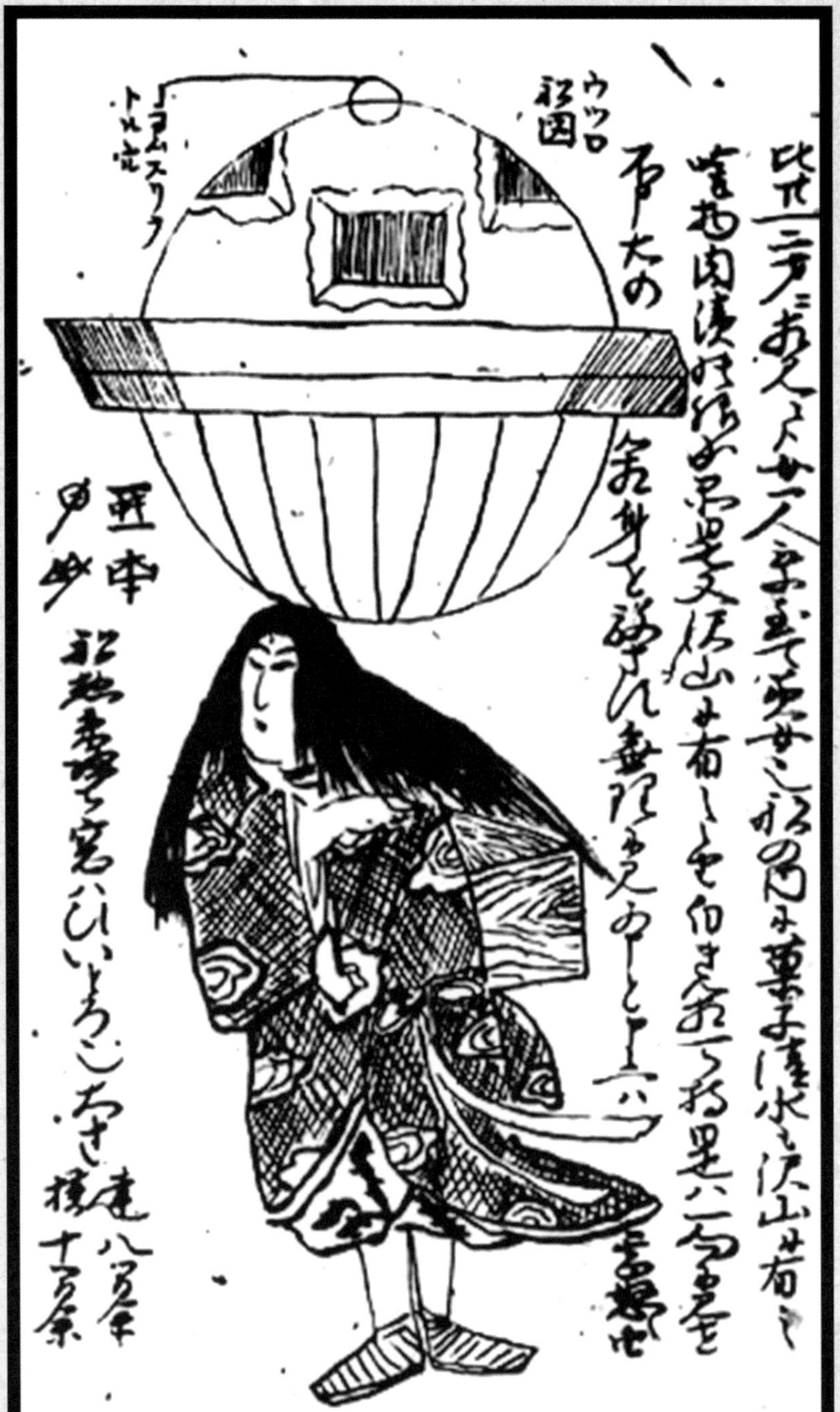

◀駒井乗邨によって書かれた『鶯宿雑記』の絵図。

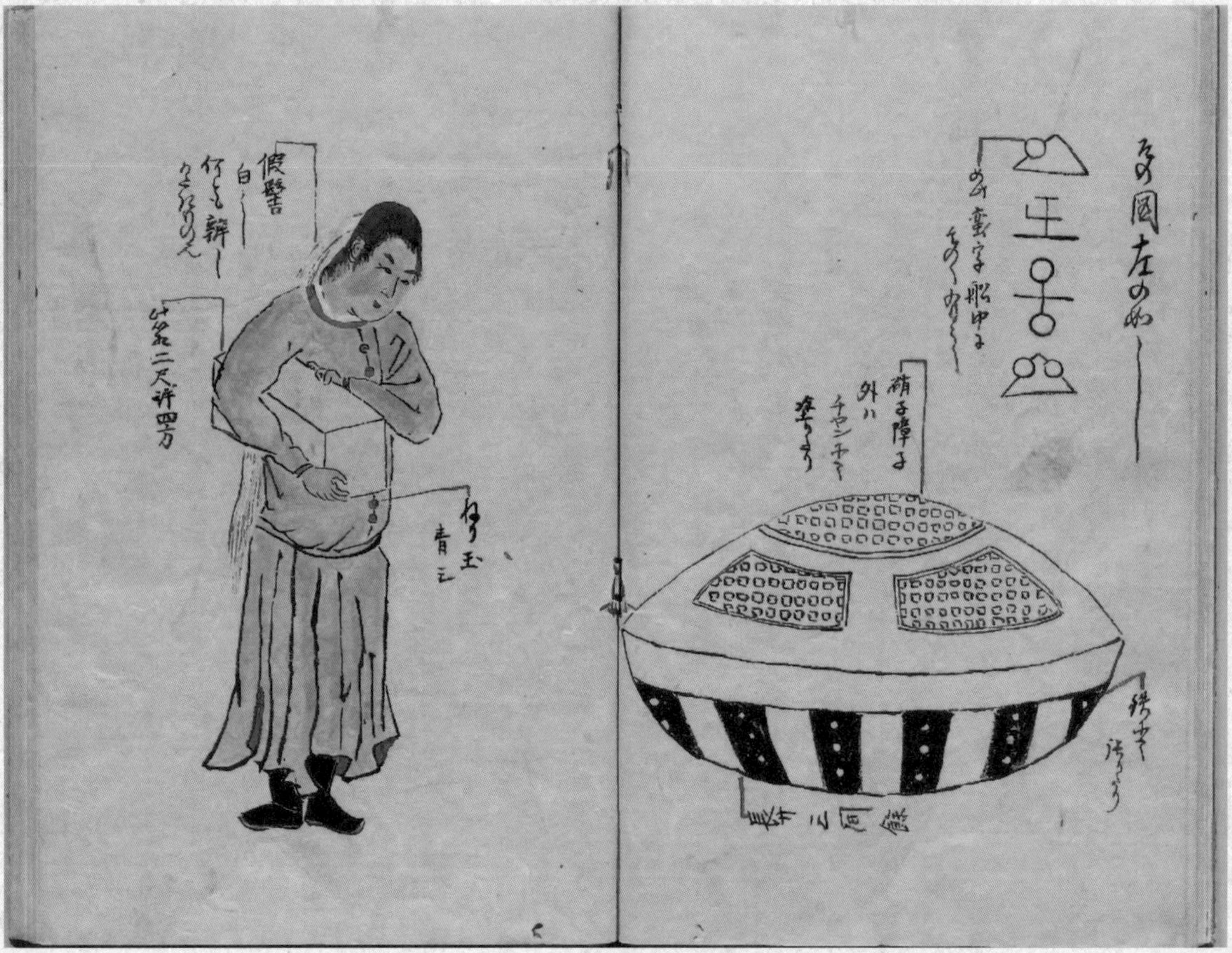

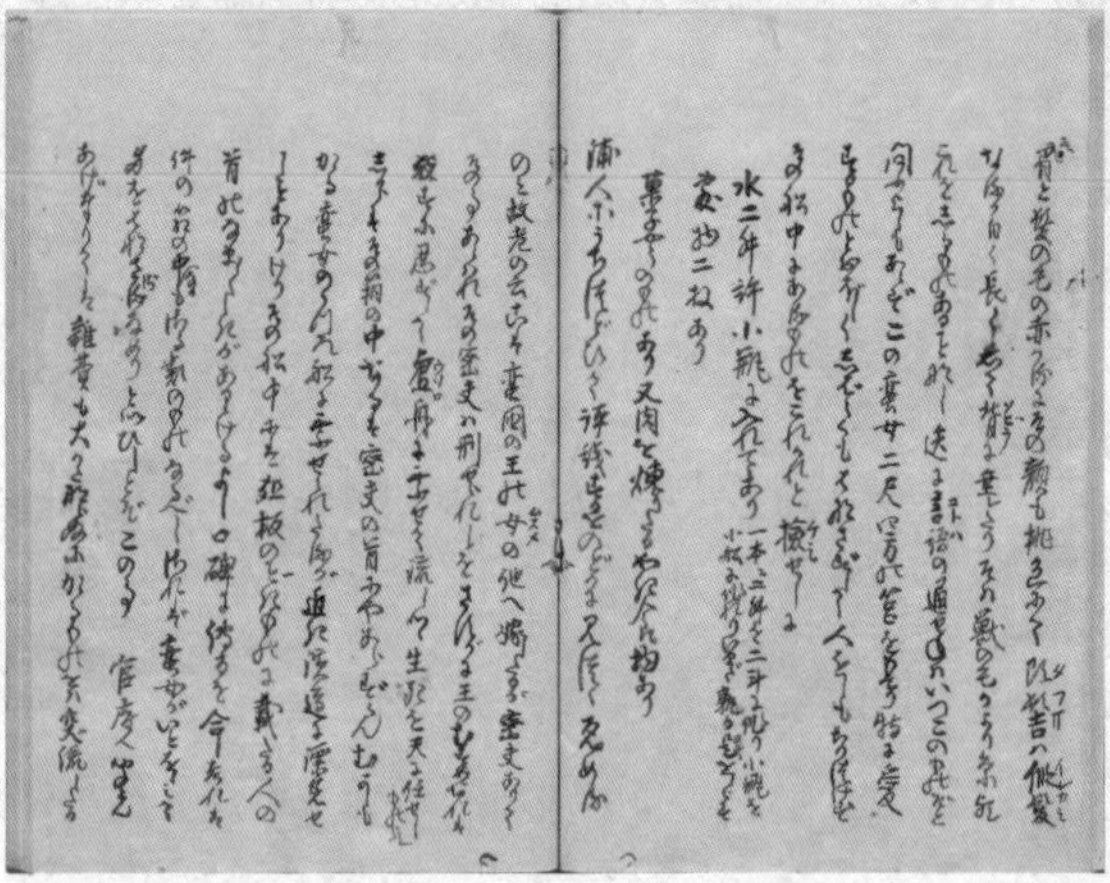

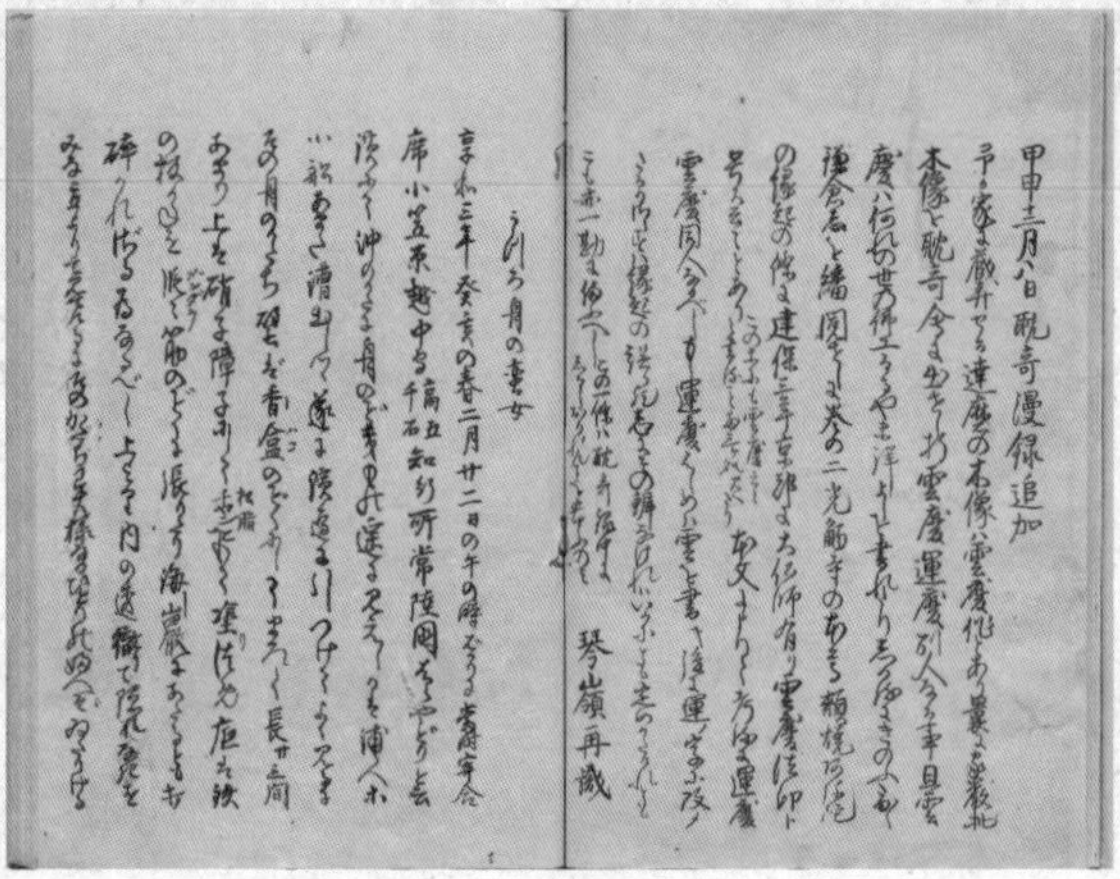

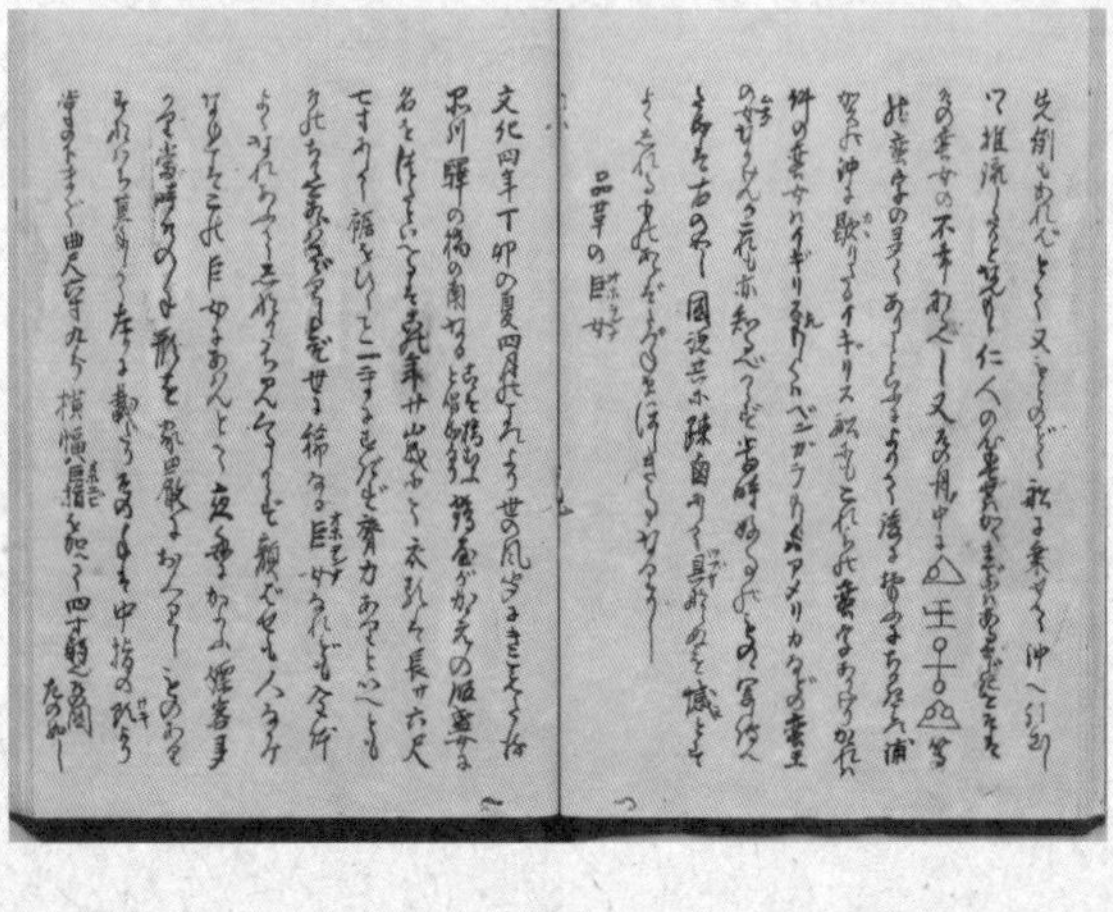

▲◀屋代弘賢による『弘賢随筆』で、曲亭馬琴が記した「虚舟の蛮女」について言及している（国立公文書館蔵）。

No.000139

漂着地名を決定づけた「伴家文書」の「舎利浜」記述

虚舟事件について、あらためて文書を並べてみると、絵やそれに付随した文などに多少の違いこそあれ、当時の江戸の巷では、「不思議な話」として広く知れ渡っていたことがよくわかる。また、文書によって漂着した浜の名や、船の形、色などに若干の違いはあるが、船内に見られた奇妙な文字、箱を持った色白で美麗な女性が乗っていたことなど、事件の内容は、ほぼ一致している。

いずれにせよ、瓦版が出たほどだから、当時としては、かなり真実味のある事件として騒がれたに違いない。

とはいえ、気になるのが文書によって、なぜか漂着現場の地名が違っている点だ。

ある瓦版では「京舎ヶ浜」(きょうしゃがはま)、『鶯宿雑記』では「阿久津浦」(あくつうら)、『兎園小説』は「はらやどりはま」、『梅の塵』は「原舎浜」(はらとのはま)、『水戸文書』では「外浜」と記されるなど、漂着現場が異なっているのだ。しかも、これらは存在していない地名なのである。そのせいで、民俗学者の柳田国男は、「虚舟」伝説は、「根拠のない〝作り話=フィクション〟で、駄法螺の類いだ」と、決めつけている。

しかし、それにしては、多くの文書が存在し、似た話が記されている。意味不明の創作物や噂の類いにしても、伝播の発信源が気になる。

それがなんと、2014年になって、漂着地が明確に記された新たな文書が、虚舟研究の第一人者、田中嘉津夫岐阜大名誉教授によって発見された。

▼「茨城新聞」(2012年4月23日付)で発表された新史料。

茨城新聞　2012年(平成24年)4月23日　月曜日

うつろ舟奇談に新史料

日付記載、日立で発見

専門家　事件がリアルに

江戸時代のミステリー「うつろ舟奇談」を伝える史料が新たに日立市内の旧家で発見された。「うつろ舟奇談」とは、1803(享和3)年に、鹿島地方の浜にUFOのような形の舟「うつろ舟」に乗って美女が漂着したという謎めいた事件。史料は、江戸時代に海岸防御に携わった郷士《ごうし》の子孫の家の倉庫で、天保年間(1830〜44年)の「異国舩(船)渡来御届書」とともに発見された。この奇談を長年研究する田中嘉津夫岐阜大教授は「地元の旧家に伝わってきたことは意義深い。さらに、日付が書かれた文書の発見は初めて」と指摘している。

見つかったのは、縦28・5㌢、横90㌢の文書。洋風の服装の女性と箱、UFOを連想させる丼型の舟が描かれ、「△」や「○」など組み合わせた記号のような文字が書いてある。左側の文には常陸国の浜に異国船が流れ着き、引き上げると20歳位の言葉の通じない美女がいたと記載。田中教授は「江戸時代の滝沢馬琴の『兎園《とえん》小説』などとほぼ同じ内容」と話す。

特徴は、文末に「享和三癸亥三月廿四日」(享和3年3月24日)と文書作成日が記載。事件が起きた年月日は「當亥二月廿二日」(当年亥の歳2月22日)とあり、田中教授は「日付が本当なら事件の約1カ月後に書かれた文書。事件のリアルさを感じる」と話す。

田中教授によると、うつろ舟奇談を伝える史料の発見はこれまで約10件。本県では2010年に水戸市内の書画収集家が京都で入手した史料が見つかった。また、今回の史料発見後、田中教授は長野県の古書収集家が所有していた別の史料を発見。絵に関して日立の史料と共通点が多く見られるが、事件現場の地名については従来の史料にある「常陸国」でなく「房州の湊」と書いてあるという。

うつろ舟奇談は「兎園小説」など江戸時代の出版物に謎の事件として紹介され、事件を伝える瓦版なども見つかっている。ただ、当時の公文書には記録はない。(三次豪)

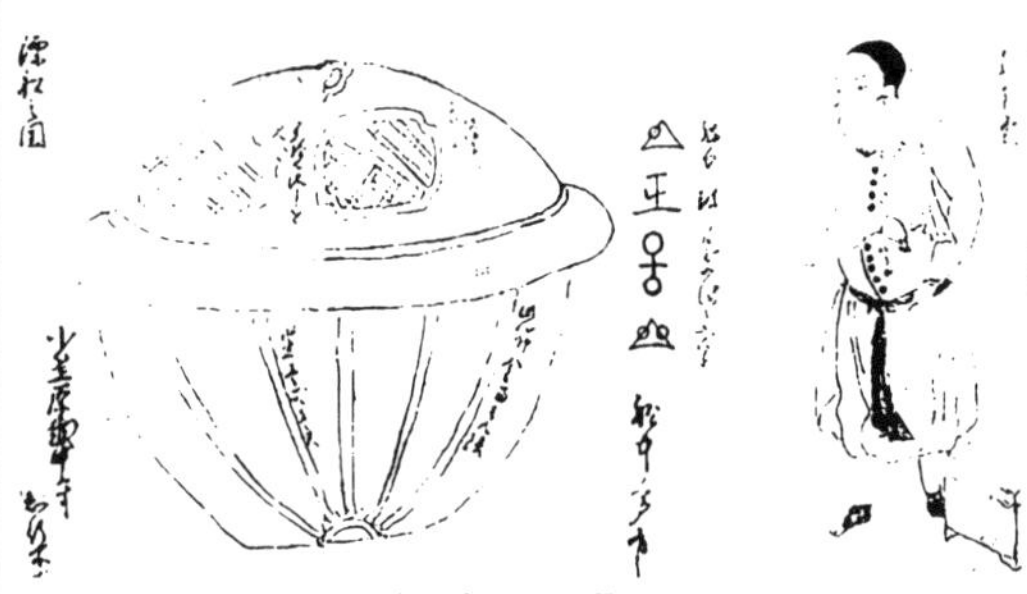

日立市内の旧家で見つかった「うつろ舟奇談」の史料の一部

ム認定
AUTHORIZATION

新しく見つかった文書は、甲賀流伴党21代目宗家として知られる川上仁一氏が所有していたもので、川上氏が習得された甲賀流忍術（伴家忍之伝）を伝える伴家の古文書の中にあったものだという。忍者だった先祖が各地の風聞・噂を集めた文書のひとつではないか、ということで、田中教授はこれを「伴家文書」と呼んだ。

実物を見ると、そこには漂着現場が「常陸原舎り濱」と記されていたのだ。この地名は、江戸時代の常陸国鹿嶋郡に実在し、伊能忠敬が作製した『伊能図』（1801年調査）に掲載されている。その場所は、現在の「神栖市波崎舎利浜」なのである。

また、伴家文書には逆に、ほかの資料に多い「小笠原越中守領地」の記載がない。文書中には「亥年　二月二十六日」とあるが、1803年2月26日だとすれば、現在確認できる虚舟関連文書の中ではもっとも古いものとなる。

当時の諜報機関である忍びの家系に伝わっていた文書であることからも、「伴家文書」は、正しく漂着地を記載したものという可能性は高い。つまり、ほかの文書が伝聞ないし、創作や伝説として改変されたものではないだろうか。

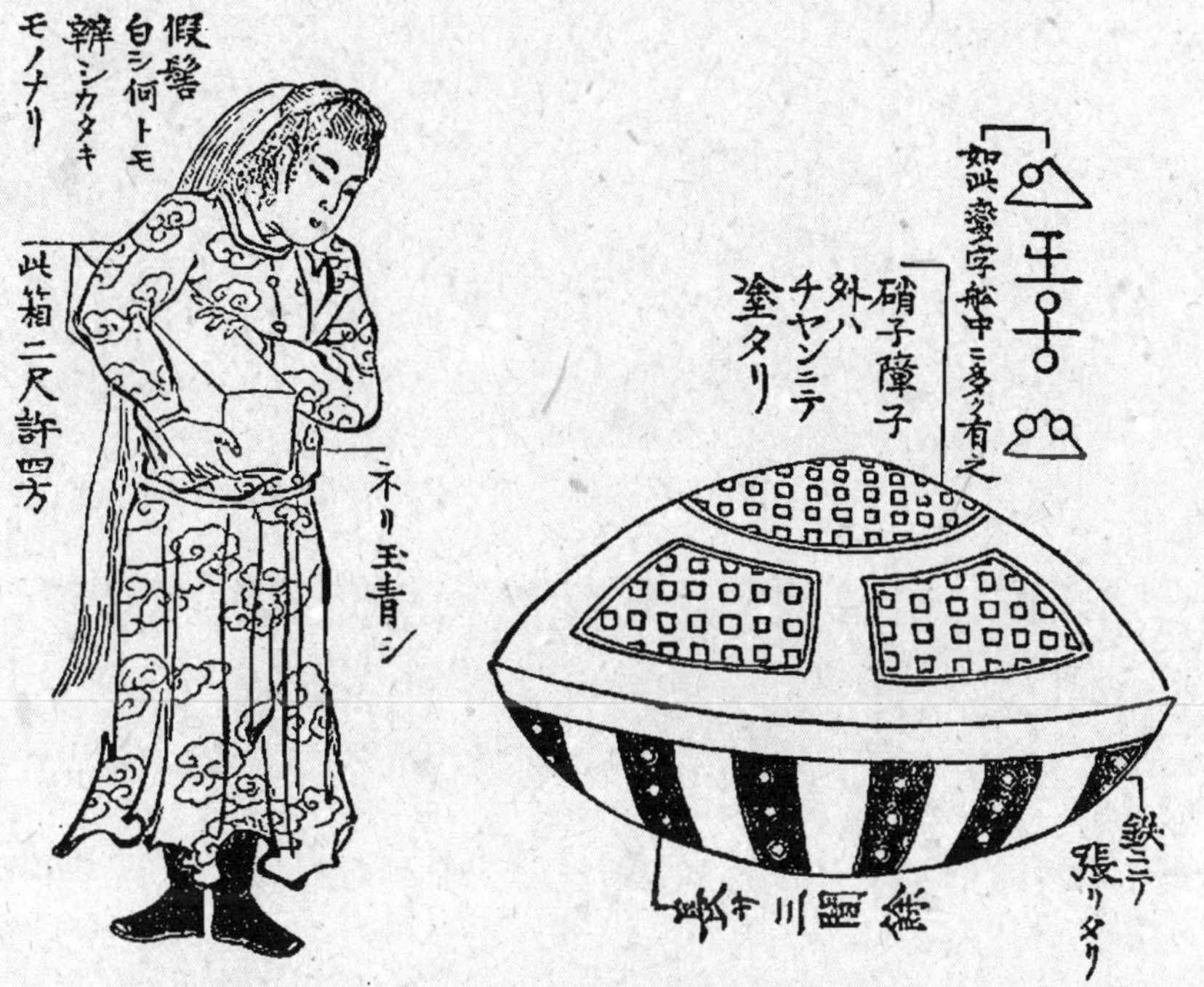

◀上：享和3年の瓦版のひとつ。円形、お椀形の船、箱を持った異国風の女性、謎の文字という情報はいずれの資料でも一致している。下：天保15年、長橋亦次郎による随筆集『梅の塵』に掲載された「虚舟」。

▼虚舟研究の第一人者である田中嘉津夫氏。「伴家文書」を発見した。

No.000140

「虚舟」と「金色姫伝説」

「虚舟」が広まった背景には、桑の木で造った舟でインドから日本に流れ着き、養蚕を伝えた「金色姫伝説」があるのではないか、という説がある。

茨城県神栖市波崎舎利浜から北に10キロほどいった日川村に、養蚕金色姫の仏像、〝蚕霊尊〟を祀る星福寺がある。

寺に伝わる伝説では、金色姫は天竺（インド）の御姫様で、継母の皇后に怨まれ殺されそうになったところ、桑の木をくりぬいて作った船（うつぼ舟）に乗せられて、はるばる茨城の豊浦に漂着後、病死する。亡骸はたくさんの小さな虫となり、桑の葉を与えると喜んで食べて繭となった。ここから養蚕が始まった――と伝えられているのだ。

寺に伝わる「虚舟の蚕女」を見ると、「蚕霊尊像」を彷彿とさせる。この金色姫が左手に持つ四角い箱の中身は蚕だという。蚕女が大事に抱えていた箱の中身も、蚕だったのではないか？

蚕はもともと野生にはいない昆虫だ。「クワコ」という原種を家畜化したことで蚕になった種で、人間の手を介さなければ生きていくことはできない。野生回帰能力を失った家畜化動物である。養蚕は5000年以上の歴史があるとされているが、もともとのクワコをどうやって大量に飼育したのかは謎である。

つまり、蚕がいつ、だれによって生みだされたのかははっきりとわかっていないのだ。

ただし、養蚕技術が日本に伝来したのは紀元前にさかのぼる。「虚舟の蚕女」＝異星人が、天から蚕を携えて降りてきて、養蚕技術を伝えたという解釈はできない。養蚕技術の伝来、400～500年前とされる金色姫伝説、そして江戸時代に起きた虚舟事件は年代的に相当なズレがある。おそらくそれぞれが連綿と語り継がれていくうち、双方の伝説がいつの間にかミックスされてしまったのではないだろうか。

実は「金色姫」と「虚舟」に

▼神奈川県川崎市の「日本民家園」の蚕影山祠堂にあるレリーフ。金色姫の漂着を伝えるものだが、「うつぼ舟」の形状は常陸に伝わる「虚舟」のそれとは大きく異なる。

ム認定 AUTHORIZATION

は、決定的な違いがある。神奈川県川崎市にある「日本民家園」の蚕影山《こかげさん》祠堂《しどう》に、興味深いレリーフが残されている。それは、桑の木をくりぬいて作られた「うつぼ舟」に乗って流れ着いた金色姫が漁師に助けられるという場面を描いたものだ。舎利浜に漂着した虚舟とは、大きく形状が異なることは明らかだ。

時代背景も含め、金色姫伝説と虚舟伝説は、必ずしもリンクしない。だがそれは同時に、古来、日本各地の浜で奇妙な舟と女性との遭遇事件が多発していたことを意味する。

両事件それぞれを、日本の歴史におけるUFO事件として今後も正体を探っていく必要があるだろう。

▼右上：享和3年の瓦版のひとつ。円形、お椀形の船、箱を持った異国風の女性、謎の文字という情報はいずれの資料でも一致している。左上・下：星福寺と、桝田高順住職。

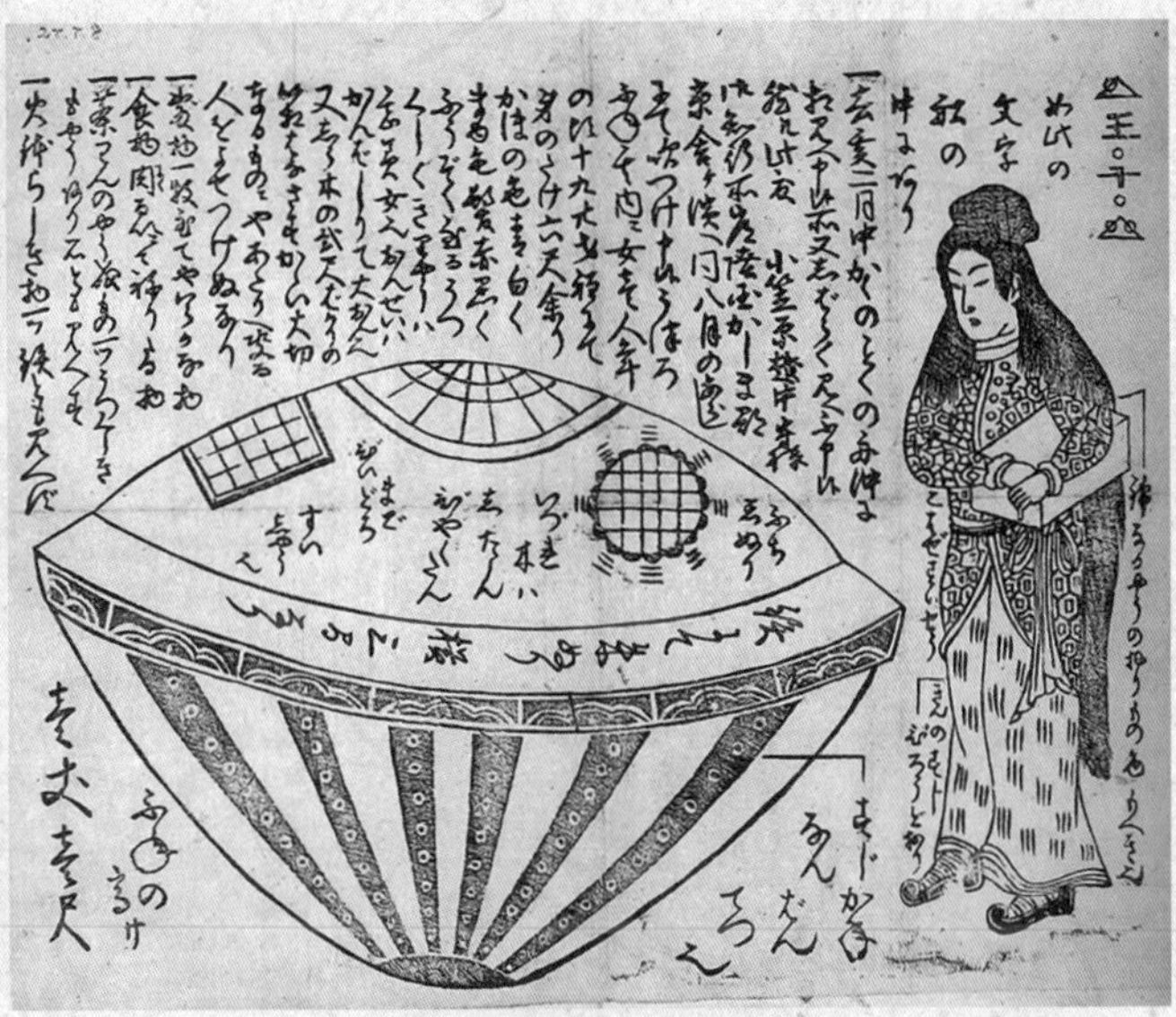

▲星福寺の「蚕霊尊像」。うつぼ舟に乗って天竺からやってきた金色姫の姿を伝えている。

索引

ま

や

ら

わ

ムー認定　驚異の超常現象

2019年 9月17日　第1刷発行
2022年 6月11日　第3刷発行

著者　並木伸一郎
発行人　松井謙介
編集人　長崎有
企画編集　望月哲史（ムー編集部）
発行所　株式会社ワン・パブリッシング
〒110-0005　東京都台東区上野3-24-6

編集制作　西智恵美
ブックデザイン　辻中浩一＋小池万友美（ウフ）

印刷所　大日本印刷株式会社
DTP制作　株式会社明昌堂

参考資料・図版協力
「ムー」各号／MUFON JOURNAL／Roswell Daily Record／News of the Flying Saucer Review／
UFO SIGHTINGS DAILY／FORTEAN PICTURE LIBRARY／FORTEAN CRYPTZOOLOGY SOCIETY／
LOREN COLEMAN／NASA／Google Earth／日本フォーティアン協会／星福寺／宇都宮写真文庫／
ふじたいら／山口直樹／スティーブ・アレクサンダー

本書は「ムー的世界遺産」、「世界の超常生物ミステリー」、「超常UFO宇宙人事件」、「最新禁断の異次元事件」、「世界の超人・怪人・奇人」、「ムー的都市伝説」、「ムー的未解決事件」、「月の都市伝説」、「ムー的世界の新七不思議」、「ムー的異界の七不思議」、および「ムー」各号の一部内容を抜粋し、再編集して、大幅に加筆・改訂したものです。

●この本に関する各種お問い合わせ先
内容等のお問い合わせは、下記サイトのお問い合わせフォームよりお願いします。
https://one-publishing.co.jp/contact/
不良品（落丁、乱丁）については　Tel 0570-092555
業務センター　〒354-0045 埼玉県入間郡三芳町上富279-1
在庫・注文については書店専用受注センター　Tel 0570-000346